JOHN HARRISON ist 1952 in Liverpool geboren. Seine Vorfahren väterlicherseits waren alle Seefahrer und sein Urgroßvater hatte das Kap Hoorn auf einem Rahsegler umfahren. John studierte in Cambridge Geografie und in Liverpool Stadtplanung. Während seiner Tätigkeit in Planung und Umweltschutz veröffentlichte er Artikel, Rezensionen und Kurzgeschichten, von denen letztere in *A Short Primer in Vice* zusammengefasst sind. Im letzten Jahrzehnt hat er sechs Kontinente bereist und Hörfunksendungen über die Osterinseln und Antarktis geschrieben. 1999 wurde er Mitglied der Royal Geographical Society. John Harrison lebt in Wales.

JOHN HARRISON

WO DAS LAND
ZU ENDE IST

*Von Patagonien
in die Antarktis*

*Aus dem Englischen
von Ingrid Price-Gschlössl*

NATIONAL
GEOGRAPHIC

*Ein Buch der Partner
Goldmann und National Geographic Deutschland*

Die englische Originalausgabe erschien 2000 unter dem Titel
»Where the Earth ends. A Journey beyond Patagonia«
bei John Murray, London

Titelfoto: Getty Images, Ellen Dooley (oben),
TIB, Grant V. Faint (unten)
Alle weiteren Fotografien stammen vom Autor,
wenn nicht anders angegeben.

SO SPANNEND WIE DIE WELT.

Dieses Werk erscheint in der Taschenbuchreihe
NATIONAL GEOGRAPHIC ADVENTURE PRESS
im Goldmann Verlag, München.

1. Auflage August 2002, deutsche Erstausgabe
Copyright © 2000 John Harrison
Copyright © 2002 der deutschsprachigen Ausgabe
NATIONAL GEOGRAPHIC ADVENTURE PRESS
im Goldmann Verlag, München,
in der Verlagsgruppe Random House GmbH
Alle Rechte vorbehalten
Lektorat: Susanne Härtel, München
Umschlaggestaltung: Petra Dorkenwald, München
Herstellung: Sebastian Strohmaier, München
Satz: Uhl + Massopust, Aalen
Druck und Bindung: Clausen & Bosse, Leck
ISBN 3-442-71173-8
Printed in Germany

Das Papier wurde aus chlorfrei gebleichtem Zellstoff hergestellt.

Für Elaine,
weil sie an mich geglaubt hat

Inhalt

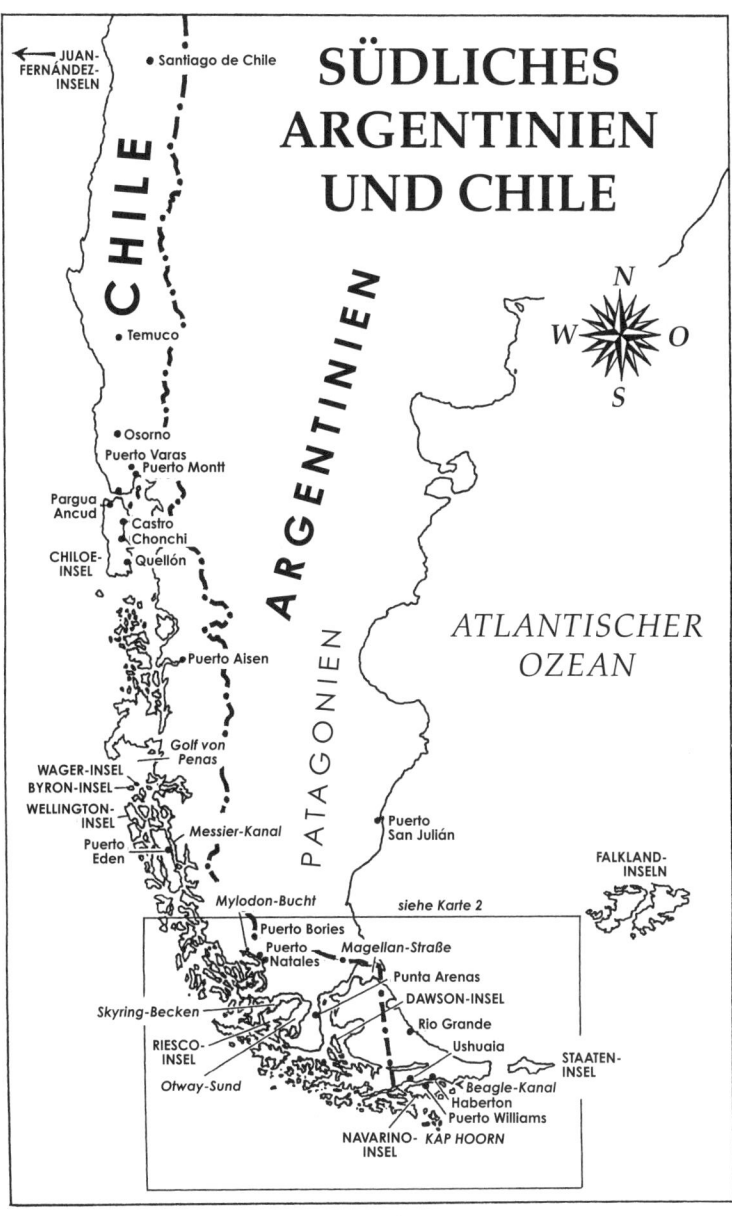

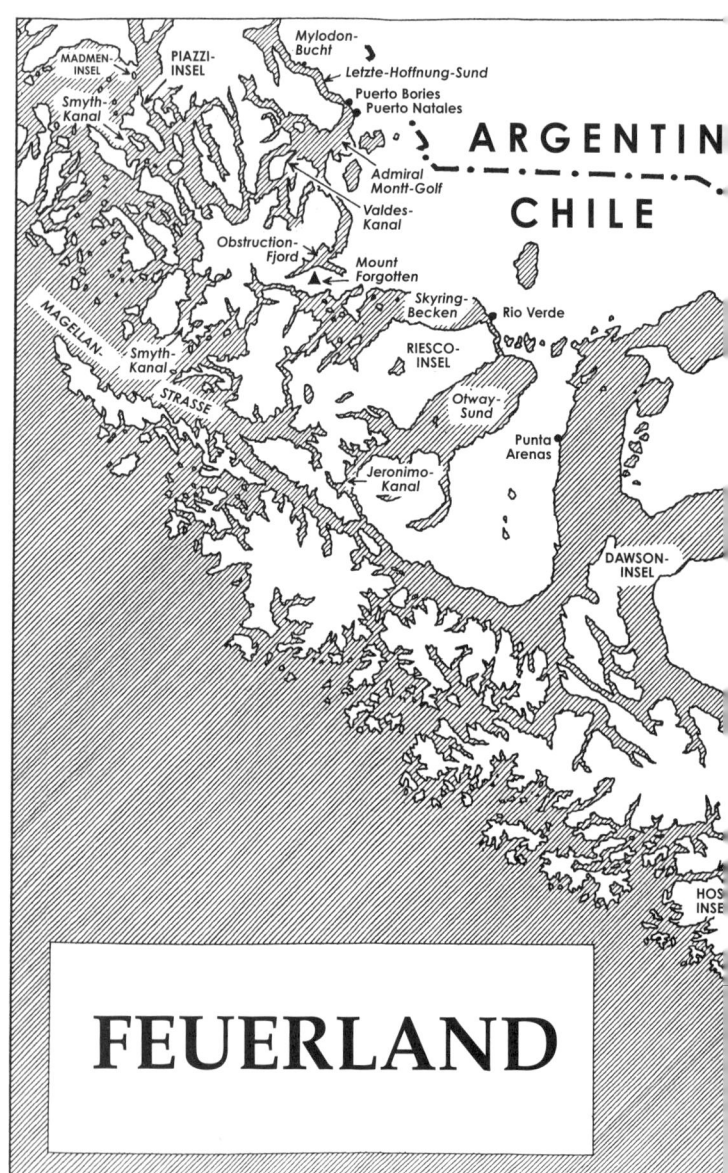

FEUERLAND

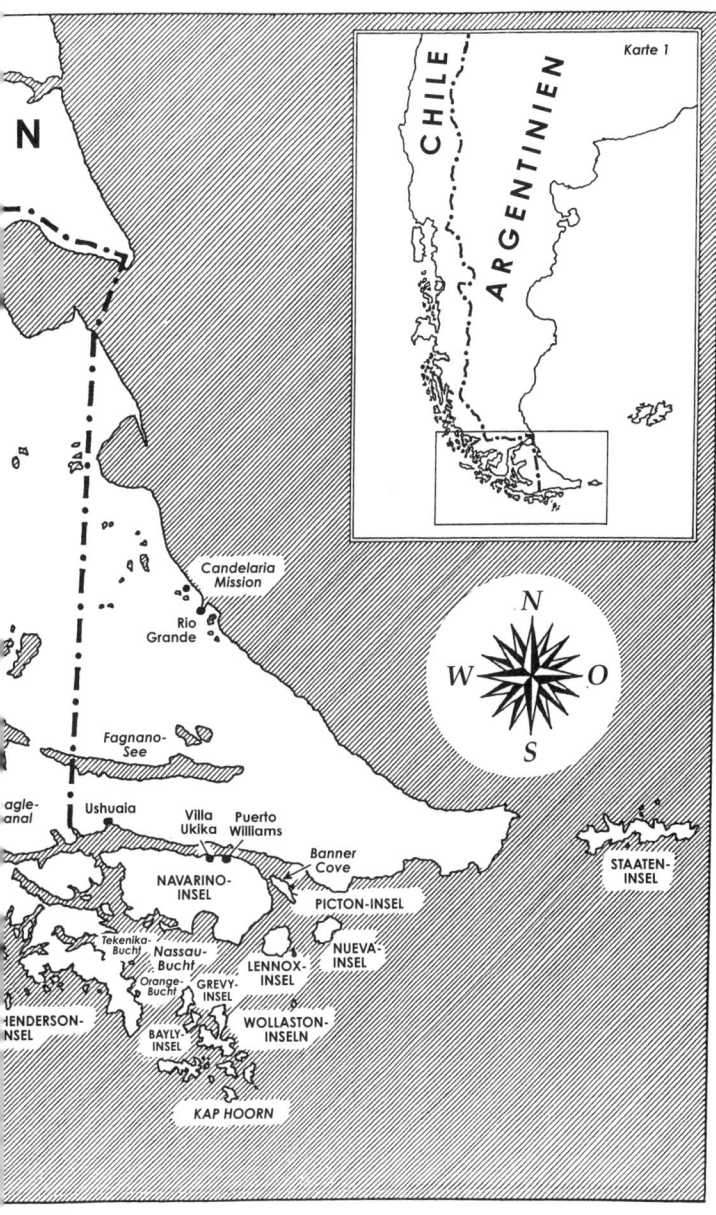

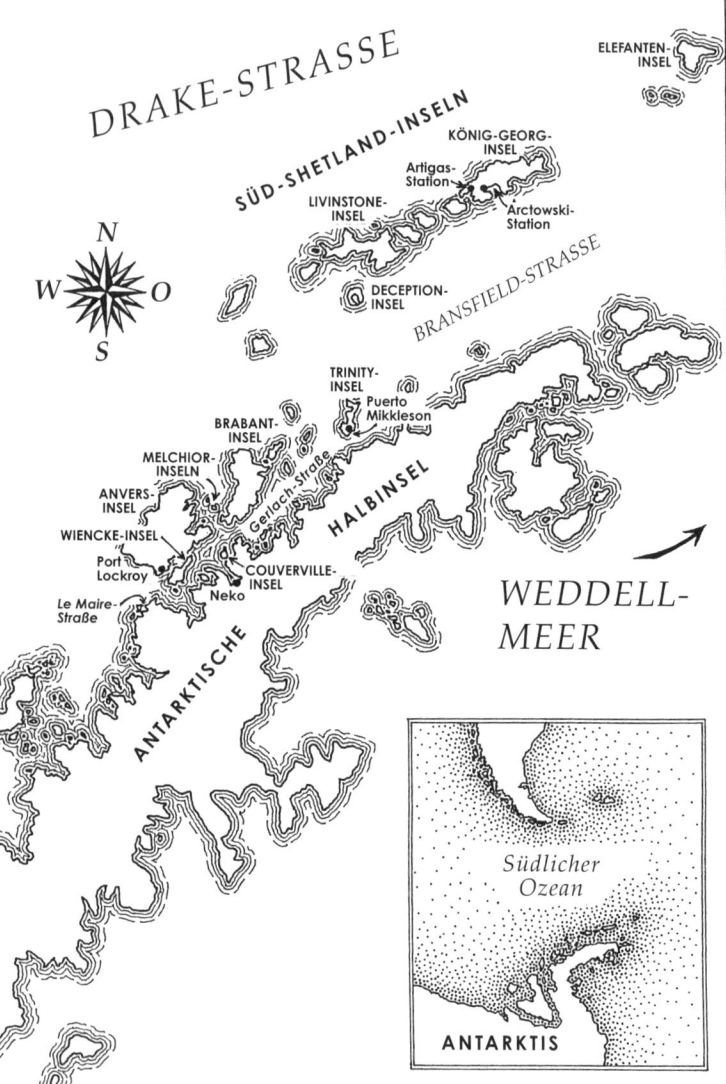

Chile ist ein Wort der Aymara-Indianer
und bedeutet:
Wo das Land zu Ende ist

Die Vorstellungskraft, nicht die Erfindung,
ist die Herrscherin über die Kunst wie das Leben.
Eine einfallsreiche und genaue Wiedergabe
authentischer Erinnerungen.

Joseph Conrad, *Über mich selbst*

Patagonien

Eine Landung

Dezember. Drei Uhr morgens. Das Flugzeug senkte sich torkelnd durch die Turbulenzen der Kumuluswolken und legte sich dann in die Kurve. Die südlichste Stadt auf dem argentinischen Festland tauchte aus dem Dunkel auf: Rio Gallegos. Das Flugzeug stürzte abrupt weitere hundert Meter hinunter und ich konnte am Ende des engen Gangs über der Schulter des Piloten sehen, wie die Erde hin und her schwankte, als versuchte sie, unseren bereits ausgefahrenen Rädern auszuweichen. Hier war also der letzte kontinentale Landstrich der Welt, auf dem sich die Menschen niedergelassen hatten. In Zentralafrika zogen bereits vor 2,5 Millionen Jahren Menschen mit ihren ersten Geräten durch die Ebenen, aber für diesen Ausläufer Südamerikas gibt es erst seit 12 000 Jahren Nachweise menschlicher Besiedlung.

Beim Betrachten der Straßenpläne in meinem Reiseführer hätte ich leicht vergessen können, in welcher Stadt ich mich befand, denn das Straßennetz war nach den üblichen Generälen benannt; in Argentinien sind das San Martín, Roca, Belgrano und in Chile O'Higgins, Prat oder Montt. Die orange beleuchteten, den toten Helden gewidmeten Straßenzeilen kamen schwankend immer näher auf uns zu.

Ich bat den Taxifahrer, mich zu einem Hotel der mittleren Preisklasse zu bringen. »Kein Problem«, sagte er. Das Punta Arenas – kein Zimmer frei. Das Liporace etwas weiter die Straße hinunter hörte sich an wie eine Hautkrankheit und sah auch so aus. Der Taxifahrer hämmerte gegen die verschlossene Tür. Ein schwacher Streifen roten

Lichts hatte sich inzwischen am östlichen Himmel gebildet, vier Köter belagerten eine Katze auf einem kleinen Baum. Ein Mann tauchte auf und sprach mit dem Fahrer, schüttelte dabei den Kopf. Der Fahrer kam zurück: »Die Stadt ist voll. Das Hotel ist voll.«

Wenn ein Hotel, das nach einer Hautkrankheit benannt wurde, keine leere Betten hat, ist das ein Beweis für mich, dass die Stadt wirklich voll sein muss.

Die Gehsteige waren mit Rissen übersät und die Straße voller Wasserlachen. Wir machten die Runde. Überall verschlafene Gesichter an den Eingängen, müde Gestalten, die sich gegen die Türrahmen lehnten. Alle schüttelten den Kopf und legten eine Hand horizontal über die andere. Ein gebeugter, dünner Mann in einer Rentnerstrickjacke, dessen Haare schon seit zehn Monaten keine Schere gesehen haben mochten, deklamierte im Laguna wie beim zweiten Erscheinen des Erlösers »Kein Platz«, ganz so, als ob ein jeder, der einen Stall zur Verfügung hatte, die Krippe darin bereitstellen sollte.

»Ich weiß noch eine Adresse!«, rief der Fahrer. Das Colonial war ein niedriger, rosa Betonbau. Es gab zwei Türen, an denen sich aber niemand meldete. Der Fahrer sagte: »Tut mir Leid, das ist mir noch nie passiert. Ich stelle den Zähler ab.« Auf der Straße war es nun fast schon hell.

»Wenn ich jetzt noch was finde, muss ich dann für die ganze Nacht bezahlen?«

»Sie zahlen von acht bis acht. Wenn Sie um fünf vor acht ankommen, zahlen Sie für die Nacht, die Sie gerade verpasst haben.«

»Bringen Sie mich zu dem Café, an dem wir an der Kreuzung im Zentrum vorbeigefahren sind.«

Das Monaco lag am Schnittpunkt von zwei prominenten Generälen, Roca und San Martín. Durch die Glaswände strahlte helles Licht, es war rund um die Uhr geöffnet. An einem Drittel der Tische saßen Leute, die meisten davon Paare, die hier die Nacht beschlossen und sich leise unterhielten. Ich trank mehrere Milchkaffees. »Wollen Sie nichts essen?«

Ich hatte achtundvierzig Stunden und drei Zeitzonen schlaflos überstanden und war jetzt so müde, dass ich gar nicht mehr wusste, ob ich hungrig war.

»Nein, ich will nichts essen.«

Im Licht der Dämmerung nahm die Straße Gestalt an wie eine Fotografie beim Entwickeln. Einige Leute verzogen sich, die übrigen waren betrunken und saßen ruhig und still da. Ein müder Kellner zerbrach ein Glas und quittierte wehmütig lächelnd den Applaus. Von allen wurde ich eingehend begutachtet, ich, der als einziger Gast nüchtern war, nicht rauchte und ohne Begleitung gekommen war. Butch Cassidy und Sundance Kid hatten hier mal die Bank ausgeraubt. Sobald die Geschäfte offen hatten, würde ich mir einen 45er-Colt kaufen und ein paar Betten freischießen.

Irgendwann nach sechs ging ich zur Flussmündung, vorbei an dem als historisches Denkmal bezeichneten Gebäude, das an den ersten Besuch eines Präsidenten in Rio Gallegos erinnert: Julio Roca. Zu diesem Anlass stand er auf einem Balkon und forderte die Einwanderer auf, sich im Süden niederzulassen und die Reichtümer der Magellan-Straße zu nutzen. Das historische Denkmal ist nichts als ein hölzerner Balkon, der windschief vor einem Schuppen hängt. Tut mir Leid, aber so ist es. Der Strand war eine Esplanade aus Beton, grau und perspektivenlos wie die Kindheit. Dann eine rote Balustrade. Hier fiel die Ufermauer drei Meter tief zum Kiesstrand ab, der in übel riechenden Morast überging, in dem dünne Supermarktbeutel festklebten. Tauben und Möwen pickten sich einen Weg durch den Morast. Das Wasser der über einen Kilometer breiten Flussmündung schien wie poliertes Porzellan. Ich schaute nach Norden; niedrige Hügel mit flachen Kuppen am gegenüberliegenden Ufer waren ein Hinweis auf die majestätische Monotonie der Tiefebenen, die sich von Horizont zu Horizont gegen Norden hin erstreckten. Dies hier war das letzte Land, das die Menschen gefunden hatten, dieser Strand, dieser Hügel, dieser Himmel, der wie nasse Farbe glänzte; der Staub, der bereits am frischen Wachs meiner Stiefel haftete, setzte sich aus Teilen alter Legenden zusammen. Das war Patagonien.

Patagonien! Über den Ursprung des Wortes, das noch immer ein

Inbegriff für Entlegenheit ist, wurde schon viel diskutiert. Im *Oxford English Dictionary*, wo man sich gerne über derartige Dinge in aller Länge auslässt, gibt man sich damit zufrieden, dass das spanische Wort *patagon* für einen großen plumpen Fuß steht und dass der Name daher von den großen plumpen Schuhen stammt, die die Ureinwohner hier tragen. Regionale spanische Dialekte beschreiben Hunde mit großen Pfoten noch immer als *patacones*, und die Fußabdrücke, die die Ureinwohner beim Tanzen im Sand hinterlassen hatten, waren bereits dem ersten Besucher des Gebiets, Magellan, aufgefallen.

Zur zweiten Theorie gehören die Inka, die die Anden von den Gebieten aus, die sie vorher erobert hatten, weit in den Süden erforschten. Ihr Imperium war gar nicht so alt. Als Pizarro 1532 auf seinem Pferd durch ihre goldenen Hallen ritt, hatte das Reich erst mal seit etwas über hundert Jahren bestanden. In der Sprache der Inka, Quechua, wurde der Süden als Patac-Hunia oder Gebirgsregion bezeichnet. Da im Spanischen das »h« nicht ausgesprochen wird, klingt es Patagonien sehr ähnlich. Weshalb aber würden die Menschen aus dem Reich in den hohen Anden die viel niedrigeren Gipfel im Süden als Gebirgsregion bezeichnen?

Bruce Chatwin, der Autor von *In Patagonien*, erhielt von Professor González Díaz den Hinweis, dass die Tehuelche-Indianer Hundemasken trugen und dass Magellan sie möglicherweise scherzhaft nach einer Figur aus dem Roman *Primalon de Grecia* benannte, bei der es sich um ein Ungeheuer mit Hundeohren namens Patagon handelt. Diese Romanze eines anonymen Autors erschien 1512 in Spanien und wurde 1596 von Anthony Mundy ins Englische übertragen. In einer Anspielung auf seinen Freund Mundy ließ Shakespeare im *Sturm* Trinculo über Caliban sagen: »Ich werde mich noch über dieses puppenköpfige Ungeheuer zu Tode lachen.«

Drei Trugschlüsse sprechen gegen diese Theorie. Erstens, wer benennt schon Länder nach einem Roman? Zweitens erscheint es äußerst unglaubwürdig, dass ein paar ungehobelte Abenteurer auf ihrer Reise am Rand des Unbekannten verweilen würden, um sich mit literarischen Anspielungen zu vergnügen, und drittens gibt es keinerlei Beweis dafür, dass Magellan das Buch kannte.

Allerdings wurde auch Kalifornien nach einer Insel in einem Roman benannt. Denn als Hernando Cortés den Golf von Kalifornien hinauf segelte, nahm er an, das Land zu seiner Linken sei eine Insel und keine Halbinsel, und so gab er ihr den Namen California, nach einer Insel in der Erzählung *Las sergas de Esplandián*, die Garci Ordóñez de Montalvo 1510 verfasst hatte.

Und Bernal Diaz hielt fest, dass seine Männer, als sie 1520 auf einer Landstraße nach Mexiko Stadt einmarschierten, sagten, dass sie ihnen »wie eines der zauberhaften Dinge erschien, von denen im Buch Amadis erzählt wird«. Die ritterliche Dichtung *Amadis von Gallien* war eines der wirklich existierenden Bücher, die Cervantes in Don Quijotes Bibliothek geschmuggelt hatte, ein Buch, das belesene Soldaten ehemals bei sich trugen, so wie die amerikanischen GIs heute ihre Comics mit sich führen.

Es wäre auch durchaus möglich gewesen, dass Magellan von *Primalon de Grecia* gewusst hatte. Das Buch erschien sieben Jahre bevor Magellan in See stach, und er hatte zuvor viel Zeit bei Hof verbracht, wo solche Bücher von den Hofschranzen gerne gelesen und besprochen wurden. Es gibt viele eigenartige Theorien über den Ursprung des Namens dieses merkwürdigen Landes Patagonien und vielleicht ist gerade die eigenartigste davon die wahre.

Im nackten Licht des frühen Morgens sah die Stadt grässlich aus. Obwohl mit der Viehzucht viel Geld gemacht wurde, blieb hier davon nichts hängen. Die reichen Leute ließen sich ihre Häuser im Stil der *belle époque* weiter im Süden, um die Plaza Muñoz Gamero in Punta Arenas, errichten, wo sie dann alles aus Europa, von der Kunst bis zu den Architekten, importierten. Hier in Rio Gallegos gab es außer dem Postamt und einem Restaurant kein einziges Gebäude im Zentrum, für das es sich gelohnt hätte, auch nur eine Minute lang zu verweilen. Rio Gallegos war schäbig wie jedes andere Kaff ohne Zukunftsaussichten, ohne dafür aber eine Entschuldigung zu haben. Begierig nach Schlaf und vor Hunger schon völlig benommen, kaufte ich beim Bäcker Kuchen und ein paar deftigere Sachen und ging dann wieder am Colonial Hotel vorbei. Ein junger Rucksacktourist kam gerade zur Tür heraus und stieg in ein Taxi. Ein Bett!

Die Pensionswirtin bat mich, zehn Minuten zu warten, während sie die Bettlaken wechselte. Als sie fertig war, setzte ich mich aufs Bett und zog ein Hörnchen mit Käse und Schinken hervor. In Klarsichtfolie verpackt, hatte es noch recht appetitlich ausgesehen. Doch jetzt, in ihrem nackten Zustand, erweckten die Zutaten den Eindruck, als hätten sie sich mit ihrer Aufgabe als Brotbelag etwas übernommen. Der Geschmack bestätigte den Eindruck.

Der Raum hatte die Größe einer Gefängniszelle, aber ohne deren Komfort. Kein Schrank, keine Kommode, kein Tisch, keine Toilette, kein Waschbecken, kein Wasser, kein Glas, kein Teppich, kein Bettvorleger, keine Vorhänge, keine Aussicht. Aber wenn schon, zumindest gab es ein Bett und einen kleinen Spalt an einer Seite, durch den man sich hinein- und auch wieder herauszwängen konnte. Mit bloßen Füßen ging ich zum Bad, sah hinein und holte mir meine Stiefel.

Was machte ich hier eigentlich?

Verregnete Kindheitstage

Reisen beginnen in Büchern. Die meine begann an verregneten Kindheitstagen in einem Häuschen mit Kohlenheizung, das der Gemeinde gehörte, nicht weit vom Übungsplatz des Liverpooler Fußballclubs entfernt. Die Fenster hatten kalte Scheiben und Holzrahmen, in deren Ecken sich orangefarbener Schimmel abgesetzt hatte. Harz trat aus den Holzknoten aus und ließ Blasen im Anstrich entstehen. Wenn man mit dem Finger das Glas berührte, liefen zwei Tropfen im Zickzack die Scheibe hinunter und zogen dabei andere mit sich. Mein Atem umnebelte das Spiel.

Wir waren drei Buben, ich war der Mittlere. Das erste Erwachsenenbuch, das ich las, war *Robinson Crusoe*. Ich war damals noch so klein, dass ich mich auf dem winzigen Lehnstuhl meiner Mutter zwischen den Armstützen zusammenrollen konnte. Das einzige Meer, das ich damals kannte, waren die braunen Fluten der Mersey-Mündung und die von wilden Gezeiten getriebenen Gewässer vor der flachen Landschaft des Wirral. Fasziniert betrachtete ich die Aquarellbilder von Palmen und blauen Horizonten und holte dann meinen roten Spaten hervor, um mir ein eigenes Fort im Hinterhof zu bauen.

An einem feuchten Sonntag saß ich mit gekreuzten Beinen vor unserem Bücherregal aus Eiche. »Papa«, quengelte ich, »was soll ich denn lesen?« Er tippte mit seinem leicht vom Nikotin verfärbten Finger auf einen grünen Buchrücken. Es war Percy Harrison Fawcetts *Geheimnisse im brasilianischen Urwald*.

»Lies das, er ist ein Harrison«, sagte er.

»Ist er mit uns verwandt?«

Er sah zum Fenster hinaus, auf den Regen, der auf den Lattenzaun fiel. Es bestand keine Aussicht für einen Spaziergang. »Ja.«

Ich zog das Buch heraus. Den Umschlag zierte das Bild eines finster dreinblickenden Mannes in einer hüftlangen Jacke und Reitstiefeln, der sich gegen einen hölzernen Balkon lehnte. Sein Schnurrbart, der wie ein Propeller abstand, schien nur darauf zu warten, von seinem Burschen angekurbelt zu werden. Die Titel der Kapitel riefen mir zu: Die verlorenen Minen von Muribeca, Rubber Boom (Aufschwung im Gummihandel), Der Fluss des Bösen, Vergiftete Hölle und Der Schleier des Uranfangs. Ich versenkte mich in das Buch und kam zwei Tage später wieder zum Vorschein.

Percy Fawcett hatte immer und immer wieder schier unmöglich scheinende Reisen ins Innere der großen südamerikanischen Urwälder gewagt. Er war die Grenzen Boliviens entlangmarschiert und hatte sie auf Landkarten eingezeichnet. Denn Landkarten waren äußerst wichtig; ohne sie hätten die Gummizaren nicht gewusst, welches Land sie gerade ausraubten. Von 1906 bis 1913 verbrachte er die meiste Zeit im Landesinneren und traf dort auf Leute, denen Tinkturen zu Gesicht gekommen waren, mit denen Gestein so weich gemacht werden konnte, dass es sich wie Butter schneiden und zu den erdbebensicheren Städten der Inka zusammenfügen ließ.

Ich verschlang Geschichten von Männern, die von Kanus in Flüsse gefallen waren, in denen es von Piranhas wimmelte. Sie hatten sich ans Heck geklammert, und als man sie am Ufer herauszog, waren ihre Unterkörper bis aufs Skelett abgenagt. Andere fielen Anakondas, giftigen Spinnen, muskelzersetzenden Krankheiten oder der neunschwänzigen Katze zum Opfer. Sie wurden verkauft, um für ihre eigenen Schulden zu zahlen. Gummi-Magnaten, die sich am größten Frischwasserfluss der Welt angesiedelt hatten, schickten ihre Wäsche nach Paris und bauten für Caruso, der in der Mitte des Flusses vor Manaus anlegen ließ, ein Opernhaus. Das war auf der Höhe einer Cholera-Epidemie. Caruso stand auf dem Deck und nahm täglich Listen mit den Namen der Verstorbenen in Empfang. Die Zeit verging, Verträge des Sängers standen an und er zog wieder ab. Vor dem Opernhaus wurden von der geschwungenen Doppeltreppe, die zum klassizistischen Mezzanin hinaufführte, täglich die Leichen der Cholera-Opfer weggeschafft. Und im totenstillen Theater schwebten Staubwölkchen im einfallenden Licht.

Das Buch wurde 1923 von Fawcett in Form von Notizen niedergeschrieben. Ein Traum war ihm noch verblieben – die Suche nach der vergessenen Stadt des João da Silva Guimarões. 1743 hatte Guimarões eigentlich nur nach vergessenen Minen gesucht. Ein Schwarzer in seiner Gruppe hatte einem weißen Hirsch auf einen Bergpass hinauf nachgestellt und erblickte in der Ebene unter sich etwas, das wie eine Stadt aussah. Am nächsten Tag zogen alle in die Stadt ein, durch drei Torbögen, die so hoch waren, dass niemand die Inschriften darüber lesen konnte. Eine breite Straße führte auf einen Platz mit je einem schwarzen Obelisken an allen vier Ecken. In der Mitte des Platzes erhob sich eine riesige Säule aus schwarzem Stein mit der Statue eines Mannes darauf, der mit der Hand nach Norden wies. Bis auf einen Schwarm riesiger Fledermäuse war die Stadt völlig verlassen. Im Schmutz umliegender Höhlen fanden sie silberne Nägel und in den Bächen Goldstaub.

Entmutigt davon, dass es ihm nicht gelungen war, Männer zu finden, die gegen Härten und Krankheiten ebenso immun waren wie er selbst, brach Fawcett 1925 im Alter von 57 Jahren mit seinem unerfahrenen Sohn Jack und dessen Freund Raleigh Rimmel zu einem letzten Versuch auf, die vergessene Stadt des Guimarões zu finden. In seinem letzten Brief an seine Frau in England schrieb er: »Du brauchst ein Misslingen nicht zu befürchten.« Man hat nie wieder etwas von ihnen gehört. Sein überlebender Sohn Brian stellte schließlich das Buch aus den Notizen seines Vaters zusammen und ließ es 1953 veröffentlichen.

An einem anderen nicht enden wollenden verregneten Ferientag öffnete ich ein schwarz bezogenes Buch, das den Titel *Die Ballade vom Alten Seemann* trug. Der Prolog beginnt mit den folgenden Worten: »Wie ein Schiff, das den Äquator passiert hat, durch Stürme ins Eismeer und zum Südpol hingetrieben wird.«

»Gibt es noch mehr solche Bücher?«, fragte ich meinen Vater, nachdem ich die übrigen Gedichte in der Sammlung langweilig gefunden hatte. Fünfunddreißig Jahre später weiß ich jetzt die Antwort.

In meiner Jugend hatte ich immer wieder die Umrisse des namenlosen Seemannsschiffs vor einem bleifarbenen Himmel gemalt. Als wir nach Falmouth in Cornwall übersiedelt waren, beobachtete ich, wie Robin Knox-Johnson, der als Erster die Welt im Alleingang nonstop umsegelt hatte, seine *Suhaili* in den Hafen lavierte. Das Ganze hatte als Wettrennen begonnen; als einziger Überlebender war er der Sieger.

Nach Abschluss der Grammar School in Falmouth studierte ich am Jesus College in Cambridge Geografie. Die Wände des mittelalterlichen Refektoriums zierten die Porträts ehemaliger Studenten. Darunter hielt uns unser Pedell Mr. West, von Statur und Kleidung her ganz der korpulente englische Charakterschauspieler, Vorträge über die Übel von Unzucht und Drogenmissbrauch. Er erweckte dabei keineswegs den Eindruck, auf diesem Gebiet irgendwie selbst geschädigt worden zu sein. Der für seine Bevölkerungstheorie berühmte Thomas Malthus sah dabei über unsere Köpfe hinweg. Und der opiumsüchtige Coleridge starrte aus großen Augen deprimiert zu uns herab. Er hatte ehemals nach Hause geschrieben: »So was wie

Disziplin gibt es an unserem College nicht.« In jenem Winter entdeckte ich einen Abdruck von Gustave Dorés herrlichen Stichen zum »Alten Seemann«. 1978 las ich Bruce Chatwins *In Patagonien*, und als ich dazu meinen Atlas konsultierte, setzten sich meine Augen und Gedanken immer weiter im Süden fest.

Bei einer Schmökertour durch die Antiquariate in Hayon-Wye fiel mir auf der Suche nach Material über Chile ein Bündel Seiten ohne Umschlag in die Hände, das hinter einen Bücherstoß gefallen war. Als ich es hervorzog, sah ich den Titel: *An Historical Relation of the Kingdom of Chile* des Jesuiten Alonso de Ovalle. Die Seiten waren aus einem größeren Band herausgerissen worden. Der Text war englisch, aber auf dem Umschlag hieß es, dass das Buch 1649 in Rom gedruckt worden war. Auf Grund des guten Zustands nahm ich an, dass es sich um einen Nachdruck handeln musste. Die Seiten waren frisch und weiß, geschmeidig und sauber. Ich zahlte und trug das Bündel um die Ecke zur Buchbinderin Christine Turnbull. Ein von Lavendelstauden gesäumter Kiesweg führte zum Cottage, in dem sie arbeitete. Sie besah sich die Seiten und verglich das Papier mit Mustern aus ihren Vitrinen. Dann strich sie mit den Fingern über den Seitenrücken. »Die englische Erstausgabe erschien 1703. Ein Ledereinband wäre sicher angebracht.«

Alonsos Bericht ist die erste Beschreibung Chiles in englischer Sprache. Sie schlug wie Dynamit ein. Der englische Übersetzer ließ durchblicken, dass er »geheime Informationen über Handel und Navigation enthält, von denen ich mich frage, wie sie veröffentlicht werden konnten«. Ovalle riet Spekulanten, dass ein Mann mit 40 000 Kronen zum Investieren, auch in Sklaven, darauf eine Rendite von fünfundzwanzig Prozent erwarten könnte, und das »ganz legal und ohne irgendwelche Gewissensbisse«.

Dann fand ich Lucas Bridges' Buch über seine Kindheit und Jugend in Feuerland als Sohn des ersten erfolgreichen Missionars Thomas Bridges. Nach ein paar Kapiteln stand für mich fest, dass ich Ushuaia und die kahlen, wilden Inseln im untersten Süden besuchen würde. Mein Urgroßvater war als Matrose auf den großen Rahseglern dort

gewesen und mein Großvater Thomas Harrison, geboren 1896, hatte
auf einem Handelsschiff von Liverpool aus das Hoorn mit Dampf
und Diesel umfahren. Damals ging der Handel mit der Westküste
Südamerikas gerade seinem Ende zu. Ich war der erste Vertreter unserer Familie in einer neuen Generation, der weder ums Hoorn gesegelt war noch in einem Krieg gekämpft hatte. Stattdessen würde ich
ans Ende der Welt gehen, über Patagonien hinaus, nach Feuerland.
Nein, ich würde noch mehr tun, ich würde das Hoorn erforschen und
vergessene Stämme auffinden. Und das Kind in mir könnte noch mehr
erleben. Es würde die Gewässer von Coleridges Albatros erkunden,
die blauen Horizonte der Farbdrucke mit eigenen Augen sehen und
auf Robinson Crusoes imaginärem Strand in der Sonne sitzen. Diese
Orte waren in meiner Phantasie so real, dass es sie einfach geben
musste. Ich brauchte nur nach ihnen Ausschau zu halten.

Rio Gallegos

Als es Mittag war, hatte ich vier Stunden geschlafen und war beim
Aufwachen so aufgeregt, dass ich es nicht länger im Bett aushielt. Ich
ging hinaus, um mir die Stadt mit neuen Augen anzusehen. Wenn
das doch nur geholfen hätte!

Rio Gallegos war nach dem Fluss benannt worden, an dem es
stand, aber niemand weiß, woher der Fluss seinen Namen hatte.
Eines der ältesten Häuser gehörte einem Doktor Victor Fenton. Es
war auf den Falklandinseln nach einer Vorlage aus einem englischen
Katalog gebaut und dann möglicherweise schon 1890 hierher ver-
schifft worden. In den folgenden fünfzehn Jahren hatte sich die Stadt
um das Haus herum ausgebreitet. Über die gesamte Vorderfront des
zweistöckigen Holzbaus mit Dachgaube zieht sich eine lange Veranda. 1915 ging das Haus an die Familie Parisi über.

Señor Parisis Gemahlin, Maria Catalina, kam an einem kalten
verschneiten Augustmorgen des Jahres 1860 im toldo ihrer Familie,
einem Zelt aus Tierhäuten, zur Welt. Sie entstammte den Tehuelche,

das sind Pampa-Indianer, die noch mit der Bola jagten. Ihre fünf Töchter und drei Söhne überlebten bis ins Erwachsenenalter. Ihr Leben lang verdiente sich Maria Catalina ihr Geld mit traditionellen Handarbeiten, wie z. B. mit Capes aus Guanakofellen, die sie mit Straußenvenen zusammennähte. Ihre Lieblingsspeise war Stuten- und Straußenfleisch.

Das Haus ist heute ein Museum. Der Ofen steht schon seit sechzig Jahren da, aber einige der Möbelstücke kamen aus anderen alten Häusern dazu. Im Studierzimmer sah ich drei alte Remington-Schreibmaschinen. Auf dem riesigen kanadischen Victrolla-Grammofon im Wohnzimmer, das 1904 importiert worden war, wurden sicher zu den 78er-Schellackplatten ein paar flotte Tangos aufs Parkett gelegt. In der Küche stand eine noch mit Handkurbel betriebene Waschmaschine, die wie ein Butterfass mit Wäschewringern darüber aussah. Ich war aber weitaus mehr an Maria Catalinas Geschichte interessiert. Sicher waren die meisten ihrer Kinder noch am Leben. Ich sprach mit der pensionierten Señora McDonald, deren schottischer Vater nach Patagonien gekommen war und dort eine Spanierin geheiratet hatte. Sie sprach englisch mit einer eigentümlich schottischen Färbung.

»Sind von Maria Catalinas Kindern noch welche am Leben?«

Sie dachte einen Augenblick lang nach. »Einer der Söhne, Roberto, wohnt ein paar Straßen von hier.«

»Glauben Sie, dass es ihm etwas ausmachen würde, wenn ich ihn kurz zu einem Plausch besuchen würde?«

»Nein, normalerweise nicht, aber seine Frau ist vor zwei Tagen an Krebs gestorben.«

Es war Trockenzeit; im Dezember regnet es hier nie. Aber alle paar Stunden prasselte der Regen hernieder, als ob kalte Nägel vom Himmel fielen. Die Leute schüttelten die Köpfe und seufzten »El Niño«. Ich ging noch einmal durch Rio Gallegos und beschloss abzureisen. Ich hatte meine Reiseroute in Form eines V geplant, und zwar zuerst in südlicher Richtung nach Feuerland, so weit wie möglich die Ostküste hinunter, und dann die Westküste entlang Richtung Norden. Zuerst aber musste ich ein kurzes Stück zurück nach Norden, nach Puerto San Julián. Sicher war es inzwischen ein langweiliger Ort geworden, den ich aber unbedingt sehen wollte, denn er war einstmals Schauplatz von Verrat, Blutvergießen und Hinrichtungen gewesen, wo sich tragisches Geschehen mit possenhaften Zügen vermischte. Hier war der Ausgangspunkt für die ersten beiden Weltumsegelungen, von Magellan und dann von Drake, gewesen. Sowohl Magellan als auch Drake hatten hier natürlich die Bekanntschaft der heimischen Riesen gemacht, die so groß waren, dass die Seeleute deren Scheitel nicht mit den Händen berühren konnten.

Puerto San Julián

Der Bus, der die fünfstündige Fahrt nach Puerto San Julián zurücklegte, fuhr um halb drei Uhr nachmittags ab. Diesmal rief ich vor meiner Abreise an; es gab keine Hotels der mittleren Preisklasse. In Gedanken an meinen Badezimmerbesuch in Stiefeln buchte ich das einzige bessere Hotel, das Bahia San Julián.

Beim Reisebüro stieg ich in den Bus. Alle übrigen Reisenden wurden von zu Hause abgeholt. Viele hatten ihre Weihnachtseinkäufe in Rio Gallegos getätigt und kamen nun mit Tüten und Schachteln beladen an Bord. Alle Plätze waren besetzt. Als wir schließlich die Stadt eine Stunde später verließen, war für meine Beine nur noch im Gang Platz. Wir hielten am Flughafen an und der Fahrer holte acht große Packkartons aus Plastik ab, mit denen er den Gang füllte.

Die Landschaft hatte die Farbe von verbranntem Gras. Sie war steinig, leer und von ungeheurer Weite. Die Straße schien eben zu sein, was aber gar nicht der Fall war. Nur langsam lernte das Auge, die leichten Windungen und die geringen Erhebungen und Vertiefungen zu registrieren. Es gab versteckte Senken, die sich nur dadurch verrieten, dass die Straße in der Luft darüber wie eine graue, weichkantige Linse schimmerte. Eine der wenigen Städte, durch die wir fuhren, war nach einem ehemaligen Verwaltungsbeamten mit dessen ganzen Namen – Commandante Luis Pedra Buena – benannt! Mitten im Fluss überraschte uns eine Insel mit dem satten Grün ihrer Bäume und Blumenwiesen. Schließlich erreichten wir die große Senke, den tiefsten Punkt Argentiniens, wo das Land hundert Meter unter den Meeresspiegel abfällt. Die untergehende Sonne verlieh dem trockenen Gras die goldene Farbe von Korn, die schließlich in einen roten Goldton überging.

Um zehn Uhr dreißig rollten wir über die ungeteerten Straßen von Puerto San Julián, wobei der Bus Mühe hatte, im aufgeweichten Erdreich Halt zu finden. Der Fahrer setzte die Leute nacheinander ab und suchte dabei nach Stellen, wo sie auf dem Weg zum Straßenrand nicht gleich ertrinken würden. Inzwischen war es elf Uhr geworden. Er fuhr in eine gut beleuchtete, breite Straße ein und deutete auf mich. Hier stand mein brandneues Hotel. Etwas unsicher marschierte ich über den dicken, blauen Teppichboden und blickte mich immer wieder um, um zu sehen, wie viel Schmutz ich bereits hereingetragen hatte. In der großen Bar saßen zwei Gäste beim Trinken und verfolgten im Fernsehen ein Fußballspiel. Eine adrette Empfangsdame führte mich zu meinem Zimmer. Es sah aus, als ob vor mir noch nie jemand darin gewohnt hätte. »Wie lange sind Sie schon offen?«

»Nicht lange, zwei Jahre.«

Alte Aufnahmen der Stadt, die in den Hotelgängen hingen, vermittelten die irreale Atmosphäre eines Kindheitstraums: große einfache Gebäude, ein Auto, ein Haus, ein Hund. Ein einziger Dampfer lag vor einem kurzen Pier. Tausende von Schafen trabten über einen leeren Platz und durch einen v-förmigen Holzbogen über das Fallreep in den Laderaum. Ein Mann, der stocksteif auf einem Pferd saß, beobachtete sie. Durcheinander, das dem Leben Realität verleiht, war hier noch nicht eingezogen.

Der Morgen war bewölkt. Ich ging an der Seite des Hotels die Straße hinunter, um mir das südliche Ufer der Bucht anzusehen. Über der Flutmarke erstreckte sich eine von kleinen Wasserkanälen durchkreuzte Grasfläche. Die Bucht machte einen weiten Bogen;

niedrige Hügel fielen zu grauen Sandklippen ab. Das Wasser war vom Sediment milchig blau gefärbt. Als ich den Hügel herunterkam, verließ ich das von den Invasoren geometrisch angelegte Straßennetz und befand mich in der Barriada, wo die behelfsmäßigen Häuser den Bächen und Konturen der Landschaft angepasst waren. Ihre Größe hing davon ab, ob nicht gerade wieder mal das Geld ausgegangen war. Winzige Vögel folgten mir durchs Gebüsch und flogen um mich herum oder direkt hinter mir her. Es waren Sporntyrannen, die Weibchen graubraun, die Männchen schimmerten rotbraun und glänzend blauschwarz. Es kann sein, dass sie den Menschen folgen, weil diese Insekten aufscheuchen, die sie dann fangen können, aber niemand weiß das so genau. Langhaarige, goldfarbene Köter winselten und zogen an den dünnen Stricken, mit denen sie festgebunden waren. Ihr gequältes, gepresstes Jaulen kam von ganz hinten aus ihrem Hals. Ein flacher Wind trug das klagende Bellen der Hunde aufs Meer hinaus. An der Mauer um den mit Knochenasche bestreuten Sportplatz appellierte eine Graffiti-Inschrift: »Enttäusch mich nicht.«

Ich folgte in den Fußstapfen Magellans und Drakes, aber auch in denen eines Freibeuters jüngeren Datums, des englischen Ganoven El Jimmy.

El Jimmy

Der Schriftsteller Herbert Childs kam 1930 auf seiner Hochzeitsreise mit dem Schiff hierher. Er suchte nach einem aus England stammenden Gaucho und Ganoven James Radburne, kurz »El Jimmy« genannt, dessen Geschichte er schreiben sollte.

Bevor sie in Puerto San Julián eintrafen, hatten sich Mr. und Mrs. Childs gefragt, ob die Wildwest-Erzählungen und vor allem auch die rohe Gewalttätigkeit der Gauchos tatsächlich der Wahrheit entsprachen. Als die beiden nach der langen Reise ihre Glieder am Strand streckten, fanden sie die Gegend aber eher langweilig als gefährlich. Zurück auf dem Schiff teilten sie die Fähre mit drei Gauchos in vollem Rodeoaufzug, die von einem Polizisten an Bord zur dritten Klasse geführt wurden. Ein Passagier stellte sich neben Mr. und Mrs. Childs: »Die fahren nach Rio Gallegos zu ihrer Verhandlung.«

»Was haben sie denn getan?«

»Sie gehörten zu einer Bande. Ein vierter hat sich aber bestechen lassen und die anderen an die Polizei verraten. Sie haben ihn eingefangen, ihm bei lebendigem Leib die Haut abgezogen, auch im Gesicht, sodass ihn niemand mehr erkennen konnte.«

»Warum tragen sie denn keine Handschellen?«

»Sie sind keine Gefahr für die anderen. Sie haben ja nur getötet, weil sie von einem Freund verraten worden sind. Das gilt hier nicht als Mord und sie bekommen bestimmt nicht mehr als sieben Jahre. Es hat keinen Sinn wegzulaufen und der Polizei die Chance zu geben, sie niederzuschießen und eine Belohnung dafür einzukassieren – nicht, wenn es nur um eine Frage der Etikette geht.«

In England, als James siebzehn Jahre alt war, starb sein Vater und hinterließ zwölf Kinder. James tat nichts, um seiner Mutter aus ihrer verzweifelten Lage zu helfen. Stattdessen verbrachte er seine Zeit mit Wildern und trieb sich mit einem Mädchen herum. Als die Leute über das Verhältnis zu tuscheln begannen, ging die wütende Mutter des Mädchens zu Gericht. Peinlich berührt von der Taktik der Mutter, die das Höschen ihrer Tochter im Gerichtssaal hin und her schwenkte, traf der Richter schnell ein Urteil. Es war Zeit für den jungen Mann, sich aus dem Staub zu machen. Ein benachbarter Bauer war an einer Farm in Patagonien beteiligt. Jimmy hatte keine Ahnung, wo Patagonien lag, machte sich aber dorthin auf den Weg. Nach einer recht schnellen Überfahrt von nur achtundzwanzig Tagen ging er am 8. Dezember 1892 in Punta Arenas an Land. Wie alle jungen Männer, die frisch aus England kamen, fragte man auch ihn: »War es Wildern oder ein Mädchen?«

»Beides.«

Damit hatte Jimmy gleich die richtigen Referenzen für Patagonien. Das Leben im Freien unterm Zelt, die Pferde und die Jagd sagten ihm sofort zu, allerdings musste er sich in diesem Land der Mörder und

Diebe als bloßer Wilderer noch einen Namen machen. Und so wurde er zum besten Gaucho, Hirten, Jockey und Pferdetrainer des Bezirks und zu einem der Besten des ganzen Gebiets. Zu den Faustkampffertigkeiten seines Vaters kamen bei ihm noch Messer und Schießeisen dazu und sein Ruf darin war für jeden Verbrecher Patagoniens eine Einladung, auf ihn zu ballern.

Eines Tages, als die Schafschur in der *Denmark Estancia* beendet war, blieb er noch ein paar Wochen, denn er sollte in den Wäldern Holz für Zaunpfosten und Geländer schneiden. Da sah er etwas, das ihn faszinierte. Es waren die *toldos*, die Zelte aus Guanakofellen der Tehuelche. *Che* bedeutet so viel wie »Menschen« und *tehuel* »des Südens«. Er freundete sich mit den Indianern an und gesellte sich zu ihnen. Er lernte ihre handwerklichen Fähigkeiten und die sanfte Art, wie sie ihre Pferde zähmten. Die Tehuelche hatten keine Pfeile und Bogen und jagten mit den recht primitiv wirkenden Bolas. Aber im hohen Gras der Pampa, wo sich ein Lasso im Gras verfangen hätte und ein Pfeil davon abgelenkt worden wäre, erreicht eine Bola immer zielsicher das Tier. Um eine Bola herzustellen, wurden zwei runde Steine in Leder gewickelt und dann in einem Abstand von etwa eineinhalb Metern mit Rohhaut verbunden. Ein dritter, eiförmiger Stein wurde mit einer Leine in der Mitte der ersten Leine befestigt. Geworfen wurde mit einer Kombination horizontaler und vertikaler Schwünge, sodass die Kugeln in der Form eines Y durch die Luft flogen und sich dann um den Nacken oder die Beine eines Pferdes, Guanako, einer Kuh oder eines Straußvogels wickelten. Für Straußen oder Vieh packte man an Stelle der Steine aber Kies ins Leder, damit die Beine der Tiere nicht zertrümmert wurden. Als Charles Darwin nach einer kurzen Einweisung die Steine kraftvoll um sich schwang, fiel er wie erschlagen zu Boden, denn er hatte sich selbst damit am Hinterkopf getroffen.

Selbst dem recht praktisch veranlagten Jimmy gelang es nie, eine Bola herzustellen, die in ihrer Ausgewogenheit an die der Tehuelche herankam. Daher tauschte er immer, wenn es ernsthaft ans Jagen ging, irgendwelche Dinge gegen eine Bola der Indianer ein.

Die Tehuelche waren für ihre Reitkünste so berühmt, dass die argentinische Regierung sechs von ihnen 1904 zur Weltausstellung nach St. Louis entsandte, um dort in den Rodeos zu konkurrieren. Baller, der örtliche Regierungskommissar, war recht unbeliebt. Sein Sohn sollte die Konkurrenten nach St. Louis begleiten. Er war aber ebenso unbeliebt wie sein Vater. Schließlich blieb dem jungen Baller nichts anderes übrig, als vier Männer aus einer Gruppe von Leuten auszuwählen, die gerade vor seiner Türe campierten. Coloko war gut für die Straußenjagd und Loco war ein guter Jockey, aber Casimiro und ein anderer alter Mann galten als totale Versager. Die verbliebenen Indianer sagten dann, dass Baller die ungeeignetsten Männer und die hässlichsten Frauen zu deren Begleitung ausgewählt hätte. Doch bei ihrer Rückkehr brachten sie sämtliche Preise für Lassowerfen und Reiten mit, denn sie hatten die amerikanischen Cowboys und die südamerikanischen Gauchos in allen Disziplinen geschlagen.

Aber nicht alle Beschäftigungen der Tehuelche waren so konstruktiv. Für sie war es zum Beispiel ein Freizeitvergnügen, ein *viscacha*, ein nettes kleines Tierchen, das einem Kaninchen und einem Eichhörnchen ähnelt, zu fangen und dann bei lebendigem Leib zu häuten. Dann setzten sie die arme Kreatur in einem Dornengebüsch aus und schlossen Wetten ab, wie lange es überleben würde. Sie verstanden einfach nicht, warum die Siedler darauf bestanden, dass sie mit diesem »harmlosen Spaß« aufhören sollten. Die *viscacha* selbst haben aber auch ein eigenartiges Hobby: Sie sammeln alle möglichen Objekte und schmücken damit den Eingang ihrer Höhlen. Darwin hatte von einem Mann gehört, der in der Nacht nach Hause ritt und bemerkte, dass er seine Uhr verloren hatte. Am Morgen ging er zurück und suchte entlang seiner Route den Eingang einer jeden *viscacha*-Höhle ab und fand dann auch recht bald seine Uhr wieder.

Nach einem Tag bei den Pferderennen wurde Jimmy wegen eines ungedeckten Schecks eingesperrt. Er konnte fliehen, aber es war schwer für ihn, anonym unterzutauchen. Bei einer Streiterei brauchte nur jemand herauszufinden, dass er James hieß, denn schließlich gab es keinen anderen James im ganzen Bezirk. Er war El Jimmy, der Bandit, der Knacki, und der andere hatte damit den Trumpf in der Hand. So tauchte Jimmy bei den Indianern unter und lebte bei Häuptling Mulato in den *toldos*, wo er sich in dessen Tochter Juana verliebte. Jimmy veranstaltete ein Rennen, in dem ein anderes Pferd gegen den schnellsten schwarzen Hengst des Häuptlings antreten sollte. Die Einsätze waren hoch. Wenn Jimmy gewann, würde er eine Farm kaufen und Juana heiraten. Da Jimmy schwerer war als der Jockey des Häuptlings, ließ er einen Mann namens Montenegro für sich reiten. Jimmy hatte zwar schon Streit mit ihm gehabt und traute ihm nicht, aber der Mann war ein vorzüglicher Reiter. Die Nacht vor dem großen Rennen schlich sich Montenegro heimlich in Mulatos Zelt, wo er den Häuptling bei einem für ihn seltenen Trinkgelage vorfand, und kam mit ihm zu einer Einigung. Am nächsten Tag schmiss Montenegro zwar das Rennen, erhielt Juana aber trotzdem zur Frau, gegen ihren Willen. Obwohl der Häuptling sein Versprechen in betrunkenem Zustand gegeben hatte, blieb er dabei und Jimmys Feind ritt mit dem Mädchen davon.

Jimmy zog mit einer anderen Tehuelche-Frau zusammen, die von ihm schwanger wurde. Dreißig Jahre später erzählte er Herbert Childs von der Nacht, in der sein erstes Kind zur Welt kam:

»Als die Zeit gekommen war, ging ich hinaus, nachdem ich ein paar *chinas* (Frauen) zur Hilfe herbeigeholt hatte. Ich trug ihnen auf, mich zu rufen, wenn sie etwas brauchten und vor allem dann, wenn das Kind geboren war. Ich war schon einige Zeit lang draußen gewesen und niemand hatte mich gerufen, obwohl es im *toldo* ganz ruhig geworden war. Ich fragte, ob alles in Ordnung wäre und sie sagten, ich solle hereinkommen.

Ich ging hinein. Der *china* ging es gut. Ich wollte das Kind sehen und sie zeigten es mir. Es war reizend mit seinen blauen Augen und seiner weißen Haut. Es sah wie ein echtes englisches Baby aus. Ich freute mich über sein Aussehen, aber je näher ich es mir ansah, desto mehr schien es mir, dass etwas nicht stimmte. Das Kind war so ruhig. Ich berührte es und es war schon kalt.

Sie hatten es nicht am Leben gelassen, obwohl bei der Geburt alles in Ordnung gewesen war. Sie glaubten, es sei nicht richtig, dass ein Kind unter ihnen aufwachsen sollte, das nicht so aussah wie sie selbst.«

Jimmy erinnerte sich auch an einen Winter, in dem es so kalt war, dass Menschen und Tiere umkamen, weil sie im Schnee festsaßen und verhungerten. Das war 1904 bei einem Besuch in den *toledos*. Als sich der Sturm nach vier Tagen und vier Nächten endlich gelegt hatte, war der Schnee an die zwei Meter hoch und blieb liegen. Ein Stinktier kam ins Zelt. Sie töteten es und aßen es auf, und vor dem Tauwetter kamen noch zwei weitere. »Sie schmeckten wie ein gutes Hähnchen. Ich esse lieber Stinktier als viele andere Tiere. Puma zum Beispiel schmeckt wirklich grässlich.«

Gegen Ende des Frühlings waren die meisten Pferde verhungert. Zuerst aber hatten sie sich gegenseitig ihre Mähnen und Schwänze abgefressen. »Als ich sie fand, waren sie so dürr, nur noch Haut und Knochen. Mir schien es schade, dass sie kein Fleisch fressen konnten, denn überall lagen tote Schafe herum. Die Leute sammelten die Wolle ein, die sie von den toten Schafen zupften. Diese Wolle bringt keinen so guten Preis wie die Schurwolle, aber wenn die gezupfte Wolle lange Fasern hat, hilft das doch ein wenig in einer Zeit, in der alle Schafe umgekommen sind.«

Sie zogen wieder aus, teils um Neuigkeiten zu erfahren, teils um nach der Enge in den Zelten die Weite der Pampa zu genießen. Auf der *Megan Estancia* hatten von den vierzehntausend Schafen hundertfünfundsiebzig überlebt. In Kreisen lagen tote Pferde herum, die versucht hatten, den Boden durch das unaufhörliche Wandern in der Runde vom Schnee frei zu halten, bis eines von ihnen zusammenbrach und das Uhrwerk damit für immer stoppte. Es gab dafür andere, erbarmungslose Erträge: Jimmy sammelte vierhundert Felle von erfrorenen Guanakos ein.

In späteren Jahren traf er wieder auf Juana, die inzwischen genug von Montenegro und ihn verlassen hatte. Sie floh mit Jimmy nach

Norden, wo die beiden eine Farm aufkauften und eine Familie gründeten. Es war ein langer Weg gewesen, aber nun waren sie glücklich. Doch selbst hier versuchten die englischen Besitzer der größeren Nachbarsgüter, Jimmy durch Bestechung der Beamten zu vergraulen. Aber Jimmy setzte sich zur Wehr und trug den Sieg davon. Die beiden lebten hier bis ans Ende ihrer Tage.

Der alte Häuptling Mulato hatte allerdings weniger Glück. Beamte versuchten, ihn um sein Land zu bringen und es an weiße Farmer weiter zu verkaufen. Er war ein Relikt aus einer anderen Zeit, aber er hatte noch immer die Urkunden zu seinem angestammten Grundbesitz. 1905 ging er nach Santiago, um seine Eigentumsrechte zu verteidigen. Den Großteil seiner Familie nahm er mit. Auf dem Heimweg fiel Mulatos Nichte ganz unerwartet einer Krankheit zum Opfer und Mulatos Sohn holte Jimmy zu Hilfe. Kurz nachdem Jimmy im Lager angekommen war, starb auch Mulatos Frau. Mulato selbst folgte ihr um Mitternacht und der Sohn ein paar Tage später. In Santiago hatten sich alle eine der Krankheiten der Weißen geholt, die Pocken. Farmer nahmen sich ihr Land.

Rory Wilson

Als ich an meinem ersten Morgen in Puerto San Julián aufwachte, füllte Sonnenschein die Straßen. Zwei Tische von mir entfernt im hellen Speisesaal sprach ein blonder, schmalbrüstiger Mann auf Deutsch mit einer Frau, deren schönes Gesicht von langem, schwarzem Haar umrahmt war.

Ich war auf der Suche nach einem Bootsmann namens Carlos Cendron, der mich auf die Insel bringen sollte, wo Magellan und Drake ihren noblen Begleitern den Prozess gemacht hatten, um sie dann inmitten der Höhlen der Magellan-Pinguine hinrichten zu lassen. Unweit vom Strand fand ich ein Häuschen aus Wellblech, das in einem warmen Rosa frisch gestrichen war. Eine einheimische Frau lehnte am niedrigen Lattenzaun und unterhielt sich mit dem Paar vom Hotel.

»Ich suche Carlos.«

Der blonde Mann horchte auf. »Bist du Engländer?«

»Ja.«

Er streckte mir die Hand entgegen. »Rory Wilson.«

Ich sagte: »Du wohnst im Bahía.«

»Ja, da war ein Neuer beim Frühstück! Aber ich merke nie etwas, weil ich immer so viel rede! Das ist Mandy, die sich mit mir abfinden muss.«

»Aber ihr habt Deutsch miteinander gesprochen – tut mir Leid – aber wenn ich allein reise, belausche ich oft die Leute.« Typisch, kaum hat man Engländer miteinander bekannt gemacht, beginnen sie schon, sich gegenseitig zu entschuldigen.

»Mandy ist aus Deutschland. Wir studieren beide an der Universität von Kiel und erforschen jetzt Pinguine entlang der argentinischen Küste. Wofür brauchst du denn Pinocho?«

»Pinocho?«

»Alle nennen Carlos Pinocho.«

Aus dem Haus kam ein Mann mit beweglichem Körper und vielen Muskeln. Er fuhr sich mit den Fingern durch sein dichtes lockiges Haar und streckte mir dann die Hand entgegen.

Rory fügte noch hinzu: »Das heißt so viel wie Pinocchio.«

Ich sagte: »Hallo, Carlos.«

»Wir werden den Tag mit dem Vermessen von Pinguinen verbringen und dann unser Forschungslager auf einer der Inseln abbrechen«, sagte Rory. »Komm doch mit, wenn du willst. Auf dem Rückweg kann Pinocho dich dann zur Hinrichtungsinsel bringen – hier heißt sie *Isla de la Justicia*.«

Carlos befestigte ein Schlauchboot am Heck eines amerikanischen Ford Pick-up von 1962 und Rory und Mandy zogen mich hinauf in den Wagen. Zehn Minuten später war das Schlauchboot im Wasser, Carlos ließ den Außenbordmotor anlaufen, der Bug unter mir hob sich und wir glitten über die glasige Wasserfläche im Hafen. Die Bucht war von niedrigen Inseln und Kiesbänken gesäumt. Mehr Mündungsgebiet als Atlantik. Zu unserer Linken kräuselte sich das

Wasser. »Commersondelfine«, sagte Rory, »äußerst selten. Man sieht sie sonst fast nirgends. Es sind *odontoceti*, also Delfine mit Zähnen, Vettern der Schwertwale. Man weiß fast gar nichts über sie.« Einer kam unter dem Bug hervor und blies mir Wasser ins Gesicht.

»Wunderbares Tier, zwischen eineinhalb und zwei Metern lang, mit viel Weiß, jedes Tier hat eine eigene Musterung, ist hier recht gesellig.«

Die Commersondelfine wurden vom Naturwissenschaftler Philibert de Commerson entdeckt, dem mit Bougainville 1766–1769 die erste französische Weltumsegelung gelang. Er hatte seinen Diener Baré auf die Reise mitgenommen. Auf Tahiti merkten die Eingeborenen sofort, was den Kollegen gar nicht aufgefallen war: Baré war eine Frau, Commersons Geliebte.

Der Delfin unter dem Bug berührte mit dem Rücken den Gummibelag. Die Kamera ließ ich im Beutel, auch den Minidisc-Recorder. Ich streckte die Hand aus und berührte den Rücken eines wilden Delfins. Er fühlte sich weich und glatt an, weder Fisch noch Fleisch. Er blies mir erneut Wasser ins Gesicht. Sonne im Nacken. Glückseligkeit.

Es war Ebbe. Wir kamen zu einer seichten Stelle an der Nordseite der Bucht, wo das Wasser in Rinnsalen ablief und nur noch einige Zentimeter tief war. Carlos hob den Motor hoch und stakte das Boot, bis wir wieder in tieferes Wasser gelangten und unter einem Pfahlhaus am oberen Ende des Strandes anlegten.

»Ist das dein Haus?«

»Meine Insel.«

»Wohnst du während des Sommers hier?«

»Ich komme oft hierher, bei gutem Wetter drei oder vier Mal die Woche. Ich fische und repariere dies und jenes.«

»Wer lebt sonst noch auf der Insel?«

»Einhundertdreißigtausend Magellan-Pinguine.«

Sie lagen wie Ottern auf dem Rücken, wälzten sich, tollten herum und putzten sich. Langsam schwammen sie auf die Küste zu und marschierten dann hintereinander den Strand hinauf. In Gruppen von zwei oder drei Dutzend Tieren standen sie beieinander. Wir legten inmitten von Meerfenchel an und brachten die Ausrüstung an Land.

Die von Gestrüpp bedeckte Insel ist niedrig und nicht mehr als neun oder zwölf Meter hoch. Die Pinguine siedeln und nisten hier und bei jedem Schritt war ich nie weiter als eine Armeslänge von einer Nisthöhle entfernt. Ihr Ruf, mit dem die Pinguine ihr Territorium vor Eindringlingen verteidigen, hört sich wie der Schrei eines Esels an, und der, mit dem sie ihre Küken und Partner identifizieren, hat ein zusätzliches Vibrato.

In der Hütte sortierte Rory seine Ausrüstung: Magenpumpe, Schüssel, Waage.

»Es sind bemerkenswerte Vögel. Sie nisten überall vom Kap Hoorn bis Chiloé, weit oben im Norden der chilenischen Küste.«

»Ich weiß, ich dachte schon, ich würde Gespenster sehen.«

»Es gibt eine Pinguinkolonie, die sogar noch weiter im Norden an der Küste von Atacama nistet – das ist die trockenste Wüste der Welt.«

»Seit wann erforschst du schon die Pinguine?«

»Seit zwölf Jahren.«

»Und was soll das Ergebnis dir zeigen?«

»Das Ganze gehört zu einer Reihe von Experimenten, die wir entlang der argentinischen Küste durchführen. Die Gewässer an der Ostseite Südamerikas sind nicht so reich wie die im Westen. Entlang der gesamten chilenischen Küste bringt der kühle, nährstoffreiche Humboldtstrom wie auf einem Förderband Nahrungsmittel aus der Antarktis heran. Der Küstensockel hier ist noch nicht so stark überfischt, er wird es aber bald sein. Wir müssen wissen, was die Pinguine fressen, was sie brauchen und wo sie sich ihr Futter holen. Drei Wochen lang fahren wir nach Norden die lange Küste von Cabo Virgenes am östlichen Eingang zur Magellanstraße entlang bis zur Halbinsel Valdes, wo die Wale gefilmt werden.«

Er befestigte sich einen Gurt um die Taille, nahm eine Tafel in die Hand, die wie das Mörtelbrett eines Maurers aussah und an einer

Seite eine Rundung eingekerbt hatte. Mandy trug eine blaue Plastik-schüssel und einen orangefarbenen Gummischlauch mit einer Ballonpumpe daran. Carlos studierte ein Clipboard.

Rory erklärte die Arbeit: »Da draußen sind sechs Pinguine, von denen jeder einen Sender im Wert von tausend Pfund auf dem Rücken trägt. Heute ist unser letzter Tag und ich hoffe, dass wir die ganze Ausrüstung wieder zurückbekommen.«

Aus einer Tasche nahm er einen tief grünen Harzblock, der die Form und Größe eines Makrelenkopfs hatte. »Die bringen wir am Rücken der Vögel an; sie registrieren die Tiefe, Geschwindigkeit und Richtung der Vögel. Die Daten speichern wir im Computer und zeichnen auf, wo sie waren. Wir pumpen ihre Mägen aus und wissen dann, was sie gefangen haben. Damit können wir uns ein Bild von ihrem Futterbedarf machen. Meine eigene Erfindung«, sagte er stolz und hielt die Holztafel in die Höhe.

»Wie geht's den Küken in diesem Jahr?«

Er runzelte die Stirn. »Trotz der hohen Zahlen ist das hier nicht der ideale Ort für sie. Ihr Lieblingsfutter ist Fisch. Weiter im Norden finden sie Anchovis, hier sind es Sardinen. Davon gibt es aber nicht genügend und so müssen sie eine Menge Tintenfische fressen, die nicht so nahrhaft sind und viel länger verdaut werden müssen. Wenn der Tintenfisch dem Küken nicht direkt in den Schnabel gefüttert wird, erkennt es ihn gar nicht als Futter und lässt ihn auf dem Boden des Nests liegen. In diesem Teil von Patagonien dürfte es im Dezember überhaupt nicht regnen, aber in diesem Jahr gab es starke Regenfälle. Wasser ist in die Höhlen und in die Nester gelaufen. Da der Flaum der Küken die Nässe absorbiert, erfrieren sie. Etliche der ersten Küken sind gestorben und die meisten der zweiten Küken, die zwei Tage später ausschlüpfen und oft schwächer sind.«

Er richtete sich auf und beobachtete den Strand. »Ich glaube, da ist jetzt einer von unseren.« Der Vogel, der über das Wirrwarr der Pfade auf uns zukam, schien zu wissen, dass er beobachtet wurde. Er blickte uns keck über die Schulter an und lief davon, wobei er eine recht gute Imitation von Charlie Chaplin an den Tag legte. Rory verschwand hinter einer niedrigen Erhebung. Dann hörten wir lautes Geschrei. Als er zurückkam, trug er einen Pinguin.

Er kniete sich auf den Boden, den Vogel aufrecht zwischen die Schenkel geklemmt. Dann befestigte er Leinen von seinem Gurt an den Beinen des Tiers und hielt es am Hinterkopf fest. »Man darf sie nie an den Flossen oder Füßen anfassen, sonst werden sie wütend und ihre Schnäbel sind scharf wie Drahtschneider. Stell dir vor, du hältst ein ganz scharfes Messer über deine Finger und hängst ein 6-kg-Gewicht dran – dann bekommst du eine Vorstellung, wie scharf die Schnäbel sind. Die meisten Forscher verwenden Handschuhe, aber das ist nicht notwendig, wenn man weiß, wie sie zu behandeln sind. Aber kein System ist perfekt.« Dabei hielt er einen Finger in die Höhe, der einen tiefen Schnitt an der Seite aufwies. »Der ist drei Wochen alt. War aber meine eigene Schuld. Hast du schon mal in den Schnabel eines Pinguins geschaut?«

Ich dachte nach. »Nein.«

Rory stemmte den Schnabel auf, was gar nicht so einfach war. Das Innere war leuchtend rosa und Gaumendach und Zunge trugen große starke Borsten, die nach unten gerichtet waren. »Sie fressen ihre Fische mit dem Kopf zuerst und das hier hilft gegen die Schuppen. Der letzte Anblick, den viele Fische haben.«

Mandy reichte ihm einen orangefarbenen Schlauch, wie wir sie von den Bunsenbrennern in der Schule kennen. Rory schob ihn in den Schlund des Vogels.

»Wie schlimm ist das denn für den Vogel?«

»Sie übergeben sich ständig ganz von selbst. Sie speien das Futter für die Küken ja wieder aus und viele Meeresvögel tun das auch, wenn sie angegriffen werden, als Ablenkungsmanöver. Für uns wäre das scheußlich.« Mandy pumpte Wasser durch den Schlauch und füllte damit den Magen, bis Wasser aus dem Schnabel lief. Rory drehte das Tier schnell um und etwa ein Drittel des Mageninhalts platschte in die Schüssel. Der Rest blieb im Vogel. »Übrigens ist das weit weniger unangenehm als die frühere Methode.«

»Was machte man denn da?«

»Man schlug ihnen auf den Kopf und schnitt den Magen auf.«

Rory setzte den Vogel ab und löste seinen Griff. Das Tier schoss zehn Meter davon, richtete sich dann auf und ging mit dem restlichen Futter im Magen zurück zu seinem wartenden Küken.

Wir stocherten in der Schüssel herum und legten Fischköpfe und Tintenfische in Reihen vor uns auf. »Hier, siehst du, was ich mit den Tintenfischen meine? Die Fische waren ebenso lange in den Gedärmen und sind schon halb verdaut.«

Ich hob einen Tintenfisch hoch. »Der ist so frisch, dass man ihn waschen und verkaufen könnte.«

»Und für die Küken bedeutet das, dass sie fast einen ganzen Tag länger zum Verdauen brauchen und das Ganze letztlich weniger nahrhaft ist.« Rory zog einen kleinen grünen Schnabel hervor. »Tintenfischschnäbel bleiben monatelang im Magen, die zählen nicht.«

Ein wunderschöner Habicht kam herüber. Aufgeregt machte ich Rory auf ihn aufmerksam. »Was ist das?«

Rory sah hoch. »Weiß nicht. Wenn er nicht untertaucht und Fische frisst, interessiert er mich nicht. Da kann ich nichts machen. Halt diesen mal kurz.« Er gab mir einen ausgewachsenen Vogel. Ich hielt ihn am Hinterkopf fest und klemmte ihn zwischen die Beine. Er fühlte sich an wie ein Muskelball, als würde ich einen Staffordshire Bullterrier zwischen den Beinen halten. Das Tier war völlig ruhig.

»Du hast den richtigen Griff«, sagte er. Ich ließ dabei den Schnabel nicht aus den Augen.

Dann ging ich und fotografierte die Vögel am Strand. Da gab es Schwarze und Feuerland-Austernfischer, die nur selten im selben Gebiet zu finden sind. Die schwarzen hatten einen scharlachroten Schnabel, orangerote Augenlider und eine auffallend orangegelbe Iris. Dominikanermöwen hockten auf ihren Nestern und wurden von räuberischen Skuas umkreist, die versuchten, an die Küken und Eier zu kommen. Ich legte mich auf die Kieselsteine und wartete, bis sich alle an mich gewöhnt hatten. Dabei hatte ich den Blick so fest aufs Land und die Austernfischer gerichtet, dass ich gar nicht merkte, was sich hinter mir angeschlichen hatte. Als ich mich schließlich wieder dem Meer zuwandte, sah ich, dass eine Gruppe von etwa zwei Dutzend Pinguinen vom Wasserrand auf mich zu kamen und mich dabei anstarrten. Das ging so, dass sich einer aus der Gruppe nach vorne lehnte und nach einer Minute unerträglicher Unschlüssigkeit, von Neugier übermannt, etliche Schritte weiter auf mich zu wagte. Die Übrigen folgten ihm und blieben stehen, bis ihr Führer am ganzen Körper zitternd erneut die Herrschaft über sich verlor und vorwärts trappelte. Schließlich musste ich so laut lachen, dass sich alle wieder schleunigst an den Wasserrand zurückzogen.

Inzwischen hatte sich ein Wind erhoben und wir gingen ins Haus auf eine Tasse heißen Matetees. Rory blickte forschend über die Bucht. »Da draußen schwimmt noch immer ein Pinguin herum, der tausend Pfund wert ist.«

Carlos sagte: »Ich bin jetzt zum Fischen hier draußen. Ich weiß, zu welchem Nest er gehört und werde mich melden.«

Wir beluden das Boot und ich sah zurück auf ein Siebtel von einer Million Pinguine. »Wie heißt denn die Insel?«, fragte ich Rory.

»Wir nennen sie einfach die Insel. Ich weiß nicht, ob sie hier einen Namen hat.«

Carlos nickte. »Sie heißt Kormoran-Insel.«

Ich warf einen letzten Blick zurück. Ein Hase saß auf der grasbewachsenen Inselkuppe und ein Habicht stieß aus dem Himmel.

Im Schlauchboot durchquerten wir die Bucht. Der Abend war schon recht kalt, aber bevor wir aufs Festland zurückkehrten, musste ich mir die Hinrichtungsstätte ansehen, wegen der ich nach Puerto San Julián gekommen war – Isla de la Justicia, die Insel der Gerechtigkeit.

Die niedrige Sandbank war vom Festland weiter entfernt als die Kormoran-Insel. Auf ihrem höchsten Punkt hatte sich gerade so viel Erdreich angesammelt, dass ein paar magere Büsche gediehen. Der Rest war Kiesstrand, auf dem allerdings geschäftiges Treiben herrschte: Möwen und blauäugige Kormorane saßen dicht gedrängt auf ihren Nestern. Unser Boot stieß sanft gegen den Strand und Carlos stellte den Motor ab. Kleine Wellen kräuselten sich um die

Kieselsteine und der Wind fing sich in den taubengrauen Federn der schönsten aller Möwen, der Blutschnabelmöwe. Auf zinnoberroten Beinen stakste sie den Strand hinauf und betrachtete uns dabei über die Schulter. Dann stolzierte sie im Gras umher, das in den Gebeinen von Edelmännern wurzelte.

Ich dachte daran, wie dieses ferne, winzige Eiland Drake bei seiner Rückkehr verfolgt haben mochte, als er von den Freunden und Angehörigen des einflussreichen Mannes angegriffen wurde, den er hier gerichtet hatte. Die Insel trägt nicht nur den Namen der Gerechtigkeit, sie heißt auch Blutinsel. Aber wurde das Blut hier im Namen der Gerechtigkeit oder der Rache vergossen? Als sich Drake entschlossen hatte, Thomas Doughty zu verurteilen und hinrichten zu lassen, geschah dies sicher auch, weil Drake von dem einzigen anderen Kommandeur, der dieses Land betreten hatte, besessen war: von Ferdinand Magellan.

Die Blutinsel

Hier in Puerto San Julián, auf dieser kleinen Insel inmitten der Bucht, kam es zwischen ihm und einem seiner Kapitäne, Sebastian del Cano, zu einer Konfrontation und Magellan zeigte, was in ihm steckte. Als seine Flottille am letzten Märztag des Jahres 1520 hier anlegte, um seiner Mannschaft Gelegenheit zur Rast und zur Reparatur der Boote zu geben, hatte er sich schon zu weit vorgewagt, um jetzt, an diesem Punkt, seine Ambitionen aufs Spiel zu setzen. Die Kiesbänke mögen sich in dem halben Millennium, das seitdem vergangen ist, ein wenig verlagert haben, aber der allgemeine Schauplatz war dem heutigen sicher sehr ähnlich. Wie heute hatten die vorgelagerten Inseln zwar die Macht der Wellen gebrochen, aber keinen Schutz vor den beißenden Winden geboten.

Magellan war bereits über den Rand der Seekarten seiner Zeit hinausgesegelt und in Gewässer gelangt, in deren Gischt die Seeungeheuer ihr Unwesen trieben. Die Vorbereitungen zu dieser Fahrt waren lang und gründlich gewesen. Erst als Juri Gagarin seine Raumfahrt antrat, gab es wieder eine Abenteuerreise dieser Größenordnung, mit dem Unterschied, dass man bei dem Russen wusste, was ihm bevorstand. Für Magellan bedeutete das Verlassen dieses kärglichen Hafens der Aufbruch in einen völlig unbekannten Kosmos.

Bei Aristoteles hatte Magellan gelesen, dass die südliche Hemisphäre ein von Menschen unbewohntes Gebiet sei. Magellan fand aber Dörfer vor, in denen es von Menschen wimmelte. Somit war Aristoteles als Informationsquelle aus dem Spiel. Und Magellan fand nicht nur Menschen, sondern wahre Riesen, genau wie alle nachfolgenden Forscher, und das bis ins frühe 18. Jahrhundert. In Magellans Gefolge befand sich Antonio Pigafetta, ein junger Edelmann aus Vicenza, der den päpstlichen Gesandten auf dieser Expedition begleitete. Er war ein wissbegieriger und äußerst sprachbegabter Mann.

Eines Tages aber (ohne dass wir es erwartet hatten) sahen wir einen Riesen, der völlig nackt auf dem Strand tanzte, in die Luft sprang und sang, und während er sang, warf er sich Sand und Staub auf den Kopf. Unser Kapitän sandte einen unserer Matrosen zu ihm und trug ihm auf, wie der Mann zu springen und zu singen, um ihn zu beruhigen und ihm freundschaftliche Gesinnung zu zeigen. Was er auch tat. Als der Riese vor uns stand, begann er zu staunen und sich zu fürchten, und er wies mit einem Finger nach oben, weil er glaubte, dass wir vom Himmel kämen. Und er war so groß, dass ihm der Größte von uns nur bis an die Taille reichte.

Doch die Unannehmlichkeiten, die Magellan von den Riesen erfuhr, waren gar nichts im Vergleich zu denen, die er selbst mit sich gebracht hatte. Innerhalb von zwei Tagen nach ihrer Ankunft in Puerto San Julián gab es eine Meuterei. In Magellans Flotte waren Männer, die ihm gesellschaftlich überlegen waren und gegen ihn intrigierten, möglicherweise schon bevor die Expedition überhaupt in See gestochen war. Am Morgen des 2. April entdeckte Magellan, dass sich drei seiner fünf Schiffe in den Händen vier aufständischer Offiziere, Juan Cartagena, Sebastian del Cano, Gaspar Quesada und Luis de Mendozas, befanden. Magellan hatte die berechtigte Vermutung, dass Mendoza der Rädelsführer sei. Er entsandte ein Boot mit einem Boten, der sich Mendozas Schiff gut sichtbar näherte, während heimlich ein zweites Boot von hinten das Schiff enterte. Mendoza wurde erstochen und die Besatzung ergab sich. Eine starke Gezeitenflut riss eines der Rebellenschiffe vom Anker und trieb es vor Magellans Kanonenfeuer. Auch dieses Schiff wurde geentert und überwältigt. Cartagena und del Cano gaben auf.

Dann wurde den Männern der Prozess gemacht. Als abschreckendes Beispiel ließ Magellan zuerst den Leichnam Mendozas aufschlitzen und die Gedärme herausnehmen, ihn dann in Stücke hacken und auf einem Galgen aufhängen. Quesada wurde enthauptet, seine Gedärme herausgenommen, geviertelt und neben ihm aufgehängt. Da Cartagena vom König selbst ernannt worden war, setzte ihn Magellan mit einem unbequemen Priester, einem kleinen Beutel Schiffszwieback und ihren Schwertern an der Küste aus. André Thevet schreibt in seiner Magellan-Biografie von 1584: »Auf diese Weise zermürbte er die anderen beträchtlich.«

Sebastian del Cano und einem Dutzend anderer Männer, die schuldig befunden worden waren, vergab er. Magellan hatte einfach nicht genügend Leute, alle Schuldigen hinzurichten. Es war eine makabre Ironie des Schicksals, dass der nächste Besucher dieses Hafens am Rand der Welt ein weiteres grimmiges Schauspiel inszenierte, das schattenhafte Züge von Magellans Drama aufwies.

»Mit dem Tod oder auf sonstige Art«

Magellans Nachfolger bei der Erforschung der südlichen Hemisphäre war Francis Drake. Als er 1577 zu Beginn seiner Weltumsegelung an Bord der *Pelican* ging, war er fünfunddreißig Jahre alt, ein kluger Kopf, von glühender Loyalität zu seiner Familie und äußerst ambitioniert. Er konnte skrupellos sein, wenn er die Gewalt in Händen hatte, und wusste seine Wutausbrüche immer zu seinem Vorteil zu nutzen. Er war weder grausam noch leichtsinnig und wusste auch im Zorn immer, was er wollte. Nach Ausbruch des Kriegs mit Spanien beteiligte sich Königin Elisabeth insgeheim an Drakes geplantem Streifzug durch die Magellanstraße in die Südsee, um dort den pazifischen Reichtum der Spanier zu plündern. Sie war dabei streng darauf bedacht, dass Lord Burghley, der ähnliche Projekte in der Vergangenheit immer vereitelt hatte, nichts davon erfuhr.

An Bord der *Pelican* war Thomas Doughty, ein gebildeter Gelehrter und Linguist mit guten Beziehungen, der mit einer Gruppe militärischer Edelleute unterwegs war. Er hatte seinen Einfluss genutzt, um eine günstige Gesinnung für die Expedition bei Hof zu fördern, was er auch immer wieder hervorhob. Anfangs hatte er das Kommando über die Truppen zu Land inne. Drake hatte als Admiral das Oberkommando, aber er war in den Augen des Karrierehöflings Doughty kein Edelmann. Und es war bald offensichtlich, dass weder der Offizier noch der Edelmann es über sich bringen konnte, sich dem anderen zu beugen.

Von den zahlreichen Berichten über die Fahrt ist keiner unparteiisch und alle enthalten Fehler, aber es scheint doch festzustehen, dass Doughty bald eine Gruppe von Edelmännern anführte, die alle aus besten Familien und jung waren und viel zu wenig zu tun hatten. Auf der *Mary* beschuldigten sich Thomas Drake und Thomas Doughty gegenseitig des Diebstahls. Francis Drake ging an Bord und hörte sich zwei fadenscheinige Geschichten an. Um den jungen Mann zu beschwichtigen, ernannte er Doughty offiziell zum Hauptmann der aristokratischen Militärs auf der *Pelican*.

Doughty war der Ansicht, dass zu seiner Ernennung eine Ansprache angebracht sei und rief die Mannschaft zusammen:

Meine Herren, ich habe Ihnen etwas mitzuteilen. Der General hat seine Machtbefugnis von der Erhabenheit Ihrer Majestät der Königin und ihres Kronrats, eine Machtbefugnis, die vor seiner Zeit kaum einem Untertan übertragen worden ist: Missetäter nach eigenem Ermessen mit dem Tod oder auf sonstige Art zu bestrafen; so hat er dieselbe Machtbefugnis an mich in seiner Abwesenheit übertragen, diese Strafen an all jenen, die Übeltäter sind, zu vollziehen.

Bald würde diese Befugnis zur Vernichtung eines Mannes herangezogen werden. Allerdings nicht von Mr. Doughty.

Doughtys Schiff verlor den Kontakt zur restlichen Flotte und Drake nahm an, dass dies absichtlich geschehen war. Als Schlechtwetter einsetzte, hatte Drake endgültig genug. Wütend marschierte er auf dem Deck umher und beschuldigte Thomas Doughty, das schlechte Wetter herbeigehext zu haben. Während Magellans Drama von einer realen Situation verursacht worden war, wurden Drakes Schwierigkeiten zu einem tragischen Schauspiel, das hin und wieder komische Züge annahm. Doughty beschimpfte Drake und wurde zwei Tage lang an den Mast der *Pelican* gebunden. Als er wieder frei war, weigerte er sich, auf ein anderes Schiff zu gehen, bis Drake einen Flaschenzug herrichtete und drohte, ihn als Fracht vom Schiff zu laden.

Am letzten Junitag segelte Drake in die Bucht von Puerto San Julián, um, wie Magellan vor achtundfünfzig Jahren, Besatzung und Boote für die Passage zum Pazifik vorzubereiten. Auch hier trafen sie wieder auf Riesen. Weiter im Norden hatte Francis Fletcher über sie berichtet: »Sie brachten uns mehr Freundlichkeit entgegen, als dies viele Christen getan hätten, nein, mehr als ich selbst unter meinen Brüdern im geistlichen Amt der Kirche Gottes erfahren habe.« Drake gab den Riesen zu essen und zu trinken. Nur einmal zuvor hatten die Riesen Menschen wie diese gesehen und einer der Indianer rief außer Bugreichweite in gebrochenem Portugiesisch: »*Magellanes, Esta he minha terra*« – »Magellan, das ist mein Land.«

Welch vergeblicher und ironisch prophetischer Ruf.

Sie fanden Magellans Galgen, einen Mast aus Fichtenholz, der umgefallen war. Der Küfer nahm ein Stück davon mit ins Lager und machte daraus Humpen, die er an seine Schiffskameraden verkaufte.

Als die Männer im Kies und im spärlichen Erdreich scharrten, kamen die Gebeine von Luis de Mendoza, Antonio de Coca und Gaspar Quesada zum Vorschein. Drake wusste, dass der beherzte Mann, der dafür verantwortlich war, seine Expedition als Einziger erfolgreich durch die Meeresstraße und wieder zurück nach Hause gebracht hatte. In den zwanzig Jahren, die zwischen Magellans Erfolg und Drakes Geburt lagen, hatten einundzwanzig Schiffe diesen Kurs verfolgt: Zwölf davon hatten in oder in der Nähe der Meeresstraße Schiffbruch erlitten, die übrigen Schiffe waren anderswo gesunken oder umgekehrt. Mit so wenig Aussicht auf Erfolg gab es nur eine Reaktion auf Dissidenten.

Es liegen zwei zeitgenössische Berichte über den Prozess vor, der Thomas Doughty in San Julián gemacht wurde. Einer stammt von Drakes Marinegeistlichem Francis Fletcher, der Doughty in seinem Bericht zwar mit aller Höflichkeit behandelt, dessen Sympathien und Loyalität aber offensichtlich bei Drake liegen. Der andere von John Cooke zeigt eine feindliche Gesinnung. Cookes Schiff war schon vorzeitig nach Hause zurückgekehrt, und da er seine Fassung zu einer Zeit schrieb, als er glaubte, Drake würde nicht zurückkehren, nahm er kein Blatt vor den Mund. Rückblickend verdammte er Puerto San Julián als einen Ort, wo »der Wille Gesetz und die Vernunft verbannt war«.

Ein Stuhl wurde auf die Isla de la Justicia gebracht und der gesamten Mannschaft befohlen, an der Verhandlung teilzunehmen. Thomas Doughty und seine Gefolgsleute standen Drakes gewaltigem Ehrgeiz im Weg und es begann nun ein Katz-und-Maus-Spiel zwischen den beiden. Zuletzt beging Doughty einen tödlichen Fehler: Angeberisch ließ er durchblicken, dass Lord Burghley von der Reise Kenntnis hatte.

»Nein«, sagte Drake, »dem ist nicht so.«

»In der Tat, dem ist so.«

»Wie denn?«

»Er wusste es von mir.«

»Hört, meine Herren, was dieser Geselle getan hat, denn Ihre Majestät trug mir ausdrücklich auf, dass von allen Männern der Schatz-lord nichts davon erfahren sollte, aber ihr seht nun, dass sein eigener Mund ihn verraten hat.«

Die Geschworenen befanden Doughty für schuldig und nun be-gann ein Spiel, das den höfischen Konventionen jener Zeit Rechnung trug. Drake fragte Doughty: »Wollt Ihr, dass Ihr in diesem Land hin-gerichtet werdet, oder wollt Ihr, dass wir Euch auf dem Festland aus-setzen, oder wollt Ihr nach England zurück, wo Ihr vor dem Kronrat Ihrer Majestät für diese Tat Antwort steht?«

Doughty dankte ihm für seine Milde und bat, ihm am Morgen Be-scheid geben zu dürfen. Drake stimmte zu.

Im Morgengrauen des nächsten Tages verwarf Doughty das An-gebot, »unter den Ungläubigen« im Stich gelassen zu werden. Da er überzeugt war, dass ihn niemand nach England zurück begleiten würde, bat er um die Hinrichtung. Drake bot ihm den Tod durch Er-schießen an, was er selbst durchführen wollte, sodass Doughty den Tod durch die Hand eines Edelmannes finden würde. Doughty ent-schied sich für den Tod durch das Beil.

Am nächsten Tag zelebrierte der Geistliche Fletcher das Abend-mahl, danach speisten Drake und Doughty miteinander. In keinem der Berichte heißt es, dass die gemeinsame Mahlzeit nicht freund-schaftlich verlaufen sei. Dann sagte Doughty, dass er für die Hinrich-tung bereit sei, bat aber, noch »ein paar Worte mit ihm allein spre-chen zu dürfen«. Die beiden gingen an die sieben oder acht Minuten lang miteinander den Kiesstrand entlang; niemand weiß, worüber sie sprachen. Nach ihrer Rückkehr sagte Doughty noch, dass der, »der meinen Kopf abschneidet, wenig Rechtschaffenheit finden wird, weil mein Hals so kurz ist«. Dann legte er seinen Kopf auf den Richtblock. Die Axt fiel. Drake hatte ein Argument gebraucht, das er gewinnen konnte: Sein Beweisstück war Thomas Doughtys Kopf. Er hielt ihn hoch und rief: »Seht, dies ist das Ende von Verrätern.«

Als sie ein Grab aushoben, fanden sie einen Mühlstein, der in der Mitte auseinander gebrochen war. Sie legten die eine Hälfte an den Kopf und die andere an die Füße des Leichnams.

Abwesende Millionäre

Im Taxibüro von Puerto San Julián erklärte ich, dass ich der Küste entlang nach Norden fahren wollte, auf der Suche nach der *Estancia Coronel*, einer gescheiterten ehemaligen Kolonialsiedlung. Wir verhandelten und ich zeigte dem Fahrer, einem unrasierten Dreikäsehoch mit schwarzer Sonnenbrille und einer Packung Marlboro, eine Karte.

Der Boss kam heraus. Marcello, ein Mann um die dreißig mit glatter Haut, einem dünnen Studentenbärtchen, das um die Stirn schon schütter werdende Haar aus dem Gesicht gekämmt. Wir einigten uns auf einen Preis. Ich streckte ihm die Hand entgegen: »Ich heiße John.« Er behielt seine Hand in der Tasche. Der Fahrer fragte hinter dem nächtlichen Dunkel seiner Brille hervor: »Wohin soll's gehen?«

Dann folgte eine unendlich lange Erklärung.

Der Fahrer nickte. »Da fahre ich also…« Der Rest seines spanischen Redeschwalls entging mir.

»Nein.« Marcello lieh sich meine Karte aus. »Du fährst…« Es folgte erneut eine detaillierte Routenbeschreibung.

»Verstanden?«

»Ja. Ich fahre ganz nach oben bis ans Ende der Hauptstraße…«

»Nein.« Marcello ging nach hinten in die Büroräume. Der Fahrer führte mich zum Auto. Ich warf meine Tasche auf den Rücksitz. Er sagte: »Nein.« Vielleicht war Nein bei denen das Firmenmotto. Dann forderte er mich auf, vorn Platz zu nehmen. Marcello kam mit Maxi, seinem sechsjährigen Sohn, heraus. Der Fahrer lächelte mir zu: »Sie werden mir den Weg zeigen.« Dabei machte er einen recht fröhlichen Eindruck. Am Ende der Hauptstraße bogen wir rechts auf einen Weg ab, der über sanfte Grashügel und niedriges Gebüsch führte.

Hinter uns wirbelte Staub vom sandigen Weg auf. Den Wegrand säumten Sträucher mit silbrigen Blättern und gelben Blüten. Dazwischen sprossen, vom Wind geschützt, kleine purpurrote Blumen, deren Blütenblätter an Malven und Klatschmohn erinnerten. Nach einer halben Meile kamen wir zu einer Gabelung. Wir mussten uns rechts halten, um an der Küste zu bleiben. Sonnenbrille wollte nach links abbiegen, bevor ihn Marcello in letzter Minute korrigierte. Der Kies, der sich in der Gabelung zu einem V angehäuft hatte, krachte wie Gewehrfeuer gegen die Unterseite des Wagens, was sich dann jede halbe Meile wiederholte. Nach einiger Zeit kamen wir an eine Kreuzung, wo alle Ortsangaben nach rechts wiesen. Der Fahrer steuerte nach links und Marcello sagte ruhig: »Hier geht's nach rechts.« Da merkte ich, dass der Fahrer nicht lesen konnte.

Wir kamen zu einer recht seicht aussehenden Pfütze, die sich über die ganze Fahrbahn erstreckte. Mit quietschenden Reifen hielten wir an, legten den Rückwärtsgang ein und fuhren dann über das holprige Gelände um die Pfütze herum. Während dieses Manövers kam ein antiquierter Fiat 500 aus der anderen Richtung und stob direkt durch das Wasser. Es war fast drei Zentimeter tief.

Auf der Hügelkuppe, von wo man weit über den Hafen und die flachen Inseln blicken konnte, stand ein Grabmal. Metallbänder hielten einen Lattenzaun zusammen, der um ein kleines Stückchen Land errichtet worden war. Sommerblumen wippten im Wind. Von der Grabstätte Robert Scholls, eines Offiziers von Captain Stokes' Vermessungsexpedition auf der *Beagle*, geht der Blick hinunter auf die Isla de la Justicia und die Punta Desengaño, die Insel der Gerechtigkeit und die Landzunge der Desillusion. Scholl war hier 1828 einer Krankheit erlegen.

Um die Ecke lag die Ruine der *Frigorifico Swift*. 1946, als die Firma ihren geschäftlichen Höhepunkt erreicht hatte, wurden hier 239 000 Schafe geschlachtet. Da in der Bucht keine Hochseedampfer anlegen konnten, kamen wendige kleine Fähren, die an die in Cornwall üblichen Schleppnetzfischer erinnerten, in das tiefe Steinbassin und suchten sich dann einen Weg über die seichten Stellen zu den großen Schiffen am Eingang der Bucht. Die letzte dieser Fähren sitzt heute am Fuß einer Klippe fest. Von einem verrosteten Schuppen ganz oben auf der Klippe hängen Rohre herunter, die aussehen, als hätte man einen toten Patienten vom Tropf abgetrennt.

Wir waren nicht die einzigen Besucher. Im tiefen Schatten eines der Schuppen war ein Feuer entfacht worden. Auf den um die Feuerstelle ausgebreiteten Decken stillten drei Frauen ihre Säuglinge oder zogen die schon etwas größeren Kinder aus dem Feuerkreis zurück. Vier Männer riefen sich gegenseitig lautstarke Anweisungen zu und drückten dann mit ihren Schultern gegen die lädierte Karosserie eines alten Chevrolets. Schwache Lebensgeister regten sich in dem Gefährt und der Fahrer lenkte den Wagen vorsichtig rund um den Schuppenhof herum. Dann parkte er ihn an einer abfallenden Stelle der Straße. Die Sonne schien warm hernieder und die niedrigen Sträucher verströmten ihren Duft in der Brise. Die Leute setzten sich und begannen zu kochen, nur sechs Meter von einem dampfenden Misthaufen entfernt.

»Wohin jetzt?«, fragte die Sonnenbrille.

»*Estancia Coronel.*« Das war ja das eigentliche Ziel unserer Fahrt, der Ort der ehemaligen Kolonie *Florida Blanca*. Antonio de Viedma war 1780 im Rahmen eines Projekts der spanischen Regierung hierher gekommen, das der Besiedelung Patagoniens und der Verteidigung der Atlantikküste gewidmet war. Zweihundert Familien wurden dazu von der Krone angeworben. Auf der Ankündigung hieß es, dass ihnen »Transport zur königlichen Hacienda, ihre eigenen Zimmer, Werkzeuge zum Bebauen ihres eigenen Bodens, ein oder zwei Zugochsen mit Joch und genügend Saatgut für den Anbau und als Nahrung für das erste Jahr« geboten würden. Des Weiteren gebe es auch Bodenschätze, die zum eigenen Gewinn abgebaut werden könnten.

Wir fuhren wieder von der Küste weg die Straße hinauf. Zwei Ibisse flogen uns über den Weg. Etwas weiter im Landesinneren passierten wir schließlich das Eingangstor zur *Estancia Coronel*. Ein langer, ansteigender Weg führte uns durch ein breites Tal und weg von der weiten Küstenebene. Hier war eine der wenigen Landschaften, die mich an meine britische Heimat erinnerte. Aber so, als hätte man Wales mit Steroidhormonen angefüttert. Weiter ging es die Straße hinauf, bis wir eine Talmulde und eine Gabelung erreichten. Hier blieben wir stehen und sahen hinunter auf zwei Reihen roter und grauer Agrargebäude, die zu beiden Seiten eines um eine gemähte Böschung sich windenden Kieswegs angelegt waren. Von einem hohen, weißen Fahnenmast in der Mitte der Böschung wehte die argentinische Flagge.

Marcello wies mit dem Finger auf die Gebäude. »Die Holzhäuser rechts sind die alte *Estancia Coronel*. Sie sind fast zweihundert Jahre alt. Die roten Gebäude links sind die neue *Estancia*, sie sind alle aus Metall.« Ich machte mit der Kamera einen Schritt nach vorn.

»Nein, bleiben Sie auf der Straße. Das hier ist Privatbesitz.«

Die schlanken Zweige eines kleinen weidenähnlichen Baums schwankten im Wind hin und her und verliehen der Stimmung etwas von der Romantik eines Corot-Gemäldes. Ich kniete mich nieder, um die *Estancia* besser ins Bild zu bekommen. Butterblumen auf der Wiese ergossen ihren Duft über das Gras. Milchkaffeebraune Pferde sahen vom Weiden zu mir hoch. Hohe Bäume beschatteten die Gebäude. Mit einem Klick hatte ich alles eingefangen. Dann legte ich die Kamera mit pochendem Herzen beiseite und blickte mich um. Oft vergisst man nach dem Fotografieren, einfach zu schauen. Alles blieb totenstill. Dann fing die Landschaft wieder an zu atmen.

»Dort oben. Wir können hinauffahren und uns die Ruinen von oben ansehen.«

Viedmas Projekt war rasch gescheitert: Der Bergbau erbrachte kein Geld und es fehlte an den nötigen Kenntnissen zum Bebauen der dünnen Scholle und zum Nutzen der kurzen Reifezeiten. Außer der modernen Ranch gab es nicht viel zu bewundern.

»Sie gehört Señor Benetton«, sagte Marcello. »Ihm gehört das ganze Land in einem Umkreis von zwölf Kilometer. Ihm gehört auch eine andere Ranch, *Estancia Sierra Morena*, und sechzehn Kilometer Land darum herum.«

»Ist das *der* Señor Benetton?«

Marcello zupfte an seinem eigenen Hemd, das nicht von Benetton war. »Ja, der mit den Kleidern und Formel Eins. Er weiß, was gut ist. Es gibt eine Menge aufgelassener *estancias* seit dem Vulkanausbruch des Mount Hudson zweihundert Meilen weg in Chile. Der Aschenregen hat hier den Boden verbrannt und viele Tiere sind umgekommen. Sylvester Stallone hat auch eine Ranch hier.«

Ich beobachtete, wie eine hellgraue Stute sich auf den Abhang des Hügels unter uns zu bewegte. Ein tief schwarzer Hengst mit fliegender Mähne sah uns an, stürmte ein kurzes Stück davon, blieb dann zitternd stehen und blickte uns wieder an.

»Kommt Señor Benetton hierher?«

»Ja, er war einmal hier.«

»Für wie lange?«

»Einen Tag.«

Genau wie ich.

Ich ging zeitig zu Bett. Der Frühflug um 6 Uhr 30 am nächsten Morgen würde mich in den tiefsten Süden bringen.

Tierarzt

Auf dem Flug nach Ushuaia setzte ich mich auf meinen Platz am Fenster. Ein stattlicher Mann mit einer klassischen Nase und einem schön geschnittenen Kinn trat zurück, um seiner Frau den Fensterplatz auf der anderen Seite des Gangs zu überlassen. Wir sagten »Hallo«. Sofort ließ er sich in den Sitz neben mir fallen.

»Darf ich mich vorstellen? Mein Name ist Carlos. Ich bin Tierarzt. Wir sind aus dem Norden Argentiniens, aus Bahía Blanca. Und Sie sind Engländer?«

»Ja.«

»Meine Frau hat gesehen, wie Sie gestern im Bus Dostojewski gelesen haben, und da hat sie zu mir gesagt, Carlos, du musst mit dem Mann sprechen. Und ich habe Ja gesagt!«

Sein Englisch war recht sicher, aber ein wenig gespreizt.

»Meine Muttersprache ist Spanisch, aber mein Vater war Engländer und schickte mich auf die Englische Schule in Buenos Aires. Er wollte nicht, dass ich sein Englisch verliere. Aber ich verwende die Sprache jetzt so wenig.«

Dröhnend stiegen wir in den Himmel. »Bereisen Sie Argentinien?«

»Und Chile. Ich schreibe ein Buch über den Süden.«

»Was hat Sie an Patagonien interessiert? Es gibt so viele Briten, die hierher gekommen und dann geblieben sind. Ich fragte einen Freund, der aus Nordengland, eurem Yorkshire, stammt, und er sagte, es sei so – mein Englisch ist so schrecklich – unbeschränkt?«

»Unbegrenzt?«

»Genau – die große Weite. Sie haben natürlich zu Hause eine wunderschöne Landschaft.« Er wies nach unten auf eine riesige Klippe. »Genau wie in Cornwall. Waren Sie schon in Cornwall?«

»Ich habe dort als Kind gelebt.«

Er schluckte. »Glauben Sie, dass eine Klippe wie diese genau wie in Cornwall ist? So habe ich es mir immer vorgestellt.«

»In vielerlei Hinsicht, ja«, sagte ich und dachte dabei an all die anderen Gründe, weshalb sie überhaupt nicht wie in Cornwall aussah.

»Gut, so habe ich es mir immer ausgemalt. Und mein Freund sagt: ›Wir sind in England so eingeschränkt und hier ist eben …‹«, er wies mit der Hand auf den Sonnenschein und die Weide, »»so viel Platz.‹ Ihr Buch, weshalb ist es über Patagonien?«

Ich war nicht in der Verfassung, ihn durch die Motivation verregneter Kindheitstage zu führen, als ich durch Gucklöcher auf der angelaufenen Fensterscheibe nach draußen starrte. »Haben Sie das Buch von Lucas Bridges *Uttermost Part of the Earth* gelesen, das von seiner Kindheit auf Feuerland handelt?«

»Nein, aber ich weiß davon.« Bei ihm hörte sich das viel eleganter an, als wenn er ganz einfach das Buch gelesen hätte.

»Ich möchte seinen Nachkommen Tommy Goodall auf der südlichsten Ranch der Welt aufstöbern. Es interessiert mich auch, wie es zwischen den Ureinwohnern und den Europäern gelaufen ist. Beide Seiten hatten ja wenig Aussicht auf gegenseitiges Verständnis und es gibt letztlich nur ein Gesetz: Der wirtschaftlich Schwächere kollabiert und stirbt. Selbst wenn ganz selten Menschen wie die Missionarsfamilie Bridges tatsächlich etwas über die Ureinwohner gelernt und versucht haben, ihnen zu helfen, konnten sie nichts tun, um dieses Gesetz zu ändern.«

»Was halten Sie von den Amerikanern? Meiner Meinung nach sind sie sehr naiv. Sie benehmen sich zwar immer recht gut, haben aber keine Ahnung, was sich außerhalb ihrer eigenen Grenzen abspielt. Was glauben Sie?«

Ich sagte etwas und sah dabei zum Fenster hinaus. Wir flogen immer weiter gegen Süden, von Patagonien, dem Land der Riesen, nach Feuerland, dem Land des Feuers.

Feuerland

Keine Tränen mehr

Das Flugzeug überflog die Berge nördlich von Ushuaia. Von meinem Fenster aus sah ich eine schwarze Gebirgswelt, von eisigen Schluchten durchbrochen, die hin und wieder durch die Wolken sichtbar wurden. Durch ihren bedrohlichen Anblick stieg Angst in meiner Magengrube auf.

»Willkommen in Ushuaia, der südlichsten Stadt der Welt«, verkündete ein Schild. Die Tafel zeigte eine Schneelandschaft, auf der eine Wurst mit einer grünen Wollmütze und einem roten Schal auf Skiern einen Hang hinunterfährt. Warum denn eine Wurst? Niemand konnte mir eine Antwort geben. Am Fuß des Hügels bearbeitete ein Jack Russell energisch die Eier.

Die Landebahn war ganz neu T-förmig in den Beagle-Kanal hinein angelegt worden. Ein Bus brachte uns Passagiere zu einem niedrigen Schuppen, wo ich wartete. Mein Rucksack enthielt Kleidung für extreme Kälte und eine besondere Campingausrüstung für das Wandern in den Anden. In Feuerland kann selbst mitten im Sommer in Höhen von nur 1500 Metern tödliche Kälte herrschen. Im Winter machte das Land dann überhaupt zu. Ich hatte damals gehofft, noch weiter in den Süden bis in die Antarktis vorzustoßen, aber die billigsten Reisen lagen bei £ 5000 und so viel Geld hatte ich nicht. Als ich auf mein Gepäck wartete, starrte ich sehnsüchtig nach Süden in Richtung meines Traumziels.

Ein ausgedienter Bäckerwagen hielt bei uns an und zwei schmächtige Männer in blauen Overalls luden Gepäck daraus auf das einzige

Gepäckkarussell. Durch seine Gummiklappen sah ich hinaus auf die schneebedeckten Berge der Isla Hoste, dem einzigen größeren Landstrich zwischen uns und dem Kap Hoorn. Die Leute holten sich ihre Taschen und gingen. Ich wartete auf meinen Rucksack. Sechs Monate hatte ich gebraucht, seinen Inhalt auszuwählen und zu kaufen. Das Karussell drehte sich im Kreis. Der Lieferwagen kam mit sechs weiteren Gepäckstücken zurück. Keines davon war mein Rucksack. Alle waren inzwischen gegangen. Das Karussell hielt an, die Gummiklappen schlossen sich und versperrten den Blick auf die Isla Hosta. Die schmächtigen Männer zuckten ihre schmächtigen Achseln und versperrten die Hintertüren des Lieferwagens.

Die Vertreterin der Aerolineas Argentina war eine Frau Mitte dreißig mit glänzend schwarzem Haar. Wenn man sich einen rundköpfigen Mittelstürmer mit braunrotem Lippenstift vorstellt, kann man sich ein ungefähres Bild von ihr machen. Ich erklärte ihr mein Problem, sie hörte mir nachdenklich zu, zuckte die Achseln und ging weg. Ich erklärte das Problem einem anderen Mann in Uniform. Als ich fertig war, sagte er: »Ich bin nicht bei der Fluglinie, sondern beim Zoll. Aber ich glaube, Ihr Rucksack ist in Rio Grande. Wir rufen gleich dort an. Bitte kommen Sie am Morgen wieder.«

Der Bungalow des Gouverneurs, der zu Lucas Bridges' Zeiten an einem Feldweg an der Küste stand, war an den Verkehrsampeln am Eingang zu den Docks noch immer als solcher erkennbar. Ehemals wurde dieser Ort als Alacushwaia, die Bucht der Langflugdampfschiffenten bezeichnet. Die Wellblechhäuschen der frühen Siedler sind jetzt hübsch gestrichen und von kleinen Gärten umgeben, in denen die Pflanzen wie unruhige Träume durch den kurzen Frühling huschen, in der letzten Wärme der Märzsonne erblühen und ihre Samen zur Reife bringen. Das Dach des Bungalows war rot, die Wände waren grau und die Fensterrahmen und Fensterläden wie der Lattenzaun weiß gestrichen. Die Häuser sind heute Orientierungspunkte und etliche davon verdienen sich ihren Unterhalt als Museen oder Bibliotheken. Spitzen hinter den Fensterscheiben, der Hausname auf dem Stamm einer Zeder, strahlend gelber Ginster am Gartentor.

Ich ging ins Hotel Alakaluf. Der Empfang war im ersten Stock, wo der Großvater mit einem kleinen Jungen von etwa zweieinhalb Jahren spielte. Flügeltüren, die auf einen schmalen Balkon über der Hauptstraße führten, standen weit offen. Ein Spalt zwischen Tür und Balkon war so breit, dass man durch ihn leicht auf die Straße hätte fallen können. Der Großvater saß wie angepasst in den weichen Polstern eines alten Sofas, während der Kleine munter herumlief.

Das Zimmer war einfach und komfortabel. Raúl vom Empfang strich sich die schwarzen Haare aus den Augen. »Es ist sehr schön, eigene Heizung. Gas, einfach zum Anzünden.«

»Zeigen Sie mir, wie's geht.«

Er kniete sich nieder. »Es wird warm, sobald wir das Feuer angezündet haben, was ganz einfach ist.«

»Zeigen Sie mir's zur Sicherheit.«

Nach fünf Minuten war er ganz rot, aber das Feuer hatte noch immer keine Farbe angenommen. Er stand auf, streckte sich und sah sich im Zimmer um. Sein Blick fiel auf meine kleine Tragetasche. »Sie haben nicht viel Gepäck.«

»Nein.«

»Wie lang sind Sie unterwegs?«

»Drei oder vier Monate.«

Er nickte beeindruckt. Wir knieten uns beide in die Ecke und folgten den Resten der fast zur Gänze weggeputzten Gebrauchsanweisung, die zwar einfach, aber völlig zwecklos war. Als ich aufstand und nicht mehr zusah, hatte er Erfolg. Ich ging hinaus, um mir die Stadt anzusehen, und ließ das Feuer an. Wenn das Hotel niederbrannte, würde ich wenigstens nicht viel Gepäck verlieren.

Die Gebäude waren durchweg von zweckmäßiger Hässlichkeit. Zwischen den unverputzten Schlackensteinen ihrer Seitenwände drangen fette Zementwürmer hervor. Gonzalos Laden gegenüber vom Hotel Alakaluf hingegen barst vor jamaikanischer Farbenpracht. Hier gab es Teddybären, Elektroartikel, Whisky, Kosmetika, Uhren, Taschenmesser und Pfeifen. Die Preise waren auf ausgeschnittenen rosa Pappkartonglocken markiert. Ich kaufte einen Schlüsselring mit einer Abbildung des großen antarktischen Territoriums von Argentinien.

Die Stadt war voller Kuriositäten. Schmale, a-förmige, oben abgeflachte, zweistöckige Blockhäuser wechselten mit winzigen Häuschen, gerade recht für einen Junggesellen. Die Banco Nacional de Argentina auf der Avenida San Martín war einer Schiffsbrücke nachgebildet, deren gelbe Holzverkleidung wie Ginster leuchtete. Geduckt bot der Bau den westlichen Winden herausfordernd die Stirn. Der Architekt hatte allerdings einen schweren Fehler begangen. Für den Namen der Bank hatte er freistehende Lettern gewählt, die an der Nordwand angebracht waren. Nach einer Woche ruhigen Wetters lautete die Aufschrift noch immer: Ban:o Nacio:al de Arg:nt:na.

Die Avenida San Martín war gestopft voller dreckiger Autos mit zersprungenen Windschutzscheiben. Ihre Scheinwerfer waren mit Gittern wie Fechtmasken abgedeckt. Die besten Modelle darunter wiesen einschussähnliche Löcher auf, ein wildes Netz von Sprüngen rundherum. Da gab es monströse amerikanische Geländewagen mit Ballonreifen und einem Edelstahlgerüst hinter dem Fahrerhaus. Halbwüchsige auf auffrisierten Beachbuggys und Geländemopeds rasten mitten auf der Straße daher. Der Star unter ihnen war Angel, ein siebzehnjähriger Bursche mit Gold im linken Ohr, der ein Vehikel chauffierte, das einem Bohrturm auf Rädern glich. Er wartete den ganzen Nachmittag und frühen Abend immer wieder auf eine Gelegenheit, an die zwanzig Meter durch den Verkehr zu breschen, bis er knatternd festsaß, um sich dann wieder in die nächste Lücke zu drängen. Eine wahre Einmann-Geräuschkanone.

Die Straßenzeile war grell, laut, planlos, gepackt voll mit Waren und Markennamen. Da die Grundstücke hier eng beieinander lagen, fehlte es an dem Eindruck zielloser Weite wie in den Kleinstädten der USA, wo die Häuser zwischen unbebauten und vernachlässigten Parzellen planlos verstreut sind und wo man bei einem Spaziergang durch die nächtlichen Straßen das Gefühl hat, von jemand ins infrarote Visier genommen zu werden. Ushuaia war frech und voller Energie. Am Samstagabend, wenn die Musikläden ihre Türen offen lassen und ihre Magazine auf die Veranda verlegen, geht es am Ende der Welt heiß her. Ich schlenderte herum, ließ mir die Haare schneiden und kaufte eine Flasche Shampoo. Da meine Spanischkenntnisse für lanolinfrei und antiallergisch nicht reichten, wählte ich schließlich eine Flasche mit der Aufschrift *No Más Lagrimas* für Babys. Keine Tränen mehr.

Fett Fett

Am Morgen braute ich mir Kaffee in der Küche mit Blick auf den Beagle-Kanal und stellte mir Darwins Schiff vor, das hier angelegt hatte und das größte, von Menschenhand gefertigte Objekt war, das man bis dahin in Argentinien und Chile zu Gesicht bekommen hatte. In der Küche waren drei Kühlschränke, voll gestopft mit Tüten und Schachteln und zwei Töpfen mit Schaffleischgerichten. Die Namen der Eigentümer waren auf die Töpfe geklebt, aber außer mir sah ich hier niemanden beim Kochen. Auf dem Gasherd stand ein Topf, in dem man Teewasser erhitzen konnte. Ich drehte den Wasserhahn auf und aus dem Rohr schossen die aufgestauten Luftblasen wie Gewehrfeuer.

Während ich wartete, bis das Wasser kochte, ging ich in den Speisesaal nebenan. Ein recht korpulenter Mann saß an einem Klapptisch und schaute mit zwei noch korpulenteren Putzfrauen Fernsehen. Vielleicht war er mit einer der beiden verheiratet. Ich machte mir meinen Kaffee und trug ihn in mein Zimmer, wo ich ihn zu Brot und Käse trank.

Später ging ich zum Abwaschen zurück. Die Körper der beiden sitzenden Frauen kamen mir vor wie die von Schlachttieren, an die überall riesige Fleischstücke montiert worden waren. Ihre säulenartigen, gespreizten Beine schienen wie mit dem Boden verankert, und in den aufgeknöpften Blusen waren zwischen Kluften ihre riesigen Hängebrüste zu sehen, ganz in Bereitschaft, den schwermütigen Mann zu nähren, dessen Gesichtsausdruck zu sagen schien: »Ihr seht doch, dass ich viel zu fett zum Arbeiten bin.« Sein Hemd stand bis zum Bauch offen. Er fuhr sich mit dem Finger um den Kragen und durch das darüberhängende Haar. Anscheinend war er bei dem Gedanken an eine für seinen Umfang angemessene Arbeit in Schweiß ausgebrochen. Eine der Frauen füllte das Abwaschbecken mit Töpfen. Die Arme bis an die Ellbogen in Seifenschaum getaucht, hielt sie das Geschirr zum Säubern unter das Wasser. Schwarze Tupfen auf purpurrotem Nylon spannten sich über ihren zum Meridiankreis gewölbten Rücken. Ein Gitterwerk dünner Träger war im Fleisch der Schultern eingegraben wie bei einem ausgelösten Rollbraten.

Beim Schrubben wogten ihre schweren Brüste über dem Abwasch. »Geld, es ist nie Geld da.« Ihre Stimme war metallen wie das Gekreisch von Staren, schrill wie eine Stimme im Radio. Der Mann rollte die Augen nach unten wie ein trauriger Basset. »Arbeit, ich kann keine Arbeit finden. Es gibt keine Arbeit. Sag mir doch, wo's Arbeit gibt.«

Die Frau warf die Hände in die Höhe, sodass ihre vom Seifenschaum gefleckten Tupfen der Bluse wie in Kuckucksspeichel gefangene Insekten aussahen. »Für unsereins ist nie Geld da. Der Junge braucht Schuhe.«

»Keine Arbeit.«

»Putzen, putzen, putzen und kein Geld.«

Der Mann sackte zusammen, sodass sein ganzer Körper wie die Hängeohren eines Hundes aussah. »Hier gibt's überhaupt keine Arbeit.«

Ich hatte Angst, dass mich die Frau ansprechen würde. In meiner Vorstellung hatte ich das Bild vor mir, dass die Frauen den Mann stillen und die Frauen sich gegenseitig so lange füttern würden, bis sie vor lauter Fett den Raum nicht mehr verlassen könnten. Die eine würde den Nachmittag damit verbringen, ihre Brüste im Becken zu waschen, während der Mann dem Fußball auf dem körnigen Bildschirm folgte. Ich stand ein paar Minuten lang mit den schmutzigen Tellern in der Hand da. Dann ging ich zurück in mein Zimmer und säuberte sie im Waschbecken meines Badezimmers mit Waschmittel aus der Tube.

Raúls Schwester Estella fuhr mich hinunter zum Flughafen. Die Frau mit dem braunroten Lippenstift warf uns einen Blick wie ein Flammenwerfer zu. Dann zog sie sich zurück, um sich mit aller Gründlichkeit dem Auszupfen und Bürsten ihrer Augenbrauen zu widmen. Estella übernahm das Reden: »Ein Rucksack, der auf dem gestrigen Nachmittagsflug nicht dabei war?« Der Rucksack kam aus einem der Büros zum Vorschein. So einfach war das. Allgemeines Lächeln. Ich lächelte den braunroten Lippenstift an. Sie zeigte mir ihre Zahnplomben.

Nach dem Auspacken ging ich hinaus. Die Hauptstraße sah nach nicht viel aus und erst beim Gehen merkte man, wie lang sie war und man verlor ganz das Gefühl, wie weit man schon gegangen war. Anfangs schien mir die Banco del Tierra del Fuego ein nützlicher Orientierungspunkt zu sein. Aber nach zwei Tagen war ich überzeugt, dass sie jede Nacht an einen anderen Platz geschoben wurde.

Ein Plakat warb für eine Fotoausstellung in einem Hotel am anderen Ende der Stadt, die der Shackleton-Expedition von 1914 gewidmet war. Ein Taxi brachte mich zu einem massiven neuen Holzbau in den bewaldeten Hügeln hinter der Stadt. Das Personal am Empfang hatte vier Dinge gemeinsam. Sie waren alle jung, sahen gut aus und hatten weder eine Ahnung von der Ausstellung noch von Ernest Shackleton. Ich sah mich um und fand ein leeres Foyer, wo in einem Kamin in der Mitte des Raums ein Holzfeuer brannte. An der Wand hingen die Bilder einer Expedition, deren Mitglieder auf bemerkenswerte Weise mit dem Leben davongekommen waren.

Aus wessen Schoß?

Im August 1914 lag die *Endurance* im englischen Margate vor Anker, bereit für ihre Fahrt zum Südpol. Ziel der Expedition war es, die Antarktis zu durchqueren und die 2900 Kilometer über den Südpol zu Fuß zurückzulegen. In der Morgenzeitung las der Leiter der Expedition, Ernest Shackleton, von der Generalmobilmachung. Telegrafisch stellte er dem Marineministerium Schiff und Mannschaft für den Kriegsdienst zur Verfügung. Als Antwort kam ein Wort: Weitermachen.

Sein Fotograf war der Australier Frank Hurley, der auch eine frühe Schmalfilmkamera mitnahm. Er war ein Mann mit lockigem Haar und einem offenen Gesicht. Auf seinem Selbstporträt starrt er bescheiden in die Kamera und die Aufnahme gibt keinerlei Hinweis darauf, dass dieser Mann die Perfektion bis an die Grenzen des Fanatismus trieb und sich sogar an vereiste Masten band, nur um den ultimativen Schnappschuss einzufangen.

Die Anzeige für die Expedition war kurz und treffend formuliert: »Männer für gefährliche Reise gesucht. Kleines Gehalt, bittere Kälte, lange Monate in totaler Dunkelheit, stete Gefahr, sichere Heimkehr zweifelhaft. Bei Erfolg Ehre und Anerkennung.« Niemand konnte sagen, dass die Stellenausschreibung nicht akkurat war.

Bevor die Männer ihren Fußmarsch zum Südpol beginnen konnten, war die *Endurance* bereits im Eis eingefroren. Hurley fotografierte die lange Flucht der Expeditionsteilnehmer vor dem Verderben, während das Eis, das das Schiff umklammerte, langsam nach Norden abtrieb. Er kurbelte auch an seiner Filmkamera, als das Eis den Rumpf der *Endurance* zerquetschte. Hilflos sah Shackleton zu, wie der Mast auf den Fotografen zu stürzte und drei Meter vor ihm zu Boden krachte. Hurley stockte keinen Augenblick.

Die Ausstellung zeigte neue Abzüge, die von den ursprünglichen Glasplatten gemacht worden waren. Die meisten der besten Aufnahmen waren darunter. Mein Lieblingsbild war eine nächtliche Ansicht der *Endurance* im Licht eines Scheinwerfers. Die Expeditionshunde waren von der Privatschule Eton finanziert worden. Sie wurden später geschlachtet, um die Fleischrationen zu sparen, aber die Männer brachten es lange nicht über sich, die Hunde selbst zu verzehren. Eton durfte nicht verspeist werden.

Alle verließen sich auf Shackleton. Sir Edmund Hillary, der als Erster die Antarktis überquerte, sagte über die großen Leiter bedeutender Polarexpeditionen: »Wenn es um wissenschaftliche Entdeckungen geht, wähle ich Scott; für Schnelligkeit und effiziente Reiseplanung Amundsen; aber wenn Unheil droht und alles verloren scheint, dann geht in die Knie und betet um einen Retter wie Shackleton.«

Nach dem Verlust der *Endurance* lag die einzige Hoffnung darin, zwei der Schiffsboote über Land ins offene Wasser zu schleppen. Ihr Ziel war die Paulet-Insel, 560 Kilometer in nördlicher Richtung, ein winziges Stückchen Land vor der Fingerspitze der Antarktis. Shackleton ermahnte die Männer, nur das Lebensnotwendigste mitzunehmen. Er nahm seine goldene Uhr und legte sie aufs Eis, gefolgt von einer Hand voll Goldmünzen. Dann zog er unter dem Mantel Königin Alexandras Abschiedsgeschenk, eine Bibel, hervor. Nur zwei Seiten riss er heraus, eine mit ihrer Widmung und eine Seite aus dem Buch Hiob, auf der es heißt: »Aus wessen Schoß kam das Eis? Und der altersgraue Frost des Himmels, der es gezeugt hat?« Nun verband sich Gott mit Mammon auf dem Eis.

Die Lektion hatte Erfolg. Hurley und Shackleton sortierten an die sechshundert Glasplatten und wählten die Besten davon aus. Den Rest zerbrachen sie, um nicht in Versuchung zu kommen, sie zu einem späteren Zeitpunkt nachzuholen. Sie marschierten nach Norden, bis das Eis aufbrach und sie auf einem Eisstück dahintrieben, das nur 60 Meter breit war. Eine ihnen unbekannte Strömung trug sie weg von der Paulet-Insel und auf das offene Meer zu. An diesem Punkt setzten sie die Boote ins Wasser und erreichten damit die Elefanten-Insel, die vor der Spitze der antarktischen Halbinsel liegt. Es war das erste Land, das die Männer in fast eineinhalb Jahren zu Gesicht bekommen hatten und gerührt klaubten sie Hände voller Steine vom Boden auf. Eines der Boote wurde umgekippt, um den fünfundzwanzig Männern, die auf der Insel verbleiben sollten, als Hütte zu dienen, während Shackleton, Worsley, Crean, McNeish, Vincent und McCarthy auf der *James Caird*, einem sieben Meter langen, undichten, offenen Boot, versuchten, die 800 Meilen entfernte Insel Südgeorgien zu erreichen, wozu sie eines der unwirtlichsten Gewässer der Welt überwinden mussten.

Mit diesem Versuch gelang ihnen die zweitlängste Seefahrt in einem offenen Boot. Die einzige, die noch länger war, wurde von Kapitän Bligh nach der Meuterei auf der Bounty unternommen, wobei er allerdings den Vorteil hatte, dass seine Männer die Fahrt fit, warm und mit guten Vorräten in Angriff nahmen. Shackleton ging auf Südgeorgien an Land, aber nicht auf der Seite der Insel, wo sich die einzige Behausung, eine Walfangstation, befand. Dazwischen lag eine noch unerforschte Bergkette.

Der Marsch, den die drei fittesten der Männer nun unternahmen, fand an einer kuriosen Stelle in der Literatur ihren Widerhall, allerdings in einer anderen Art von Wüste:

> Wo die Einsiedlerdrossel in Fichten singt
> Drip drop drip drop drop drop drop
> Aber kein Wasser ist
>
> Wer ist der Dritte, der dir immer zur Seite geht?
> Wenn ich zähle sind nur du und ich beieinander
> Aber wenn ich vorschaue auf die weiße Straße
> Ist immer ein andrer der neben dir geht…

In seiner 1922, nur drei Jahre nach Shackletons Bericht veröffentlichten Dichtung *Das wüste Land* war T. S. Eliot durch die Erfahrung der Männer auf ihrem Marsch inmitten der zerklüfteten Eiswelt zur Walfangstation auf der anderen Seite der Insel angeregt worden.

Shackleton hatte geschrieben:

> »Während jenes langen sechsunddreißigstündigen Marsches über die namenlosen Berge und Gletscher von South Georgia hatte ich das Gefühl gehabt, wir seien zu viert, nicht zu dritt. Und Worsley und Crean empfanden dasselbe. Man spürt das Fehlen menschlicher Worte, die Armut der Sprache der Sterblichen, wenn man versucht, das Unaussprechliche zu beschreiben.«

Nachdenklich und in fast melancholischer Stimmung verließ ich das Hotel. Ich wusste noch nicht, dass ich in weniger als zwei Wochen in der einzigen Stadt der Welt südlich von Ushuaia auf ein Memento stoßen würde, das an die Rettung der Männer erinnerte.

Allen Gardiner

Ushuaia war von Missionaren gegründet worden. Das letzte Buch, das ich vor meiner Abreise von Großbritannien gelesen hatte, war ein schmales braunes Bändchen von 1887 gewesen, dessen Seiten mit Goldschnitt versehen und die Illustrationen mit weichem Seidenpapier geschützt waren. Der Stich auf dem Frontispiz zeigt einen Mann mit dicht gelocktem Haar um den langen Kopf. Eine kräftige, gerade Nase über einem festen, nachdenklichen Mund. Die Epauletten an den Schultern wirken fahl und dünn, wie eine Qualle, die ihre blassen Fangarme baumeln lässt. Es ist Kapitän Allen F. Gardiner, ein Mann mit einer sauberen und entschlossenen Unterschrift. Er war einer der ersten Missionare, der nach etlichen vorangegangenen Desastern versuchte, mit den Ureinwohnern dieses Gebiets zu arbeiten. Dabei war er selbst als Evangelist eine wandernde Katastrophe.

Der Tod seiner Frau hatte dem christlichen Glauben dieses allgemein beliebten und athletischen Kapitäns einen masochistischen Einschlag gegeben. Im Alter von vierzig Jahren ließ er sich von der Marine pensionieren und verbrachte sein Leben nun damit, den Heiden das Evangelium zu bringen. Ein extremer Zug in ihm drängte nach dem Äußersten, dem Ende. Sein Blick fiel auf Feuerland. Was nun geschah, war eine Lektion für alle, die ihm folgten. Und die Lektion lautete: So geht es nicht.

Sein erster Versuch scheiterte, als er auf Grund unzulänglicher Planung zu Beginn des Winters und bei miserablem Wetter am falschen Ort landete und von den Ureinwohnern feindlich empfangen wurde. Gardiner vermeldete dazu: »Der Charakter der Eingeborenen hat einen erheblichen Wandel erfahren und eine feuerländische Mission muss notwendigerweise auf dem Wasser stationiert werden, das heißt, sie muss ein Missionsschiff sein, das im Strom vor Anker liegt.«

Allerdings vergaß dieser Plan, dass die Yámana Kanu-Indianer waren.

Zurück in England erklärte er, dass sein jüngster Versuch nicht als Fehlschlag, sondern als Erkundungsfahrt zu werten sei – eine Ansicht, die nur von wenigen geteilt wurde. Er hielt im ganzen Land Vorträge, aber Geld kam nur langsam in die Kasse. Und so wurden an Stelle der Brigantine, die man sicher hätte vertäuen können, zwei acht Meter lange Boote erworben, die man am Strand absetzen wollte. Dieser Kompromiss widersprach allen bisherigen Argumenten, die Gardiner für die sichere Errichtung einer Siedlung und Mission vorgebracht hatte. Zur Gruppe der Männer, die ihn nach Feuerland begleiten sollten, gehörte ein Wundarzt aus Staffordshire, Richard Williams, und John Maidment, ein junger Mann, der vom Christlichen Verein Junger Männer für seine Frömmigkeit, Zuverlässigkeit, Bescheidenheit, seinen Glauben und seine Zähigkeit sehr gelobt worden war. All diese Tugenden würden noch auf eine harte Probe gestellt werden. Drei Fischer aus Cornwall – John Pearce, John Badcock und John Bryant – steuerten seemännisches Können und noch mehr Frömmigkeit bei. Ein Schreiner namens Joseph war der letzte Mann in der Runde.

Sie stachen auf dem Rahsegler *Ocean Queen* in See, mit ihren eigenen Booten als Fracht. Des Weiteren brachten sie Vorräte für sechs Monate mit sich. Angeln, Gewehre und Munition sollten ihnen dabei helfen, ihren Lebensunterhalt vor Ort aufzustocken. Am 5. Dezember 1850 trafen sie in der Banner-Bucht auf der Picton-Insel am östlichen Ende des Beagle-Kanals ein. Schon am nächsten Morgen begannen sie damit, einen Zaun mit Gartentor zwischen sich und den von ihnen zu rettenden Seelen zu errichten. Am folgenden Tag erschienen Yámana, gingen in die Zelte und nahmen alles mit, was ihnen zusagte. Wahrscheinlich beschwerten sie sich dabei über die entsetzlichen Manieren der weißen Männer, die ganz einfach gekommen waren, ohne die üblichen Geschenke auszutauschen. Aber das hätte Gardiner nicht verstanden. Weder er noch die anderen hatten auch nur ein Wort der Eingeborenensprache gelernt.

Die *Ocean Queen* lag eine Weile vor Anker und fuhr schließlich am 19. wieder ab. Als Gardiner nach Gewehren und Munition suchte, merkte er, dass der Großteil davon auf der *Ocean Queen* zurückgeblieben war. In den vergangenen zwei Wochen hatte keiner von ihnen nachgeprüft, ob sie auch wirklich alle Waffen entladen hatten, die sie für ihr Überleben brauchten. Alles, was sie hatten, waren die Gewehre und die Munition, die jeder Mann bei sich trug. Sie waren nicht in der Lage, ihr Lager auf der Insel ohne Gewalt zu verteidigen, und so beschlossen sie, einen Stützpunkt am nördlichen Ufer des Beagle-Kanals zu suchen. Dazu mussten sie aber ihre zu erwartenden Helfer über ihren neuen Standort informieren. Und so malten sie auf einen großen Felsen am Eingang zu der Bucht, in der sie abgesetzt worden waren:

UNTEN GRABEN

GEHEN NACH SPANIARD HARBOUR

MÄRZ

1851

Unten im Sand vergruben sie Flaschen mit Botschaften. Spaniard Harbour befindet sich am östlichen Ausläufer der Feuerlandinsel auf dem Territorium der Aush, einer Untergruppe der Selk'nam. Und Spaniard Harbour war so abgelegen, dass sie wohl kaum Kontakt zu den heidnischen Seelen finden würden, zu deren Rettung sie von so weit herangereist waren.

Im März zeigten sich Anzeichen von Skorbut. Ohne Lebensmittel, die sie sich vor Ort beschaffen konnten, würden ihre Vorräte schon zwei Monate vor dem zu erwartenden Nachschub schwinden. Die Männer teilten sich nun in zwei kleine Gruppen auf, von denen die eine in einer Höhle und die andere unter einem umgekippten Boot Unterschlupf fand. Ende Juni war der Versorgungsnachschub schon einen Monat überfällig. John Badcock litt an entsetzlicher Atemnot.

Er bat den neben ihm liegenden Richard Williams, ihm ein Kirchenlied zu singen. Als Williams geendet hatte, wiederholte Badcock eine Strophe mit schaurig lauter Stimme und gab den Geist auf. In einem Brief an seinen Sohn gab Gardiner Ratschläge zu dessen Berufswahl und empfahl das Missionarsleben, das »in der Tat ganz wunderbar ist«. Hier gab es allerdings keine Missionarsarbeit zu tun. Verblieben war nur noch das bizarre Ausleben des Bedürfnisses nach Dienen und Leiden, dem schließlich einer nach dem anderen zum Opfer fiel.

Gardiners Tagebuch endet am 5. September, genau zehn Monate nach ihrer Ankunft, mit diesem kurzen Eintrag:

> Groß und wunderbar ist die liebende Zuneigung meines gütigen Gottes zu mir. Er hat mich bis jetzt und vier Tage lang erhalten, ohne jegliches Gefühl von Hunger oder Durst zu verspüren, obwohl ich keine körperliche Nahrung zu mir genommen habe.

Zwanzig Tage später segelte die *John Davison* in die Banner-Bucht. Kapitän Smyley sah die in weißen Lettern auf den Felsblock geschriebene Botschaft und fand die Flaschen. In einem aufsteigenden Sturm dirigierte er das Schiff weiter nach Spaniard Harbour. Sein Tagebucheintrag dazu lautet: »Ging an Land und fand das Boot mit einer toten Person darin. Eine weitere fanden wir am Strand und eine weitere war begraben. Wir haben allen Grund zur Annahme, dass es sich dabei um Pearce, Williams und Badcock handelt. Der Anblick war in höchstem Maße entsetzlich. Die beiden Kapitäne, die mit mir im Boot gekommen waren, weinten wie Kinder. Bücher, Papiere, Arzneien, Kleidung und Werkzeuge waren über den ganzen Strand verstreut. Aber der Sturm war nun so stark, dass wir kaum Zeit hatten, den Leichnam am Strand zu begraben und zurück an Bord zu gehen.« Später fügte er hinzu: »Es ist meine und auch Kapitän Nicholls Ansicht, dass sie mit entsprechender Führung sicher auf die Falkland-Inseln, nach Port Famine oder an die Küste von Patagonien hätten gelangen können. Ich habe selbst größere Strecken als diese zu verschiedenen Zeiten in einem Walfangboot zurückgelegt.«

Die toten Männer hatten in ihren Tagebüchern von vielem, aber nie von einer Flucht gesprochen. Wie bei einer modernen Sekte war auch hier ein Verschließen gegen die Außenwelt, eine Verachtung gegenüber rein physischen Lösungen zu finden. Wie die Terra Australis Incognita zur Zeit Aristoteles' war Patagonien eine Metapher für das Unerreichbare. Gardiner und der Wundarzt, drei fromme Fischer, die in Cornwall zusammen in einer christlichen Gemeinschaft gelebt hatten, der junge Mann aus dem CVJM und ein Schreiner – für sie alle war diese Metapher ein Mittel, um den Wert ihrer Seelen zu prüfen. Indem sie in Frieden und im Glauben an ihren Gott verschieden, hatten sie zumindest darin Erfolg gehabt.

In Großbritannien hatte die Entdeckung der toten Männer aus Allen Gardiners Gruppe Briefe an die *Times* zur Folge. Worin, so ereiferte sich ein Korrespondent, lag wohl der Wert der »entsetzlichen Aufopferung edler Engländer für ein paar elende Wilde«? Bei vielen, die vielleicht mehr dazu hätten tun können, dass Gardiner ein entsprechendes Schiff bekommen hätte, verursachte das Unglück immerhin Gewissensbisse.

1854 lief in Dartmouth ein Schoner vom Stapel. Mit ihm segelte George Packenham Despard nach Süden, um dort das Feuer des Evangeliums zu entzünden. Begleitet wurde er von seiner Familie und seinen zwei Adoptivsöhnen, von denen einer Thomas Bridges war. Im jungen Thomas Bridges vereinten sich endlich ein Talent für gute Planung und Urteilsvermögen mit der Frömmigkeit und dem Mut seiner Vorgänger. Der Schoner wurde auf den Namen *Allen Gardiner* getauft.

Die Monte Cervantes

Um die Nachkommen Thomas Bridges zu finden, musste ich in östlicher Richtung den Beagle-Kanal hinunter, was mit dem Boot am einfachsten war. Der Kanal ist durchwegs sehr tief, aber immer wieder ragen tückische Felsgipfel aus der Tiefe, die an der Oberfläche als niedrige, kahle Felseninseln erscheinen. Die Schifffahrt ist hier überhaupt voller Gefahren. Wenn ein Mann ins Wasser fällt, wird er wahrscheinlich nur elf Minuten lang überleben, selbst wenn er alle Vorsichtsmaßregeln befolgt und seine Kleidung anbehalten und sich ruhig verhalten hat, um Energie zu sparen.

Alle Tiere, die schwimmen oder fliegen, nisten auf den Gipfeln dieser durchwegs submarinen Berge, außer Reichweite von ihren Feinden auf dem Festland. Der Katamaran *Luciano Beta* glitt an einem felsigen Eiland vorbei. An einem Ende ragte wie eine riesige Pfeffermühle ein Leuchtturm auf, dessen rote und schwarze Farbbänder durch die Witterung stellenweise schon abgeblättert waren. Südamerikanische Seeschwalben zogen in Wolken mit lautem Geschrei über uns hinweg. Mit ihren bogenförmigen Flügeln und gegabelten Schwänzen durchstachen sie die Luft bei ihrem gewandten Flug. Kormorane und Seehunde lagen, die einen aufrecht, die anderen träge, eng nebeneinander. Ein paar weiße, taubenförmige Vögel pickten an den Rändern die Abfälle auf: Es waren Weißgesicht-Scheidenschnäbel. Diese schneeweißen Vögel – deren spanischer Name so viel wie antarktische Taube bedeutet – beschleunigen die Nahrungsmittelkette, indem sie den nistenden Seevögeln mit ihren Schnäbeln Hiebe auf die Hinterseite versetzen, um an heißen Guano zu kommen. Auf den Felsen wimmelte es von Tieren. Ständig wurden die Nistvögel von den Skuas geplagt, die hinter ihren Eiern her waren. Deshalb wurde in der Sprache der Selk'nam auch der Monat Januar als »der Mond der zerbrochenen Eier« bezeichnet.

Monica Perez, die Führungen durch die örtliche Fauna und Flora leitete, setzte sich neben mich. Sie hatte eine hohe dünne Stimme und die gepflegten Hände einer Bankangestellten. »Hier an dieser Felseninsel hat sich ein ganz berühmter Schiffbruch zugetragen. Das Passagierschiff *Monte Cervantes* mit 1300 Passagieren an Bord lief auf diesem Felsen auf und sank. Aber nur ein Mann kam dabei ums Leben und das war der Kapitän. Er bestand darauf, als Letzter das Schiff zu verlassen, und auch als alle anderen in den Rettungsbooten waren, konnte ihn niemand überreden mitzukommen, und so ging er mit seinem Schiff unter.« Ich starrte auf die steinerne Pfeffermühle, die den Ararat markierte, auf den er sein Schiff gesteuert hatte. Er hatte es nicht über sich gebracht, die *Monte Cervantes* zu verlassen und war schließlich mit ihr den Berg hinunter gesegelt.

»Damit hat er die Verantwortung eines Kapitäns wohl zu weit getrieben«, warf ich ein. »Alle Boote segeln ganz ohne Hilfe nach unten.«

»Mitnichten: Er war ein stolzer Mann.«

Die Hamburg-Südamerika-Gesellschaft hatte den eleganten Kreuzer *Monte Cervantes* gechartert, um damit für eine neue Art des Tourismus zu werben: Luxuskreuzfahrten in Pioniergebiete. Das Schiff stach am 15. Januar 1930 von Buenos Aires aus in See. Senatoren, Generäle und betuchte Familien waren überredet worden, durch ihre Teilnahme für diese erste Fahrt zu werben. Junge Männer und Frauen spielten Poker und der Verlierer kaufte immer den Champagner. Sie bestellten ausgefallene Cocktails und machten sich dann über den deutschen Barkeeper und seine Mixversuche lustig.

Am Abend des 19. Januar, bevor sie Ushuaia erreicht hatten, hielt Dr. Alfredo Segers, der auf der Kreuzfahrt zum Präsidenten des Gesangsvereins gewählt worden war, einen Vortrag zum Thema »Eine Kreuzfahrt in den Süden«. Vierundvierzig Jahre zuvor hatte sein Vater Polidoro im Jahr 1886 der Expedition von Ramón Lista angehört. Sie erlitt Schiffbruch. Im Jahr darauf war ihm Alfredo als kleiner Junge in den Süden gefolgt, und zwar auf dem 400-Tonnen-Transporter *Magellanes*, der Maultiere, Schafe und Sträflinge ins Gefängnis auf der Staaten-Insel bringen sollte. Bei Puerto Deseado am östlichen Ende der Magellan-Straße hatten auch sie Schiffbruch erlitten. Passagiere, die die Rettungsboote aussetzen wollten, stolperten über die Kürbisse und das Futter, die für die Tiere mitgebracht worden waren. Laut brüllend brachte der Kapitän wieder Ordnung in das Gemenge, mit Erfolg, und bis auf zwei, von denen einer verschwunden war und der andere den Verstand verloren hatte, konnten alle gerettet werden.

Man könnte meinen, dass der Vortrag von einem erblich belasteten Jonas auf einer Kreuzfahrt nicht unbedingt eines der Unterhaltungs-Highlights sein würde, aber die Veranstaltung war ein großer Erfolg. Außerdem betrachtete man amüsiert die damalige Zeit, denn heute herrschte auf dem 14 000-Tonner *Monte Cervantes* ein ganz anderes Zeitalter. Die Schiffe von heute waren sicher. Und so vergnügte man sich weiter mit Eierlauf und anderen Späßen, wie zum Beispiel damit, einen ganzen Kuchen mit einem Biss aufzuessen.

Am 22. Januar um 12 Uhr 45 waren die Passagiere bereit für den zweiten Lunch. Die *Monte Cervantes* hatte den Hafen von Ushuaia verlassen und war nun in östlicher Richtung unterwegs, bevor sie um die felsigen Inselchen am Hafeneingang bog und dann eine westliche Richtung einschlug. Ein Wind aus Südwest war aufgekommen. Auf der Brücke stand der Lotse Rodolfo Hepe. Er fragte Kapitän Dreyer, ob er die Aufsicht über das Schiff übernehmen solle, während dieser zum Lunch ging. Aber Dreyer lehnte ab. Kurze Zeit später erscholl Hepes lauter Ruf: »Birntang nach Backbord!« Später erinnerte er sich: »Da für diese Stelle keine Felsen verzeichnet waren, dachte ich, dass es sich um Tang handeln müsste. Aber bevor das Schiff seinen Kurs ändern konnte, waren wir im Tang, dann war ein schwaches Knarren zu hören und wir saßen auf einem Felsen fest. Der Bug hob sich und wir kippten nach Backbord.«

Im Bericht des Gebietsgouverneurs aber heißt es: »Ich hatte Einsicht in alle örtlichen Berichte; der Unfall war darauf zurückzuführen, dass man die Tatsache ignoriert hatte, dass die Durchfahrt mit einem Schiff dieses Tiefgangs viel zu gefährlich war.« Auch die Einheimischen, die das Geschehen von der Küste aus entsetzt durch ihre Ferngläser verfolgt hatten, waren der Meinung, dass das Schiff den falschen Kurs eingeschlagen hatte. Noch bevor die SOS-Rufe eingingen, liefen die Leute schon zu ihren Booten, um eine Rettungsaktion zu starten.

Die fast lautlose Kollision hatte etliche an die hundert Meter lange Löcher geschlagen. Laderäume und Kabinen waren sofort überschwemmt und Dreyer befahl, Schotte und Luken rasch zu versiegeln, um Zeit zu gewinnen. Ein Öltank explodierte, die Passagiere gerieten in Panik und drei junge Frauen brachen in Tränen aus.

»Was ist passiert?«

»Wir haben unsere Schwimmwesten zurückgelassen.«

»Warum?«

»Weil die Verschlüsse schimmlig waren und unsere Kleider schmutzig geworden wären.«

Ein Spanier namens Beldo Barco holte seine tragbare Filmkamera hervor und begann das Geschehen zu filmen. Auch der Fotograf einer Zeitschrift machte Aufnahmen von den Passagieren, die in die Rettungsboote verfrachtet wurden. Indigniert fragte ihn eines seiner Motive: »Und, sind die auch für die Zeitschrift?«

»Keineswegs! Mein Auftrag war, Bilder von einer Kreuzfahrt zu schießen. Schiffbruch war im Vertrag nicht drin. Wenn die die Bilder haben wollen, müssen sie mit Gold dafür bezahlen.«

Eine Flottille aus Fischer- und Segelbooten, Barkassen und Kähnen aus Ushuaia hatte das sinkende Schiff und seine VIP-Passagiere bald erreicht. Die letzten von ihnen erreichten erst gegen zwei Uhr morgens das Ufer. Sie wurden in den Häusern und Hütten von Ushuaia untergebracht. Die *Monte Cervantes* sank tiefer und tiefer, bis sie plötzlich gequält nach Steuerbord kippte. Außer Kapitän Dreyer waren alle sicher an Land. Einige sagten, der Kapitän sei vom sinkenden Schiff gesprungen. Andere wiederum glaubten gesehen zu haben, dass er ans Steuerrad zurückgegangen war. Und obwohl in den Zeitungen viel spekuliert wurde und die Strandläufer die Küste absuchten, ist sein Leichnam nie gefunden worden.

Innerhalb eines Tages hatte sich die Bevölkerung der Stadt durch die gestrandeten Besucher verdoppelt. Im Gefängnis wurden ihnen freie Zellen und auch das Haus des Gefängnisdirektors zur Verfügung gestellt. Essen war knapp und die Preise schossen in die Höhe. Die Sträflinge stimmten dafür, die Hälfte ihrer täglichen Rationen zur Verfügung zu stellen, sodass damit dreihundert der neuen Kolonisten verköstigt werden konnten. So hatte es zumindest der Gouverneur des Gefängnisses gesagt.

Ein Aufruf erging an die *Monte Sarmiento*, ein Schwesterschiff, das nach Europa unterwegs war. Sie machte in Montevideo kehrt und sechs Tage später erklang ihre Sirene bereits in der Bucht von Ushuaia. Ihre hell erleuchteten Kabinen erinnerten an Buenos Aires, warme Nächte und frische Bettwäsche. Gleich fühlten sich alle viel besser. Allerdings erzählte man den geretteten Passagieren nicht, dass auch die Vorgängerin der *Monte Sarmiento* hier 1912 gesunken war.

Einer der bescheideneren Regierungsfunktionäre amüsierte sich darüber, wie schnell sich der Appetit der Reichen wieder belebte, nachdem sie begonnen hatten, ihre Forderungen für das verlorene Gepäck bei der Versicherung einzureichen. »Nach der Höhe der Ansprüche fragte ich mich, ob ich wohl mit einfachen Beamten wie ich selbst oder mit Maharadschas und Sultanen unterwegs gewesen war.«

Harberton

Ich war auf der *Luciano Beta*, um die Farm in Harberton zu besuchen, wohin die Familie Bridges in Ushuaia gezogen war. Thomas Bridges würde zu viel Zeit damit vergeuden, sich um das körperliche Wohlbefinden der Eingeborenen zu kümmern, mahnte die Patagonische Missionsgesellschaft von ihrem bequemen Hauptquartier in Brighton aus. Die Mitglieder würdigten seine zwanzigjährige, selbstlose, gefährliche Arbeit in einem Land, aus dem alle Missionare bisher geflohen oder in dem sie verhungert oder ermordet worden waren, mit den Worten, dass er »vom Bösen zu seinem Ruin angestiftet« worden sei und er sei »eine Ratte, die das sinkende Schiff verlässt«. Ein Mitglied der Gesellschaft hatte allerdings eine andere Meinung. Es war Kapitän Willis, ein 1 Meter 50 hoher und 1 Meter 20 breiter Mann mit einem schlecht geschnittenen Schnurrbart, der Bridges seine gesamten Ersparnisse in Höhe von £ 700 lieh.

Bridges nannte sein neues Heim Harberton, nach dem hübschen

Dörfchen in Devon unweit von Totnes, aus dem seine Frau stammte und wo ihr Vater Schmied war. Ich hatte den Friedhof im West Country an einem ruhigen Sommernachmittag aufgesucht und die Gräber ihrer Familie, der Varder, gefunden. Sie liegen auf einem kleinen Hügel unter dem Ostfenster der Kirche. Das strahlende, seitlich einfallende Licht verwandelte die anmutig gravierten Schieferplatten in Gedichte aus Licht und Schatten. Der Schmiedebach läuft auch heute noch unter Marys ehemaligem Heim hindurch.

Wir fuhren in östlicher Richtung den Kanal hinunter. Ein Haus mit cremefarben gestrichenen Wellblechwänden und einem roten Wellblechdach stand inmitten eines Rasens, der sich bis zum Wasser erstreckte. Eine argentinische Flagge hing vom Fahnenmast und eine Tür stand weit offen. Das Haus sah aus wie eine Kaserne in einer Spielzeugstadt. Ich stellte mir vor, wie ein Mann in dunkler Hose, Hosenträgern und einem weißen, kragenlosen Hemd allabendlich daraus hervorkam, zehn Sekunden lang stockstiff dastand, dann vor dem Sonnenuntergang salutierte, die Flagge herunterholte, über der Brust viertelte und mechanisch blau-weiß, blau-weiß zum Dreieck faltete. Wir waren in Remolino, wohin der Gärtner John Lawrence zur Jahreswende 1869–1870 als Missionar gekommen war. Seine Familie würde später in die Familie Bridges einheiraten.

Hier, vor ihrem Garten, sank 1912 die *Monte Sarmiento*, von der alle Passagiere pflichtgetreu evakuiert werden konnten. Verrostet liegt das Wrack, dessen leere Schiffskräne in den abendlichen Himmel ragen, noch immer anmutig im seichten Wasser.

Freunde von Thomas Bridges auf den Falkland-Inseln hatten ihm geraten, Ushuaia nicht zu verlassen. Es wäre reine Torheit, denn die Regierung würde ihm kein Land geben, und wenn, dann wäre er innerhalb eines Jahres bankrott. Bridges sprach mit seinem Freund Dr. Moreno vom La Plata Museum in Buenos Aires, der ihn mit seinem Onkel, dem Kongresspräsidenten Antonio Cambaceres, bekannt machte. Dieser wiederum brachte ihn zum Expräsidenten Bartoleme Mitre und schließlich zum wichtigsten Mann selbst, dem Präsidenten Julio Argentino Roca. Thomas Bridges Sohn Lucas vermerkte zu diesem Treffen: »In gewisser Hinsicht waren sich die beiden nicht un-ähnlich: beide ungefähr gleich groß, beide mager und drahtig, mit kleinen, erwartungsvollen, fast hungrigen Gesichtern unter einer breiten hohen Stirn, beide mit sorgfältig gestutzten Bärten um Kinn und Oberlippe.« Allerdings hatte Roca als Soldat eine mörderische Kampagne gegen die Ureinwohner im Norden Patagoniens geführt. Man hatte Bridges schon gewarnt, dass es die argentinische Regie-rung überhaupt nicht in Betracht ziehen würde, einer ausländischen Missionsgesellschaft Land zu geben. Bridges hatte sechs Kinder zu versorgen und eine Missionsgesellschaft hinter sich, die nicht an seine Zukunftsvision glaubte. Er war bereits von der Mission zurück-getreten, in vollem Vertrauen darauf, dass Roca Verständnis für die Richtung haben würde, die man einschlagen müsste, um den Ein-geborenen bei der Anpassung zu helfen. Sein Leben lag in Rocas Händen.

Roca nahm Bridges über das erwünschte Land und seine Arbeit ins Kreuzverhör und erweckte so den Eindruck, als habe er an allem et-was zu nörgeln. Doch plötzlich fragte er: »Wie könnte meine Regie-rung Sie auch nur im geringen Maße für das aufopfernde Leben ent-schädigen, das Sie geführt haben, und für die humanitäre Arbeit, die Sie geleistet haben?«

Das Land, das Bridges brauchte, gehörte ihm. Er suchte die Küste ab und ließ sich in einer Bucht nieder, bevor er es sich aber wieder an-ders überlegte. Schließlich fand er eine Bucht weiter im Osten, die die Yámana Ukatush nannten. Ein Wort, dessen Bedeutung selbst der Reverend Bridges nicht herausfinden konnte. Er gab ihr den Namen Harberton. Dort wählte er eine kleine Einbuchtung, die die Yámana als Tuwujlumbiwaia, Hafen des Glockenreihers, bezeichneten, und baute dort sein Haus. Die erste Stelle erhielt den Namen Thought of Bay – also die Bucht, an die er ursprünglich gedacht hatte.

Im Jahr 1873 kam eines Morgens eine Gruppe von Kawéskar-Ka-nu-Indianern zu Thomas Bridges, aus der wilden Gegend an den Ka-nälen im Westen. Dieser Stamm hatte immer auf die Indianer von Ushuaia herabgeschaut, weil sie sich nur in geschützten Gewässern aufhielten. Sie nannten sie Bachmenschen. Unter den Kawéskar war eine kleine stämmige Frau mit einem breiten Mund voller Zahnlücken. Sie überraschte Thomas Bridges damit, dass sie auf seine Kinder zeigte und »*Little boy, little girl*« sagte. Die Frau hieß Yok'cushlu, hatte aber auch den englischen Namen Fuegia Basket. Sie konnte nicht nur ein wenig Englisch, sondern war sogar in London gewesen und hatte dort die Bekanntschaft des Königs und der Königin gemacht.

Yok'cushlu erinnerte sich an den Mann, der sie zur Erziehung mit nach England genommen hatte. Es war Kapitän Fitzroy auf seinem Schiff, der *Beagle*. Fitzroy hatte den Plan, einige der Leute zu gebildeten Menschen zu machen und sie dann wieder nach Feuerland zu bringen, wo sie das Gleiche für die übrigen Indianer tun sollten. Stattdessen nahmen sie nach ihrer Rückkehr fast sofort ihre alten Gewohnheiten und Bräuche wieder auf. Sie erinnerte sich auch an den jungen Engländer Charles Darwin, der sie auf ihrer Rückreise begleitet hatte. Die englischen Wörter für Messer, Gabel und Glasperlen waren ihr immer noch geläufig, als ihr aber jemand einen Stuhl brachte, hockte sie sich daneben auf den Boden. Sie hatte vergessen, wozu er da war. Ihr Mann war ein Kawéskar aus dem Westen und sie sprach nun beide Mundarten, aber ihr englischer Wortschatz war bald erschöpft. Thomas Bridges unterhielt sich mit ihr auf Yahgan, der Sprache der Yámana. Und so erzählte sie ihm ihre eigenartige Geschichte.

Drei Feuerländer

Kapitän Robert Fitzroy war ein eingefleischter Konservativer und ein Verfechter der Sklaverei. Sein christlicher Glaube war von fundamentalistischem Einschlag, die Dinge waren entweder schwarz oder weiß und für ihn galt, was die Bibel sagte, wortwörtlich. Es ist wohl die tiefste Ironie der gesamten Darwinschen Expedition, dass Fitzroy hoffte, damit den Beweis für die historische Tatsache der

Sintflut zu erbringen. Darwin hatte mit seinen zweiundzwanzig Jahren bereits seine dritte Laufbahn eingeschlagen, nachdem er der Theologie und der Medizin Ade gesagt hatte. Der wahre Grund war aber, dass seine Leistungen nach heutigen Maßstäben gemessen einfach nicht ausgereicht hatten, ihm die Tore einer guten Universität zu öffnen.

Fitzroy hatte drei seltsame Passagiere. Drei eingeborene Feuerländer, die er auf eigene Initiative nach England mitnahm, um sie dort auf seine Kosten zu versorgen und auszubilden. Fitzroys vornehmes Projekt für diese Ureinwohner erbrachte in Miniatur den Beweis für mangelndes Verständnis und für die Unmöglichkeit des Zusammenlebens, wenn zwei Kulturen aufeinander prallen. Seine Rechtfertigung für sein Handeln bestand zumeist in den Gründen, die er dem Marineministerium gab: »Ich hatte gehofft, dass sich diese Menschen als nützliche Dolmetscher erweisen und dazu beitragen würden, bei ihren Landsleuten eine freundliche Einstellung gegenüber den Engländern hervorzurufen.« Seine Motivation war aber auch religiös bestimmt. Er war um das Seelenheil dieser Menschen besorgt, die noch nie das Wort Gottes gehört hatten. Zu diesem Zweck war ein weiterer Passagier an Bord, Richard Matthews, der sich bereit erklärt hatte, die Feuerländer zu begleiten und die Mission zu beginnen. Allerdings hatte es niemand der Mühe wert gefunden, die Leute selbst zu fragen, ob sie überhaupt nach England mitkommen wollten, denn Fitzroy ging es in erster Linie darum, sie zur Vergeltung für den Diebstahl eines seiner Boote als Geiseln mitzunehmen.

Der kleine Walfänger, von dem hier die Rede ist, war zur Erforschung der Gewässer um Navarino verwendet worden. Als die Mannschaft die Nacht auf der Insel verbrachte, war das Boot am Morgen verschwunden. Wochenlang zogen die Männer durch die Lager der Indianer, fanden hier einen Mast, dort eine Angel und sonstiges Gerät, aber nie das Boot selbst. Da beschlossen sie, Geiseln zu nehmen. Einer davon war ein muskulöser, junger Mann von etwa neunzehn Jahren namens El'leparu. Auch einige Frauen und Mädchen wurden an Bord festgehalten, von denen sich aber alle, mit Ausnahme eines liebenswerten Mädchens von neun oder zehn Jahren, schwimmend ans Ufer retten konnten. Der Name der Kleinen war Yok'cushlu. Nach einigen Verhandlungen in Zeichensprache und nachdem man dem Vater einen Perlmuttknopf geschenkt hatte, kam auch ein junger Mann namens O'run-del'lico freiwillig mit auf die *Beagle*.

Fitzroy sah diese fremden Menschen durch seine eigene aristokratisch gefärbte Brille. »Ihre struppigen, borstigen und äußerst schmutzigen schwarzen Haare verstecken und unterstreichen gleichzeitig den schurkischen Ausdruck in den wilden Gesichtszügen, die von der schlimmsten Art sind.« Er ging noch weiter und nannte sie ein »Hohn auf die Menschheit«. Sie waren nicht Teil seiner Welt, könnten nach seinem christlichen Denken aber vielleicht dazu gemacht werden. Ein interessanter Umstand, der in der Literatur nur wenig diskutiert wird, liegt darin, dass die angefertigten Skizzen und Stiche von feuerländischen Ureinwohnern mit den ein paar Jahrzehnte später von ihnen gemachten Fotos wenig gemeinsam haben. Die Gesichter auf den Zeichnungen sind gedrungen, teils negroid und sehr schwarz, während ihre Gesichtszüge und Färbung in Wirklichkeit weit mehr an die nordamerikanischen Ureinwohner mit den für sie typischen hohen Wangenknochen erinnern. Da sie von den Europäern des viktorianischen Zeitalters aber als rassisch minderwertig angesehen wurden, zeichnete man sie nach dem eigenen Vokabular der degradierenden rassischen Einstufung.

Ein anderer Ureinwohner, der getötet worden war, wurde skelettiert. In den Museen war es üblich, die Menschen zu messen, um sie objektiv untersuchen zu können. Im Naturgeschichtlichen Museum von London liegen die Überreste von siebzehntausend Menschen – das entspricht der Bevölkerung einer Kleinstadt –, die aus den verschiedensten Kulturen und Epochen gesammelt wurden. Unter ihnen befindet sich auch der anonyme Feuerländer.

Noch bevor die *Beagle* ihre Heimat hinter sich gelassen hatte, begann für die Gefangenen ein Prozess des Wandels, der wesentlich tief greifender war als ihre rein physischen Veränderungen. Was im Gemüt der Yámana vor sich ging, können wir nicht wissen, aber vielleicht können wir uns eine etwas bessere Vorstellung davon machen, als die Männer auf der Beagle dazu fähig waren. Für sie stand fest, dass O'run-del'licos Vater den Sohn für einen Knopf verkauft hatte. Lucas Bridges erklärte hingegen, dass der Verkauf eines Kindes undenkbar war. Nach den Gepflogenheiten der Yámana bestand hier keine Verbindung, sondern der Knopf war ganz einfach ein Geschenk, der zufällig zur selben Zeit überreicht worden war.

Nichtsdestoweniger wurde der junge Mann Jemmy Button genannt. El'leparu erhielt seinen neuen Namen von einer markanten Gesteinsformation des Gebiets, die von Kapitän Cook York Minster getauft worden war. Auf diese Weise war eine Kirche zu einem Felsen und schließlich zu einem Mann geworden, sozusagen das Leben des Apostels Petrus in umgekehrter Reihenfolge. Yok'cushlus neuer Name war möglicherweise auf einen korbartigen Kahn zurückzuführen, den sich die Seeleute des gestohlenen Boots bauten, um zur *Beagle* zurückzugelangen. Sie erhielt den Namen Fuegia Basket. Die letzte Geisel war ein junger Mann, den die Engländer sich aus einem Kanu geholt hatten und Boat Memory nannten. Ein erinnerungsgeladener Name, der eine Brücke über den Abgrund der Jahre schlug. Dieser junge Mann war der einzige, dessen wahrer Name nicht registriert worden war.

Im Oktober 1830 segelten sie in den Hafen von Falmouth. Fitzroy, wie immer peinlich genau, wusste, wie leicht die Feuerländer den in ihrem Land unbekannten ansteckenden Krankheiten zum Opfer fielen, und so ließ er sie sofort in einen Bauernhof bringen und gegen Pocken impfen. Trotz dieser Vorsichtsmaßnahme steckte sich Boat Memory an und wurde ins Royal Naval Hospital in Plymouth eingeliefert, wo er starb. Schmerzlich berührt und reumütig blieb Fitzroy zurück. Er hatte es nie ausstehen können, wie ihm die Urbewohner immer wieder seine Sachen klauten, aber nun fragte er sich sicherlich, was er selbst ihnen wohl weggenommen hatte.

Jemmy, Fuegia und York wurden im christlichen Glauben unterrichtet, sie lernten auch etwas Englisch und wurden angeleitet, sich englisch zu kleiden. Jemmy war recht pummelig geworden. Er bewunderte sich gern im Spiegel und schmollte beim kleinsten Schmutzflecken auf seinen glänzend polierten Schuhen. Fitzroy vermerkte, wie Bildung und Erziehung das Aussehen seiner Schützlinge gemäß seinen eigenen Theorien nun weniger primitiv erscheinen ließ. Im St. James's Palace wurden die drei König Wilhelm IV. und Königin Adelaide vorgestellt. Die Königin gab Fuegia ihr Spitzenhäubchen und einen Ring. Im Gegensatz zu seinen jüngeren Gefährten war der schon recht männliche York nicht in der Lage, sich so ohne Weiteres in ein völlig neues Verhaltensmuster einzufügen. Er reagierte eifersüchtig, sobald man Fuegia zu viel Aufmerksamkeit zollte. Sie aber genoss die Aufmerksamkeit so sehr, dass man sie einmal daran hindern musste, mit York intim zu werden.

Die ersten Feuerländer, die Darwin also zu Gesicht bekam, waren die damals etwa elfjährige Fuegia Basket, York Minster, ein junger Mann von etwa einundzwanzig Jahren, und der noch halbwüchsige Jemmy Button – alle frisch herausgeputzt und bereit, die Zivilisation in ihre alte Heimat zu bringen. Maßgeschneidert und zurechtgestutzt und die beiden jüngeren mit guten Englischkenntnissen ausgestattet, traten sie die Heimreise an. Ihr Gepäck enthielt viele noch ungeöffnete Geschenke christlicher Gönner, die sich bei ihrer Ankunft als Teegeschirr erwiesen. Darwin erwähnt in seinen Schriften Yorks Absicht, Fuegia heiraten zu wollen, verschont dabei aber die Gefühle seiner Leser, indem er sie über das Alter der beiden im Dunkeln lässt.

Wieder gingen sie in der Bucht von Wulaia im Westen der Navarino-Insel vor Anker, wo sie Richard Matthews und die drei Feuerländer absetzten. Fuegia und York wurden von Matthews getraut. Zu Hunderten kamen die Yámana herbei, zeigten aber wenig Interesse. Darwin sah nun seine ersten Feuerländer in ihrem natürlichen Zustand und war entsetzt. Nachdem er seine drei Reisegefährten verständnisvoll als individuelle Persönlichkeiten betrachtet hatte, verfiel auch er in rassistische Klischeevorstellungen und teilte mit Fitzroy die Unfähigkeit, andere Kulturen und Lebensarten akzeptieren zu können. »Es war wirklich nicht fassbar, wie groß der Unterschied zwischen dem wilden und dem zivilisierten Menschen ist. Er ist größer als der zwischen wilden Tieren und Haustieren« und »Ein Thema, über das viel gemutmaßt wird, ist die Frage, welche Freuden in ihrem Leben die weniger begabten Tiere genießen können. Wie viel angemessener wäre es dann doch, sich diese Frage in Bezug auf diese Barbaren zu stellen.« Erst als sich Darwin einem besonderen Rätsel gegenüber sah, nämlich der Unfähigkeit der Feuerländer zu erfassen, dass Feuerwaffen über einige Entfernung hin töten können, kommt er zu einer Erkenntnis, die sicher von Nutzen hätte sein können: »Wir können uns kaum in die Lage dieser Wilden versetzen und deren Handeln verstehen.«

Nachdem das Schiff die Bucht von Wulaia verlassen hatte, war man natürlich über das Wohl der vier Zurückgebliebenen besorgt. Denn hier ging es um zentrale Fragen des 19. Jahrhunderts im Hinblick auf die Besserung der Menschheit und ihre fortschrittliche Entwicklung. Würden die zivilisierten Heimkehrer die anderen beeinflussen oder rückfällig werden? Würde die nachfolgende Generation die Zivilisation erben? Fitzroy und Darwin kamen einen Monat später zurück und fanden Antworten auf ihre Fragen.

Als sie in Wulaia eintrafen, sahen sie einige von Matthews Kleidungsstücken an den Ureinwohnern und befürchteten das Schlimmste. Schließlich stellte sich jedoch heraus, dass Matthews zwar noch am Leben, aber am Ende seiner Geduld war. Trotz der dringenden Einwände der heimgekehrten Feuerländer war er von den übrigen Stammesangehörigen systematisch ausgeplündert und bedroht worden. Fitzroy sagte, er solle mit ihm heimkehren, und Matthews nahm erleichtert an. Er teilte seine Sachen unter Fuegia, York und Jemmy auf, doch bald begannen die anderen auch diese Dinge zu stehlen. Jemmy beobachtete seinen eigenen Bruder dabei. »Was ist das für eine Fasson?«, fragte er und sah dabei seine Landsleute an. »Verdammte Narren.« Es war das erste Mal, seitdem sie ihn kannten, dass sie Jemmy fluchen hörten.

Ein Jahr später, 1834, kam die *Beagle* wieder vorbei. Ein dünner, langhaariger Mann paddelte ihnen in einem Kanu entgegen. Er war in Lumpen gehüllt und wusch sich Farbe vom Gesicht. Erst als er nahe herangekommen war, erkannten sie ihn. Entsetzt vermerkte Darwin: »Noch nie habe ich eine so vollständige und schmerzliche Änderung miterlebt.« Jemmy Button kam an Bord und nahm gleich wieder seine englischen Manieren an. Gekonnt hantierte er mit Messer und Gabel und erzählte ihnen, dass York viel Zeit damit verbracht habe, ein großes Kanu zu bauen. Und eines Morgens hatte Jemmy auch den Grund dafür herausgefunden: York hatte seinen ganzen Besitz darin verstaut und ruderte mit Fuegia davon.

Zwanzig Jahre später traf Kapitän W. Parker Snow mit Jemmy zusammen und zeigte ihm Fitzroys Buch von 1830 über die Fahrt der *Beagle*. Als Jemmy die Skizzen sah, die ihn selbst, York und Fuegia in ihrem natürlichen und ihrem zivilisierten Zustand zeigten, lachte er wehmütig. Er bat Parker Snow aber nicht, mit ihm nach England zurückkehren zu dürfen. Am 19. Februar 1883, ein Jahr nach Darwins Tod, war Thomas Bridges im westlichen Gebiet auf der London-Insel unterwegs, als er Neuigkeiten von Fuegia erfuhr, die jetzt wieder Yok'cushlu hieß, und beschloss, sie zu besuchen. Vor zehn Jahren hatten sie sich das erste Mal getroffen. Das ehemals kleine Mädchen hatte inzwischen viele bedeutende Persönlichkeiten an fernen Orten überlebt; sie war jetzt zweiundsechzig Jahre alt, schwach und unglücklich. Bridges versuchte, in ihrem nachlassenden Gedächtnis die Erinnerung an die christlichen Versprechen wieder aufleben zu lassen, die sie ehemals im verrußten und nebeligen London gehört hatte. Aus seinen Augen strahlte das Licht Bethlehems. Teilnahmslos hörte sie ihm zu, dann ging sie.

Tommy Goodall

Der Katamaran passierte die Gable-Insel, die nach den giebelartigen Formationen in den schwarzen Klippen benannt ist. Dahinter schmiegte sich die *Estancia Harberton* in die Landschaft. Eine Silhouette mit dem unverkennbaren Schnabel eines Ibis zeichnete sich gegen das einfallende Licht ab. Zu einer Zeit, als in den Finanzen des Reverend Bridges Ebbe herrschte, riskierte er sein letztes Geld, um einen Schoner, die *Rippling Wave*, zu chartern. Damit wollte er 1500 Schafe von den Falkland-Inseln herüberbringen. Das dazu benötigte Geld stammte zum Teil aus seinen eigenen Mitteln und der Rest kam aus den Ersparnissen des getreuen Kapitän Willis. Die Schafe wurden schließlich auf die größte der hiesigen Inseln gebracht, wo sie ohne die zusätzlichen Kosten von Hirten und Zäunen frei herumlaufen konnten. Bridges wusste aber, dass die Insel auch von vielen der riesigen feuerländischen Füchse bevölkert war. Die Farm hatte einmal dreihundert Felle davon nach London geschickt, wo sie auf Grund ihrer Größe irrtümlich billig als Wolfsfelle verkauft worden waren. Die jungen Füchse wurden von den Elterntieren gezielt aufs Töten abgerichtet. Einmal schoss Bridges eine Füchsin, in deren Maul er ein Nest voller Küken fand, die sie ihren Jungen zum Töten heimbringen wollte. Natürlich war er besorgt über den Schaden, den diese räuberischen Geschöpfe unter seiner Kapitalanlage anrichten könnten.

Nach ihrer langen Seereise drängten die Schafe an die Küste. Sobald die großen Füchse die unbekannten Tiere erblickten, kamen sie aus ihren Verstecken hervor und rannten zum Strand. Voller Panik flüchteten sie schwimmend den halben Kilometer bis zum Festland. Bald waren die kleinen Felsen, die aus dem Wasser des Kanals ragten, übersät mit erschöpften Füchsen, die sich darauf ausruhten.

Tiere, die in Isolation leben, entwickeln ein Verhalten, das nur auf ihren in der Vergangenheit gemachten Erfahrungen basiert. Charles Darwin fand heraus, dass der Fuchs der Falkland-Inseln keine Erfahrung hatte, gejagt zu werden. Darwin konnte seine Studienexemplare ganz einfach holen, indem er sich von hinten anschlich und ihnen mit einem Gesteinshammer einen harten Schlag auf den Kopf versetzte.

Auf dem Festland fanden die von Harberton geflüchteten Füchse weitere Schafe, die sie dann im Lauf der Zeit aber einordnen konnten. Es dauerte zwölf Jahre, bevor sich ein Fuchs wieder auf der Gable-Insel sehen ließ. Inzwischen hatten die Tiere aber gelernt, dass sie selbst das größte Schaf am Nacken packen und so ganz einfach töten konnten.

Unser Boot fuhr in die kleine geschützte Bucht ein, in deren Mitte eine Gruppe niedriger Gebäude mit weißen Wellblechwänden und leicht ansteigenden roten Dächern stand. Hölzerne Landestege ragten ins stille Wasser der Estancia-Bucht. Hinter dem Strand wurde gerade eine Barkasse auf den Rasen geschleppt. Die Schiffssirene erfüllte die Bucht mit ihrem melancholischen Ruf. Ein Mann mittleren Alters in einem blauen Pullover und einer Jeans-Latzhose stand allein auf dem Anlegeplatz. Er hatte dichtes dunkles Haar und einen ergrauten Bart. Er winkte uns kurz mit erhobenem Arm zu. Es war Tommy Goodall, der Großenkel des Missionars Thomas Bridges.

Die Barkasse erinnerte mich daran, dass Despard, einer von Bridges' Söhnen, seine eigenen Boote gebaut hatte, mit denen er dann Rennen gegen Schiffsmannschaften auf der Durchreise veranstaltete. Er und sein Bruder Lucas waren ein imponierendes Team, zu dem Lucas ein Körpergewicht von über neunzig Kilo beisteuerte. Das war aber zur Zeit der Jahrhundertwende gewesen und es war äußerst unwahrscheinlich, dass eines ihrer Boote die hiesigen Gewässer und das raue Klima so lange überdauert hatte.

Nach der strengen Erhabenheit der Landschaft am Kanal war die Gegend hier von anheimelndem Grün. Unter dem lang gestreckten Haupthaus erstreckte sich ein Garten im englischen Stil mit Rasen und blühenden Sträuchern. Ein Gartentor führte durch den Lattenzaun und die darüber aufragenden Kieferknochen eines Wals sahen wie das riesige Gabelbein eines Huhns aus, das im Englischen *wishbone* genannt wird. An der Wand hing ein Paar handgemachter Schneeschuhe – weiße Turnschuhe, die mit einem Bindfadennetz an einem Holzrahmen befestigt worden waren. Hinter der *Estancia* galoppierte ein braunes Pferd mit weißen Socken über eine blumige Wiese. Nicola Forster, eine junge Amerikanerin, führte mich durch den Besitz. »Wie kommt es, dass es Sie hierher verschlagen hat?«

»Ich bin vor zwei Monaten nach Buenos Aires gezogen und habe dort eine Anzeige in einer Zeitung für eine Hilfskraft auf der Farm gesehen.«

»Das muss aber eine recht eindrucksvolle Anzeige gewesen sein.«

Mitten im Wald stießen wir auf Nachbildungen der alten Yámana-Hütten. Die einfachen Schutzhütten waren aus Zweigen gefertigt, deren Ritzen mit Buchenblättern verstopft waren. Es begann zu regnen und wir gingen hinein. Auch in der Hütte regnete es. Die Ureinwohner hatten große Mengen von Muscheln gegessen und die Schalen vor den Eingang geworfen. Je nach Windrichtung wurde der Eingang verlegt und so türmten sich schließlich um die Hütten kreisrunde Abfallhaufen. In dem kalziumreichen Abfall siedelten sich Kalafate-Büsche an und spendeten den Ureinwohnern süße Beeren und Schutz vor dem Wind. Entlang der Kanalküste sieht man überall diese kreisrunden Gebilde.

Wir waren inzwischen zur *Estancia* zurück und in den Schurschuppen gegangen. »Sie haben hier 20 000 Hektar Land, aber ich habe noch kaum Schafe gesehen.«

»Die verbringen den Großteil des Jahres dort draußen«, dabei wies Nicola mit der Hand in Richtung der Berge, »aber dann werden sie zusammengetrieben und in diesen Schuppen zum Scheren gebracht.«

»Warum braucht ihr dafür ein eigenes Gebäude?«

»Es ist fast unmöglich, ein nasses Schaf zu scheren. Bis 1978 hatte die *Estancia* eine eigene Schermannschaft, aber dann gab es Schwierigkeiten mit Chile. Und weil viele der Schafscherer aus Chile waren, hat man sie alle zurückgeschickt. Seitdem beschäftigen wir, wie viele andere *estancias*, so genannte *comparsa*. Das sind Wanderscherer, die durch ganz Argentinien ziehen.« (*Comparsa* ist ein nettes Wort für jegliche Art von Gelegenheitsarbeit – wie zum Beispiel für einen Komparsen beim Film.) »Die Männer, die hierher kommen, beginnen Ende September, Anfang Oktober im Norden des Landes und arbeiten sich dann langsam nach Süden vor. Da dies hier eine relativ kleine *estancia* und die südlichste von allen ist, sind wir für sie die letzte Station in ganz Argentinien. Das ist dann immer erst um den Februar herum. Wir haben Stationen für sechs Scherer. Harberton ist ein kleiner bis mittelgroßer Betrieb, der größte, die *Estancia Maria Behety*, hat vierzig. Im Februar ist der Boden hier drinnen glitschig vor Lanolin. Jungen sammeln die Vliese ein und schneiden die schmutzige Wolle von der Bauchseite ab. Die wird dann am Strand verbrannt. Bis 1978 sind die Ballen mit dem Schiff nach Ushuaia gebracht worden, aber jetzt gibt es eine Straße und Lkws sind viel billiger!« Sie ging mir mit langen Schritten voran. »Kommen Sie hier rein, das wird Sie überraschen.«

Wir marschierten über den Hof auf ein langes, niedriges Gebäude zu mit einer Doppeltür an einem Ende. Nicola musste einen der Torflügel hochstemmen, bis er sich knarrend öffnen ließ. Ich starrte in die Düsterheit. Im Schuppen stand ein Walfänger, der den ganzen Raum füllte. Im Dunkel darüber flogen zwei Kondore. Ich duckte mich und Nicola lachte schallend: »Die sind ausgestopft.«

Ich öffnete den zweiten Türflügel, um etwas mehr Licht in den Raum zu lassen. Nicola wies auf einen der Vögel, dessen Flügel traurig herunterhingen. »Der hat auch schon bessere Tage gesehen. Er ist vor vierzig Jahren auf der Straße überfahren worden.«

»Er schaut aus, als ob er einen zu viel getrunken hätte.«

»Den anderen hat Tommys Tochter Abby vor ein paar Jahren gefunden, noch lebendig. Er war von einem Auto angefahren worden. Sie haben ihn mit Blut und rohem Fleisch gefüttert, aber eine Woche später ist er gestorben.«

Die Spannweite seiner Flügel war breiter als das Boot, das ich mir erst jetzt etwas genauer ansehen konnte. »Es ist von Despard Bridges gebaut worden«, sagte Nicola.

Es war ein langer, schlanker Einer, ein Klinkerboot von etwa sechs Meter Länge mit einer eleganten Ausbuchtung um das Mitteldeck. Zwei Paar Metalldollen warteten einsatzbereit auf die Ruder. Despard war unter den Bridges-Brüdern das Zimmermann-Talent. Er baute sich sogar eine ganze Ranch in Viamonte an der Atlantikküste. Als Kind hatte er seinen Vater um Zeit und Material für den Bau eines richtigen Boots an Stelle der kleinen Schiffsmodelle gebeten. Der Vater, der den Jungen auch für die Arbeit auf der Farm brauchte, sagte Despard kurz und bündig, das sei nur eine Verschwendung von Zeit, Brettern und Nägeln. »Für so eine Arbeit müsstest du mindestens ein Jahr lang bei einem guten Schiffsbauer in die Lehre gehen.« Despard bot ihm an, die Kupfernägel aus eigener Tasche zu bezahlen und die Bretter selbst zu schneiden, sodass er die Arbeiter nicht von der Arbeit abhalten musste.

Sein Vater ließ sich schließlich erweichen. Zusammen mit Lucas hob Despard eine Sägegrube aus und Lucas bediente das untere Ende der schweren Schrotsäge, Despard das obere Ende. Jede der dünnen Planken für das Klinkerboot war von Hand gesägt, glatt gehobelt, gedämpft und dann zu dem Boot geformt worden. Nachdem er Despard einige Monate lang bei der Arbeit zugesehen hatte, sagte sein Vater schließlich zu ihm: »Sonny, ich brauch dich nicht mehr, bis das Boot fertig ist. Es wird ein gutes Boot und ich hoffe, dass ich es hin und wieder benutzen darf.« Das Boot, die *Esperanza*, war das erste von vielen. Das größte war ein 8-Tonner-Leichter, mit dem sie hundert Schafe von und zu den Inseln transportieren konnten, und das berühmteste ein Rennboot, das sie bei Regatten verwendeten und das einem Walfänger nachgebaut war. Damit fuhren die Brüder mit den Matrosen aus der argentinischen Marine um die Wette. Sie waren immer die Sieger. Die Matrosen gaben dem Boot die Schuld, es war einfach zu gut.

»Es wurde 1901 gebaut und 1960 zum letzten Mal zu Wasser gelassen. Damals war es schon in einem so schlechten Zustand, dass man es nicht mehr benutzen konnte, aber niemand wollte es weggeben.«

Wir gingen unter den Walkiefern über dem Gartentor hindurch und hinauf zum Haus auf einen Kaffee mit Tommy Goodall. *Estancia Harberton* ist das älteste Haus in Feuerland und eines der ersten Fertighäuser der Welt. Es wurde in Harberton in Devon aus Kiefernholz gebaut und zum Feuerschutz mit Wellblech verkleidet. Die nummerierten Teile kamen per Schiff nach Feuerland und wurden dort in Harberton zusammengebaut.

Bridges hatte dazu die 360-Tonnen-Brigantine *Shepherdess* gechartert und sich vorschnell bereit erklärt, für die Überfahrt einen

Tagessatz von fünfzig Schillingen zu zahlen. Der Kapitän des Schiffs gehörte einer fanatischen Religionssekte an, der er, nachdem er unter Tränen dem Alkohol abgeschworen hatte, beigetreten war. Die Sekte war aber recht aufgeschlossen, wenn es darum ging, eine geschäftliche Vereinbarung nach allen Regeln der Kunst auszunutzen, und so nahm sich der Kapitän für die Fahrt nach Harberton in Feuerland ganze 108 Tage Zeit und dankte dem Herrgott allmorgendlich, dass er ihn wieder um zwei Pfund und zehn Schillinge reicher gemacht hatte. Zur Fracht aus Ziegeln, Kohlen und Kalkstein gehörten auch ein junger South-Devon-Stier, vier Romney-Marsh-Widder, zwei Schweine und zwei Collies. Unter den Passagieren befanden sich zwei Zimmerleute aus Devon und Edward Aspinall, der von der Missionsgesellschaft als Ersatz für Bridges nach Ushuaia geschickt wurde.

Wegen der Verspätung war der Winter 1887 bereits eingebrochen und es war vorerst nicht an den Hausbau zu denken. Bevor man irgendetwas anderes unternehmen konnte, mussten die leicht verderblichen Waren verstaut werden. Die Schiffsmannschaft war nicht bereit zu helfen und den Ureinwohnern wurde bei den Taglöhnerarbeiten schnell langweilig. Bridges mit seinen erst dreiundvierzig Jahren war schon recht krank und schwach, und so mussten die Söhne die meiste Arbeit übernehmen. Da es vor allem notwendig war, ein Vorratslager zu bauen, mussten sie dazu einige der wertvollen Holzteile des Fertighauses verwenden. Als Ersatz für die verwendeten Teile sägten sie ihr eigenes Holz zurecht. Einen bitterkalten Winter lang hausten sie in einer Hütte mit nur einem Raum, die sie sich aus Wellblech und geborgtem Abfallholz zusammengebastelt hatten. Es dauerte noch ein ganzes Jahr, bis das Haupthaus endlich fertig war.

Tommy gehört der vierten Generation der Bridges-Dynastie an. Neben Spanisch beherrscht er Englisch, das er leise und mit einem nicht zuordenbaren Akzent spricht.

»Wer sind denn Ihre nächsten Nachbarn?«

»Die Küstenwache, sechzehn Kilometer im Westen. Mein nächster Nachbar, der nicht zum Militär gehört, ist mein Vetter Martin Lawrence, fünfzig Kilometer östlich von hier. Er stammt auch von Thomas Bridges ab.«

»Wie oft machen Sie denn außerhalb von Feuerland Urlaub?«

»Also, mein letzter Urlaub war 1986, außer einer Fahrt im letzten Jahr auf der *Pacific Princess* von Madryn zu den Falkland-Inseln, die etwa drei Tage gedauert hat. Für gewöhnlich fahren wir in die Staaten, die Familie meiner Frau Natalie kommt aus Ohio. Wir machen immer im Winter Ferien und schauen dann, dass es ein Urlaub auf der nördlichen Hemisphäre ist.«

»Haben Sie hin und wieder das Gefühl, dass Sie mit Ihrem Betrieb hier festsitzen?«

»Manchmal kann es schon problematisch sein«, sagte er langsam, »aber das trifft wohl auf das Leben überall zu. Man kann hier nur schwer Ersatzteile für die Maschinen bekommen. Aber wir haben nur wenig Maschinen – ein paar Generatoren zum Scheren und etliche Lieferwagen. Wir bestellen die Ersatzteile in Buenos Aires oder in den USA.« Ich hatte mit meiner Frage gemeint, ob er sich einsam fühlt oder Langeweile hat, aber er sprach von Maschinenteilen.

»Wie sind denn die Winter hier?«

»1996 war ein guter Winter. 1996 hatten wir am 4. September Schnee und der war nach vier Tagen wieder weg. Das war der ganze Winter. Der schlimmste war 1995. Der Schnee kam Ende Mai und wir konnten bis zum September nicht einmal zu Pferd unsere Runden machen. Wir haben etwa fünfundachtzig Prozent unserer Tiere verloren.«

»Sind sie durch die Kälte umgekommen?«

»Nein, nicht durch die Kälte, es war der Schnee. Sie konnten den Boden mit dem Futter nicht erreichen.«

»Können Sie solche Verluste wegstecken?«

»Wir brauchen zehn Jahre mit sehr guten Wintern, bis wir wieder dort sind, wo wir vorher waren, ohne etwas verkaufen zu müssen.« Er war aber recht gefasst bei dieser Aussicht.

Lucas Bridges erinnerte sich an die ersten Gespräche seines Vaters mit den Yámana-Indianern. Die alten Männer erzählten von den grausamen, tödlichen Wintern der Vergangenheit. Sie sprachen von ihrer Jugend, als die Kanäle zugefroren waren und sie mit ihren Kanus nicht ausziehen konnten, um Fische, ihre Hauptnahrung, zu fangen. Der Strand war vollkommen mit Eis überzogen, das alle Muscheln und Napfschnecken zudeckte. Herdenweise verhungerten und erfroren die Guanakos. Ebenso die Yámana.

Jahre vergingen. Bridges hatte noch immer keinen Winter wie diesen erlebt und die Erzählungen schon als Altweibergeschichten abgetan. Doch dann geschah es wieder, genauso schlimm, wie sie es ihm erzählt hatten. Der erste Oktober brachte einen falschen Frühling. Bäume begannen zu sprossen, Vögel zu nisten und die Schafe waren trächtig. Am sechsten kam dann meterhoher Schnee, gefolgt von einem mörderischen Frost und einem beharrlichen Südwind, der von der Antarktis direkt in die Bucht von Harberton fegte. Von viertausend Lämmern überlebten weniger als vierhundert. Singvögel flüchteten aus den verschneiten Wäldern und fielen an der Küste erschöpft zu Boden. Die Flut trug sie zu Haufen hinaus aufs Meer. Andere suchten in einer Höhle im benachbarten Hafen von Cambaceres Zuflucht, wo sie scharenweise umkamen, bis schließlich der ganze Boden wie mit einem Teppich bedeckt war.

Wir blickten hinaus über die stille, friedliche Bucht. Als die *estancia* noch die entlegenste Farm der Welt war, zog Lucas Bridges hinaus in eine Hütte mitten im Territorium der Selk'nam, die unter den Indianerstämmen Feuerlands als besonders mörderisch gefürchtet waren. Seine Hütte verwendete er als Lagerraum und legte sich zum Schlafen ins Freie. Nach einer Weile wollte er gar nicht mehr zurück in das geschäftige Treiben auf der Farm und zu den Menschen dort in Harberton. Und wenn er geschäftlich nach Buenos Aires musste, befiel ihn entsetzliche Angst.

»Hätte Lucas Bridges vielleicht ein anderes Leben gewollt?«

Tommy erwiderte: »In meiner Familie hieß es, dass er weiterzog, sobald in seinem Haus die Scheiben in die Fenster gesetzt wurden.«

Paachek

Am nächsten Morgen, als die *Rainbow Warrior* von Greenpeace im Hafen vor Anker ging, fegte ein tosender Wind über Ushuaia hinweg. Über eine klapprige Veranda gelangte ich zum Eingang des Feuerland-Museums. Ein Glöckchen an einem Federzug meldete bimmelnd meine Ankunft und ein großer, etwas gebeugter junger Mann kam mit fliegenden Gliedern die Holztreppe herunter. Seine Schultern schnellten nach vorne, als er mir seinen langen Arm zum Gruß reichte. »Ich bin Jorge.«

Im Studierzimmer im Oberstock des kleinen Hauses zeigte er mir ein Exemplar des berühmten englischen Wörterbuchs der Yaghan-Sprache von Thomas Bridges. Man kann sich nur schwer vorstellen, dass dieses 605 Seiten umfassende Werk zu Lebzeiten eines einzigen Menschen fertig gestellt werden konnte. Wenn Bridges dieses Wörterbuch nicht kompiliert hätte, wäre die Sprache in Vergessenheit geraten und es wären heute nur noch Spuren davon in den lyrischen und beschreibenden Ortsnamen zu finden. Wie zum Beispiel in Ushuaia selbst (*Ush* wie in Busch und *weia*), das so viel wie »innerer Hafen gegen Westen hin« bedeutet. Tushcapalan, die Stelle, an der Thomas Bridges' Haus erbaut wurde, war die Riementanginsel der Langflugdampfschifffenten.

Als eine frühere Missionierungs-Eskapade gescheitert war, waren zwei Yámana-Indianer auf den Falkland-Inseln zurückgelassen worden. Gardiner wollte den Ureinwohnern Englisch beibringen, Bridges hingegen entschloss sich, deren Sprache zu lernen. Die beiden Männer und die beiden Methoden illustrierten ganz deutlich die alte Einstellung der Kolonialherren und die neue der Anthropologen. Als Bridges und der Reverend Whait Stirling von der Patagonien-Missionars-Gesellschaft später nach Feuerland kamen, hörten die Yámana, die ihnen in ihren Rindenkanus entgegenkamen, wohl zum ersten und wahrscheinlich auch zum letzten Mal in ihrer Geschichte, dass ein Weißer sie in ihrer eigenen Sprache begrüßte.

Fast vier Jahrzehnte lang hatte Thomas Bridges, selbst nach noch so schwerer Tagesarbeit, jeden Abend damit verbracht, die Bedeutung von Wörtern immer wieder neu zu erforschen, zu prüfen und herauszudestillieren. Das Wörterbuch wurde immer umfangreicher, ebenso die Papierbündel mit Notizen und Anmerkungen in seiner deutlichen, sauberen Handschrift. 1924 entsandte das New York Museum of American Indians einen Mann, Samuel Kirkland Lothrop, der die Ethnologie der Ureinwohner drei Monate lang studieren sollte. Er bezeichnete das Wörterbuch als »die wahrscheinlich umfassendste Studie primitiver Linguistik, die je durchgeführt wurde«.

Bridges bemühte sich, bei der scheinbar zusammenhanglosen Verwendung derselben Wörter Bezüge herzustellen und die phantasievolle Erweiterung von Begriffen auf andere Handlungen oder Gefühle festzuhalten. *Mötŭõ-skulata* – »hinausgehen oder hereinkommen und dabei einen Raum belüften, indem man den Wind unbehindert in und durch den Raum wehen lässt« – hatte auch die Bedeutung, das Mannesalter vollkommen zu erreichen, also zu einem richtigen Mann heranzuwachsen.

Guta bedeutet so viel wie knacken, durchlöchern, durchbohren oder zerbrechen, aber auch einen Vogel oder eine Maus wie eine Katze oder ein Habicht mit den Klauen zu fangen. Von der dem Wort zu Grunde liegenden Idee einer Reihe kleiner Löcher stammt auch die Bedeutung, kleine Risse in einem Kanu zuzunähen.

Einige der Definitionen hören sich wie kurze Gedichte an. Beim Wort *gamoo* geht es darum, etwas zu holen oder zu bringen. *Gama möni* bedeutet, stehend zu *gamoo*, häufig oder immer zu *gamoo*. Sich wie Tonerde oder anderes loses Material in einem Wagen, einer Schachtel oder einem Karren zu befinden. Nach etwas im Fackelschein zu suchen. Es gibt aber auch Wörter mit einem ganz kleinen Bedeutungsbereich, wie *luakuci*: etwas im Mund oder Maul eines Lebewesens wie bei einem Hund, der sein Junges trägt, in ein Kanu oder Boot bringen oder daraus holen.

Das Studium dieser Kulturen war ein Wettlauf mit der Zeit; immer schneller wurde sie von der Außenwelt eingeholt. Der südöstlichste Ausläufer von Feuerland war von den Aush bevölkert, die von den wilden und mörderischen Selk'nam von einem bedeutend besseren Landstrich hierher vertrieben worden waren. Lucas Bridges freundete sich mit zwei Aush-Indianern, Yoyiimmi und Saklhbarra, an und begann, ihre Sprache zu lernen. Als er aber herausfand, dass sie nur noch von fünfzig oder sechzig Menschen gesprochen wurde, hörte er damit auf.

Im Museum hieß es, dass der letzte Indianer mit reinem Selk'nam-Blut vor kurzem gestorben war. Er hatte zuletzt auch seinen eigenen Namen, Paachek, verloren, denn sein neuer Name Pacheco war für die spanisch sprechende Bevölkerung leichter auszusprechen. Auf den Fotos ist er ein Bär von einem Mann in einem Guanako-Mantel. Er verbrachte sein Leben damit, Schafe zu scheren, Pferde zu zähmen und zu reiten. Er hatte keine andere Wahl. Denn die Selk'nam bauten keine Kanus und gingen auch nicht fischen. Die meisten konnten gar nicht schwimmen, sie waren Guanako-Jäger. Die Siedler vertrieben die Guanako und züchteten stattdessen Schafe. Die Selk'nam waren keine Bauern und verstanden auch nicht, dass man Tiere besitzen konnte. Wenn sie die Schafe erschossen, erschossen die Siedler die Jäger.

In jenen Tagen bedeuteten Schafe Reichtum. Heute ist Feuerland von den Weltmärkten viel zu weit entfernt, als dass man damit viel Geld verdienen könnte. Erdöl und Tourismus sind heute das große Geschäft. Amerikaner, Kanadier und andere besonders reiselustige Nationen wie die Deutschen, Neuseeländer und Australier kommen, um das Ende der Welt zu besichtigen. Die ganz Reichen zahlen $ 45 000 für einen Flug zum Südpol. Dann gehen sie heim und suchen sich ein anderes aufregendes Ziel. Im Gegensatz zum vergangenen Jahrhundert wären echte Indianer jetzt viel mehr wert als die Schafe.

Eine der letzten Yámana war Granny Rosa, die 1983 starb. Sie war wahrscheinlich die allerletzte. Ihr hohes Alter ist auf einer Porträtaufnahme eingefangen, die sie in einem Kragenhemd mit Wollweste zeigt. Ihr Gesicht starrt völlig ausdruckslos aus dem Bild. Paacheks Stamm, die Selk'nam, hatten am meisten zu leiden, denn sie waren

Jäger und kamen daher unweigerlich mit der Landwirtschaft in Konflikt. Paacheks Familie und sein ganzer Stamm starben aus. Sie wurden von Kopfjägern erlegt, die pro Kopf ein englisches Pfund, also dasselbe wie für einen Puma, bekamen. Um das Geld zu erhalten, mussten die Jäger die Ohren des getöteten Indianers vorweisen. Für die Ohren einer schwangeren Frau und die des Fötus zahlte man eine Prämie. Kinder wurden mit Krankheitserregern geimpft und zu ihren Angehörigen zurückgeschickt. Aus Europa kamen große Mastiff-Hunde, mit denen Jagd auf die Indianer gemacht wurde. Man schoss mit den neuesten Ferngewehren auf sie und die nackten Indianer schossen mit Pfeil und Bogen zurück. Europäische Wissenschaftler kauften ihre Schädel zum Ausmessen und Klassifizieren.

Die Stämme starben aus Verzweiflung, durch Alkohol und die Zwistigkeiten, die auf dem Boden einer jeden Flasche liegen. Aber am häufigsten starben sie an der einfachsten Art, Fremden den Garaus zu machen, nämlich an Krankheiten wie Masern, gegen die sie keine Widerstandskraft besaßen.

Am Ende konnte Paachek seine eigene Sprache nur noch mit einem einzigen anderen Menschen, dem halbblütigen, 85 Jahre alten Segundo Arteaga, sprechen. Aber er sprach so und so nicht viel. Und wenn er überhaupt etwas sagte, konnte er recht rüde sein, wenn ihm danach zu Mute war, und das war oft der Fall. Sein ganzer Besitz waren seine Kleider, seine Messer, einige Fotos und ein silberner Strohhalm, *bombilla* genannt, zum Filtern und Trinken von grünem Matetee.

Paachek starb in aller Stille im Krankenhaus. Seine paar Angehörigen machten sich bereits auf den Weg in den Süden, um die alten Beisetzungsriten für den letzten echten Selk'nam abzuhalten, als vom Krankenhaus seine sofortige Bestattung anbefohlen wurde. Es waren inzwischen zwei andere Patienten gestorben und Paacheks Begräbnis wäre ihnen dabei in die Quere gekommen. Natürlich waren die beiden anderen Weiße. Paacheks wenige Habseligkeiten verschwanden. Ein paar davon tauchten wieder auf, aber seine Messer und die silberne *bombilla* nicht.

Seine Name war Paachek, sein Vater war Khooyn, der Zauberer und Medizinmann, sein Land war Karukinka, sein Stamm die Selk'nam. Es gibt sie alle nicht mehr.

Perfektion aus der Steinzeit

Ich schlüpfte durch die hohe, schwere Eingangstür in das größere Museum von Ushuaia, das an der alten Küstenstraße steht. Die Eingangshalle war düster und erinnerte an eine Kirche. In den Vitrinen waren wunderschöne Jagdwerkzeuge der Ureinwohner aus der Steinzeit ausgestellt. Später würde ich im Präkolumbianischen Museum von Santiago unter einer Art Knochenharpune die Beschreibung lesen, dass diese zwischen 4000 v. Chr. und 1900 verwendet wurde. In einem melancholisch stimmenden Postskript wurde hinzugefügt: »Die einzige Art, kulturell zu datieren, wann diese Objekte gemacht wurden, besteht darin, dass die älteren Stücke fast immer sorgfältiger gearbeitet und ausgeführt sind.« Die viktorianischen Reisenden waren über den Mangel an technologischen Ambitionen entsetzt. Darwins Abscheu gegenüber den Ureinwohnern Feuerlands war zum Teil darin begründet, dass sich die Kanus, in denen diese Menschen zum Betteln zu ihnen kamen, und ihre Kleider und ihre Waffen in den dreihundert Jahren seit den ersten Berichten überhaupt nicht geändert hatten. Das erinnert an Livingstones Verzweiflung über die Tatsache, dass die Afrikaner, die von ihren Hütten aus den Dampf über den Viktoria-Fällen aufsteigen sahen, es nie der Mühe wert befunden hatten, hinzugehen und herauszufinden, worum es sich dabei handelte.

Vor mir lag eines der Objekte, das Darwin und seine viktorianischen Mitmenschen so gering achteten, da es in fünfhundert Jahren keine »Evolution« erfahren hatte. Es war ein Bogen der Selk'nam. Für diese Bogen wurde ausschließlich das Holz der Zwergbuche, *nothofagus pumilio*, verwendet, die mehrere hundert Jahre braucht, bis sie ihre volle Größe erreicht. Selbst dann hat ihr Stamm aber nur einen Durchmesser von etwa dreißig Zentimetern. Begehrt war das weiße Holz, das zwischen dem roten Kernholz, das als minderwertig galt, und der Rinde liegt. Ein Baum, der groß genug und gerade genug war, um einen Bogen daraus zu machen, war äußerst selten. Für den Bogen wurde ein Stamm auf über einen Meter Länge zurechtgeschnitten und gespalten. Dann suchte man ein Stück, das keine Knoten und kein rotes Holz enthielt. Der Griff des Bogens wurde von der dem Kernholz am nächsten liegenden Seite geformt, und für die Enden verwendete man das jüngere, noch elastischere Holz. Der Bogen war in seinen Einzelteilen äußerst komplex. Die Ausgangsform war die eines Dreiecks, dessen Scheitelpunkt oben, also der Bogensehne gegenüber, lag. Diese Form wurde nun so verfeinert, dass sie schließlich wie eine verlängerte Birne aussah, die in der Mitte von oben bis unten 5,7 Zentimeter und an den beiden Enden 3,2 Zentimeter maß. Wenn der Bogen von einem Fachmann, dem *khaäl-chin*, gefertigt wurde, war der birnenförmige Abschnitt nicht glatt, sondern bestand aus fünfundzwanzig flachen Teilchen, von denen sich ein jeder gegen die Bogenenden hin im gleichen Maß verjüngte.

Zur Bogensehne wurde eine Sehne aus dem Vorderbein eines Guanako zurechtgezwirbelt. Da eine nasse Sehne nutzlos ist, trug sie der Jäger genau wie Feuerstein und Zunder in einer wasserfesten Blase bei sich.

Wenn man die Bogensehne direkt am Holz des Bogens befestigte, konnte sie beim Abschuss scheuern. Daher wickelte man die hinteren Sehnen eines Guanako fest um die Enden, damit sie weich eingebettet war. Das Holz wurde mit einer weißen Farbe aus Tonerde und Wasser bestrichen und Bogen und Sehne oft eingefettet, damit sie elastisch blieben.

Ebenso viel Sorgfalt wurde für die Fertigung von Pfeilspitze und Schaft aufgewandt. Für die Flugfedern bevorzugte man Federn aus linken Vogelflügeln, denn die Schrägung an der Basis des Federkiels unterscheidet sich von einem Flügel zum anderen, und es ist für einen rechtshändigen Mann leichter, eine linke Flügelfeder sauber an den Schaft zu binden. Selbst das kleinste Detail hatte also eine logische Grundlage, die auf Erfahrung beruhte. Zum Polieren verwendete man ein Stück Fuchsfell, mit dem man den Pfeilschaft gegen den Polierstein hielt. Zuletzt wurde der Stein weggelegt und der Schaft mit dem Fell, das nun voll feinem Staub war, fertigpoliert. Die Männer kauten bei dieser Arbeit an kleinen, schwarzen Harzstückchen, die sie vom Strand aufgelesen hatten und für Wal-Kot hielten. Sie wussten nicht, dass es sich dabei um kleine Kügelchen von Schiffspech handelte, die an Land gespült worden waren. Es wurde vermischt mit Asche um das Schaftende geschmiert, um so einen besseren Griff für die Finger zu erhalten.

Sobald die Ureinwohner ein neues Material entdeckten, fanden sie bald eine optimale Verwendung dafür. Vor Ankunft der Europäer hatten sie die Pfeilspitzen aus Stein gefertigt, dann aus Glas, das sie wie Flint nicht durch Hämmern, sondern durch Druck formten. Sie arbeiteten dabei an mehreren Spitzen auf einmal und hielten die restlichen im Mund, da das Material im warmen Zustand weniger brüchig war. Idealerweise wurden die Pfeilspitzen auf fünfzehn Millimeter verdünnt.

Der Grund, dass sich nichts verändert hatte, war der, dass es nicht notwendig war. Die Dinge waren perfekt. Sonderbar, dass Darwin hier nicht das Prinzip des Überlebens der tauglichsten Konstruktion erkannt hatte.

Als ich um die Ecke bog, sah ich mich plötzlich dem jungen Picasso gegenüber. Ich wagte einen zweiten Blick: Das Gesicht auf dem Foto war schmal, verlegen, mit kurzem Haar und abstehenden Ohren. Nein, es war nicht Picasso. Der mürrische Gesichtsausdruck gab nicht viel her. Der Mann auf dem Bild sah mich nicht an, auch nicht die Nachwelt. Nicht einmal den Fotografen. Die junge Frau vom Empfang stand plötzlich neben mir: »Das war der Sträfling Nr. 90, der Kleine mit den großen Ohren.«

Nach Meinung der chilenischen und argentinischen Regierung konnte der Süden nur besiedelt werden, indem Sträflinge eine städtische Infrastruktur schufen und die Siedler dann nachfolgten. Begonnen wurde damit in Punto Arenas. 1842 beherbergte der Ort 600 Menschen. Die meisten davon waren Sträflinge, und die Gefängniswärter waren Soldaten, die sie bewachten. 1851 gab es 248 Sträflinge und ihre Familien, 144 Soldaten und 44 freie Zivilisten. Das Gefängnis bestand aus Holzhütten, die mit einem Lattenzaun umgeben waren. Die Aufsicht der Sträflinge war eine prekäre Sache. Als im Jahr darauf ein neuer Gefängnisdirektor, Bernardo Philippi, aus dem Norden entsandt wurde, fand er nur Asche und Skelette und keinen einzigen Überlebenden vor.

Ein neues Gefängnis wurde angelegt, aber schon 1877 gab es wieder einen Aufstand, an dem sich auch die Wärter beteiligten, und die Sträflinge wurden schließlich über ganz Patagonien verteilt. Feuerland war offensichtlich viel zu gemütlich, wenn die Männer davonlaufen wollten, also musste es ein wirklich unwirtliches und raues Gebiet sein. Sechs Jahre später errichtete die argentinische Regierung ein neues Militärgefängnis in San Juan de Salvamiento, einer kahlen felsigen Bucht in der kalten Hölle der Staaten-Insel, hundertsechzig Kilometer östlich vom Kap Hoorn. Hier mussten Männer aus den weiten, sonnigen Ebenen im Norden Argentiniens ein Klima ertragen, das ihnen drei Meter Regen im Jahr bescherte.

Im April des folgenden Jahres gingen sechs Marineschiffe in der Bucht von San Juan de Salvamiento vor Anker. Soldaten kamen mit Holz, Segeltuch und Baumaterial an Land. Die transportierten sie zu einer neunzig Meter steilen Klippe im Norden der Insel, an deren Fuß einundzwanzig Schiffwracks liegen. Die Soldaten bauten einen niedrigen Pavillon mit zehn Seiten, dessen Dach in der Mitte von einer in Abschnitte unterteilten Kugel mit einem Kreuz darauf gekrönt war. Das Ganze sah aus wie ein Musikpavillon auf der Strandpromenade.

Am 25. Mai war der Leuchtturm fertig gestellt, der den Schiffen den Weg durch die Le-Maire-Straße und ums Kap weisen sollte. Hundert Soldaten blieben auf der Insel zurück, um schiffbrüchigen Seeleuten Hilfe zu leisten, das Licht im Leuchtturm zu warten und dafür zu sorgen, dass keine andere Nation dieses abgesplitterte Stück Vergessenheit für sich in Anspruch nahm. Sechs von ihnen konnten Frauen dazu bewegen, das Leben hier mit ihnen zu teilen.

1899 wurde das Gefängnis auf die andere Seite der Insel, an eine weniger exponierte Stelle bei Puerto Cook, verlegt. Es gab jetzt weniger als fünfzig Sträflinge und die Zahl der Wärter war reduziert worden, bis die Anstalt 1902 aus Pietätsgründen aufgelassen wurde. Man wollte die Männer in ein neues Gefängnis in Ushuaia überstellen, das mit der zivilen Strafanstalt zusammengelegt werden sollte. Für die Sträflinge bedeutete die Ankunft von Schiffen allerdings nur eines – die Möglichkeit zu entkommen. Es kam zu einem Aufstand, bei dem die Wärter überwältigt und einige von ihnen getötet wurden. Mit den erbeuteten Waffen flüchteten die Sträflinge in Booten aufs Festland. Vierzig von ihnen landeten auf dem östlichen Ausläufer von Feuerland, wo die nächstgelegene Behausung die *estancia* der Familie Bridges in Harberton war.

Der Gouverneur in Ushuaia, Esteban de Loque, reagierte prompt und ernannte Lucas Bridges zum ehrenamtlichen Polizeikommissar. Bridges sollte gemeinsam mit den Selk'nam die auf deren Stammesgebiet eingefallenen Ganoven aufspüren. Bridges beriet sich mit einer Gruppe von Selk'nam, die gerade in der Nähe waren. Ihr Sprecher war der Medizinmann Tininisk, den wir am Ende dieses Buchs erneut treffen werden. Er ist eine dunkle Gestalt, die mir auf einem Foto begegnete, kurz bevor ich eine Entdeckung machte, die mich völlig verblüffte.

Tininisk sagte: »Wir haben keinen Streit mit diesen Fremden. Sie haben keine von unseren Freunden und Verwandten getötet, und wir machen uns nichts aus anderen Leuten, die sie vielleicht in ihrem eigenen Land umgebracht haben.«

Die Selk'nam waren nur bereit, die Männer aufzuspüren, wollten sie aber nicht angreifen. Fast alle Verbrecher konnten wieder gefasst werden.

Jules Vernes letztes Werk war *Der Leuchtturm am Ende der Welt.* Er hatte nie mit eigenen Augen dieses einsame Licht zwischen dem Rio Plate und dem Südpol gesehen, war aber besessen von der Idee dieses schimmernden Strahls am Rand der Welt. Der Roman wurde 1905 nach seinem Tod veröffentlicht.

Die Seeleute hingegen hatten an dem Licht viel auszusetzen. Angeblich wurde es von einer nahe liegenden Klippenwand reflektiert und die Schiffskapitäne sahen dann das falsche Licht oder beide. Als die Soldaten die Insel verließen, wurde der Leuchtturm aufgegeben. Innerhalb von zwölf Jahren war der Panama-Kanal eröffnet und Dampfer transportierten nun den Großteil der Handelsgüter um die Welt. Die Strapaze der Kapumfahrung konnte nur einer aussterbenden Sippe von Männern überlassen werden, die mit ihren Schiffen nur schwere, minderwertige Güter wie Guano und Kupfererz transportierten. Wie früher spähten sie von ihren unbeleuchteten Decks ins Dunkel und hielten mit gespitzten Ohren Ausschau nach der Staaten-Insel. Nur dreißig Kilometer trennten die Insel von Feuerland, aber am Kap Hoorn mussten die Steuermänner ihre Position oft wochenlang ohne die Hilfe von Sonne, Mond oder Sternen bestimmen. Wenn ihnen die Umrundung gelang, hatten sie hundert Meilen eingespart. Während der schauerlichen Stürme von 1905, als fünf Prozent aller britischen Schiffe untergingen, sah die Mannschaft des Viermasters *Bidston Hill* die Staaten-Insel erst, als ihre Spieren und ihr Mast bereits einstürzten.

1993 beschloss der Franzose André Bonner, ein wuschelköpfiger Seemann aus La Rochelle, nach der Lektüre von Jules Vernes Roman zur Staaten-Insel zu fahren und den Leuchtturm zu suchen. Dort angekommen ließ er seine Begleiter an Bord zurück und sprang in den meterhohen Schnee. Bald hatte er sich verirrt und wanderte ziellos herum. Seine Begleiter hielten ihn schon für tot, als er fünf Tage später völlig begeistert und außer sich zurückkam. »Ich habe den Leuchtturm gefunden! Ich werde ihn wieder aufbauen!« Und das tat er auch. Die *Lighthouse at the End of the World Association* hat tausend zahlende Mitglieder und vierzig Sponsoren, zu denen auch *Electricité de France* gehört. Bonner hat den Leuchtturm wieder aufgebaut. Er erfüllt keinerlei Zweck.

Das Gefängnis von Ushuaia

Der Morgen war hell und warm. Eine Militärkapelle kam aus dem Flottenstützpunkt heraus und zog den Hügel hinauf. Die Musik war in den sprunghaften Windböen nur sporadisch zu hören. Es war ein idealer Tag für den Besuch von Ushuaias größtem Gebäude, dem Gefängnis. Es liegt im Osten der Stadt, direkt neben dem Flottenstützpunkt. Wie die meisten frühen Bauwerke in Ushuaia wurde das heute als Museum dienende Gefängnis von Sträflingen errichtet. Sie bauten das Gestein dafür ab und mischten die Tonerde für die Ziegel. Sie fällten die Bäume und sägten daraus Planken und Balken.

In der Stadt bauten sie die Straßen und Brücken, verlegten Telefonnetz und Wasserrohre und bauten die Feuerwache. Sie legten den steinernen Pier an, sodass weitere Sträflinge aus Buenos Aires gebracht werden konnten. Bald gab es die erste Druckerei, in der die erste Zeitung gedruckt wurde. Sie bauten die Eisenbahn entlang der Küste, mit der man Gestein und Holz zu den Baustellen transportierte. Den Schienen entlang ratterte eine kleine 0-8-0-Dampflok mit den Bonelli-Brüdern am Steuer. Die beiden hatten ehemals eine Wechselstube geleitet, wo sie betuchte Kunden ermordet und unter den Dielen verscharrt hatten, während deren Geld ihre Konten füllte.

Für die meisten Argentinier war Ushuaia der patagonische Begriff für Gefängnis. 1919 fand der Priester und Anthropologe Martin Gusinde heraus, dass von den 1050 Bewohnern von Ushuaia nur 500 freie Bürger waren. Der Rest waren Rückfällige und Gewalttäter, die aus Gefängnissen im Norden zusammengeholt wurden. Die auserwählten Sträflinge mussten sich mit ihren wenigen Habseligkeiten im Hof aufstellen und eine Leibesvisitation über sich ergehen lassen.

Dann wurden sie in eine Halle geführt, wo ein Schmied mit einem schweren Hammer auf sie wartete. In einer Kiste häuften sich eiserne Beinschellen und eineinhalb Zentimeter dicke und vierzig Zentimeter lange Eisenstangen. Eine andere Kiste enthielt Passstifte. Nacheinander traten die Sträflinge vor, noch immer voller Stolz, dass sie als besonders harte Fälle ausersehen worden waren. Mit drei Hammerschlägen saß der Stift fest und aus dem großspurigen Gang der Sträflinge wurde nun ein auf zwanzig Zentimeter beschränktes Humpeln.

In Polizeiwagen wurden die Gefangenen zu Schiffen gebracht und darin wie Sklaven verstaut. Martín Chaves war zu ihrem Wärter ernannt worden und musste nun mit ihnen in den Süden. Er beschreibt die Fahrt: »Die Reise dauerte neunundzwanzig Tage. Eines Tages stieg ich zwischen die Decks hinunter, um nach meinen verbrecherischen Mitreisenden zu sehen. Meinen Schock werde ich nie vergessen. Hier war die Hölle. Feuchtigkeit, Hitze. In Bahia Blanca war die Abfahrt verzögert worden, weil Kohle in den Frachtraum unter das Deck der Gefangenen verladen worden war. Der Kohlenstaub drang bis zu den gefesselten Männern hinauf. Er bedeckte ihre Gesichter, sie atmeten ihn ein, sie spuckten ihn aus. Ihre Gesichter wurden zu Masken mit abstehenden Ohren. Phantome, Gespenster – ich war mir nicht sicher, was ich da sah. Von Herzen traurig verließ ich das Beinhaus und fragte mich, ob die Gefängnisdirektoren, Richter und Priester auch nur die geringste Ahnung von diesem Höllenschiff hatten.«

In Ushuaia fielen die Gefangenen vom Licht geblendet und mit von Geschwüren gelähmten Gliedern auf den halb fertigen Pier, den sie schließlich fertig bauen mussten. Das Gefängnis war in einem riesigen Halbkreis konstruiert. Ein Turm in der Mitte beherrschte fünf radial angelegte zweistöckige Pavillons mit hundertachtzig Einzelzellen. Manchmal wurden darin sechshundert Männer untergebracht.

Heute ist das Gebäude ein Museum, eigentlich sind es zwei. Die ersten Räume beherbergen eine Sammlung, die frühen Land- und Seekarten und Segelschiffen gewidmet ist. Dazu gehören Modelle von Magellans *Trinidad*, der drei *Allen Gardiner* Missionierungsschiffe, der *Beagle* und Scotts *Discovery*. Dahinter liegen die zweistöckigen Galerien mit den Gefängniszellen. Ich war schon in verschiedenen Gefängniszellen, aber ich weiß nicht, wie es ist, wenn man in eine hineingeht und nicht weiß, ob man je wieder herauskommt. Für gewöhnlich sind die Zellen aus Beton und Stahl. Hier waren die Türen kompakt und ohne Stangen und die Fenster lagen so hoch, dass man zum Hinausschauen hinaufklettern musste. Klettern war aber verboten. Jede Zelle hatte dieselbe Form und Größe wie mein Zimmer in Rio Gallegos und war auch ähnlich ausgestattet. Der Betonboden war rissig und feucht.

Wer hatte hier gehaust? Mateo Banks entstammte einer irischen Familie, die sich in Azul, im Bezirk von Buenos Aires, niedergelassen hatte. Der am 18. November 1872 geborene Mateo hatte vier Geschwister, die sich schon darauf freuten, die Pfründe der beiden Familien-*estanzias, El Trébol* und *La Buena Suerte*, zu erben.

Am 18. April 1922 taumelte Mateo in die Polizeiwache von Azul und beschrieb, wie zwei verärgerte Arbeiter versucht hätten, die Familie zu vergiften und dann Amok gelaufen seien. Die Polizei sah sich Banks näher an und witterte Unrat. Weitere Nachforschungen ergaben, dass die Rettes-Apotheke am 1. April Strychnin an einen Herrn M. Banks verkauft hatte. Dem folgte am 12. April der Kauf einer Flinte. Eine Woche vor den Morden war die Unterschrift von Banks Bruder Dionisio auf einer Urkunde für den Verkauf von fünfzehnhundert Stück Vieh zu Gunsten von Mateo gefälscht worden. Einer von Mateos Brüdern hatte schließlich den Betrug gemerkt und Mateo zur Rede gestellt. Seine faule Ausrede überzeugte niemand. Als kurz danach eine Mahlzeit recht eigenartig schmeckte, hielten sie mit dem Essen inne und an diesem Punkt begann Mateo zu schießen.

Der Prozess war gelaufen, als Banks darauf bestand, dass man ihm bei seiner Selbstverteidigung in den Fuß geschossen habe. Zum Beweis hielt er seinen Stiefel in die Höhe. Der wies zwar oben und in der Sohle ein Kugelloch auf, aber Banks Fuß selbst war intakt. Aus Angst vor dem Schmerz hatte er seinen leeren Stiefel durchschossen.

Señor Herns war besser unter seinen Beinamen »Die Handsäge« oder »Der Vierteiler« bekannt. Er war ein Mann, der völlig erbittert darüber war, dass er nicht Medizin studiert hatte. Nachdem er seinen Geschäftspartner ermordet und in vier Teile zerstückelt hatte, wusste er nicht, dass die Lunge einen Brustkorb über Wasser halten würde. Kein Wunder also, dass dieser Körperteil auftauchte und auf dem Lago Palermo umherschwamm. Im Gefängnis arbeitete er als Metzger, wo er Viehköpfe schneller vierteln konnte, als man es je für möglich gehalten hätte.

Sträfling Nr. 295 war Bigfoot. Er war auch als Vicente Gianatempo, Claudio Cerdeira und Erasmo Fabeile bekannt. Der Mexikaner kam am 19. April 1919 ins Gefängnis von Ushuaia, nachdem man ihn in Tucumán wegen schwerer Körperverletzung und Mordes zu fünfundzwanzig Jahren Haft verurteilt hatte. Im Gefängnis kämpfte er todesmutig gegen die dort herrschende Disziplin. Er führte Meutereien an und sah es als eine ehrenvolle Aufgabe, die Gefängnisbeamten ohne Unterschied zu provozieren. Er verbarrikadierte sein Fenster und lebte in ständiger Finsternis. Er streute das Essen von seinem Teller auf den Boden, von wo er es dann auflas. Er vegetierte nackt dahin und gegen sein Ende zu sprach er mit überhaupt niemandem mehr. Er knurrte die Wachen an und bellte des Nachts wie ein Hund. Damals bei seiner Verurteilung hatte man es ihm übel angerechnet, dass er vorgab, wahnsinnig zu sein. Er starb 1932.

1931 wurde Señor Cernadas zum Gefängnisdirektor ernannt. Seine Gehilfen Faggioli und Sampedro verwandelten die Gefängnisroutine zu einem wahren Terrorregime. Als Aníbal del Rié im Jahr 1933 Faggioli interviewte, sagte ihm dieser: »Warum sollen wir um den Brei herumreden? Hier kann man ohne Knüppel einfach keine Ordnung halten. Die Männer sterben dann früher, aber sie waren sowieso nichts wert.« Zuvor hatte es sechs Tote pro Jahr gegeben, aber jetzt rollte der kleine Begräbniskarren ein oder zwei Mal die Woche durch die Stadt zum Friedhof. Wenn sich die Gefangenen beim Appell miteinander unterhielten, wenn sie zu spät zur Parade kamen oder widersprachen, galt dies als Vergehen und wurde strengstens bestraft. Dazu hielt man sie fest und schlug mit schweren Eisenknüppeln oder mit ein Pfund schweren Eisenkugeln an Stahlseilen auf sie ein. Für die Sträflinge war es ein Glück, wenn sie dabei ohnmächtig wurden, denn dann hörten die Schläge auf. Wenn sie aber bei Bewusstsein blieben, wurden sie schließlich mit kaltem Wasser abgespritzt und im Schnee liegen gelassen oder nackt in eine Zelle gesteckt, die nur Eisenstäbe in den Fenstern, aber kein Glas hatte. Hin und wieder ließ man die Gefangenen tagelang hungern und schlug sie dann an Armen und Beinen, bis ihre Knochen brachen.

Plötzlich hieß es, dass alle schweren Vergehen mit dem sofortigen Erschießen bestraft würden. Auf einem Tisch stand nun immer ein Sarg für den nächsten Sträfling bereit. Strafen wurden prinzipiell in der Nacht vollzogen, als es im Gefängnis ruhig war und die Schmerzensschreie durch die leeren Korridore hallten. Der Sträfling wurde dann um Mitternacht aus seiner Zelle geholt und musste zwischen zwei Reihen von Wärtern hindurchlaufen, die mit Knüppeln und Keulen auf ihn einschlugen. Es gibt ein Bild vom Gefangenen B95, das zu Allerheiligen 1930 aufgenommen wurde. Er ist völlig abgezehrt, mit kahlem Kopf und weißem Bart. Seine Augen starren hohl und hoffnungslos ins Leere. Er ist dreißig Jahre alt. Allmählich sickerte die Wahrheit über Cernadas Herrschaft an die Öffentlichkeit. Er verlor seinen Posten, wurde aber nicht bestraft, denn viele waren der Meinung, dass er gute Arbeit geleistet hatte.

An Sonntagen zog die Gefangenenkapelle musizierend durch die Stadt. Mario Guido, der Präsident der Abgeordnetenkammer, schrieb dazu: »Sie kommen heraus, um ihren Nachbarn die Freude der Musik zu bringen. Eine widersprüchliche und jämmerliche Schau. Ich verstehe nicht, wie die Leute das ertragen können.« Niemand sprach mit dem Mann, der die Basstrommel spielte. El Petiso Orejudo – der Kleine mit den großen Ohren. Ich ging in seine Zelle. An der Wand hing ein Bild, das ihn zeigt, wie er seinen speziellen Knoten ins Seil knüpft, mit dem er die Kinder erwürgte.

El Petiso Orejudo

Im September 1904 wurde in Buenos Aires ein siebzehn Monate alter Junge, Miguel Depaoli, entführt. Man fand ihn schließlich unweit von einem Agavekaktus. Diese Kakteen mit ihren schwertförmigen, stacheligen Blättern werden über drei Meter hoch. Jemand hatte das Baby geschlagen und an den Kaktusstacheln aufgespießt. Miguel war schwer verletzt, überlebte aber.

Am 9. September 1908 ging Zacarías Caviglia in den Hof seines Hauses an der Ecke von Victoria und Muñiz. Dort fand er ein kleines Kind, das halb tot in einem Pferdetrog lag. Ein schmächtiger junger Mann stand daneben, der anscheinend gerade Hilfe leisten wollte. Caviglia zog den zweijährigen Severino González Caló heraus und belebte ihn wieder. Der hilfreiche Jugendliche gab eine gute Beschreibung von der Frau ab, die den Jungen hergebracht hatte.

Im Haus 632 lief sechs Tage später Señora Botte in den Hof, weil ihr zweiundzwanzig Monate alter Julio so laut schrie. Sie sah, wie ein Jugendlicher über ihr Kind gebeugt war und dem Kleinen bedachtsam mit einer Zigarette die Augenlider verbrannte. Der Jugendliche rannte weg. Derartige Überfälle passierten immer wieder, bis den Täter schließlich sein Glück verließ. Als er versuchte, die achtzehn Monate alte Ana Nera zu packen, war ein Polizist in der Nähe, der den dünnen ungebildeten Jugendlichen mit der schwachen Konstitution und den Ohren, die wie Flügelmuttern abstanden, festnahm. Der sechzehnjährige Cayetano Santos Godino wurde vor dem Haus 1970 Urquiza verhaftet. Bei der Polizei oder in der Presse hatte ihm jemand den Namen El Petiso Orejudo – der Kleine mit den großen Ohren – verpasst.

Auf einer Pressekonferenz gab er eine Erklärung für sein Verhalten ab. »Wenn mir mein Vater und meine Brüder am Morgen wieder mal eine Standpauke gehalten hatten, ging ich auf Arbeitssuche. Wenn ich aber keine fand, war es gut, jemand umzubringen. Dann hielt ich Ausschau nach jemand zum Töten. Wenn ich ein Kind fand, nahm ich es mit und erwürgte es.«

Er ließ Fotos von sich machen, auf denen er zeigte, welche Art von Knoten er zum Erwürgen der Kinder verwendet hatte. Er hält dabei die Schlinge in seiner rechten Hand, das lose Ende in seiner linken und zieht mit den Zähnen das kurze Ende fest. Gleichzeitig blickt er rechts in die Kamera, so als ob er sich vergewissern wollte, dass man seine Knotenwahl auch zu schätzen wusste. Ich stehe in der Zelle, wo er mehr als dreißig Jahre verbracht hat. Der krankhafte Geist eines Knaben im Körper eines Mannes. Er wurde zwar älter, wuchs aber nicht mehr. Seine Zelle war der einzige Raum, in dem mir der Gedanke kam, dass sich die Tür versehentlich hinter mir schließen könnte.

Unter den übrigen Andenken an den Prozess ist auch das Foto einer Küchenwaage. Darauf liegt ein schwarzer Stein, möglicherweise ein Stück Kohle, der etwas mehr als ein Kilo wiegt. Godino hatte damit einem Kind einen Nagel in den Kopf gehämmert.

Er war zu jung für die Todesstrafe, und da es keine geeignete Anstalt für ihn gab, wurde er nach Ushuaia geschickt. Im Gefängnis ließ seine Gewalttätigkeit allmählich nach. Er besuchte die Schule, aber in seinem Zeugnis stand: »In der Anstalt erworbene Kenntnisse: keine.« Auch andere Kurse zu seiner Besserung machte er mit. Am 4. November 1927 wurde er an den Ohren, als dem wahrscheinlichen Sitz seines Übels, operiert. 1936 bat er um bedingte Haftentlassung. Die Psychiater konnten sich aber nicht entscheiden: »Entweder ist er ein Schwachsinniger mit asozialen Tendenzen oder er leidet an erblicher Degeneration und instinktiver Perversion. Seine pathologische Psychologie ist unheilbar.«

Er schrieb regelmäßig an seine Angehörigen, die ihm aber nie antworteten. Anfangs musste er Holz hacken und Steine brechen, bis ihm ein Arzt attestierte, dass er zu schwach für die Schwerarbeit sei. Daraufhin wurde er im Gefängnis zum Putzen eingesetzt. Er verdiente 20 Centavos pro Tag und sparte schließlich 800 Pesos. Er hob aber nie Geld ab, denn er erinnerte sich immer daran, wie ihn sein Vater und seine Brüder einmal ausgelacht hatten, weil er keine Arbeit finden konnte und kein Geld verdiente.

Eines Tages fing Godino die Gefängniskatze und begann mit ihr wieder seine alten Spiele. Als die übrigen Sträflinge das Gekreische der Katze hörten, lockten sie Godino in eine Falle und erschlugen ihn. Niemand, weder die Wärter noch die Sträflinge, nahmen an seinem Gefängnisbegräbnis teil. Der Totengräber arbeitete ganz allein.

Die Luft roch besonders süß, als ich ins Freie trat.

Fett Dünn

Auf der Hauptstraße von Ushuaia klebte eine schlanke Frau Papierstreifen auf das Fenster eines Reisebüros. Mir war inzwischen aufgefallen, dass die Frauen in Ushuaia in zwei Größen kommen: schlank und immens. Diese Frau war schlank. Die Spruchbänder trugen die Aufschrift: Antarktis $ 1100. Dabei war das Dollar-Symbol von einem klassischen Design, das ehemals die Acht-Peso-Stücke zierte. Das Motiv begann als eine Volute um eine Herkulessäule, bis es schließlich in Mittel- und Südamerika häufig für den Peso Verwendung fand. Und das lange bevor es Thomas Jefferson 1784 für den neuen US-Dollar vorschlug.

Der Wechselkurs war ein Peso pro Dollar, was dem Peso schmeichelte, Argentinien viel teurer als Chile machte und bei den amerikanischen Touristen Wutausbrüche hervorrief. Ich hatte keine $ 1100 übrig, wollte aber unbedingt in die Antarktis. Allerdings hatte man mir für Notfälle ein großes Kreditlimit gewährt und die Antarktis schien sich durchaus für einen solchen Notfall zu eignen. Also ging ich in den Laden.

»Wieso kostet es nur $ 1100?«, begann ich.

»Das Schiff fährt morgen und es gibt noch ein paar leere Plätze. Das ist ein Sonderpreis für ein $ 4000-Arrangement in den besten Kabinen. Manchmal gibt es sie für $ 2500 oder sogar $ 2000. Aber so billig wie jetzt war es noch nie.«

Ich überlegte mir, was wohl das Schlimmste an einem Billigangebot in die gefährlichsten Gewässer der Welt sein könnte und fragte: »Ist es ein russisches Schiff?«

»Ja.«

Ich dachte an Aeroflot und dann an die Eisberge. Ich überlegte mir alle Gründe, weshalb die Fahrt so billig sein könnte, aber meine Mutmaßungen endeten immer mit der Vorstellung, dass ich jämmerlich in den eisigen Fluten versank, während der Kapitän im Wodkataumel die einzige Schwimmweste mit seinem Revolver verteidigte.

Ich buchte die Fahrt.

Dann überquerte ich die Straße zu einer neuen Pizzeria. Sie war hell, spärlich ausgestattet und von hygienisch strahlender Sauberkeit. Edward Hoppers Geist saß an der Bar. Ich setzte mich mit dem Rücken zur Wand und beobachtete die übrigen Gäste. Am Fenster hatten es sich zwei Schwestern bequem gemacht. Eine war dünn und sah mit ihrer geschwungenen Brille wie eine Bibliothekarin aus. Unter einer blauen Strickweste trug sie einen beigefarbenen Nylonrolli. Die andere war gleich groß. Sie sah aus, als ob es einmal zwei weitere Schwestern gegeben hätte, die sie aber beide verschlungen hatte, als Strafe dafür, dass sie dünn waren.

Die Dünne holte einen kleinen Teddybären hervor und legte ihn auf den Tisch. Dann nahm sie ein paar Postkarten und beschrieb sie eifrig in ihrer winzigen Handschrift. Beide bestellten Mineralwasser, das sie wie Vögelchen in winzigen Schlucken tranken. Die Dicke las die Speisekarte. Hin und wieder sprachen sie miteinander. Dabei formten sie mit den Lippen lautlos die Worte. Denn anscheinend sollte niemand etwas hören. Nach vierzig Minuten hörte die Dünne mit dem Schreiben auf und hob den Teddy zwischen Finger und Daumen hoch. Sie sprach auf ihn ein und steckte ihn in die Tasche. Dann nahm sie ihrer Schwester die Speisekarte weg und begann mit tiefer, leidenschaftlicher Stimme zu lesen: »Schokoladenroulade, Schwarzwälder Kirschtorte, Obstkuchen, Kirschtorte mit Schokoladenglasur.« Die Dicke zündete sich eine Zigarette an. Als ihre Schwester fertiggelesen hatte, gingen sie. Zwei halb volle Gläser mit Mineralwasser blieben auf der Tischplatte zurück.

Am nächsten Abend wanderte ich in östlicher Richtung der Küstenstraße entlang, um noch ein wenig von dem Land zu sehen, so wie es die Bridges erstmals in seinem rauen und unberührten Zustand erblickt hatten. Immer weniger Häuser säumten die Straße, die an dem Auftankpier der Marine vorbeiführte. Ein kleines, graues Kanonenboot war hier vertäut. Dominikanermöwen futterten am Strand. Hier gab es auch wieder Häuser, aber keines davon sah so aus, als ob es den Mut zum Bleiben hätte. Alle waren selbst gebaut, zumeist recht wackelig und alle mit bösartigen Hunden davor. In den Gemüsegärtchen hatte man versucht, den Bäumen ein wenig Obst abzulocken. Blumen steckten neben Gartenwegen und Auffahrten im bloßen Erdreich. Die Beete sahen wie frische Gräber aus. Bei der Kiesschlaufe, wo der Bus wieder kehrtmacht, stand eine niedrige, rote Hütte. Im Licht einer Glühbirne nahm ein alter Mann mit breiten, eingefallenen Schultern gerade einen Ofen auseinander. An zwei Stellen konnte ich direkt durch die Lattenwand und auf der anderen Seite der Hütte wieder hinaussehen. Der Mann erblickte mich und starrte mich wütend an. Dann rief er ein Enkelkind zu sich und redete auf einen Hund ein. Der riss wild an seiner Leine und stürzte sich auf mich zu ins Leere. Knapp vor mir blieb er, von der Leine zurückgehalten, schäumend vor Wut stehen.

Die ruhige abendliche Schönheit des Beagle-Kanals: Die Navarino-Insel im Licht der untergehenden Sonne – ein kahler schmuckloser Bergrücken, der bis in eine Höhe von dreihundert Metern von Buchenwäldern bewachsen ist. Die nackte Kuppe war in zitronengelbes Licht getaucht. Ich beschloss, eines Tages hinaufzusteigen.

Dann ging ich zurück. Morgen die Antarktis.

Antarktis

Drake-Straße

Die *Akademik Sergei Wawilow*, ein nüchternes, weißes Schiff russischen Ursprungs von etwa sechseinhalbtausend Tonnen, war für Forschungsreisen in polaren Gewässern ausgelegt. Der Matrose Sergei Koroljow führte uns in den Rettungsboot-Drill ein. Bei den Rettungsbooten handelte es sich um orangefarbene Stahlbomben mit je zwei Luken, die wie viereckige Entwässerungshauben aussahen und zum Ein- und Aussteigen bestimmt waren. Da saß ich nun in fast völliger Dunkelheit und stellte mir vor, wie es sein würde: eingepfercht, Knie an Knie, um uns der Gestank von Diesel, Erbrechen und Angst, blind, ohne Ausblick, nur der Lärm der Motoren, das schwache gelbe Licht der Glühbirnen und über uns die Hand des Ozeans, schwerfällig wie die eines trunkenen Gottes.

Die *Wawilow* fuhr langsam zum Bunkerpier und tankte Öl. Der dumpfe Klang der Schiffsirene wurde von den umliegenden Hügeln zurückgeworfen. Bei Sonnenuntergang segelten wir in östlicher Richtung die schwarze Arterie des Beagle-Kanals hinunter, dessen dunkle Gewässer bereits die Nacht ankündigten. »Jenseits der Stadt«, sagte Aristoteles, »gibt es nur Bestien und Helden.« Die Flanken der Hügel wurden allmählich dunkler, das zerzauste Blätterdach der Wälder schwoll an wie der wollige Nacken eines großen Bisons. Wir segelten nach Osten in die Gewässer, wo der Albatros aus Coleridges Dichtung tatsächlich erlegt worden war. Nach Osten, in den immer breiter werdenden Kanal und die zunehmend unruhige Dünung. Nach Osten ins Dunkel.

Der Morgen brachte lange, rollende Dünungswellen von über sechs Metern Höhe. Ich kleidete mich von Kopf bis Fuß wasserfest ein und stellte mich an die Heckreling. Es war kein Land mehr zu sehen. Die fast tausend Kilometer breite Drake-Straße ist ein Engpass im Südlichen Ozean. Niederdrucksysteme toben durch die landlosen Gewässer der 50. und 60. südlichen Breitengrade wie eine Prozession von Flagellanten, von denen ein jeder den Rücken des Vordermanns geißelt. Sie zerren dabei das Wasser mit sich, zwanzig Kilometer am Tag. Der Zerfall des ehemaligen Superkontinents Gondwanaland ließ die Antarktis vor vierzig Millionen Jahren durch die stürmischen Gewässer zwischen dem 39. und 50. Breitengrad zum Pol hin abgleiten. Seitdem stand ihrer Wut nur das langsame Vordringen der Eisdecke in der jüngsten Eiszeit im Weg.

Um hier zu überleben, haben die verschiedenen Vogelarten ganz unterschiedliche Strategien entwickelt. Es gibt nicht viele Wege zum Erfolg, aber das Gefilde ist reich an Nahrung und der Lohn enorm. In der Antarktis gibt es nur neununddreißig Vogelarten, davon aber siebzig Millionen Stück. Hinter dem Schiff waren drei davon, die eine ganz extreme Lösung verkörperten.

Die Flügel eines Hochleistungs-Segelflugzeugs sind achtzehnmal so lang wie breit. Ebenso die Flügel eines Wanderalbatros. Sie schaffen einen Auftrieb, der vierzigmal so stark ist wie der Widerstand des Vogels in der Luft. Wenn die Windstärke mehr als siebzehn Stundenkilometer beträgt, müssen sie ihre Flügel nur zum Steuern bewegen. Ein Vogel, der auf der fernen Crozet-Insel markiert wurde, legte auf einem dreiunddreißig Tage dauernden Futterflug an die 15 000 Kilometer zurück. Die Albatrosse sind auch des Nachts auf Futtersuche und schweben dann um die hundert Meter über der Wasseroberfläche, um nach der blassen Lumineszenz der Tintenfische Ausschau zu halten.

Nur wenige Meeresvögel spezialisieren sich auf das Segeln, denn der Einsatz wie auch die Vorteile sind extrem. Albatrossen gelingt es nur schwer, bei leichtem Wind abzuheben, und oft endet ihr Flug mit einer Bruchlandung. Sie stehen auch nicht gern lange auf den Beinen. Wirkliche Ruhe finden sie im Wind und sie leben in einer Welt, wo der Wind nur selten aufhört.

Die beiden Riesensturmvögel flogen hin und her, glitten in hohem Bogen über das Kielwasser, ließen sich tief in ein seitliches Wellental fallen, um sich dann von der Welle aus wieder hoch in die Lüfte zu stoßen. Es sind große, braun-weiße Vögel, die mit den Albatrossen eng verwandt sind und auch wie diese fliegen. Wellen und Wind haben nur selten dieselbe Geschwindigkeit, und so können sie selbst bei leichtem Wind den an der Wasseroberfläche entstehenden Luftdruck als Auftrieb nutzen. Ein Mollymauk blieb weiter hinten zurück, stieß dann aber hin und wieder parallel zum Schiff in etwa fünfhundert Metern Entfernung vor, bevor er hinter einem massiven Brecher verschwand. Ich folgte ihm nach vorn bis zum Bug, wo er unsere Bahn durchkreuzte und davonflog.

Unter mir schwirrten kleine, dunkelbraune Vögel aus derselben taxonomischen Gruppierung wie Albatros und Riesensturmvogel, die jedoch eine umgekehrte Strategie anwenden. Diese ruhelosen, energiegeladenen Geschöpfe gelten als die wendigen Mäuse unter den Vögeln der Ozeane und es sind dreihundert von ihnen notwendig, um auf einer Waage das Gleichgewicht mit einem Albatros zu halten. Nur Zentimeter über der Meeresoberfläche jagen sie nach Krill und winzigen Tintenfischen. So flink flitzen sie dabei die graubärtigen Wellen hinauf und hinunter, dass ihre Flügelschläge in der Bewegung verschwimmen. Englische Seeleute, die sahen, wie sie mit ihren winzigen Füßen die Wasseroberfläche berührten, nannten diese Sturmvögel *petrels*, nach dem heiligen Petrus. Man nimmt an, dass es etwa hundert Millionen Buntfuß-Sturmschwalben gibt, die somit die wahrscheinlich nummernstärkste Vogelart unseres Planeten sind. Mir wurde schwindlig, als ich sie bei ihrem flinken Flug in den Wellen beobachtete.

Nach Backbord tauchte ein Zug Minkwale auf. Auf diese Neuntonnen-Giganten wurde erst Jagd gemacht, nachdem man die noch größeren Wale schon bis an die Grenze der Vernichtung abgeschlachtet hatte. Inzwischen hatten die Minkwale von der Nahrungsfülle

profitiert, die ihnen ehemals die zehn Mal größeren Monster wegge-
fressen hatten. Heute ist eine beschränkte Jagd auf sie erlaubt und sie
halten sich nicht mehr lange in der Nähe von Schiffsmotoren auf.
Wir fuhren mit einer Geschwindigkeit von zwölf Knoten dahin. Innerhalb von Minuten waren sie an uns vorbei und meinem Blick ent-
schwunden.

Der Wind hatte sich gelegt und Stundenglasdelfine kamen in
Sicht. Im Lauf des Abends waren wir bis in die Mitte der Drake-
Straße gelangt. In den Morgenstunden wurde die Luft zunehmend
kälter. Wir hatten den Punkt erreicht, wo die eisigen Gewässer des
Südlichen Ozeans gegen die wärmeren Gewässer des Südatlantik
stoßen und unter diesen abgleiten. Die antarktischen Gewässer werden bis in die lichtlosen, schwarzen Tiefen des Meeresbodens abge-
drückt, von wo sie langsam gegen Norden abwandern. An der Oberfläche sind alle Ozeane unterschiedlich, aber der Meeresboden ist auf
unserem Planeten überall gleich. Der Südliche Ozean überschwemmt
den Keller aller übrigen Ozeane. Spuren davon sind selbst vor Labrador zu entdecken, obwohl es vielleicht zehntausend Jahre dauerte,
bis das Wasser dorthin gelangte. Wir hatten die Konvergenzlinie passiert. Wir waren in der Antarktis angelangt.

Die Sergei Wawilow

Die Lautsprecheransagen hätten aus der Fernsehserie M*A*S*H
sein können. »Nur – hm – eine kurze Erinnerung, dass der Vortrag
um 2 Uhr 30 über die Plattentektonik in etwa fünfzehn Minuten beginnt. Also. Das wär's. Wir sehen euch alle in fünfzehn Minuten. Im
Vortragssaal, Deck 6.«

Unser Expeditionsleiter Bill Davies war ein muskulöser Kanadier
mit Yul-Brynner-Frisur. Ich fragte ihn, wie unsere Chancen stünden,
auf dem kontinentalen Festland anlegen zu können.

»Das lässt sich erst sagen, wenn wir dort sind. Manchmal kommen
wir hin und der Wind hat das Eis aus dem Hafen gefegt. Alles ist klar.

Und ein andermal tut sich gar nichts. Niemand weiß es, bis wir dort sind.«

»Das ist nicht besonders viel versprechend.«

»Hör mal, sobald wir die Konvergenzlinie passiert haben, sind wir in der Antarktis. Die Inseln sind auch die Antarktis. Wenn du auf der Insel von Manhattan warst, meinst du ja schließlich auch nicht, dass du nicht in den Staaten gewesen bist, nur weil es eine Insel ist.«

»Stimmt.«

Aber ich wollte noch immer auf das Festland.

Die Geburt des Alten Seemanns

Der berühmteste aller Albatrosse war in diesen Gewässern gesichtet und erlegt worden. Die Geschichte beginnt vor über zweihundert Jahren. Am 21. Oktober 1772 kam im Haus des Pastors und Schuldirektors von Ottery St. Mary in Devon ein Junge zur Welt. Er war der Jüngste von zehn Kindern. Samuel Taylor Coleridge war ein großer, dicker, gefräßiger Knabe, der die Welt aus riesigen, grauen Augen und mit offenem Mund anstarrte. Er konnte sein Leben lang nie richtig durch die Nase atmen.

Mit drei Jahren ging er zur Schule und verschlang Bücher und Essen in gleichem Maße. Als er acht war, gab es laufend Zank mit seinem jüngeren Bruder Frank. Die Amme zog Frank vor, während Samuel der Liebling der Mutter war. Wenn Samuel schmollte, ging er zu den umgestürzten Grabsteinen auf der anderen Seite des eingesackten Feldwegs hinüber und dachte sich dort unter den steinernen Wappen und Tierfiguren alle möglichen Rachepläne aus. Auf Otterys alter Kirchenuhr jagten inzwischen eine goldene Sonne und ein silberner Mond im Kreis hinter einem Stern her.

Samuel hatte den im Jahr 1719, also gerade sechzig Jahre zuvor, veröffentlichten Roman *Robinson Crusoe* gelesen. Die Inspiration zu diesem Stoff hatte ein echter Seemann, der recht streitlustige Kapitän Alexander Selkirk abgegeben, der aus eigenen Stücken auf den

Juan-Fernández-Inseln vor Chile zurückblieb, weil er sein Schiff, die *Cinque Ports*, nicht für seetüchtig hielt.

Robinson Crusoe fand viele Abnehmer und wurde auch plagiiert. Acht Jahre später, 1727, erschien *Philip Quarll, The English Hermit*, das von den fiktiven Abenteuern eines Mannes erzählte, »der vor nicht allzu langer Zeit auf einer unbewohnten Insel in der Südsee nahe von Mexiko gefunden wurde; wo er unbekannt und fern aller menschlichen Hilfe fünfzig Jahre verbracht hat und wo er sich noch immer aufhält und beabsichtigt, bis zum Ende seiner Tage zu bleiben.« Das Buch *Philip Quarll* ist heute längst vergessen, aber Coleridge und Wordsworth haben es sicher immer wieder gelesen. Der Autor ist als Edward Dorrington angegeben, aber niemand ist unter diesem Namen bekannt, weder als Person noch als Pseudonym. Eine seiner Handlungen bedauerte Quarll sein Leben lang: Als er sich einen Pfeil und Bogen gefertigt hatte, erschoss er damit einen wunderschönen Vogel, bei dem es sich möglicherweise um einen Fregattvogel gehandelt hatte. »Ich habe etwas zerstört, das sicher zur Zerstreuung der Natur gedacht war.« Der kleine Coleridge las mit offenem Mund und rollte dabei über dem Wörtermeer seine grauen Augen.

Seitdem waren fünfzehn Jahre vergangen und Dorothy Wordsworth erinnert sich in ihrem Tagebucheintrag vom 20. November 1797 an einen Spaziergang mit Coleridge eine Woche zuvor: »Wir hatten wieder einen Ausflug gemacht, dazu zogen wir am vergangenen Montagabend um halb fünf los. Der Abend war dunkel und wolkig; wir gingen acht Meilen, wobei sich William und Coleridge damit beschäftigten, den Plan zu einer Ballade zu legen.« Auch William Wordsworth erinnerte sich später: »Im Herbst 1797 brachen er [Coleridge], meine Schwester und ich von Alfoxden ziemlich spät am Nachmittag auf, mit der Absicht, Linton und das Valley of Stones in der Nähe zu besuchen; und da unsere gemeinsamen Mittel sehr beschränkt waren, einigten wir uns, die Kosten des Ausflugs zu bestreiten, indem wir ein Gedicht schrieben … Wir zogen also los und gingen die Quantock Hills entlang in Richtung Watchet; und im Lauf dieser Wanderung wurde das Gedicht vom *Alten Seemann* geplant, das, wie Mr. Coleridge sagte, auf einem Trauma seines Freundes Mr. Cruickshank beruht. Der bei weitem größte Teil der Geschichte wurde von Mr. Coleridge erfunden; aber einige Teile schlug ich vor; zum Beispiel, dass ein Verbrechen begangen werden sollte, das für den Alten Steuermann, wie ihn Coleridge danach begeistert nannte, als Folge dieses Verbrechens und seiner eigenen Wanderschaft die gespenstische Verfolgung nach sich zieht. Ich hatte ein oder zwei Tage zuvor *Shelvocke's Voyages* gelesen. Bei der Umrundung des Kap Hoorn haben sie auf diesem Breitengrad häufig Albatrosse gesehen…«

Simon Hatley war 1726 ein Offizier auf Shelvockes Weltumsegelung gewesen, und beim Kap Hoorn hatte das schlechte Wetter angefangen, eine bedrückende Wirkung auf sein Gemüt auszuüben. Sie hatten zu dieser Zeit auch die Grenze der ihnen bekannten Weltmeere erreicht. Shelvocke schrieb darüber:

Wir hatten alle wahrgenommen, dass wir, seitdem wir uns südwärts von der Le-Maire-Straße befanden, keinen einzigen Fisch irgendeiner Art zu Gesicht bekommen haben und auch keinen Meeresvogel, außer einem trostlosen, schwarzen *Albitross*, der uns mehrere Tage lang begleitet und sich um uns herumgetrieben hat, ganz so, als ob er sich verirrt hätte, bis Hatley (mein zweiter Kapitän) in einem seiner melancholischen Anflüge bemerkte, dass sich dieser Vogel immer um uns herumtrieb und dass er sich wegen seiner Farbe einbildete, dass er ein böses Omen sein könnte. Was, so glaube ich, noch mehr dazu beitrug, ihn in seinem Aberglauben zu bestärken, war eine fortwährende Folge konträrer stürmischer Winde, die uns tyrannisierten, seitdem wir in diese Gewässer gekommen waren. Aber wie dem auch sein mag, er erschoss nach einigen erfolglosen Versuchen schließlich den *Albitross*, weil er (möglicherweise) nicht daran zweifelte, dass wir danach einen günstigen Wind haben würden.

»Sie könnten«, sagte Wordsworth, »ihn so darstellen, dass er bei der Ankunft in der Südsee einen dieser Vögel getötet hat und dass die schützenden Geister dieser Region es sich zur Aufgabe gemacht haben, das Verbrechen zu rächen.«

> Zuletzt kreuzt uns ein Albatros,
> Durch das Nebelmeer.
> Wir jubelten ihm zu, als wenn
> Ein Christenmensch er wär'.
>
> Er fraß ein Fressen wie sonst nie,
> Zog Kreise weit und groß.
> Das Eis zerbrach mit Donnerschlag,
> Der Steuermann kriegt uns los.
>
> Guter Südwind drauf sprang achtern auf.
> Der Vogel folgt unserm Schiff,
> Und jeden Tag zu Spiel und zu Fraß
> Flog er her auf unseren Pfiff.
>
> Im Nebelgrau, auf Mast und Tau,
> Hockt er der Vespern neun.
> In heller Nacht durch Schwaden lacht
> Weiß schimmernd Mondenschein.
>
> »Gott gebe dir, alter Seemann, Ruh
> Vor der quälenden Geister Hass!
> Was blickst du so?« – Mit dem Bogen, o!
> Schoß ich den Albatros.

Mit diesen Zeilen endet Teil I. Von nun an wird alles anders.

> Und ich hatte getan eine höllische Tat,
> Und die Tat, die rächte sich sehr …

Es gibt mehr als eine Sage, in der ein Albatros erschossen wurde. Einige Seeleute glaubten, dass es Unglück brächte, wenn man sie auf der Hinfahrt erschießt, dass es auf der Heimfahrt aber Glück bringend sei. Andere wiederum waren der Meinung, dass es immer Unglück bringen würde.

Eines Morgens stand ich um halb sieben am Heck der *Wawilow*, als wir uns den Süd-Shetland-Inseln näherten. Ich war allein an Deck und beobachtete durch meinen Feldstecher einen Wanderalbatros, *Diomedea exulans*, zweihundert Meter hinter uns. Etwas in der Reaktion des Menschen auf diese Vögel ist im Lauf der Zeit immer gleich geblieben. Der lateinische Name *Diomedea* wurde ihrer Gattung im 18. Jahrhundert von Linnaeus nach dem griechischen Helden von Troja gegeben. Diomedes erbeutete das Palladium, die heilige Statue Pallas Athenes, der Göttin der Weisheit. Seine Gefährten wurden bei seinem Tod in Vögel verwandelt, die seine geflügelte Seele begleiteten.

Der Albatros flog in weitem Bogen von einer Seite zur anderen, ließ die drei Meter breiten Flügel über das schieferblaue Wasser gleiten, bevor er den Luftdruck nutzte, sich wieder in die Lüfte zu schwingen und immer mehr an Höhe zu gewinnen, bis er sich vom Wind tragen ließ und mühelos mit unseren vierzehn Knoten Schritt hielt. Als er schneller vorwärts kommen wollte, gab er seine Höhe auf und glitt in wenigen Sekunden zur Heckreling hinunter. Immer näher kam er dabei auf mich zu. Wir waren die beiden einzigen Lebewesen hier im Freien. Jetzt schwebte er über der Seitenreling und ich konnte seine Größe und die riesige Krümmung seines Schnabels erkennen.

Herman Melville schreibt in seinem Kapitel über die Grauen erregende Blässe von Moby Dick über den Albatros:

Auch an den Albatros lässt sich dabei denken. Woher kommt es, dass sein weißer Spuk dermaßen von Staunen und bleicher Furcht umwölkt durch unsere Vorstellung geistert?

Mit zunehmendem Alter wird die Färbung des Wanderalbatros von einem immer reinerem Weiß. Es hieß, dass niemand auf einem Walfänger je einen reinweißen Albatros zu Gesicht bekommen hatte, aber es war in der Nähe dieser Gewässer, dass Melville in einem solchen Boot seinem ersten Albatros begegnete; hingestreckt, wie ein mittelalterlicher König, der im Kampf gefangen genommen worden war.

Als ich eines bewölkten Vormittags nach der Freiwache an Deck stieg, lag da auf die Großluke hingeschleudert ein königlich gefiedertes Etwas, makellos weiß, mit einem wie eine Römernase gebogenen, stolzen Schnabel… Ein wundersames Fiebern und Flattern durchlief ihn. Obschon körperlich unverletzt, stieß er Schreie aus, wie der hoheitsvolle Geist eines Abgeschiedenen in unheimlicher Not. Tief in den unbeschreiblich fremden Augen glaubte ich Geheimnissen auf den Grund zu sehen, die an das Göttliche rührten. Wie einst Abraham angesichts des Engels, verneigte ich mich; das Geschöpf war so weiß, seine Schwingen so weit, und außerdem hatte ich in den menschenfernen Gewässern Brauch und Herkommen der elenden, seelenverkrüppelnden Städte ganz verlernt. Lange stand ich in Anschauung des gefiederten Wunders versunken. Was mich damals durchzuckte, lässt sich mit Worten nur höchst mangelhaft angeben.

Der Vogel kam näher an mich heran und ließ sich über dem Deck der *Sergei Wawilow* im Wind treiben. Ich steckte meinen Feldstecher weg, den brauchte ich nun nicht mehr. Aus fünf Metern Entfernung sah er mich eine Weile an, fiel ein wenig zurück und holte wieder auf. Aus großen Augen ließ er seinen Blick intelligent und neugierig über meinen Körper gleiten. Diese Vögel leben so lange wie Elefanten, sechzig bis achtzig Jahre. Angst stieg in mir auf. Seine Flügel ragten zu beiden Seiten weit über mich hinaus, und ich hätte seinen Kopf mit meinen Händen kaum umfangen können.

Bruce Chatwin hatte lange überlegt, welche Albatrosart Hatley erlegt haben könnte. Der Vogel, dessen Verbreitungsgebiet der Position am besten entspricht, ist der Rußalbatros, ein wunderschönes Geschöpf von feiner, grauer Färbung. Einer davon war aus dem Nebel auf uns zugeflogen, als wir die Konvergenz der atlantischen und antarktischen Gewässer auf dem Weg zu den Süd-Shetland-Inseln passierten. Die Beschreibung eines »trostlosen schwarzen Albatros« scheint ein weiterer Grund dafür zu sein, dass es sich bei dem in der Coleridge bekannten Fassung um einen *Phoebetria palpebrata antarctica* handelte. Chatwin ist der Meinung, dass dieser Vogel auch viel kleiner ist und sich besser eignet, um den Hals getragen zu werden.

Chatwin geht damit aber am Wesentlichen vorbei. Coleridge hatte das Bild seit seiner Kindheit in sich getragen. Ein Kind identifiziert sich aus tiefster Seele mit grausam behandelter Unschuld und fühlt dabei den Schmerz, als ob es ihn selbst erlitte. Er hatte Quarll gelesen und lange über diesen seit fünfzig Jahren als Einsiedler lebenden Mann nachgedacht. Ein Mann, der nach seinem eigenen Urteil für die Tat eines einzigen traurigen Tages für immer verdammt war, an dem er seinen selbst gebauten Pfeil durch die Brust eines großartigen Bewohners der Lüfte über den Meeren, wie den Fregattvogel, geschossen hatte. Als Wordsworth Coleridge um die fünfzehn Jahre später vorschlug, Shelvockes Geschichte zu verwenden, übernahm dieser eine Idee, die in seiner Phantasie bereits Fuß gefasst hatte. Quarll war ein Mann, unschuldig genug zum Töten und schuldig genug, dafür zu zahlen. Mit Sicherheit hatte Coleridge Shelvockes ursprünglichen Bericht ausgeforscht und gelesen. In seinem Gedicht verwendet er auch andere Einzelheiten, die sonst nirgendwo auftauchen. Nachdem John Livingstone Lowes die Entwurfanalyse dieses Gedichtabschnitts fertig gestellt und an Joseph Conrad geschickt hatte, antwortete dieser wie folgt.

Der gute alte Coleridge hat den Albatros dieser Geschichte erfunden. Daran kann kein Zweifel bestehen. Ein sehr schönes Stück Arbeit – so schön wie etwas von dieser Art nur sein kann – und in seinen Einzelheiten so authentisch, dass es von einem Seemann mit einer ernsten und poetischen Schöpferkraft bei der Erfindung des Phantastischen hätte erzählt werden können.

Ich glaube aber, ein Seemann hätte dem Schiff des Alten Seemanns auch einen Namen gegeben. Conrad hatte sicher nicht gemeint, dass Coleridge den Vogel aus dem Nichts hervorgezaubert hatte, sondern dass er ihn für seine eigenen Zwecke verwendet hat. Zum Zeitpunkt, als er seine Ballade schrieb, war seine bis dahin längste Seefahrt die Überquerung des Severn-Flusses bei Aust gewesen, eine Fahrt, die man heute mit dem Auto in sechzig Sekunden über die alte Severn-Brücke bei Chepstow zurücklegen kann. Coleridge war kein Naturwissenschaftler; er wollte ein Symbol. So ist Coleridges Beschreibung vom Aufenthalt des Vogels auf dem Schiff des Alten Seemanns auch recht fantasiereich.

Zum Beispiel wenn sich der magische Vogel auf dem Schiff zur »Neun-Uhr-Vesper« niederlässt. Die riesigen Albatrosse gehören zu den größten Flugvögeln; sie wiegen über zehn Kilo. Sie haben aber nicht nur den Umfang des größten Truthahns im Supermarkt, sondern auch Schwimmfüße. Sollten sie also versuchen, sich auf einer Takelage niederzulassen, würden sie ganz sicher herunterfallen. So war es unter den Seeleuten zum Beispiel gang und gäbe, die größeren Meeresvögel für ihre Mahlzeiten zu fangen, indem sie sie auf dem Deck landen ließen und dann zehn oder fünfzehn Minuten warteten. Die englischen Matrosen nannten diese Vögel *goony*, was so viel wie Tölpel bedeutet. Da die Vögel an das Schaukeln der Boote nicht gewöhnt waren, wurden sie seekrank und ließen sich dann ganz einfach in den Suppentopf stecken. So wäre es sicher auch einem Albatros ergangen.

Bezeichnenderweise ist der Leitgedanke von Coleridges Geschichte nicht Rache, wie die Hatley-Episode den Anschein erweckt, sondern Reue, wie sie der einsiedlerische Quarll ein halbes Jahrhundert lang verspürte. Im Fall des Alten Seemanns erfolgt die Sühne aber erst, als er in einem Anflug melancholischer Träumerei die Wasserschlangen segnet, ganz einfach weil sie »frohe lebende Dinge!« im Wasser um sein Todesschiff sind.

Coleridge hatte erkannt, dass man sich in modernen Epen auf echte Reisen stützen konnte, auf Reisen, die das Denken der Menschen neu geformt hatten. Sie konnten in der Literatur die klassischen Mythen für den Rohbau ersetzen und von den klassischen Vorlagen befreien, ohne dabei an Gewicht und Struktur zu verlieren. Reisen waren die Dokumentarstücke jener Zeit und hatten für die gebildete Schicht Allgemeingültigkeit. Kenntnisse in Wissenschaften, Anthropologie und Psychologie konnten das dramatische Geschehen auf Grundlage einer neuen Selbsterkenntnis, des zunehmenden Bewusstseins der Menschheit und ihres Staunens über die Wunder der Welt untermauern. Es war eine Erkenntnis, die Coleridge selbst äußerst hoch einschätzte, nämlich die, dass kein anderes Lebewesen außer dem Menschen die Fähigkeit zum bewundernden Staunen hat.

Das Fehlen einer klassischen Struktur und klassischer Bezüge im *Alten Seemann* machen das Werk dem modernen Leser äußerst zugänglich, denn den meisten von uns fehlt es an klassischer Bildung. Coleridge verwendet zwei Tiersymbole: Das Töten des Albatros steht für die Sünde und das Segnen der Wasserschlangen für die Sühne. Er setzt sie auf völlig moderne Weise ein, um damit zu bestätigen, dass alles Leben Teil eines physischen und moralischen Systems, einer Art moralischen Ökologie ist, bevor der Begriff Ökologie überhaupt geprägt worden war. Seine Zeitgenossen konnten ihm dabei allerdings nicht folgen. Coleridges gebildete Kollegen, zu denen auch Wordsworth und Southey gehörten, von denen man sich wirklich ein besseres Verständnis hätte erwarten können, fanden keine klassischen Grundlagen und urteilten daher, dass es der Struktur an echter Substanz fehlte. Das Gedicht war für das Verständnis seiner Zeitgenossen einfach zu radikal und fand erst im Zeitalter der Psychoanalyse volle Anerkennung. Sein eigener Verleger, Cottle, nörgelte: »Wie sehr ist es doch zu bedauern, dass jemand wie Mr. Coleridge, dessen Ansichten so weitgreifend waren und dessen Auffassung so sehr dem Geist Miltons entsprach, sich mit einem reinen Theoretisieren zufrieden geben sollte; dass er nicht, wie sein großes Vorbild, all seine Kräfte darauf konzentrierte, ein erhabenes poetisches Werk zu schaffen, das zur Zierde seines Landes hätte werden können.« Keiner von ihnen hatte auch nur die geringste Ahnung.

Ich ging mit dem Ornithologen der *Sergei Wawilow*, dem Kalifornier Stephen Spittler – er war als Veteran schon die zweite Saison im Südlichen Ozean – aufs hintere Deck. Vom schlimmsten Wetter geschützt verbrachten wir fast eine Stunde mit gemeinsamen Beobachtungen. Manchmal bekommt man auf ganz offensichtliche Fragen recht interessante Antworten: »Warum verfolgen die Vögel das Schiff so lange, wo wir doch gar nichts über Bord werfen?«

»Das Boot wühlt Wasser auf. Die Turbulenz bringt die Meereskreaturen näher an die Oberfläche, wo sie besser sichtbar sind. Es kann sein, dass Vögel wie Albatrosse früher die Wale aus demselben Grund verfolgt haben, wie sie es jetzt mit den abfalllosen Schiffen tun, nämlich die Turbulenz. Bevor sie vom Menschen gejagt wurden, sind die Wale in riesigen Zügen um den Erdball gezogen und haben dabei, vor allem beim Fressen, alles Mögliche aufgewühlt. Die Vögel haben gesehen, wie die Buckelwale bei der Nahrungsaufnahme die Fischschwärme gemeinsam umkreisen und Luftfontänen nach oben blasen, die die Fische wie ein Trichter umgeben. Dabei ist sicher auch für die Vögel viel abgefallen. Im Vergleich dazu ist ein Schiff nur ein schwacher Ersatz.«

»Sind die Vögel auch den frühen Segelschiffen gefolgt?«

»Anscheinend schon. In einigen ganz frühen Berichten wird davon erzählt. Wenn man bedenkt, dass es oft mehrere Jahre lang keine Schiffe auf den südlichen Ozeanen gegeben hat, dürfte man doch annehmen, dass die Vögel den Schiffen instinktiv gefolgt sind; es gab für sie ja keine Möglichkeit auf empirische Weise zu lernen. Wenn du ein Meeresvogel aus dem 16. Jahrhundert bist und dein erstes bauchiges Segelschiff siehst und denkst, das wäre eine neue Art von Wal, dann ist das doch gar keine so dumme Idee.«

Die See wurde stürmischer und kälter. Wellenbänke von sieben Metern Höhe stürzten auf das Schiffsheck zu, das sich erst in letzter Sekunde hob, als es schon schien, als würde die Welle über das Deck hereinbrechen. Zweimal liefen wir los, um irgendwo Halt zu finden, aber das Schiff blieb immer auf der Höhe der ankommenden Welle.

Conrad schrieb: »Das erstaunlichste Wunder der Tiefe ist seine unergründliche Grausamkeit.« Sturmböen trieben die Gischt über uns her und die Kälte drang bis unter die vier schützenden Lagen meiner Kleidung. Plötzlich stürzte ein Albatros aus dem Himmel und legte sich geduckt über das Wasser. Es war das Treffen zweier Welten – der harte Schnabel des gefiederten Geistes stieß auf die fremdartige Schönheit eines Tintenfischs. Dann tauchte der Schnabel auf, mit dem sich windenden, großäugigen Killer der südlichen Gewässer fest in seiner Gewalt. Ein rasches Aufschlitzen des Schnabels und der Vogel würde nun achthundert Kilometer zu einem einzigen, flaumigen Küken heimkehren. Schnell blieb er hinter uns zurück und während er noch die kalte, quallige Masse verschluckte, war das weiße Wunder bereits hinter dem Grau des Vorhangs verschwunden.

Ein wahrer Fall

Ich hielt meinen Blick fest in die graue Ferne gerichtet. Vor mir lagen das farblose Vordeck, die See, der Himmel und tafelförmige Eisberge, so groß, dass eine 747 darauf hätte landen können. Als wir näher herankamen, erstrahlte aus den Spalten Zahnpastablau.

Ein rundlicher Amerikaner stellte sich eng neben mich. »Ich habe eine Freundin, sie ist meine spirituelle Beraterin und Führerin. Man hat sie in England festgenommen und unschuldig ins Gefängnis von Holloway gesperrt.« Sein dünnes Haar beschränkte sich auf die Seiten seines Kopfes. »Es war der zweitgrößte LSD-Fund in der britischen Geschichte. Ich habe sie mit einem ehemaligen Kumpel aus dem Knast besucht. Sie hielt sich gerade in einem Haus auf, wo ein Mann, der dort ein Zimmer gemietet hatte, eine Menge Stoff bekam. Als sie es merkte, ist sie natürlich sofort abgereist und der Dealer hat ihr noch den Koffer zum Taxi getragen. Das Überwachungsteam von der Polizei hat das gesehen und sie festgenommen. Wenn Sie in den Staaten festgenommen werden, muss man Ihnen innerhalb von neunzig Tagen den Prozess machen, aber in England – Sie sind doch aus England? –, also, die einzigen Fingerabdrücke, die sie hatten, waren auf einem Stück Papier, aber sie musste das Stück Papier nehmen, um aufs Klo zu gehen. Das war der einzige Beweis, den sie hatten. Sie hatten überhaupt keinen Beweis.

Sie bekam Rechtshilfe. Fünf von uns sagten aus. Die Richter hatten Perücken auf. So ′ne Scheiße! Wie im Mittelalter. Ihr habt so eine Scheiße beisammen! Eure Barrister können nicht mit den Zeugen sprechen und wenn dein Anwalt ein Idiot ist…

Ich arbeite daheim in der Justiz als Sachverständiger – hier ist meine Visitenkarte – und der Richter hat von meiner Aussage überhaupt keine Notiz genommen. Beim Resümee hat er dann gesagt: ›Vergessen Sie nicht, dass Mr. Steenberg dies gesagt hat, vergessen Sie nicht, dass Mr. Steenberg jenes gesagt hat.‹«

Er trug eine Wollweste und eine Brille mit Stahlrand. Er saß auf einem niedrigen Stuhl, während ich an der Reling auf Kapitän Belugas Brücke lehnte. Dreißig Meter über dem Wasser hatten die Fenster Gummiwischer, um das Wasser wegzuwischen, wenn der Südliche Ozean unruhig war.

Ohne auf seine Karte zu blicken, die ich in meiner geschlossenen Faust hielt, fragte ich langsam mit geschlossenen Augen: »Sind Sie aus Kalifornien?«

»Hey! Ja, Mann! Können Sie auch hellsehen?«

Der letzte Kontinent

John Mandeville, der Autor eines phantastischen Reiseberichts aus dem 14. Jahrhundert, wusste, dass die nördliche Polarregion nach dem griechischen Wort ἀρκτικος für die Konstellation des Bären benannt worden war. Daher musste man den gegenüberliegenden Pol wohl Gegen-Bär, also Antarktis, nennen. Das war das erste Mal, dass dieser Name benutzt wurde.

Die meisten Weltkarten reduzieren die Antarktis auf einen weißen Streifen am Seitenende, ein Streifen, so vage und unwirklich wie die alte *Terra Australis Incognita*. Dabei nehmen Land und See unterhalb der antarktischen Konvergenz ein Elftel unseres Planeten ein. Etwa die Hälfte der permanenten Oberfläche hat Land darunter, von dem aber nur 2,5 Prozent über der durchschnittlich mehr als einhalb Kilometer hohen Schnee- und Eisdecke sichtbar sind. Von allen Kontinenten hat die Antarktis die höchste Durchschnittshöhe über dem Meeresspiegel. Sie ist auch ein relativ neuer Kontinent.

Ursprünglich gab es auf der Erde kein Polareis. In den letzten 150 Millionen Jahren, seit der Mitte der Dinosaurier-Ära, ist die Durchschnittstemperatur der Erde von 30° C auf 10° C zurückgegangen. In dieser Zeit hat sich der ehemalige Riesenkontinent Gondwanaland in die heutigen Kontinente aufgeteilt. In den letzten 50 Millionen Jahren spaltete sich zuletzt noch Australien ab, und das restliche, ungebundene Stück Land setzte sich schließlich über dem Südpol fest, wo es gegen einen Landblock viel jüngeren Datums stieß, der sich vom südlichen Ausläufer der amerikanischen Landmasse gelöst hatte.

Dadurch wurde jedoch die Fähigkeit der großen ozeanischen Strömungen, Wärme rund um den Globus zu befördern und Temperaturdifferenzen auszugleichen, wesentlich eingeschränkt. Der Nordpol wurde praktisch zu einem Binnenmeer, in dem sich kaltes Wasser ansammelte. Jetzt, wo es Land am Südpol gab, wurden Schnee und Eis fest gehalten und nicht mehr nach Norden abgetrieben, wo sie geschmolzen wären. Nachdem sich der Schnee erst einmal festgesetzt hatte, strahlte er immer mehr Wärme in die Atmosphäre ab. Man hatte somit eine Gefriermaschine im Keller der Welt installiert und die Temperaturunterschiede zwischen den warmen und kalten Teilen der Erde wurden immer gravierender. Vor vier Millionen Jahren hatten die antarktischen Gletscher bereits das Meer erreicht und Eis und Kälte breiteten sich über den ganzen Planeten aus.

Darunter liegen die Fußabdrücke von Lebewesen aus dem tropischen Gondwanaland wie eine in den Sand skizzierte Erinnerung. Salamander und Eidechsen hatten ihre Abdrücke im Schlamm zurückgelassen, rasche Spuren, die uns für immer aus dem urzeitlichen Licht eines vergessenen Nachmittags erhalten sind. 1981 fand man den 40 Millionen Jahre alten Kiefer eines Beuteltiers auf einer Insel im Eis des Wedellmeers. Es war ein Opossum gewesen aus einer Zeit, als Australien und Antarktis noch Seite an Seite in den gemäßigten südlichen Meeren lagen.

Am Nachmittag unseres dritten Tags zur See wurde das Wetter klarer und ruhiger. Der südliche Horizont hellte sich auf und ließ Eis dahinter vermuten. Bald schon kam ein tafelförmiger Eisberg in Sicht, dessen Seitenwände aus bis zu sechzig Meter hohen Stücken von Eisklippen bestanden, die von dem gigantischen Schelfeis auf dem antarktischen Kontinent abgebrochen waren. Dieser Eisberg aus dem Wedellmeer stammte von einem dreihundert Meter dicken Schelfeisstück. Ein paar Stunden später erblickten wir unser erstes Land, die raue Nordküste der König-Georg-Insel in den Süd-Shetland-Inseln.

Diese Inselgruppe war von einem englischen Kaufherrn, William Smith, entdeckt worden, als sein Schiff vom Kurs abgekommen war. Das Logbuch der *Williams* enthält für den 19. Februar 1819 den lakonischen Eintrag: »Land erstreckt sich von SSO bis SO über O, Entfernung etwa zehn Meilen.« Smith war es unheimlich, als er herausfand, dass sein Schiff nicht als Erstes die Inseln erreicht hatte. An der Nordseite der Livingston-Insel, unmittelbar im Norden der Deception-Insel, fand er bei 62° S in der Drake-Straße die Überreste der *Sant' Elmo*, einer herrenlosen, spanischen Galeone ohne Mast. Das Wrack ohne irgendwelche menschliche Spuren hatte Smith ziemlich aus der Fassung gebracht. Er war der letzte Mann in der Geschichte, der einen Kontinent entdeckte, auf dem ihn bereits ein Geisterschiff erwartete. Aus dem Schaft des Ankers ließ er einen Sarg machen. Als er heimkam, erfuhr er, dass seine Geschäftspartner bankrott waren. Er starb völlig verarmt.

Die König-Georg-Insel erhob sich vor uns aus dem Wasser als eine

131

lange Hügelkette. An einigen Stellen war schwarzer Fels sichtbar. Wir bogen gegen Südwesten und liefen in die Admiralty-Bucht ein. Da die Insel leicht zu versorgen ist, gibt es dort eine Menge Forschungsstationen. Die brasilianische Basis ist ganz leicht zu erkennen – sie hat einen Fußballplatz. Wir gingen am Point Thomas vor Anker, und Zodiacs, schnelle Schlauchboote mit Außenbordmotoren, brachten uns durch die Eistrümmer zur polnischen Station Arctowski. Sie war nach ihrem Landsmann, dem Polen Henryk Arctowski, benannt worden, der bei der Belgica-Expedition von Adrien de Gerlache mit dabei gewesen war.

Eine graue Kiesbank lief spitz auf einen dunklen Felsen zu. Mit einem heftigen Stoß legten wir daneben an, direkt unter einer Marienstatue in einer Felsnische. Ich betrat erstmals antarktischen Boden.

Am Strand rechts von uns stand eine große, gelbe Hütte auf Pfählen. Wir gingen links den mit runden Steinen bedeckten Strand entlang. Adélie-Pinguine hüpften aus dem seichten Wasser, ihre Flossen nach dem Schwimmen noch immer vom Körper gespreizt. Irgendwann stellt man sich beim Anblick eines Vogels oder Tieres die Frage: »Ist denen nicht kalt?« Stephen Spittler hatte darauf eine besonders gute Antwort: »Wenn ihnen kalt wäre, wären sie tot.« Sie sind so gut gegen Kälte geschützt, dass sie, wenn sie im Wasser genug zu fressen gefangen haben, an Land ihre Flossen zum Abkühlen vom Körper spreizen müssen.

Zwischen den Steinen lagen ein Paar Füße von einem Adélie, die an den nackten Beinknochen hingen. Die rosa Zehen waren so eng beieinander, dass sie die Schwimmhäute dazwischen versteckten. Die Nägel waren lange, schwarze Ovale und um den Knöchel war ein Büschel Federn verblieben. Es sah aus wie die Hand einer alten Frau, die unter einer Pelzmanschette hervorlugt – ein schauriger Anblick. Adélies werden von den Seeleoparden gejagt, die sie so fest schütteln, dass sie dabei abgehäutet werden. Hier lagen wahrscheinlich die Reste eines Opfers.

Am äußersten Ende des Strands zwischen zwei Felsen suhlten sich weibliche See-Elefanten im Schlamm. Sie kommen im Frühling trächtig an Land, gebären ihre Jungen und verlieren bis zu deren Entwöhnung an die dreihundert Kilo Fett, weil sie während dieser Zeit fasten. Eine Gruppe von zehn Tieren lag eng beieinander. Hin und wieder öffnete eines ein rotes Auge oder gähnte. Flecken des alten, braunen Fells, zwischen denen schon der neue, noch graue Pelz sichtbar war, waren beim Haarwechsel zurückgeblieben. Ein junger Bulle, der in diesem Jahr noch zu klein zum Decken gewesen war, rekelte sich im seichten Wasser. Da der Tran der See-Elefanten ebenso geschätzt war wie das der Wale, erlitten auch sie entsetzliche Verluste. Heute gedeihen sie aber wieder auf den meisten antarktischen und subantarktischen Inseln.

Ich ging zum anderen Strand zurück und sah einen hoch gewachsenen Mann, der mir mit am Rücken verschränkten Händen entgegen kam. Im Rund seiner festgezogenen Anorakmütze waren nur die von der Kälte geröteten Wangen und seine Nase zu sehen. Ich kannte Bernard Stonehouse vom Erzählen her. Er verbrachte nun den fünfzehnten Sommer seiner Forschungsarbeit in der Antarktis und stellte uns sein Forschungsprogramm vor. »Ich untersuche mit den Polen die menschlichen Einwirkungen des Tourismus. Mit ihnen kann man besser arbeiten als mit den Briten. Meine Basis ist das *Scott Polar Research Institute* in Cambridge. Wir sind eine unabhängige Einheit, was oft zu Problemen mit dem Auswärtigen Amt führt. Die Polen sind am Tourismus sehr interessiert. Sie waren immer recht gastfreundlich und Arctowski ist eine Station, die nie ein Touristenschiff abweist. Sie sagen, das ist die Öffentlichkeit, das sind die Leute, die mit ihren Steuern für die wissenschaftliche Forschung in der Antarktis zahlen. Sie haben ein Recht hierher zu kommen und gut behandelt zu werden – eine Einstellung, die ich mit ihnen teile.

Ich habe den Polen geholfen, ihre Station auszubauen. Sie soll auch ein Touristenzentrum erhalten, wo man erfahren kann, welche wissenschaftlichen Arbeiten hier unten geleistet werden. Das haben alle Touristen, mit denen ich gesprochen habe, vermisst. Gleichzeitig kann ich auch meine eigenen Forschungen über die wissenschaftlichen Auswirkungen der Menschen auf die Tierwelt durchführen.«

»Und die Ergebnisse?«

»Wir haben im Rahmen eines Sieben-Jahres-Programms einige der oft vorgebrachten Befürchtungen geprüft, was passiert, wenn Menschen auf der Antarktis an Land gehen, wie: ›Sie zertrampeln die Vegetation.‹ Nein, tun sie nicht, denn normalerweise kommen sie gar nicht in die Nähe der Vegetation. – ›Sie verängstigen die Tiere.‹ Nein, tun sie nicht. Die Tiere sind zumeist recht interessiert, was um sie vorgeht. – ›Sie verhalten sich schlecht.‹ Nein, tun sie nicht, sie verhalten sich bestens.«

»Wirklich?«

»Ja, im Großen und Ganzen verhalten sie sich viel besser als die Wissenschaftler und deren Helfer. Die Tourismus-Branche ging von der Voraussetzung aus, dass es sich bei den Besuchern um intelligente Leute handelt, die wissen, dass sie in ein Wildnisgebiet kommen, das sie intakt erhalten wollen. Auf dem Weg hierher hören sie Vorträge und erhalten Instruktionen. Auf diese Weise werden die Tickets an die richtigen Leute verkauft. Für die wissenschaftlichen Stationen hat man nie derart entschiedene Prinzipien angewandt. Jetzt schon, seitdem in den Antarktis-Vertrag auch ein Umweltschutz-Protokoll aufgenommen wurde, aber der Tourismus hat schon lange vor dem Antarktis-Vertrag die Initiative ergriffen.

Gehen Sie mal in der Antarktis herum und sehen Sie sich die Schweinerei an. Da liegen Berge von 40-Gallonen-Trommeln, aufgelassene Navigationsfeuer, leere Hütten und Abfallhaufen. Die Touristen haben sich daran überhaupt nicht beteiligt.«

»Warum wollten die Wissenschaftler denn nicht mit gutem Beispiel vorangehen?«

»Weil sich das für die Wissenschaft nie so ausgezahlt hat wie bei der Tourismusbranche. Der amerikanische Stützpunkt, die McMurdo-Station, war eine totale Schweinerei. Das haben alle gesagt, selbst die Amerikaner. 1968 kamen die ersten Touristen dort hin, wohlhabende, äußerst einflussreiche Amerikaner. Die waren entsetzt. Man hat mir erzählt, dass sie zur Hütte des Admirals hinaufgestürmt sind und ihm gesagt haben: ›Hören Sie mal, wir sind nicht so weit hergekommen und haben nicht so viel Geld ausgegeben, um ein paar Müllhalden zu sehen. Schaut, dass ihr das wieder in Ordnung bringt.‹

Die Leute haben sich schon früher beschwert, aber die Antwort war immer ganz schlagfertig dieselbe: ›Ich hab genügend Dollar, um das Zeug in die Antarktis zu schaffen, aber ich hab keinen einzigen Cent, es wieder wegzubringen.‹ Die Besucher waren VIPs, sie waren wichtig und die Säuberungsaktion begann.«

»Davor sind die Flugzeuge also leer nach Norden zurückgeflogen?«

»Leere Flugzeuge, leere Schiffe. Es braucht Zeit, etwas in die Schiffe zu verladen. Und wenn für diese Zeit im Vertrag nichts bezahlt wurde – und es wurde nicht bezahlt –, haben sie es nicht getan. Piloten, die zum Südpol kommen, stellen nicht mal die Motoren ab. Man lädt ab, kehrt um und fliegt möglichst schnell wieder weg.«

Bernard beugte sich zweimal rasch hintereinander nieder und legte dabei zum Schutz vor dem Wind die Hände um kleine grüne Blumen. »Die antarktische Nelke und die Antarktis-Schmiele. Auf ein paar Metern haben Sie die beiden einzigen blühenden Pflanzen gesehen, die es auf dem ganzen Kontinent gibt. Sie gedeihen nur in der maritimen Antarktis. Auf der Devon-Insel in der Arktis – auf einer einzigen Insel – gibt es hunderte Arten von Farnen und blühenden Pflanzen, auch Sträucher und Bäume. In der Antarktis gibt es nur zwei. Die Witterung ist hier so extrem, dass sie laufend die Grundlage zum Leben entfernt.«

Zwischen den Steinen zu unserer Rechten lag der Schädel eines großen Bartenwals. Küste und Landzunge waren schneefrei. Dünne Streifen grüner Farbe zeigten an, wo Pflanzen ein karges Dasein fristeten, während sie an den wenigen geschützten Stellen in üppigem Grün sprossten. Wir gingen in die Forschungsstation hinein, zogen vorher aber unsere Stiefel aus. Die Wissenschaftler, fast alle Männer, waren gerade angekommen. Sie hatten eine Gruppe abgelöst, die ein ganzes Jahr, auch den Winter, hier verbracht hatten. Wir standen in einer holzgetäfelten Junggesellenbude. Die meisten Männer hatten einen Bart oder ließen sich gerade einen wachsen. Walross-Schnauzbärte waren offensichtlich in. Bücher an den Wänden trugen weitere zehn Zentimeter zur Isolierung bei. Kleine Musikinstrumente, eine Ziehharmonika, eine Mandoline, lagen auf den Stühlen. Wie in einer Ferienwohnung gab es auch einen Karton mit Spielen. Überall waren Leute. Ich fragte Bernard: »Wie wird man denn mit dem Gedränge in der Station und der völligen Abgeschiedenheit im Freien fertig?«

»Also, ich habe noch nie den Winter in einer Forschungsstation ohne Hunde verbracht. Das war dann, als ob man noch zusätzliche hundert Leute im Haus hätte. Hunde sind jetzt als eine artfremde Gattung verbannt. Ich kann mir nicht vorstellen, dass selbst der freundlichste Traktor einen Hund ersetzen kann. Bis jetzt hat noch niemand eine gute Methode gefunden, wie man die richtigen Leute findet, die am besten mit den Umständen fertig werden und miteinander auskommen.«

»Gab es nicht mal einen Russen, der einen anderen beim Schachspiel mit der Axt erschlagen hat?«

»Ja, das hat man mir erzählt. Als es sich hier unten zum Massenbetrieb entwickelte, hat man Psychologen dazugezogen, die bei der Auswahl helfen sollten. Die Ergebnisse waren aber nicht besser, als wenn drei oder vier Leute in einem Büro sagten: ›Der passt. Nein, der gefällt mir nicht. Ja, den nehmen wir – nein, sein Gesicht hat mir nicht zugesagt.‹ Natürlich gibt es in einigen Camps jetzt auch Frauen. Erstaunlicherweise waren die Australier da die Ersten. Aber im Ganzen glaube ich, dass es gut klappt. Frauen sind ja viel zivilisierter.«

Blizzard

Ich fragte Bernard: »Wann sind Sie zum ersten Mal hier runter gekommen?«

»1946. Ich war Meteorologe und zweiter Pilot. Die Amerikaner haben sich 1940 und 1941 von der Halbinsel zurückgezogen, als die USA in den Krieg eingestiegen sind. Die Argentinier sind gekommen und haben Schilder aufgestellt, was die Briten verärgert hat, denn die erhoben immer noch Ansprüche, die sie auf ihre Verwaltung des Walfangs hier unten zurückführten. Also wurde 1943, 1944 eine britische Expedition, *Operation Tabarin*, hergeschickt. Damals war alles noch ziemlich primitiv. Einmal sind wir nach Osten über die Halbinsel heimgeflogen. Wir kamen in schlechtes Wetter und hatten gerade den Gebirgskamm in der Mitte passiert. Der Vergaser war schon am Einfrieren und wegen des starken Gegenwinds war der Treibstoff schon fast alle. Wir mussten im Blizzard landen. Wir setzten auf dem Meereis auf und stießen dabei gegen Trümmereis, das wir nicht bemerkt hatten. Das Flugzeug überschlug sich. Es war eine ganz leichte Maschine, eine kleine Auster Autocrat, eigentlich viel zu leicht für unsere Arbeit hier. Wir hatten Glück.«

»Konnten Sie per Funk melden, dass Sie in Schwierigkeiten waren?«

»Nein«, sagte er mit einem stillen Lachen, »unser Radio war schon vorher kaputt. Es war ein Dampfradio, ist schon lange her. Heute ist eine gute Kommunikation selbstverständlich. In den 40ern konnte man sich auf ein Radio kaum verlassen. Ein wirklich zuverlässiges Radio war zu schwer, um es mit einem Schlitten herumzuschleppen. Wir hatten diese Dinger mit Handkurbel, die gegen Kriegsende erfunden worden waren.

Wir hatten uns also in eine recht verzwickte Lage gebracht. Wir waren etwa achtzig Meilen von der Station entfernt. Mit nur einem ganz kleinen Zelt und fast nichts zu essen. Wir machten uns also auf dem Meereis, das sich wahrscheinlich schneller als wir selbst bewegte, auf den Weg. Wir wussten nicht, ob wir zehn oder zwanzig Tage unterwegs sein würden, und so stellten wir uns auf zwanzig ein. Man fühlt sich müde, immer müde. Es wird schwer, sich zu konzentrieren. Der Körper flüstert einem ständig zu: Setz dich, ruh dich aus, leg dich schlafen. Du verbrauchst Energie viel schneller, als du sie wieder aufbaust, also ruh dich doch aus.

Wenn einem das heute passiert, ist die beste Strategie: Bleib, wo du bist. Aber wo wir waren, war das keine Lösung. Man hätte uns nicht gefunden. Wie Scott und seine Männer mussten wir einfach weiter. Man wird gereizt und kann seine Geisteskräfte nicht mehr richtig einsetzen. Ich glaube, daran scheitern wahrscheinlich die meisten Leute. Es hängt davon ab, wann man den Punkt erreicht hat, an dem man meint, dass es keinen Zweck mehr hat, weiterzumachen. Ich ziehe meinen Hut vor den Leuten, die in den alten Tagen einfach weitergemacht und einen Fuß vor den anderen gesetzt haben. Man wird sich bewusst, wie viel Willenskraft das verlangt.

Das Prinzip des Überlebens liegt darin, dass man davon überzeugt sein muss, dass es sich auch lohnt. Ich kann mich erinnern, dass ich mir an einem Punkt dachte, das ist doch alles totaler Mist. Ich bin erst zwanzig. Ich geb nicht auf, ich hab ein ganzes Leben vor mir. Da ist alles Mögliche, was ich noch nicht getan habe – diese Art von Überlegung, was sich recht banal anhört, damals aber lebensnotwendig war. Das hilft einem dann eine Zeit lang weiter, bis man sich ausruht. Dann muss man das Ganze wiederholen. Wenn man das nicht kann, wenn man nicht diese Überzeugung in sich hat, dann weiß ich nicht, was passiert. Vielleicht verlässt man sich dann auf den lieben Gott oder aufs Glück oder auf sonst etwas, worauf sich die Leute eben verlassen. Irgendwie war ich in dem Alter aber auf die Idee fixiert, dass ich mich auf mich selbst verlassen müsste.«

»Haben Sie viel miteinander gesprochen?«

»Nein. Kaum ein Wort. Wir hatten nicht die Energie dazu. Am Morgen sagten wir: In welche Richtung soll's gehen? Und später: Gehen wir noch richtig? Und dann schauten wir zurück und haben gemerkt, dass wir in einer Kurve gegangen sind. Nein, wir sind nicht einhermarschiert und haben nett miteinander geplaudert, um uns gegenseitig aufzumuntern. Wir hatten alle dieselbe Einstellung, so viel Energie zu sparen wie nur möglich. Einem von uns ging es schlechter als den anderen, weil er nicht so warm angezogen war. Die beiden anderen behielten ihn im Blick, aber es war keine Frage von Antreiben oder so. Wenn er ein wenig zurückblieb, warteten wir auf ihn und gingen dann ein Stück mit ihm, bis er wieder in Bewegung kam. Keiner von uns war in der Stimmung, zum Weiterkommen mitreißende Kirchenlieder singen zu müssen.«

»Hatten Sie je das Gefühl, dass Sie sich von den anderen distanzierten, weil Sie wussten, wie persönlich die Fähigkeit zum Überleben ist? Als sich Scott auf dem Rückzug befand, ist bei den Männern gegenüber einem Mitglied des Teams eine gewisse Gefühllosigkeit aufgetreten, als sie merkten, dass er der Nächste sein würde, der tot zusammenbricht.«

»Nein, aber das ist schon ein extremes Stadium. Davon waren wir noch weit entfernt – zumindest glaube ich das. Ich kann mir gut vorstellen, dass man sich so eine Einstellung aneignen könnte und dass das wohl auch vernünftig wäre. Man müsste sich überlegen, was man tun würde, wenn ein Teamkollege endgültig zusammenbricht. Man kann ein gewisses Maß an Energie dafür aufwenden, ihn anzutreiben, aber dann erreicht man einen Punkt, wo man sich sagen muss, mehr geht nicht. Wenn wir mehr Zeit und Mühe für den einen aufwenden müssen, gefährdet er das ganze Team, und dann müsste man sich also endgültig entscheiden.«

»Wie viele Tage sind Sie denn gelaufen?«

»Nur etwa neun.«

Deception-Insel

Die *Sergei Wawilow* bog aus der Admiralty-Bucht und glitt in südwestlicher Richtung an der Südseite der König-Georg-Insel vorbei. Spät abends ging ich an Deck, als wir gerade in die Maxwell-Bucht einbogen, um Vorräte für die uruguayische Artigas-Basis abzuliefern. Eines unserer Schlauchboote steuerte auf eine Kette sanfter gelber Lichter zu. Dann wurde es still. Zwei russische Matrosen kamen von der Sauna herauf und sprangen in den kleinen Swimming-Pool, der mit eisigem Meerwasser frisch gefüllt worden war.

Drei Buckelwale waren anscheinend an der *Wawilow* vorbei und in den natürlichen Hafen geschwommen. In der Mitte der Bucht, die von einer niedrigen Hügelarena umgeben war, begannen sie ihr Spiel, wobei sie ihre Schwanzflossen tosend aufs Wasser schmettern ließen. Um Mitternacht, als das Tageslicht nur noch in hellen Fetzen zu sehen war, verließen sie die Bucht und auch die *Wawilow* kehrte um und folgte ihnen gegen Süden ins letzte Dunkel.

Der Morgen war grau mit einer steifen Brise. Nach Steuerbord lagen die grimmigen Klippen der Deception-Insel. Wir befanden uns unterhalb von Bailey Head und einer Kolonie abertausender Kehlstreifpinguine. Das Schiff machte einen Dreh nach rechts und steuerte direkt auf die Klippen zu. Links von uns, am Ravn Rock, erinnerte ein Gewirr von Balken an den Walfänger *Southern Hunter*, der 1956 zur Sommersonnenwende hier auf Grund gelaufen war. Ihre Überreste hatten dieselbe Farbe wie die Felsen angenommen; die Antarktis hatte bereits begonnen, sie in sich aufzunehmen. Zu unserer Rechten ragten die fast zweihundert Meter hohen Cathedral-Crags-Klippen in den Himmel. Langsam öffnete sich nun vor uns ein Spalt im Gestein, eine etwa fünfhundert Meter breite Öffnung zwischen den Klippen, durch die die Durchfahrt auf einem weniger als zweihundert Meter breiten Kanal möglich war. Wir segelten in einen dreizehn Kilometer breiten Vulkankrater.

Die Deception-Insel verhält sich so, als wäre sie von einem Zauberer erschaffen worden. Boote kommen hierher und finden Eisberge, die ihnen die Einfahrt versperren. Andere fahren hinein und entdecken, dass Eisberge das Tor hinter ihnen verschlossen haben. Anderen wiederum kam bei ihrer Fahrt durch den als Neptune's Bellows, also Neptuns Blasebalg, bezeichneten Kanal eine Wasserwand entgegen, die aufgewirbelt wurde, als Erdbeben den Meeresboden darunter anhoben oder absenkten.

Männer kamen hierher, die sich einen Weg durch die Reichtümer der Natur geschlachtet haben. Die Gewässer damals waren so voller Leben, dass die von den ersten Schiffen ausgesandten Boote Mühe hatten voranzukommen, da sie beim Rudern ständig gegen die Rücken von Robben oder Walen stießen. Die Luft stank faul von der ausgestoßenen Luft der Wale. Die Männer töteten die Robben an Land. Sie schlachteten sie während der Brutzeit, und töteten, was sie nur schaffen konnten. Die Jungen brachten sie nicht um, aber da diese noch nicht entwöhnt waren, verhungerten sie ohnehin. In manchen Fällen wirkte auch ihr natürliches Verhalten gegen die Tiere selbst. Männliche Bärenrobben zum Beispiel hielten ihren weiblichen Harem davon ab, ins Meer zu flüchten. Also blendeten die Robbenjäger das männliche Tier an einem Auge, ließen ihn dann aber am Leben, damit er die Weibchen auf seiner sehenden Seite am Strand zurückbehielte, während sie die anderen auf seiner blinden Seite abschlachteten. Für die sexhungrigen Robbenjäger war es dann besonders amüsant zuzusehen, wie sich die Männchen noch mit den frisch getöteten Weibchen paarten.

Im Sommer von 1820 bis 1821 lieferten sich britische und amerikanische Schiffsmannschaften mit Klinge und Knüppel eine Schlacht um die Rechte auf den Robbenfang. Im darauf folgenden Jahr war das schon nicht mehr so wichtig, denn die Robben waren bereits rar geworden. Sechs Jahre nach der Entdeckung des Kontinents war die antarktische Bärenrobbe nahezu ausgestorben. Als ein Gebiet erschöpft war, stieg der Kapitän auf den höchsten Berg und hielt Ausschau nach weiteren Inseln. 1820 machte sich eine Gruppe von Robbenjägern aus Connecticut bereit, ihren Anlegeplatz bei der Livingston-Insel in den Süd-Shetland-Inseln aufzugeben. Kapitän Pendleton schickte nun den neunzehnjährigen Nathaniel Palmer auf die Suche nach einem besseren Hafen und neuen Robbenstränden. Bis zur Deception-Insel war es eine kurze Fahrt und schon am nächsten Tag bahnte sich Palmer mit seinem Boot, der *Hero*, vorsichtig einen Weg in den versteckten Kanal. Als er das Seufzen des Windes in den Felsen hörte, nannte er die Stelle Neptune's Bellows. Er kletterte den Hügel hinauf, um nach neuen Robbengründen zu schauen und Vogeleier zum Essen zu sammeln, und ließ den Blick nach Südosten schweifen. Dort sah er neues Land. Vielleicht, und die Argumente darüber dauern immer noch an, war dies der erste Blick auf das antarktische Festland, auf den letzten Kontinent.

Die *Wawilow* segelte durch den Bellows-Kanal und in einen Hafen, der kaum kleiner als der von Rio de Janeiro ist. Wir wandten uns nach Steuerbord und legten vor der Whaler's Bay an. Die Insel ist ein

Vulkan mit eingesunkener Mitte, die vom Meer überflutet wurde. Das restliche Land hat die Form eines steinernen, fast geschlossenen Hufeisens. Bei leichtem Schneefall gingen wir an Land. Die Insel ist so warm, dass sie sich ihr eigenes Wetter – wolkig und ohne Sonne – schafft. Heiße Krateröffnungen sorgen noch immer für warme Stellen, an denen grüne Vegetation Fuß fassen kann. Bei fallendem Luftdruck rauchen die Löcher schneller und warnen damit vor anziehenden Stürmen. Das Gestein ist hier so reich an Eisen, dass die Kompasse abfahrender Schiffe oft gestört waren. Der hohe Eisengehalt kann sich aber auch auf den natürlichen Magnetismus des menschlichen Körpers auswirken. Langfristige Bewohner leiden angeblich an einer Nervenkrankheit, die sie daran hindert, sich entspannen zu können.

Die Whaler's Bay war das einzige Gebiet, das nicht ganz von Schnee bedeckt war. Der Strand war von feinem, dunkelgrauem Vulkankies bedeckt, dessen glanzlose Oberfläche das Licht verschluckte. Der ganze Küstenstrich wurde von den verrosteten Überresten der Walfangfabrik beherrscht. Aus der Kuppel des neun Meter hohen, stählernen Transieders spross ein Gewirr von Hähnen und Rohren. Ein Schornstein stand noch, ein anderer war eingestürzt. Trantanks, die wie Gasometer aussahen, standen darum herum. Einer war schon fast umgekippt und mit Graffiti bedeckt. An den Stellen, wo vulkanisch erhitztes Wasser von zumeist angenehmen 13° C von unterhalb der Dauerfrostdecke an die Oberfläche gestiegen war, lag Dampf wie eine unheimlich anmutende Decke über dem seichten Wasser. Wo ich stand, war das Wasser aber viel heißer. Als ich mich niederbeugte, um meine Hände in einem der Rinnsale am Strand zu wärmen, war das Wasser so heiß, dass ich es nicht lange darin aushielt. Ein erneuter Vulkanausbruch schien im Anzug zu sein.

Die Bransfield-Straße zwischen den Süd-Shetland-Inseln und dem antarktischen Festland hat die krillreichsten Gewässer der südlichen Hemisphäre und folglich auch die stärkste Konzentration großer Wale. Früher brachten Walfänger die Kadaver in den Hafen der Deception-Insel und legten dort an. Im 19. und frühen 20. Jahrhundert waren die Märkte nur am Tran interessiert und daher wurde auch nur die

Fettschicht der Wale verwendet. Flenser fuhren mit kleinen Booten an den Kadaver heran und schnitten den Speck ab, der dann auf das Schiff geladen und dort zu Tran verkocht wurde. Das war die Vorgangsweise, die der Schriftsteller Herman Melville Mitte des 19. Jahrhunderts beobachtete. Die Reste der von Fäulnisgasen aufgeblähten Leviathane wurden dann in die Bucht hinaus geschoben, von wo sie der Wind wieder der Küste zutrieb. Und wenn kein Wind blies, verfaulten sie, wo sie lagen. Ein junger Mann namens Thomas Bagshawe gab 1921 folgende Beschreibung des Hafens:

> Die Kadaver und andere Abfälle ließ man einfach um die Schiffe treiben. Der Gestank von den vielen Gedärmen, Mägen und Lebern war zu scheußlich, um ihn beschreiben zu können, und das Wasser um die Schiffe war von Öl und Blut völlig verfärbt. Küste und Umgebung lagen versteckt hinter einer Anhäufung von Fleisch und Knochen in verschiedenen Stadien der Verwesung. Ein Teil des Fleisches war von früheren Jagdzeiten liegen geblieben, sodass man wahrscheinlich durch altes Walfleisch watete und nicht auf festen Boden trat, wenn man von einem Boot an die Küste kam.

Die Männer bekamen ihre Prämien pro Wal und nicht pro Barrel, weshalb sich ein rasches, oberflächliches und verschwenderisches Flensen besser rentierte. 1929 wurden Fabriken an der Küste errichtet und zur Hektor-Station eine Helling angelegt, sodass die Kadaver zum gründlichen Flensen und Verarbeiten an Land gebracht werden konnten. Zur Reduzierung des Abfalls übertrugen die britischen Beamten, die die Insel während der Blütezeit des Walfangs von 1910 bis 1931 verwalteten, der Hektor-Gesellschaft das Recht auf alle umherliegenden Kadaver. Das brachte zweierlei Vorteile. Hektor räumte nicht nur auf, was die anderen hinterlassen hatten, sondern die Konkurrenz nahm es beim Flensen nun auch etwas genauer, um der Hektor-Gesellschaft das Geldverdienen nicht zu leicht zu machen.

Das obere Strandende hat viele Süßwasserquellen, über denen von einer jeden Gesellschaft eine kleine Holzhütte oder ein Unterstand für den eigenen Gebrauch errichtet wurde. Man kann sie auch heute noch sehen. Einige Meilen weiter nördlich am Ende der Bucht hat das Wasser Badewannentemperatur. Manchmal wird es aber auch so heiß, dass der Krill darin abgebrüht wird. In Scharen ziehen dann die Dominikanermöwen zu ihrer ersten gekochten Mahlzeit heran und die Seesterne flüchten aus dem Wasser ans Land.

Eine stählerne Winsch lag in der Asche. Ein kleiner Traktor, ein so genannter *Clectrac*, der wie eine Zugmaschine Räder aus gewalztem Stahl hat, war bis zum Sitz darin vergraben – Fossile aus der Zeit der letzten großen Vulkanausbrüche in den 60ern. Eine einzelne Weddell-Robbe lag mitten auf dem Strand. Sie gähnte mich beim Vorbeigehen aus ihrem rosa Maul an. Ein paar umgekippte Kreuze markierten den alten Friedhof, der 1969 vom heißen Aschenregen zugedeckt worden war. Somit waren die einsamen Leichen unter der Erde zuerst begraben und dann eingeäschert worden, bevor die Witterung die Gräber nun langsam wieder freilegt.

Am Ende der Whaler's Bay marschierte ich um die Ecke eines großen Hangar und fand darin ein orangefarbenes Flugzeug ohne Flügel (die befanden sich im Flugzeug). Es war eine alte De Havilland Beaver, die für die britische Antarktisvermessung in Kartons hierher gebracht und dann am Strand zusammengebaut wurde. Der erste Antarktisflug fand hier 1928 statt, nur ein Jahr nach Lindberghs Soloflug über den Atlantik. Der Zeitungsmagnat William Randolph Hearst hatte Hubert Wilkins und dessen Kopiloten Carl Eielson den Flug in einer Lockheed Vega gesponsert. Es gibt eine Aufnahme, die sie vor einem recht robusten Eindecker neben einem Austin Seven zeigt. Der Austin und der Clectrac waren auf die Insel gebracht worden, um damit den Boden für eine Aschenbahn zum Starten und Landen zu planieren. Wilkins flog bis zum Mount Jackson weiter im Süden und Hearst hatte seine Story.

Ich machte mich auf den Rückweg. Das südliche Ende des Strandes war mit Walknochen und Fässern übersät, halb begraben und aufgeplatzt wie riesige Gänseblümchen. Die Kälte und der Wind hatten

Gebeine und Holz zu einem uniformen Grau abgeschliffen, sodass die nutzlosen Dauben der Fässer wie das Skelett eines hölzernen Leviathans aussahen, der auf seine Auferstehung wartet. Kleine, voll verdeckte Boote, welche die Tranfässer von der Küste zu den Schiffen beförderten, bildeten wunderschöne, spitz zulaufende Ellipsen im Sand.

Als Nächstes stand mir ein langer Aufstieg bevor, denn ich wollte hinauf auf den Hügel, um von dort über die Bransfield-Straße auf die Antarktis zu schauen. Von derselben Stelle, von der Nathaniel Palmer möglicherweise den ersten Blick auf das Festland des Kontinents geworfen hatte.

Neptune's Window

Die Gebirgskette über mir war der Kraterrand eines erloschenen Vulkans. Ein dramatischer Einschnitt gab den Blick aufs Festland frei. Ich hatte mich hier mit Brian Shoemaker verabredet. Brian war ein pensionierter Pilot aus der US-Marine, der auf der *Wawilow* Vorträge hielt. Er hatte die erste komplette Luftbildvermessung der Antarktis durchgeführt. Die Flugzeuge sandten dazu Signale mit zwei verschiedenen Wellenlängen zum Boden. Eines der Signale wurde vom Eis zurückgeworfen, während das andere durchs Eis drang und dann vom Gestein zurückprallte. Da die Piloten ihre Messlinien in zwei Folgen flogen, und zwar die zweite im rechten Winkel zur ersten, konnte auf diese Weise das erste dreidimensionale Bild von Land und Eis geschaffen werden. Brian stellt seine Arbeit gern als langweiliges Fliegen hin, dabei sind Flugzeugabstürze die häufigste Todesursache in der Antarktis.

Wir thronten auf einem Felsgesims über einer fast zweihundert Meter hohen Klippe. »Nathaniel Palmer hatte von seinem Boss den Auftrag erhalten, das Gebiet im Süden der Livingston-Insel nach neuen Robbenkolonien abzusuchen. Er ist um den westlichen Ausläufer der Livingston-Insel gekommen und von dort nach Nordosten am Hannah Point vorbeigefahren. Der Hannah Point ist nach dem Liverpooler Robbenfänger *Hannah* benannt, der dort am Weihnachtstag von 1820 Schiffbruch erlitten hat. Hier ist Palmer auf einen Brutplatz der Robben gestoßen. Dann ist er weiter nach Süden und hat diese Insel gefunden – man kann sie vom Hannah Point auch bei schlechtem Wetter deutlich sehen. An dieser Seite ist er dann herabgekommen.« Brian wies dabei nach links. »Er hat diese Klippen gesehen und dann den Eingang zu Neptune's Bellows. Er hat gemerkt, dass es ein Vulkankrater und keine normale Insel ist, und hat sie Deception-Insel genannt. Er ist hereingekommen, hat angelegt, hat sich ein wenig umgesehen und ein paar Eier zum Essen gesammelt. Dann ist er zurück und hat die amerikanische Robbenfangflotte geholt, die dann hier ihre Basis eingerichtet hat.

Palmer ist hier heraufgekommen – genau wo wir jetzt sitzen – hat diesen Ausblick gesehen – genau wie wir – und hat ihn Neptune's Window getauft. Sie können Gift darauf nehmen, dass dieser Mann, wenn der etwas gesehen hat, auch hingeht und es sich näher anschaut. Er war nicht auf der Suche nach einem Kontinent, denn das hätte nichts gebracht. Nein, er war auf der Suche nach Robbenkolonien. Das Festland ist hundertzehn Kilometer entfernt. Von dieser Stelle hier habe ich bei gutem Wetter das ganze Mittelstück der antarktischen Halbinsel vor mir. Von höher oben kann man sogar noch weiter in den Süden sehen.«

An diesem Tag war der Himmel immer wieder bedeckt und unsere Sichtweite war auf fünfundzwanzig bis dreißig Kilometer beschränkt.

»Und das war angeblich das erste Mal, dass jemand die Antarktis gesehen hat?«

»Er hat diesen Anspruch nicht erhoben; die US-Regierung hat das getan. Er wusste ja nicht, dass das Festland war. Thaddeus von Bellingshausen, der zwei russische Marineschiffe kommandierte, war zur selben Zeit hier. Seine Männer hatten kurz zuvor etwas vom Masttop gesichtet. Auch er hat nicht gewusst, dass es sich dabei um einen Kontinent gehandelt hat – er dachte, es sei möglicherweise ein Eisberg. Aus seinem Schiffslogbuch geht aber hervor, dass er nach

seiner Stellung und Blickrichtung das Land hätte sehen können.«
Brian wies in die Ferne. »Dort draußen ist es, wo der neunzehn- oder
zwanzigjährige Nat Palmer im Nebel eine Antwort auf seine eigene
Zukunft gefunden hat. Er ist mit Thaddeus von Bellingshausen zusammengetroffen, auf sein Schiff gegangen und hat mit ihm Informationen ausgetauscht. Das ist von beiden Männern schriftlich belegt. Bellingshausen war dem Kontinent kurz zuvor auf der anderen
Seite des Weddellmeers begegnet.«

»Wer war also der Erste?«

»Ich glaube, wir müssen da Bellingshausen die Ehre lassen. Das ist
von einem distinguierten Expertenausschuss – einem Amerikaner,
einem Briten und einem Russen – in einem Pub namens Panton
Arms in der Nähe des *Scott Polar Research Institute* in Cambridge
beschlossen worden.«

»Ich kenne den Pub recht gut.«

»Im hinteren Forschungsraum.«

»Das war ein internationaler Ausschuss ohne jegliche Befangenheit?«

»Ja, ohne jegliche Befangenheit. Wir haben unsere Befangenheit
durch die Einnahme flüssiger Arzneien ausgeschaltet. Das nennt
man Befangenheitsausschaltung. Zuvor haben wir dieselben Arzneien auf Forschungstreffen eingenommen, allerdings in der falschen Dosis, und da hat es dann zu lautstarken Streitereien geführt.«

»Das rituelle Zerreißen der Staatsfahnen ist in diesem Stadium
der Forschungsarbeit äußerst wichtig.«

»Unbedingt, aber« – dabei wies Brian auf den Kanal – »das Treffen hat da draußen wirklich stattgefunden und man kann seine Auswirkungen noch immer sehen. Und wenn man dorthin geht, kann
man Nathaniel Palmers Geist noch immer spüren, denn dort hat sich
sein Leben verändert. Er wurde ein verantwortungsbewusster Mann,
aus dem Jüngling ist über Nacht ein großer Mann geworden. Später
stand er dem amerikanischen Klipper Pate und wurde zum Begründer des China-Handels von San Francisco aus. Er wurde sehr wohl-
habend und einflussreich und hat bis nach 1870 gelebt.«

Durch die Öffnungen in der Wolkendecke strömte Licht. Lautes Geschrei kam von den nistenden Meeresvögeln in den Felsen über uns. Ich wandte den Kopf, blickte über die Wahler's Bay und konnte den vollen Kreis der Insel und den ganzen Hafen ausmachen.

»Man kann sich keinen trübseligeren oder trostloseren Anblick vorstellen als den, den die Deception-Insel in den Shetlands bietet… Hier ist alles freudlos und unbequem, riesige Massen von Schlacke und Asche liegen verstreut«, schrieb der Arzt der *Chanticleer*, die 1829 vierundfünfzig Tage mit der neuesten Erforschung von Schwerkraft und Magnetfeldern hier verbrachte. Die Forscher merkten aber, dass sie sich während ihres Aufenthalts recht wohl fühlten, was sie dem kalten Wetter und den heißen Schwefelgasen zuschrieben. Um sich zu vergewissern, dass diese Wirkung nicht nur auf die Lebenden, sondern auch auf die Toten zutraf, öffneten sie das Grab eines unbekannten Robbenjägers und fanden den Leichnam völlig intakt.

Am weitest entfernten Punkt der Insel wurden von der *Chanticleer* aus die Beobachtungen von Magnetismus und Schwerkraft durchgeführt. Gegen Ende des Sommers von 1829 machte sich die Besatzung bereit für die ersehnte Abreise von diesem, in den Worten eines Fähnrichs, »letzten Platz, den die Natur geschaffen hat« und ließ am Strand ein Maximum-Minimumthermometer zurück. Doch sieben Tage lang hielten sie Wetter und Eis zurück und erst am 8. März konnten sie endlich auslaufen. Als sie in der Karibik Halt machten, um frische Vorräte zu laden, kenterte Kapitän Fosters Kanu und er ertrank in den warmen, blauen Fluten. Als die *Chanticleer* schließlich nach England zurückkam, wurde sie dem neu ernannten Kapitän Fitzroy zugeteilt. Da das Schiff vor dem erneuten Einsatz aber ausgebessert werden musste, bekam er stattdessen die *Beagle* – und Darwin.

Dreizehn Jahre später fand ein Robbenjäger von der *Smiley* die Thermometer am Strand. Er beugte sich nieder und konnte eine Mindesttemperatur von −21,3° C entziffern. Das war die niedrigste Temperatur, die bis dahin je irgendwo verzeichnet wurde. Er hob das Thermometer auf und verlor dabei die Maximumtemperatur.

Eine Verwerfung läuft um die gesamte Küste, mit einer Schwach-stelle am Neptune's Bellows. Der Eingang könnte also jederzeit ent-weder absinken oder sich ganz verschließen. 1820 lotete Robert Rildes die Wassertiefe in der Mitte des Hafens mit 320 Metern aus. Neun Jahre später stellte Kendall nur noch 177 Meter fest. Beide waren zu-verlässige Beobachter. Es ist daher äußerst wahrscheinlich, dass in den dazwischen liegenden Jahren ein größerer Ausbruch stattgefun-den hat. 1921 war den vor Anker liegenden Walfängern aufgefallen, dass die Kälte und Düsterheit von warmer Luft belebt wurden. Bald fanden sie auch den Grund dafür. Das Wasser um sie herum begann zu dampfen und zu brodeln, und bevor sie das Weite suchen konn-ten, hatte die Farbe an den Seiten der Schiffe schon Blasen geworfen.

Im 20. Jahrhundert diente die Insel den Briten, Chilenen und Ar-gentiniern als Forschungsbasis. 1912 hatte die Walfangstation bereits ein Postamt, einen Richter und einen Zollbeamten. Der Richter ver-handelte im einzigen zivilrechtlichen Fall der Antarktis. Dabei ging es darum, dass die Schlittenhunde mit Pinguinen gefüttert wurden. Der Matrose Francis McNally hatte am 2. April 1953 den Pinguin zu-vor aber nicht getötet. Strafe £ 2.

Es gibt aber noch etwas, das für die Insel einmalig ist. Am 5. Feb-ruar 1948 lieferten sich die Mannschaften der britischen *Snipe* und der argentinischen *Seaver* ein Fußballmatch, das erste internationale Spiel auf dem letzten Kontinent. Eins zu null für *Snipe*: also die üb-liche langweilige Begegnung zwischen England und Argentinien. Von Hooligan-Problemen wurde nichts berichtet.

Im Winter 1967 wurden innerhalb eines Monats 341 Erdbeben ver-zeichnet und alle drei Forschungsstationen waren auf eine rasche Evakuierung vorbereitet. Am 4. Dezember 1967 wurde um 18 Uhr 54 eine Wolke gesichtet, dann stiegen durch das Eis über den Gewässern der Nordbucht Dampf- und Aschenfontänen auf. Die Sichtweite war auf dreiundzwanzig Meter gefallen. Neun Minuten später setzte der Aschenregen ein. Die chilenische Station war zerstört und die Wis-senschaftler flüchteten zur britischen Station. Das Wasser im gesam-ten Rund des riesigen Hafens hob und senkte sich in Abständen von ungefähr einer Minute um eineinhalb Meter. Die aufsteigende, warme Luft löste Gewitter aus und riesige Hagelkörner fielen mit Asche vermischt vom Himmel. Von der argentinischen Station auf der anderen Seite der Bucht war nichts zu hören. Um zehn vor drei in der Nacht tauchten die Chilenen bei den Briten auf. Wie Schildkröten waren sie unter einer Holzplatte marschiert, um zu verhindern, dass die glühende Asche ihre Kleidung in Brand setzte. Von ihrer Hütte war nur noch ein verbogener Metallrahmen übrig. Zweiundvierzig Männer kauerten nun in der britischen Hütte beisammen und lauschten, wie die Erdbeben die alten Stahlschornsteine der Walfangstationen knickten und umkippten und die rostenden Zylinder der Speichertanks wie Donnermaschinen im Theater rüttelten und schüttelten. Nach vier Uhr kamen die Argentinier über das Radio und meldeten, dass sie wohlauf seien. Zu Mittag brachte sie das chilenische Schiff *Piloto Pardo* dann alle weg. Hinter ihnen wirbelten Staub und Asche hoch über den Bergen in die Lüfte. Als sie zurückkamen, gab es eine neue Insel in der Bucht.

Zwei Jahre lang kamen immer wieder Forscher, um die Arbeit fortzusetzen, und mussten erneut flüchten. 1968 gab es den ganzen Sommer lang leichte Beben. Im Februar 1969 nahmen sie an Stärke zu und am 21. Februar waren sie ständig zu spüren. Die Ostseite der Insel ging in die Luft. Fünf Männer von der Britischen Antarktisvermessung wurden aus ihren Betten geworfen und lagen am Boden, wo sie mit eigenen Ohren hören konnten, wie die Beben durch die Erde auf sie zutosten. Unter dem Eis auf Mount Pond klaffte ein fünf Kilometer langer Spalt. Er war 150 Meter breit und 90 Meter tief. 15 Meter tiefe Schmelzwasserströme schossen den Berg hinunter und vermischten sich mit der Asche zu glühend heißen Schlammlawinen. Die unbemannte chilenische Station wurde total zerstört.

Die Briten zogen sich zu Neptune's Window zurück. Dort wurde einer ihrer Männer von heißen Aschenbomben erschlagen und auch das transportable Radio wurde von einer dieser Bomben direkt getroffen. Drei Stunden lang kauerten die Männer auf dem Boden, bis der Ausbruch vorbei war. Im Schutz einer Metallplatte, die sie von einer

Hüttenwand gerissen hatten, kämpften sie sich zum Camp durch, um dort die Generatoren wieder in Gang zu setzen und über ihr Hauptradio Hilfe anzufordern. Das Camp war voller Schlamm und Trümmer und der Clectrac zu einem archäologischen Fundstück geworden.

Um 16 Uhr 30 flog sie ein Helikopter aus. Seitdem ist die Deception-Insel nur für Spezialforschungen in den spanischen und argentinischen Stationen freigegeben, und dann auch nur im Sommer, wenn für die Arbeiter Hoffnung auf Evakuierung besteht.

Durch Kies und Asche marschierten wir knirschend den Hügel hinunter und dann weiter die Küste entlang. Es war nicht der Mangel an Walen gewesen, der schließlich zum Schließen der Walfangstation geführt hat. Nein, das Schlachten ging weiter. Die Schuld trug ein Mann namens Peter Sörlle, der 1922 die Heck-Helling erfand, über die die Wale direkt vom Ozean aufs Schiff gezogen werden konnten. Und mit Kondensatoren zur eigenen Süßwasserherstellung brauchten sie für den Walfang keine Stationen mehr wie die auf der Deception-Insel.

Zwanzig Jahre lang hatte dieses kleine, gefährliche Eiland völlig verrohte Männer beherbergt, die voller Stolz prahlten: »Unter 40° S kein Gesetz, unter 50° S kein Gott.« Diese Männer arbeiteten Achtzehn- und Zwanzig-Stunden-Schichten während der nahtlosen Sommertage und -nächte. Von 1911 bis 1912 wurden um die Süd-Shetlands, Süd-Georgien und die Süd-Orkneys 10 760 Wale getötet. Und sobald eine Gattung ausgerottet war, ging man zur nächsten über. Alan Villiers war 1923 im südlichen Ozean auf Walfang. Wenn das Wetter kalt war, »froren die mit dem Bauch nach oben im Wasser neben dem Schiff liegenden Wale ein, bevor sie geflenst werden konnten. Dann konnte die Fettschicht nur mit der Axt durchgehackt werden. Selbst die Sägeblätter unserer Dampfsägen (die für Knochen gedacht waren) kamen nicht durch und zerbrachen.« Wenn es etwas wärmer war, »schützen sich die Flenser und Speckschneider vor Erfrierungen, indem sie ihre Hände in das warme Walblut tauchten. Manchmal verwesten die Wale. Dann gingen sie zuerst wie Sperrballons auf, bevor sie explodierten und ein entsetzliches Wirrwarr an meilenlangen Gedärmen und einen Gestank verursachten, der selbst unsere Abwehrkräfte auf die Probe stellte.« Die Möwen und Skua hingegen wurden fett.

Ich blickte auf die verschiedenen Ruinen vor uns, die blank geputzten Walknochen und die gebleichten Skelette von Booten und Gebäuden. Ein einsamer Eselspinguin mit einem leuchtend orangefarbenen Fleck am Schnabel schaute suchend den Strand hinauf und hinunter wie ein Nachtschwärmer, der seine Clique verpasst hat. Das Schlauchboot brachte uns zurück. Dabei glitt es über einen Meeresboden hinweg, der über und über mit den Gebeinen der größten Kreaturen dieser Erde bedeckt war.

Morgen würden wir versuchen, auf dem Festland an Land zu gehen.

Port Lockroy

In der Nacht wurde es nicht dunkel und um halb sieben morgens durchflutete Sonnenschein die Kabine. Das Schiff glitt gemächlich durch die ruhige, stille See. Wir waren in südwestlicher Richtung die nach dem Expeditionsleiter der *Belgica* benannte Gerlache-Straße hinunter unterwegs. Dabei führte uns der Weg zwischen der antarktischen Halbinsel und den großen Inseln Brabant und Anvers und der kleinen Wiencke-Insel hindurch. Der Blick vom Oberdeck war von einer makellos kalten Schönheit und das Blau des Himmels von einer so strahlenden Reinheit, dass sie einem direkt ans Herz ging. Links von uns lag das arktische Festland. Eisklippen ragten aus dem Wasser empor, darüber sanfte Dünen reinweißen Schnees, die sich steil bis in eine Höhe von hundertfünfzig bis zweihundert Meter erhoben. Über der uns am nächsten liegenden Klippe strebten drei Felstürme aus dem Schnee und durch horizontale Nebelbänder hindurch direkt in den klaren Himmel hinein. In fünfhundert Meter Höhe waren auch diese Felszinnen wieder in Schnee gehüllt und dünne, rauchgraue Wolkenfetzen wurden vom Wind um sie herumgewirbelt.

Vor uns lag die schmale Le-Maire-Straße zwischen dem Festland und der Little-Booth-Insel, die bereits etwas von der Erhabenheit der Antarktis aufwies. Ich ging zum Bug, wo Bill Davis das Meereis und die zerborstenen Eisberge durch seinen Feldstecher beobachtete. Mit lautem Geklirr krachte das Eis gegen den Schiffsrumpf und zog dann an den Seiten vorbei. Mittelgroße Stücke werden im Englischen nach dem Geräusch, das sie verursachen, als *growler* (Knurrer) bezeichnet. Das Meer war nun voll kleiner Eistrümmer und über dem Kanal hatte sich um die Berggipfel eine dichte Wolkendecke festgesetzt. Ein Eisberg, der wie ein amerikanischer Oldtimer aussah, den ein psychotischer Designer in den 50ern in Detroit gebaut hatte, rumpelte an uns vorbei. Bill, der sich ein rotgetupftes Tuch um seinen kahlen Kopf gebunden hatte, suchte besorgt die Gewässer vor uns ab. Mit gerunzelter Stirn hob er den Feldstecher hoch. Dann streckte er den rechten Arm aus und sagte »Nein!«, wobei er sich vergewisserte, dass man ihn von der Brücke aus gesehen hatte. Die Bugstrahlruder hatten sich aber schon in Bewegung gesetzt und die *Wawilow* hart nach Steuerbord gewendet. »Da kommen wir nicht durch.«

»Können wir nicht auf dem Festland landen?«

»Heute nicht.«

Ich tröstete mich damit, dass man auf Manhattan ja auch die Vereinigten Staaten besucht hat, dachte mir dabei aber insgeheim »Verdammter Mist«.

Das Schiff machte eine komplette Wendung und nahm Kurs auf den engen Neumayer-Kanal zwischen den Inseln Invers und Wiencke. Auch der Name Wiencke stammt von der *Belgica*-Expedition, bei der in der Drake-Straße ein Matrose über Bord gegangen war. Ein Eisberg, der wie ein neolithisches Grabmal aussah, platschte an uns vorbei, die spitzen Zinnen von Eiskappen bedeckt. Die größeren Eisberge tauchten das Wasser um sie herum in ein strahlend kaltes Grün. Hin und wieder gibt es aber auch wirklich grüne Eisberge, was durch winzige Organismen verursacht wird. Coleridge:

Und mastenhoch vorüberzog
Eis grünlich wie Smaragd.

Wir kamen in eine geschützte Bucht bei Port Lockroy, wo von Winston Churchill 1944 die erste ständige Station angelegt worden war. Sie sollte dafür sorgen, dass die Häfen und Treibstofflager der Antarktis von den deutschen Kriegsschiffen nicht benutzt werden konnten. Jahrelang lag sie vergessen da. Krähenscharben hatten sich in den alten Radioantennen verfangen und waren umgekommen. Asbeststücke und Glasscherben lagen auf dem Boden herum. Die stets neugierigen Pinguine blieben oft in den Abfällen stecken und verendeten. Schließlich beschloss man bei der britischen Antarktisvermessung, dass die Station historisch zu bedeutsam sei, als dass man sie einfach ihrem Schicksal überlassen sollte. Seitdem arbeiten David Burkett und ein Gehilfe – in diesem Jahr war es Nigel Price – schon seit mehreren Sommern daran, die Hütten wieder in blitzsauberen Zustand zu versetzen. Sie hatten die schwarzen Wände und Dächer mit roten und weißen Rändern abgesetzt. Die britische Flagge knallte im Wind.

Eine hölzerne Rampe führte zum Eingang hinauf. Direkt daneben hatte ein Eselspinguin aus kleinen Steinen sein Nest gebaut. Zwei Räume sind wieder so hergerichtet worden, wie sie um 1962 ausgesehen haben. Mit Röhrenempfängern, Kerosinlampen und englischen Lebensmitteldosen auf den Küchenregalen. Von den 11 000 Touristen, die jährlich die Antarktis besuchen, kommen 6000 nach Port Lockroy, das somit das meist besuchte Touristenziel der Antarktis ist. David und Nigel wohnen in der Hütte, in der sie einen Raum als Postamt und Souvenirladen eingerichtet haben. Der Erlös davon geht an eine wohltätige Stiftung, die die Anlage verwaltet.

David Burkett und seine Gehilfen haben auch eine Langzeitstudie über die Auswirkungen des Tourismus durchgeführt, und die Ergebnisse in Port Lockroy bestätigen die merkwürdigen Schlussfolgerungen der übrigen Stationen. An manchen Stellen wurden die Brutzahlen vom Tourismus überhaupt nicht beeinflusst, während sich andernorts ganz drastische Auswirkungen zeigten – die Zahl der Vögel nimmt ständig zu und niemand kennt den Grund dafür.

Überall auf den Felsen waren die Nester der Eselspinguine zu sehen. Ihr lateinischer Name, *Pygoscelis papua*, geht auf einen Markierungsfehler zurück, der auf einer besonders hektischen Forschungsreise gemacht worden war. Wenn der drittgrößte Pinguin der Welt je nach Papua Neuguinea käme, würde er sich in seinem Isolierungsmantel selbst garen. Diese Pinguine teilen sich das Brüten. Einer sitzt fest auf dem Nest, während der andere auf Futtersuche geht. Die Nester sind gerade weit genug auseinander, dass die Tiere aufstehen müssten, wenn sie dem Nachbarn einen Hieb mit dem Schnabel versetzen wollten. Wenn einer der Vögel zum Nest zurückkommt, versucht er, unterwegs einen Stein von einem anderen Nest zu stehlen, den er dann seinem Partner als Geschenk mitbringt. Und da es nur so viele Steine gibt, machen die alle irgendwann die Runde in der Kolonie. Der auf dem Nest zurückgebliebene Vogel muss die Eier gegen die Skua oder Raubmöwen verteidigen.

Skua ist ein ganz altes Wort. In der Sprache der Bewohner der Färöerinseln in der Nordsee werden sie *skúgvur* genannt und niemand kennt den Ursprung dieses Worts. Diese Vögel verteidigen in Paaren ihre Territorien von etwa zehntausend Pinguinen. Sie jagen zu zweit, wobei ein Vogel die Pinguine durch plötzliches Herabstoßen bedroht, während sich der andere auf ein Ei oder Küken stürzt. Weißgesicht-Scheidenschnäbel watschelten zwischen den Nestern herum und hieben dabei mit den Schnäbeln gegen die Hinterseiten der Pinguine, sobald die Guano-Versorgung ins Stocken kam.

Ein Pinguin flog an mich heran und landete hinter mir. Er hatte eine weiße Vorderseite, einen schwarzen Rücken und einen schmalen Schwanz. Nach all den Jahren hatten es diese Vögel endlich geschafft – und fliegen gelernt! Ich beobachtete ihn, wie er in die Mitte des Brutplatzes auf eine Gruppe von Königsscharben mit weißer Vorderseite und schwarzem Rücken zuflog, die sich unter den Pinguinen niedergelassen hatten.

Wieder auf der *Wawilow* fuhren wir zurück durch die Gerlache-

Straße und dann hinüber zur Anford-Bucht. Kapitän Beluga wollte nun den Versuch wagen, hinüber nach Neko auf dem Festland zu gelangen. Vielleicht würden wir dann endlich dem Club der Antarktis-Veteranen beitreten können. Als wir ankamen, bedeckten aber riesige Eisberge von den Gletschern und dazwischen tafelförmige Berge vom Schelfeis das Wasser. Die Sonne kam hinter den Wolken hervor und wir setzten die Schlauchboote ins Wasser. Durch dünne Eistrümmer bahnten wir uns den Weg zu einem Strand am oberen Ende eines mit losem Eis bedeckten U-förmigen Sunds. Die Schlauchboote versuchten mehrmals vergebens, auf einem Strandstück zu landen, das mit scharfen Eisstücken übersät war. Plötzlich gelang der Durchbruch. Der Propeller hackte sich einen Weg durch den Eismatsch und hörte sich dabei an wie ein gigantischer Cocktailshaker. Ich spürte die heftigen Stöße durch die seitlichen Gummischläuche, auf denen wir saßen, als wir über die kleineren Stücke hinwegfuhren. Dabei versuchte ich, nicht daran zu denken, wie es sich anhören würde, wenn das Schlauchboot aufgeschlitzt und die Luft austreten würde.

Wir schwangen unsere Stiefel über die Seiten und setzten unsere Füße auf das antarktische Festland. Man kann die Leute, die das von sich sagen können, noch immer in einem großen Stadion unterbringen.

Am oberen Ende des Sunds war eine von Rissen gespaltene Eiswand, von der ein kurzer, steiler Gletscher ins Wasser kalbte. Kleine Kehlstreif-Pinguine, die außer ihren rosa Füßen schwarz und weiß sind, standen am Strand und blickten uns entgegen. Sie verdanken ihren Namen einer dünnen, schwarzen Linie am weißen Hals. Eine große Weddell-Robbe lag auf einem Schneegesims oberhalb vom Strand. Sie warf einen Blick auf die sich nähernde rote Gore-Tex-Menschenschlange und beschloss, ins Wasser zu flüchten. Ein Mann von der Besatzung fotografierte gerade aus der Hocke die Pinguine, als die tausend Pfund schwere Robbe knapp einen Meter von ihm nervös vorbeihoppelte. Die Gefahr war aber schon vorüber, bevor er sie überhaupt registrierte. Als er das Auge vom Bildsucher löste und bemerkte, wie knapp er dem Unheil entkommen war, kippte er langsam aus der Hocke um.

Ich stieg den Hügel hinter uns bis in eine Höhe von etwa hundertfünfzig Metern hoch und kam beim Aufstieg im weichen, tiefen Schnee richtig ins Schwitzen. Als ich mich umwandte, musste ich ganz genau hinsehen, ob es sich bei den schwarzen Kommas am Strand um Leute oder Pinguine handelte. In meiner Phantasie ließ ich den Blick gegen Süden schweifen, über die Gebirgskette, die sich an der Westseite der antarktischen Halbinsel entlang zieht. Dann über den Larsen-Schelf im Wedellmeer, der riesige tafelförmige Eisberge in die Drake-Straße schickt. Von dort über die Eternity Range und weiter über den Ronne-Schelf. Dann würde mein Blick zweitausend Kilometer weiter südlich über die Pensacola Mountains fliegen, und die eiskalten Hänge des 3600 Meter hohen Mount Hawkes rechts von mir liegen lassen. Bis zum Südpol müsste ich fast dreitausend Kilometer zurücklegen. Aber überall, wo Felsen unter dem Eis hervorlugten und dünnes Eis eine Art Glashaus bildete, würden auf dem Gestein Anzeichen von Leben sichtbar sein. Sobald der Pol passiert ist, ändert sich der Kurs von der südlichen in eine nördliche Richtung. Da ist die Landkarte leer. Dreihundert Kilometer links davon liegt die russische Vostok-Station, wo die niedrigste Temperatur der Welt verzeichnet wurde – 67° C niedriger als an der milden Küste der Deception-Insel.

Mein imaginärer Flug würde mich nach mehr als fünftausend Kilometern ins Wilkes-Land bringen, von dem aus die Küste noch immer nicht sichtbar ist. Und im Winter wäre der Rand des Packeises weitere achthundert Kilometer entfernt. Neuntausend Kilometer von dem Punkt, an dem ich gerade im Schnee stand, war das erste Land ohne Eis, unmittelbar südlich von Perth, im Westen Australiens. Das ist so weit, wie wenn man Amerika von Ost nach West und dann von West nach Ost überqueren würde. Und aller Wahrscheinlichkeit nach wären die Wissenschaftler am Südpol die einzigen menschlichen Lebewesen auf dieser Reise. Das Gelände der Antarktis ist so unwirtlich, dass es erst elf Jahre nach der ersten Mondwanderung überquert wurde.

In der Nacht war ich noch immer so aufgeregt, dass ich nicht schlafen konnte und um halb zwei aufstand, um mich noch ein wenig umzusehen. Über einer Reihe runder Hügelkuppen war der Himmel rosa gefärbt. Alles war in ein wunderschönes, sanftes Licht getaucht. Es hätte Sonnenaufgang, Sonnenuntergang oder Mondaufgang sein können. Bill saß auf dem Hinterdeck und rauchte eine Zigarette. Er schien nie zu schlafen. »Sie haben es geschafft«, sagte er, »das Festland.«

»Das Argument mit Manhattan ist gut. Aber ich wollte trotzdem aufs Festland.«

Er lächelte. »Das will jeder. Willkommen in unserem exklusiven Club.«

Am Morgen schoben wir uns langsam in den Errera-Kanal, eine fjordähnliche Meeresstraße nahe der Couverville-Insel. Als wir mit dem Schlauchboot gerade auf einen Brutplatz von Eselspinguinen zusteuerten, hob sich knapp hundert Meter vor uns ein langer, schwarzer Rücken mit einer kleinen, flachen Finne aus dem Wasser. Buckelwale. Zuerst dachte ich, es wären drei, doch dann merkte ich, dass das, was ich für zwei Tiere gehalten hatte, Kopf und Schwanz eines der ausgewachsenen Giganten von vierzig Tonnen war. Sergei Koroljow steuerte das Schlauchboot parallel zu den beiden Tieren. Mit majestätisch rhythmischen Bewegungen schwammen sie an der Oberfläche und behielten eine gemächliche Geschwindigkeit bei. Die schwarzen Köpfe, die wie nasser Gummi glänzten, waren über und über mit runden Knubbeln bedeckt. Erst als wir sie atmen hörten, wurde mir die Größe und Lebendigkeit dieser Säugetiere bewusst. Anfangs erschien es mir fast unmöglich, dass etwas so Großes ein lebendiger Säuger wie ich sein konnte. Und mir kam eine Zeile über Wale von Dylan Thomas in den Sinn: »Jericho fällt in ihren Lungen.« Das große ausgewachsene Tier streckte seine weiß gestreifte, scharfkantige Schwanzflosse in die Höhe und tauchte in den Fluten unter. Das Wasser schloss sich über ihm. Wir warteten. Die Meerenge fühlte sich plötzlich seltsam einsam an. Zwei Minuten später tauchten die beiden vierhundert Meter entfernt wieder auf. Eine halbe

Stunde lang tummelten sie sich um uns herum und ließen ihre Luftfontänen hochschießen, während wir ihnen mit angehaltenem Atem zusahen.

Dann setzten wir unsere Fahrt zur Küste fort, wo die Eselspinguine zwischen ihren Nestern und dem Wasser hin und her marschierten und dabei Furchen im Schnee ausgetreten hatten, die durch den krillreichen Guano eine leicht rosa Färbung angenommen hatten. Gewichtmäßig stellen die Pinguine 70 Prozent der antarktischen Vogelbevölkerung dar. Der Grund für die vielen Pinguine, die es jetzt auf der Welt gibt, ist der, dass es kaum mehr Wale gibt. Und in der Antarktis fressen beide praktisch dasselbe Futter. Die Ernährungskette von Buckel- und Bartenwalen ist eine der außergewöhnlichsten der Welt. Ermöglicht wurde sie vor etwa 140 Millionen Jahren durch das Auftreten der Kieselalge. Es ist geologisch nachgewiesen, dass diese erstaunlich hoch entwickelten, winzigen Pflanzen ungefähr zur selben Zeit auftraten wie die blühenden Pflanzen an Land. Sie sind Einzeller, die mit dem bloßen Auge nicht sichtbar sind.

Die Produktivität dieses einfachen direkten Ökosystems ist kaum zu fassen. Die Kieselalgen werden vom Krill, kleinen garnelenähnlichen Kreaturen, gefressen, die diese aus dem Wasser seihen. Die dominante Krillspezies, *Euphausia superba*, ist der Methusalem unter dem tierischen Plankton. Die Tiere werden bis zu sieben Jahre alt und jeden Sommer, wenn die Sonne wieder im Süden erscheint, schäumt der Ozean vor Fruchtbarkeit. Zum Krill gehören die erfolgreichsten Tiere der Welt. Alljährlich nehmen sie so viel an Gewicht zu, dass er die Masse der Weltbevölkerung übersteigt. Die Biomasse der weltweiten Krillbestände ist die größte unter allen Tieren – größer als die von Wanderheuschrecken, Weißschwanzgnus, Rindern oder Ratten. 1981 fuhren Forscher vor der Elefanten-Insel an der Spitze der antarktischen Halbinsel in einen Krillschwarm, der das Wasser rosa gefärbt hatte. Sie schätzten, dass es sich dabei um etwa 2,5 Millionen Tonnen Krill gehandelt hat, bei dem sich alle Tiere als ganze Gruppe, Kopf an Kopf und Schwanz an Schwanz, drehten und wendeten. Als Biomasse gesehen entsprach dies einem surrealen Bild

Salvador Dalís, der gemeinsam mit der gesamten spanischen Bevölkerung eine Synchron-Schwimmübung vollzieht. Der Krill frisst sich in seinem Leben durch zehn mal Millionen mal Millionen mal Millionen Kieselalgen hindurch. Das entspricht ungefähr der Zahl der Sterne im Universum oder dem Alter des Universums in Millisekunden.

Die größten Wale verschlingen den Sommer über drei bis vier Tonnen Krill pro Tag. Somit entspricht eine Jahresmahlzeit einer Anzahl von Kieselalgen, die sich als eine Fünf mit siebenundzwanzig Nullen dahinter ausdrücken ließe. Das ist also die gesamte Ernährungskette von einer unsichtbaren einzelligen Pflanze bis hin zu einem Hundert-Tonnen-Wal in zwei riesigen Schritten.

Es gab eine Zeit, in der die Wale so vielzählig waren, dass sie die großen Segelschiffe rammten. Heute profitieren die Krill fressenden Robben und Pinguine von der Seltenheit der Wale. Von den Krabben-fresser-Robben, die trotz ihres Namens vor allem Krill fressen, gibt es wahrscheinlich über zehn Millionen, was sie zu den vielzähligsten Meeressäugern der Welt macht.

Am Abend gab es auf dem Hinterdeck der *Wawilow* für Passagiere und Besatzung ein Grillfest. Steaks und Würstchen kamen glühend heiß vom Feuer in die Brötchen und waren nach zwei Bissen schon eiskalt. »Herzlichen Glückwunsch!«, rief Bill uns allen zu. »Ihr seid jetzt alle Mitglieder des Kanadischen Barbecue-Clubs.« Einer der finnischen Passagiere wollte schwimmen gehen. Ein junger Franzose bot sich an, mitzukommen. Die Besatzung ließ die Schiffsleiter zum Wasser hinunter. Der Finne sprang ins Wasser, schwamm zu einer Eisscholle und kam wieder zurück. Der Franzose machte einen Hechtsprung, tauchte mit dem Gesicht zur Leiter auf und schoss eiligst wieder heraus.

Ich fragte den Finnen: »Weshalb tun Sie das?«

»Mein Großvater und mein Vater lebten in einem Dorf, wo das Schwimmen im Winter Tradition war. Sie schnitten Löcher ins Eis, damit sie am Weihnachtstag schwimmen konnten. Ich wollte so was Ähnliches tun.«

Dann fragte ich den Franzosen: »Weshalb tun Sie das?« Er brachte kein Wort heraus.

Kap Hoorn

Bill saß über eine Karte gebeugt und verzeichnete darauf einen Kurs zurück nach Ushuaia. »Ich würde gern Kapitän Beluga dazu überreden, auf den Melchior-Inseln anzuhalten.« Er zeigte auf einen Haufen kleiner Punkte auf der Karte abseits der Gerlache-Straße, zwischen den Inseln Anvers und Brabant.

»Wie sehen die denn aus?«

»Weiß nicht. Von uns war noch keiner dort. Kapitän Beluga war auch noch nicht dort. Ich würde mich gerne mal dort umsehen.«

Wir glitten auf der Leeseite an die Inseln heran und ließen die Schlauchboote ins Wasser. Es herrschte gedämpftes Licht, das unter einer etliche hundert Meter dicken Wolkenbank durchsickerte. Die Küste säumten mehr als dreißig Meter hohe Wände aus Gletschereis. Zwischen den Inseln aufragende Felsen waren Hindernisse, an denen sich die vorbeischwimmenden Eisberge festsetzten. Außer Sichtweite der *Wawilow* schlängelten wir uns dazwischen hindurch. Die Stille nach dem Abstellen der Motoren war fast unnatürlich. Es gab kaum Wind und durch das kommende Eis waren die Wellen nur ein paar Zentimeter hoch. Durch einen zwanzig Meter breiten Kanal glitten wir in einen Teich, der von Eisbergen und einer kleinen Insel umgeben war. Es war wie ein Szenenaufbau zu *Superman*.

Wenn Meerwasser zu Eis wird, bleibt Salz zurück und das restliche Wasser ist dann zu salzig zum Gefrieren. Es sammelt sich an und sucht sich dann einen Weg durch das Eis, bis es mit Luftblasen gefüllt und von einer viel stärker blauen Färbung wieder austritt. Dieses Eis sieht ganz anders aus als das komprimierte Gletschereis. Schnee, der sich festsetzt und gefriert, hat eine ganz eigene Oberfläche, die oft vom Wind gewölbt und geformt wurde. Wenn diese Eisformationen dahinschwimmen, wäscht das Wasser noch viel gezacktere Konturen heraus. Jeder Eisberg trägt seine eigene Formierung und Zerstörung in sich. Die eingeschlossene Bucht war wie ein Skulpturengarten. An dem uns näher liegenden Ende ragte ein Eisberg fast vertikal, sehr schmal mit einer dünnen Spitze nach oben, als wir aber daran vorbeitrieben, nahm er die Form einer schmalen Klinge an. Um die nächste Ecke lag ein Seeleopard, der große Räuber der Pinguine, auf einem Eisfloß und folgte uns langsam mit den Augen.

Eine Stunde lang durchkreuzten wir die Gewässer – magisch, still, allein.

Auf unserer Rückfahrt erwartete uns die Drake-Straße mit schweren Brechern und Sturmböen. Ich wollte vom Deck aus die Vögel beobachten, aber es war einfach unmöglich, stehen zu bleiben und gleichzeitig Kaugummi zu kauen. Stephen Spittler kam heraus und rief mir lachend zu: »Ist es Ihnen jetzt kalt genug?«

Er zeigte auf eine Gruppe von Vögeln in der Größe kleiner Möwen. Sie hatten eine weiße Unterseite und waren an Kopf und Oberseite dunkelbraun. Flügel, Rücken und Schwanz sahen aus, als ob man sie mit weißer Farbe besprüht hätte, um Schneeflecken vorzutäuschen. »*Daption capenses* hießen früher im Englischen ›*pintado petrels*‹ und ich nenne sie auch heute noch so. Das ist Spanisch für ›bemalte Petrels‹. Wunderschöne Vögel, sie heißen im Englischen jetzt *cape pigeons* – Kap-Tauben (auf Deutsch »Kap-Sturmvögel«, die Übersetzerin). Ich weigerte mich ganz einfach, einen so schönen Vogel als Taube zu bezeichnen. Möchten Sie einen fangen?«

»Nein.«

Er lachte. »Das müssen Sie in der Nacht tun. Wenn Sie die Vögel mit einer großen Taschenlampe anleuchten, sind sie wie gelähmt. Dann müssen Sie ein Netz parat haben, denn die Vögel fliegen direkt auf die Taschenlampe zu und erbrechen sich über denjenigen, der sie hält. Ich hab's noch nie selbst probiert.«

Als wir westlich vom Kap Hoorn hoch kamen, ließ der Wind nach und die See beruhigte sich. In der Ferne kam der beilförmige Umriss des Kaps in Sicht. Peale-Delfine tummelten sich in unserer Bugwelle. Sturmtaucher glitten über die Wellenkämme. Am Kap fuhren wir gegen Osten, wo die Küste von wilder Schönheit ist. Jede kleine Landzunge fällt ab zu nadelscharfen Felsen und Riffen, Reihe um Reihe, tiefer und tiefer, schier unendlich.

Ich umrundete das Hoorn, wie man so schön sagt, dachte dabei aber an meinen Urgroßvater, der sich die Umrundung noch in einem Rahsegler erkämpft hatte und an meinen Großvater im Maschinenraum beim Schüren des Feuers und an seine Hände, die so schwielig waren, dass es kratzte, wenn er mir über den Kopf strich. Ich erinnerte mich, wie er ein glühendes Stück Kohle aus dem Feuer auf seine Handfläche schnippte und es dann allen hinhielt, damit sie an der Glut ihre Zigaretten anzünden konnten. Sie hätten sich bestimmt nicht sonderlich gefreut, dass ich die Reise so bequem als Passagier absolvierte. Wahrscheinlich hätten sie mich sowieso einen Narren genannt, weil ich überhaupt hierher gekommen war. Als meine Vorfahren auf der Heimfahrt diese Stelle überwunden hatten, wussten sie, dass das Schlimmste vorüber war. Dass Liverpool nun in Reichweite lag.

Ich sang leise ein Shanty vor mich hin:

> Warst du je am Kap Hoorn,
> Wo's immer schön und warm ist?
> Wo's 'nen König mit 'ner goldnen Krone gibt,
> Der reitet auf einem Esel.

> Warst du je in der Liverpool Bay,
> Wo die Mädels alle hurra schreien?
> Hier kommt Johnny mit seinem Sechsmonatslohn
> Und reitet auf einem Esel.

Acht Tage an Bord des Schiffs hatten einen recht angenehmen Infantilismus in mir hervorgerufen. Anstatt des fast täglichen Ein- und Auspackens, wurde meine Kleidung gewaschen und gebügelt, sauber im Schrank meiner kühlen, grauen Kabine verstaut. Ich genoss die Anonymität meiner Kabine und die praktische Platznutzung. Nach den Mahlzeiten ließ ich die Teller auf einem Tablett stehen und ging. Wenn eine Landung geplant war, stand auch gleich ein Schlauchboot bereit. Früh am nächsten Morgen würde man mich wieder im Hafen von Ushuaia abladen und ich würde meine geplante Route fortsetzen. Punta Arenas als erste Station, die berühmte alte Seemannsstadt des Südens, auf der anderen Seite der Grenze mit Chile. Ich hatte dort Verabredungen mit Lebenden und auch mit Toten.

Punta Arenas

Das Kap der Elftausend Jungfrauen

Ushuaias adrettes, neues Flughafengebäude war leer und verschlossen. Außer mir war niemand da. Ich setzte mich aufs Gras. Auf der Rollbahn hatten es sich Dampfschiffenten gemütlich gemacht. Ein schwarzer Raubvogel tanzte auf seinem Spähflug in geringer Höhe über uns. Ein Taxi fuhr vor. Es war Robert. Er war mit auf der Antarktisreise gewesen und hatte sich bei dieser Gelegenheit eingehend über Admiral Byrds einsamen Winter auf 80° Süd erkundigt. Es hatte irgendwas damit zu tun, ob CIA und KGB ein Abkommen hatten, mit Außerirdischen zusammenzuarbeiten. Der Vortragende hatte das verneint. Robert trug ausgewaschene Jeans und ein T-Shirt, das wie ein Vorhang über seinen Bierbauch hing. Er wollte vier Monate lang unterwegs sein, hatte aber nur eine leichte Reisetasche und einen kleinen Rucksack bei sich. Er sah mich auf dem Gras sitzen und nickte mir zu. Dann rüttelte er an der verschlossenen Tür. »Ist denn nicht offen?«

Eine halbe Stunde später kam das Flughafenpersonal und sperrte auf. Wir stiegen in einen eleganten Jet, rollten bis ans Ende der Startbahn und hoben uns gerade noch rechtzeitig vor dem Wasser am anderen Ende in die Lüfte. Eine halbe Stunde später waren wir aus den Wolken heraus und über der Magellan-Straße. Als Thomas Cavendish hier 1585 durchkam, schrieb er: »Es kann keinen Grund irgendeiner Art geben, ganz gleich ob aus Nützlichkeit oder Zweckdienlichkeit oder aus taktischen Gründen, irgendjemanden dazu zu bewegen, sein eigenes Land aufzugeben und die harte Strafe auf sich zu nehmen, sich in der Magellan-Straße niederzulassen.«

Heute fegte ein flacher, schneller Wind in die niedrige gischtge-
schwängerte Turbulenz. Dies war also die Meeresstraße, die Magellan in achtundzwanzig Tagen durchsegelt hatte. Seiner Meinung
nach war es eine schwierige Fahrt gewesen, aber die Erfahrungen all
jener, die ihm folgten, bewiesen, was er für ein Glück gehabt hatte.
Von den nachfolgenden einundzwanzig Schiffen, die die neue Route
in den Orient versuchten, hatten zwölf vor Feuerland Schiffbruch erlitten. Es hatte ja auch einige Zeit gedauert, bis den Leuten klar geworden war, dass das fortwährend ungünstige Wetter von April bis
September auf die Umkehrung der Jahreszeiten in der südlichen Hemisphäre zurückzuführen war.

Unter uns, in den östlichen Gewässern beim Kap der Elftausend
Jungfrauen, wirkte ein Frachtschiff wie ein kleiner Punkt in der Un-
endlichkeit. Über Porvenir ging die Maschine tiefer. Die Meeresstraße macht hier eine fast nord-südliche Biegung, über die wir nun
in gerader Linie auf Punta Arenas zusteuerten. Kleine Gischtstrudel
jagten in allen Farben des Regenbogens über den Kanal. Mehrmals
stürzte das Flugzeug vertikal nach unten oder glitt seitwärts ab. Ich
war sicher, dass wir unseren Anflug abbrechen und umkehren würden. Doch dann bemühte sich der Boden auch hier, nach besten Kräften hochzuspringen und auf uns zu landen. Wir knallten auf der
Rollbahn auf und hielten Kurs. Die Flughafengebäude schienen wie
ausgestorben. Wir sahen zu, wie Papierfetzen Tornadotänze in den
Türwinkeln vollführten. Drei Männer schoben eine Treppe auf Rädern zu uns her. Als ein Windstoß kam, machten sie wieder kehrt.
Willkommen in Chile.

Ich fand einen Minibus, fragte nach dem Fahrpreis und stieg ein.
Ein kräftiger, junger Texaner setzte sich neben mich. Der Fahrer
schloss die Tür. Da tauchte Robert auf. Er stieg nur halb ein. »Hat ihn
jemand nach dem Fahrpreis gefragt? Diese Typen haben alle dieselbe
Masche. Ich hab in Ushuaia ein Taxi genommen und zweieinhalb mal
so viel als notwendig gezahlt. Die sind alle Gauner.«

»Genau drei Dollar«, sagte ich.

»US-Dollar?«

»Ja, US.«

»Prima. Sind Sie sicher?«

»Das hat der Mann gesagt.«

»Wirklich?«

»Zweimal.«

»Ja, wenn Sie sicher sind.«

Im Minibus war noch Platz für zwei Leute. Eine kleine und recht rundliche einheimische Frau mit vier großen Einkaufstüten stieg ein und der Bus war nun voll. Sie war ärmlich gekleidet und strahlte schwitzend Wärme aus. Sie saß da, den Blick auf ihre Füße gerichtet. Ich sagte ein paar Worte zu ihr und sie lächelte scheu. Sie sprach so leise, dass ich sie nicht hören konnte, und zeigte mir dabei einen Goldzahn und vier schwarze Zahnlücken. Der Fahrer ließ die Hintertür zuknallen, setzte sich und kassierte die Fahrpreise. »Genau drei Dollar, sind Sie sicher?«, sagte Robert.

Ich gab dem Fahrer drei Dollar. »Ja.«

Robert gab dem Fahrer fünf Dollar. »Ich will Wechselgeld, okay? Zwei Dollar.« Zur Hilfe streckte er zwei Finger hoch. Der Fahrer gab ihm zwei Dollarscheine. Robert nahm sie schroff. Ich glaubte schon, er würde sie zählen. Eins, zwei. Dann zeigte er mit dem Finger auf die Frau. »Bin schon gespannt, was er von ihr verlangt.«

Im Rachen des Pazifiks

Als wir die Küste entlangfuhren, konnten wir sehen, wie der Wind das Wasser zu Gischt peitschte und wie die kleinen Wassertornados, die wir aus der Luft beobachtet hatten, auf uns zu tanzten. Wogende Tropfenmassen, die wie vier oder fünf Meter hohe Derwische im Wind wirbelten. Hin und wieder ließ ein dünner Sonnenstrahl sie in den Farben des Regenbogens schillern. Magellan hatte diese Wasserkobolde auf seiner Durchfahrt sicher gesehen und sich gefragt, was sie wohl für eine Bedeutung hatten.

Er war einer der wenigen großen Forschungsreisenden gewesen,

die Momente reiner Entdeckung erlebten, Momente, die etwas ent-
hüllten, das schon immer da, aber noch nie von europäischen Augen
gesehen worden war und somit Teil der ihnen bekannten Welt wurde.
Solche Momente der Entdeckung sind tief greifende Episoden in der
Geschichte des menschlichen Wissens. Einen Augenblick später ist die
Welt nicht mehr dieselbe, weder für die Entdecker noch die Entdeckten. Magellan lag am östlichen Eingang zur Meeresstraße, die bei
einer erfolgreichen Befahrung nicht nur den Globus neu gestalten,
sondern auch zu seinem und zum Wohlergehen seines Landes beitragen würde. Seine Mannschaft war müde, krank und verängstigt. Das
Durchschnittsalter der Matrosen war gerade dreiundzwanzig Jahre.

Magellan und seine Männer waren überzeugt, dass es Berge waren,
die in den Wolken über der Meeresstraße auftauchten. Das Wasser
unter ihnen schien wie über den Rand der Welt hinwegzuströmen.
Magellan beruhigte sie: »Ich habe eine Karte des Martin von Böhmen
gesehen, eine Karte, die sich im Besitz des Königs von Portugal befindet, und ich weiß, dass es einen Durchlass zum Pazifik gibt. Wir fahren weiter, selbst wenn wir nur noch das Leder von der Rah zu essen
haben.« Und als sie schließlich durch waren, bekamen sie so lange
kein Land mehr zu Gesicht, bis die Ratten für einen Dukaten das
Stück verkauft wurden und sie wirklich nichts anderes mehr zu essen
hatten als das Leder von der Rah.

Die Phantome, die sie in der Luft über der Meeresstraße beobachteten, waren aber nicht nur ihnen aufgefallen. Als George Anson, der
spätere Flottenadmiral, 1741 ein Flottengeschwader hierher brachte,
sahen die Männer, wie das trübe Licht die anderen Schiffe in phantastische Schlösser und Paläste verwandelte. John Byron, der auf dieser
Fahrt ein Fähnrich zur See war, kam 1764 in *The Dolphin* zurück, die
als erstes Schiff zum Schutz gegen Würmer mit einem Kupferboden
versehen worden war. Auf den Karten, die Anson selbst angefertigt
hatte, steckte er einen Kurs ab, der die patagonische Küste entlang
führen sollte, und zwar so weit wie möglich auf offener See. Am
Nachmittag kam dann der Ruf »Land voraus«. Offiziere wurden auf
den Masttopp entsandt. Sie meldeten Land zu beiden Seiten. Somit

waren sie also mitten im Ozean in einer Bucht gefangen. Sie beobachteten, wie sich Wellen an einsamen Stränden brachen, sahen die wirren Umrisse von Hügeln. »In meinem ganzen Leben habe ich noch nie so deutlich Land gesehen. Es gibt keinen Mann an Bord, der nicht freimütig darauf geschworen hätte, dass es mit Sicherheit Land war.«

Einen Augenblick später war aber alles verschwunden und nie mehr wieder gesehen.

Dieses Neue-Welt-Gefühl ist auch heute noch zu spüren. Der magische Realismus ist die bedeutendste literarische Strömung, die aus Lateinamerika zu uns gekommen ist, und ihr berühmtester Vertreter, Gabriel García Márquez, ist ein begeisterter Leser früher Reiseberichte. Seiner Meinung nach sind Christoph Kolumbus' Tagebücher die ersten Beispiele des magischen Realismus. Mario Vargas Llosa sagte über Magellans Reise: »Man ist in einer Welt, in der es keine Grenzen zwischen Phantasie und Realität gibt.« Die Berichte sind real, weil die Reise wirklich stattgefunden hat, gleichzeitig sind sie aber auch phantastisch, weil die Welt, die sie beschreiben, nicht die unsere ist. Aus der rationalen Auffassung der Alten Welt konnte das Phantastische nicht verbannt werden. Und manchmal konnte es nicht einmal zutreffend beschrieben werden. So klassifizierte man zum Beispiel den Puma als Löwen, der in seiner Entwicklung und in diesem halbfertigen Eden stecken geblieben war. Wenn man andererseits eine Sprache zu Hilfe nahm, die in dieser Neuen Welt entstanden war, fehlte es auch dieser an Worten und Begriffen für Dinge, die uns in der Alten Welt vertraut waren. So riet ein obskurer peruanischer Priester namens Pedro de Quiroga im Jahre 1555: »Lernt keinesfalls die Sprache dieses Landes. Hört sie nicht einmal an, denn ich sage euch, wenn ihr das tut, wird euch eines von zwei Schicksalen ereilen. Ihr werdet entweder zum Wahnsinn getrieben oder ihr wandert für den Rest eures Lebens ruhelos umher.«

Die Sprache war also unzulänglich. Im Dorfe Macondo in Garcia Márquez' *Hundert Jahre Einsamkeit* »war die Welt so neu, dass viele Dinge keine Namen hatten, und um sie anzudeuten, musste man auf sie zeigen«.

Magellan segelte weiter und in weniger als sechs Wochen war er durch. Unterwegs fand er eine auf den Kopf gestellte Welt, die Aristoteles vorausgesagt hatte. Der Juni war mitten im Winter, es gab Riesen, und da waren Vögel, die nicht fliegen konnten, sondern unter Wasser nach Fischen jagten und in Erdhöhlen ihre Nester bauten. Nackte Indianer, die im eiskalten Wasser schwammen. Luftschlösser.

Als sein Nachfolger Del Cano das einzige Schiff, das überdauert hatte, nach Hause brachte, war es mit einer Ladung Gewürznelken von unschätzbarem Wert gefüllt. Der Gewinn davon war genug für die ganze Reise und für alle gesunkenen Schiffe. Im Schiffslogbuch, das von dem wortkargen, aber recht gründlichen Piloten Francisco Albo geführt worden war, fehlte ein Tag. Eigenartigerweise war dieser Fehler auch allen, die ein Tagebuch geschrieben hatten, unterlaufen. Sie hatten einen Tag verloren. Entsetzt darüber, dass sie an einem Freitag Fleisch gegessen und den Tag des Herrn am Montag gefeiert hatten, marschierten sie alle gleich bußfertig zur Messe.

Peter Martyr aus Mailand, ein recht heller Kopf, der sich einst darüber lustig gemacht hatte, dass Kolumbus einfach nicht einsehen wollte, dass er eine neue Welt entdeckt hatte, war vielleicht der erste Mann, der den Grund für den fehlenden Tag kannte. Die Seefahrer hatten sich einmal weniger als die übrige Menschheit um die Erdachse gedreht, eine Umdrehung weniger als die Erde selbst gemacht, und waren daher um einen Tag jünger. Da gab es keinen Fehler.

Das Ritz 1

Der Minibus vom Flughafen setzte mich auf der Plaza de Armas im Zentrum von Punta Arenas ab. Der Radiosender spielte vom Musikpavillon aus Weihnachtslieder. Die Mitte des Platzes beherrschte der allererste Besucher der Stadt; Magellan hatte sich neben einer Kanone aufgepflanzt, zu seinen Füßen kauerten Eingeborene mit ihren Speeren. Wahrlich eine Metapher für vieles in der Geschichte Südamerikas.

Mein Blick folgte dem Lauf von Magellans Kanone zu den Docks. Ein schonungsloser Wind fegte über die Stadt. Bäume mit Stämmen, die mehr als einen halben Meter dick waren, waren nur viereinhalb Meter hoch. Sie sahen aus wie Buchsbäume, die der Wind kunstvoll zurechtgeschnitten hatte.

Nach einem halben Dutzend zugiger Gebäudeblocks war ich im staubigen Hafen angelangt. Eine Gruppe blutjunger Männer kam die Stufen von der Marineoffiziersakademie herunter. Befangen zogen sie an ihren spitzen Mützen und den glänzenden Riemen ums noch recht bartlose Kinn, das sie erst seit kurzem rasierten. Die Mützenschirme verdeckten ihre Augen und ihr Alter. Jetzt waren sie nur noch Mund und Nasenflügel der Amtsgewalt.

Es gab keine der gemütlichen Privatpensionen, wie ich sie mir vorgestellt hatte. Vom nächsten Häuserblock aus beäugte ich das einzige sichtbare Hotel, einen weißen Betonbau aus den 30er Jahren an einer Ecke. Auf dem Gehsteig davor lag ein gedrungener Baum, den der Wind mit den Wurzeln aus der Erde gerissen hatte. Der ursprüngliche Eingang an der Ecke war nun ein Fenster, das mit einem staubigen Spitzenvorhang verhüllt war. Einzelne Leuchtboxen stellten die Buchstaben R-I-T-Z zur Schau. Sie schwärmten wirr um das vertikale Wort Hotel, als ob sie auf einen Pfiff hin herangelaufen wären. Eine Frau in einem scharlachroten Mantel hielt mich an. »Gutes Hotel. Sehr billig, sehr sauber.«

»Arbeiten Sie dort?«

»Ja, ich bin die Reinmachefrau.«

Ein Mann an die sechzig tauchte plötzlich hinter der gelben Klappe an der Theke des Empfangs auf, wie ein Zauberer im Theater, der durch die Versenkung auf der Bühne erscheint. »Kann ich Ihnen helfen?«

»Zimmer mit Frühstück für zwei Nächte bitte.«

»Gerne. Mama!« Eine Frau mit dünnem Haar kam heran. Sie zog eine Strickweste so eng um ihren Körper, dass sich die hölzernen Knebel auf der einen und die Schlaufen auf der anderen Seite überkreuzten und sich unter die gegenüberliegende Achselhöhle schmiegten. »Was für ein Wind! Mehr als hundert Stundenkilometer.« In einem plötzlichen Anflug von Kälte kauerte sie sich in dem windlosen Raum zusammen. Der Besitzer nahm meinen Reisepass und setzte sich die Brille auf die Nase, wie ein Richter, der in einem langen Fall entscheidet, und trug mich ein.

Das große Zimmer hatte einen schrägen Boden und einen Blick auf den Hof. Unter einer Wäscheleine trieben vergilbte Zeitungen im Wind um eine schöne Emaillewanne, die auf verrosteten Klauenfüßen stand. Das Zimmer hatte eine Holzdecke mit Nut- und Federverbindung und einen dickbauchigen Ofen. Der Schrank aus Edelstahl machte beim Öffnen ein Geräusch wie die Tür eines Tresorraums. Die Sonne hatte das ehemalige Rot der Blumen auf der Tapete zu einem Braunrot verfärbt. Im Badezimmer beschien eine bloße Glühbirne die gelbe Plastikbrille auf der Toilette. Sie war vom Alter schon ganz schön spröde. Gummibänder hielten sie zusammen und hatten den Rand wie bei einer Torte gekraust. Eines Tages würden sie und ihre Besitzer im Museum landen. Seht her, so haben wir einmal gelebt. Die Straße unter mir war schon lang nicht mehr repariert worden, ihre Ränder ungepflegt. Das Haus stand im Wind ruhig und fest da.

Ich ging hinaus, um etwas zum Essen zu finden. Der Besitzer sagte: »Überall ist zu, wegen der Wahlen.«

»Überall?«

»Fast überall.«

Ich ging durch die Stadt. Jede Bar, jedes Café und jedes Restaurant war geschlossen. An jeder zweiten Kreuzung stand ein gelangweilter *carabinero*, in praller Uniform und einer Automatik in der Hand. Ich ging in eine Tankstelle und aß ein paar Hot Dogs. Alle übrigen Kunden waren junge Teenager.

Als ich zurückkam, fragte ich: »Ist es verboten, heute offen zu haben?«

»Nein.«

»Haben die Leute Angst, ihre Läden aufzumachen?«

»Nein. Sie machen einfach nicht auf.«

Am Morgen drang der Klang der Glocken, die zur 8-Uhr-Messe

läuteten, vom Wind getrieben schwach und ungleichmäßig die Straße herunter. Um das Ritz herum wühlten Lkws das Erdreich zu Schlamm auf. Tiefe Löcher durchzogen die geteerten Stellen. Die Pfützen waren mit Öl überzogen, das wie das Gefieder eines Sperlings glänzte. Ich frühstückte in einem hell erleuchteten Fast-Food-Café. Schlanke Mädchen liefen um die Tische herum und rauchten, wenn sie eine Minute Zeit hatten. Die Geschäftsführerin saß wie eine Statue an der Kasse, ihre Hände unbeweglich in einem Panzer aus Gold.

Ich ging in westlicher Richtung den Lagerhäusern entlang. Die meisten Gebäude waren aus den frühen Jahren des 20. Jahrhunderts. Mein Großvater würde sich hier auch heute noch zurechtfinden. Eine kunstvolle Uhr aus Gusseisen markierte das Ende eines Boulevards. Sie sah aus wie ein Regenmantel, der versucht, am Strand einen flotten Eindruck zu machen. Der Lkw-Parkplatz auf der vom Gestank der Fischlager erfüllten Straße war mit Abwasser überschwemmt. An der Straße zu den Docks war in einem roh verputzten Beton-Parthenon die Marinesporthalle untergebracht. Es war ein Monumentalbau. Ich stellte mir vor, wie es drinnen aussehen würde: Federbretter und Trampoline und Kadetten in weißen Turnleibchen, die durch die graue Luft flogen.

In den frühen Tagen war dies ein Land gewesen, in dem die Polizei entweder korrupt, unfähig oder beides auf einmal war. Man hatte einen Mann, der in eine Bar kam, als dort gerade jemand erschossen worden war, des Mordes bezichtigt. Er stand noch immer da und gaffte, als die Polizei kam und ihn festnahm. Er war auf der Suche nach einer Hebamme gewesen, denn bei seiner Frau hatten die Wehen eingesetzt. Seine Tochter, die in den frühen Morgenstunden geboren wurde, sah er erst fünfundzwanzig Jahre später, als er aus dem Gefängnis von Ushuaia entlassen wurde.

Viele der Männer, die es hierher verschlagen hatte, waren aber Seeleute, die vom Leben auf offener See viel Schlimmeres gewohnt waren. Ein Ortskommissar legte sich bei seinem Aufenthalt mit Gewalt eine der drei wunderschönen Töchter eines Tehuelche-Häuptlings als Geliebte zu. Ihr Vater war dadurch so gedemütigt, dass er die Flucht versuchte. Als die Fliehenden einen Fluss überquerten, kenterte beim Versuch des Fährmanns, eine der beiden anderen Töchter zu vergewaltigen, das Boot. Beide Mädchen ertranken. Daraufhin sagte ein ehemaliger Seemann dem Kommissar aufs Gesicht zu, wen er dabei für den wirklich Schuldigen hielte. Der Kommissar gab den Befehl, den Mann mit der flachen Schwertklinge zu schlagen. Für gewöhnlich hätte das einen Mann mehrere Wochen lang zum Krüppel gemacht, aber der Rücken des Seemanns war an die Züchtigungen mit der neunschwänzigen Katze gewohnt. Er ließ die Hiebe über sich ergehen, dankte dem Kommissar und blies ihm Rauch ins Gesicht. Daraufhin befahl der Kommissar eine doppelte Portion Schläge. Diesmal war der Dank des Seemanns doppelt so überschwänglich. Nun ließ der Kommissar den Seemann an einen Pfahl binden. Er nahm das Schwert und hieb auf den Mann ein, bis er selbst völlig außer Atem war. Als man den Seemann losband, war er in besserer Verfassung als der Kommissar, aber als dieser ein Gewehr hervorholte, machte er sich schließlich aus dem Staub.

Für die Männer war das Leben hart, für die Frauen aber noch härter. Da auf jede Frau fünfzig Männer kamen, wurden sie überall angestarrt. Eines Nachts, als eine Gruppe von Frauen Klavierunterricht nahm, stieg ein Mann durchs Fenster in den Raum. Er hatte nicht gewusst, dass es auch in normalen Häusern Klaviere gab. Die Frauen zeigten ihm daraufhin hilfsbereit den Weg zum Bordell.

Der starre Verhaltenskodex, der dem wilden Land auferlegt worden war, war allerdings einem vernunftgemäßen Verhalten nicht zuträglich. Ein Arzt aus Punta Arenas erinnerte sich, wie die wohlerzogenen Töchter angesehener Familien oft die Türen des Elternhauses hinter sich zuschlugen und tagelang in Bordellen verschwanden, wo sie sich sinnlos betranken und nach Herzenslust bumsten. »Wenn sie dann nach Hause zurückkamen«, sagte er in seinen Erinnerungen, »mögen sie sich trotzig oder gleichgültig verhalten haben, aber sie waren immer ausgeglichener und fröhlicher.« Andere hängten sich an Fremde, mit denen sie die Stadt verließen.

Wenn es in den Städten schon schlimm genug war, so herrschte auf dem Land jedoch die Hölle. Eine Bäuerin im Landesinneren sah andere Frauen nur alle zwei Jahre, wenn sie zum Kinderkriegen in die Stadt kam. Danach ging sie wieder heim.

Der Schriftsteller Stan Hughill kam als gemeiner Matrose auf den Segelschiffen hierher und schrieb über die Grogläden in der alten Seemannsstadt:

Es war zwar nur ein kleiner Getränkeladen, wenn sich aber draußen der Schnee häufte und die eisigen Winde von Feuerland mit aller Macht bliesen, hatten es sich innerhalb der vier Wände um das warme einladende Stövchen, in einer Atmosphäre, die man mit einem Messer hätte schneiden können, einige der zähesten Seeleute der Welt bequem gemacht. Ich weiß Bescheid, denn ich bin in vergangenen Tagen mehr als einmal mit ihnen bei einem heißen *pisco* zusammengesessen.

Der offizielle Name der Kneipe war Bar La Bolsa, aber unter den seefahrenden Gästen war sie als die Seaman's Bar bekannt. Dorthin kamen neben den Tiefseemännern aus der Gegend ums Kap, Robben- und Otterjäger, die in den Buchten und Meeresarmen am Kap selbst und rund ums Land des Feuers ihr raues Handwerk trieben. Es waren vor allem Skandinavier jeglicher Art; harte, grobe Burschen und starke Trinker, und wenn sie angesoffen waren, auch Raufbolde und Schläger, die aufs Ganze gingen. Zu diesen zwei Arten von Seefahrern kamen noch norwegische Walfänger hinzu, die oft in Punta Arenas Station machten. Auch sie waren schwere Säufer und konnten bei Streitereien recht unangenehm werden. Zu dieser Runde echter Seeleute, die nächtlich die gemütliche Bar dieser Trunkstätte füllten, konnte man noch die walisischen *capataze* von den Schaffarmen hinzuzählen, Männer, die in der Seemannssprache recht versiert waren, weil viele von ihnen von Segelschiffen, wie der kleinen *Merionetshire*, viele Jahre bevor sie zu Landratten wurden, abgesprungen waren.

Heute sahen die paar zwielichtigen Bars eher müde als gefährlich und nicht einmal anrüchig aus; sie waren auf bestem Weg, sich aufs Altenteil zurückzuziehen. Die American Bar war eine Wellblechhütte, die in den Farben der brasilianischen Flagge gelb und grün bemalt war. Es war Mittag. Vier Marinekadetten kamen gerade heraus und ich setzte mich zu einer Hand voll Gäste hinein. Die Wirtin war gerade mit den Lebensmitteln vom Einkauf zurückgekommen. Ihre Mutter kümmerte sich um die Enkel und half ihr beim Auspacken. Die Wirtin sah mich an mit einem Blick, der sagte: Was machst du um zwölf Uhr mittags in einer Bar? Dann forderte die Mutter ihren siebenjährigen Sohn auf, der uns einen wissenden Blick zuwarf, sich auf einen Barstuhl zu setzen. Über die Resopaltheke gebeugt begann er seine Hausaufgaben zu machen. Ich bot ihm meine Hilfe an, aber er lehnte ab.

»Ein Bier.«

»Crital oder Ecudo?«

Ich überlegte kurz. Bei der südlichen Aussprache war das »s« ausgelassen.

»Crystal.«

Das Bier war in einem ganz gewöhnlichen Haushaltskühlschrank in der entgegengesetzten Ecke der Bar untergebracht. Im Zeitlupentempo holte sie eine Flasche heraus. Das Muster der Tapete waren Ziegel in Originalgröße. Im Lokalsender wurde für Badezimmer und Gebrauchtwagen geworben. Eine Lampe, die aus einem hölzernen Segelschiff zusammengebastelt war, beleuchtete einen ausgestopften Magellan-Pinguin. Möglicherweise, um die Kosten des Ausstopfens zu sparen, war er in Sumpföl präserviert worden. Es wäre wohl für alle besser gewesen, wenn man ihn hätte verfaulen lassen.

Ich saß auf einem Stuhl mit angeschlagenen Stahlrohrbeinen und einem zerfetzten Sitz. Die Wirtin war eine gut aussehende Frau mittleren Gewichts, mit einem wissenden, dunklen Blick, der die Männer und all ihre Schwächen zu kennen schien. Zwei Männer, die wie sie um die vierzig waren, tranken *pisco*. Einer sah aus wie ein Bündel harter Sehnen. Er flirtete mit ihr über die ruhige Bar hinweg und lächelte sie dabei mit nassen Augen und Zähnen an. Der andere war recht still. Er hielt ein Glas zwischen den gefalteten Armen und schien sich über die Dreistigkeit seines Freundes zu wundern. Ein jeder der beiden sagte der Vorspiegelung von Nüchternheit gerade *adios*. Ich beobachtete sie. Das Lächeln der Frau war wie Watte unter flintscharfen Augen. Der Gesprächige lud sie mit einem Wink ein, sich zu ihnen zu setzen. Sie goss eine Flasche Weinbrand in einen Krug, füllte davon ein Glas für sich selbst und setzte sich neben ihn.

Eine abgemagerte, schwarze, langhaarige Katze kam durch den Perlenvorhang aus dem dahinter liegenden Wohnzimmer. Sie hatte einen kleinen Kopf, spindeldürre Beine und große graue Pfoten. Der Junge fasste sie am Schwanzende und schleifte sie durch den Raum. Er lächelte, als sie schrie.

Nach zwei Bieren blinzelte ich wieder ins Sonnenlicht, das die Straße durchflutete. Ein Straßenhändler verkaufte Schnüre mit geräucherten Muscheln, Ballen gepressten Seetangs und schlaffe Schweinegrieben. Von einem anderen erwarb ich einen Schlüsselring, auf dem das chilenische Gebiet in der Antarktis zu sehen war. Ich zog meinen argentinischen Schlüsselring hervor und verglich ihn mit dem soeben Gekauften. Beide Länder beanspruchten dasselbe Gebiet. (Als ich wieder daheim war, gab mein eigener Atlas an, dass es sich dabei um das antarktische Territorium der Briten handelte.)

Ein paar adrette, moderne Häuser waren zur Marinewerft hin in der Bucht verstreut. Ich nahm meinen Feldstecher heraus und richtete ihn auf ein rostiges Eisenschiff dahinter. Da schien ein Pier zu sein mit drei Klippern, die dort eng nebeneinander angelegt hatten. Der Letzte davon war etwas ganz Besonderes – leicht und schnell mit einem wunderschönen überhängenden Heck. Im Vergleich dazu wirkte der Schiffsrumpf daneben gedrungen und ungraziös.

Ich fragte den jungen Wachposten: »Kann man das Wrack besichtigen?«

»Nein. Tut mir Leid, das ist nicht erlaubt.«

»Ich habe ein besonderes Interesse an alten Segelbooten. Ich glaube, es ist ein britisches Boot. Könnten Sie vielleicht einen Offizier um Erlaubnis fragen?«

»Tut mir Leid, aber es ist niemandem gestattet.«

»Wissen Sie etwas über die Geschichte des Schiffs?«

»Nein, nichts.«

»Wie es heißt?«

»Nein.«

»Danke.«

»Besten Dank, Sir. Schönen Aufenthalt in Punta Arenas.«

Im Ritz angekommen, ging ich hinunter, um am Empfang zu zahlen. Auf halber Strecke konnte ich durch einen Trick zweier Spiegel den Besitzer sehen, der hoch aufgerichtet dastand und sich mit der Handfläche sein silbriges Haar glättete, um damit vielleicht auch die Zeichen der Zeit zu verstreichen. Seine Mutter mit ihren schütteren Haaren kam hinzu und verabschiedete sich von ihm. Die beiden werden alt werden, ohne zu wissen, dass sie von den Standards für Hotelkomfort überholt worden sind. Über kurz oder lang werden sie glauben, dass sich das Gebiet verschlechtert hat und werden über einem Kaffee jammern, dass das Geschäft zurückgegangen ist. Dass Gäste vorzeitig abreisen. Ein Haus, das so altmodisch ist wie die beiden, wird die Gäste zwar im Trockenen schützen, aber nicht wärmen, während der Wind weiterweht.

Als ich auf meine Rechnung wartete, fühlte ich, wie mir jemand über die rechte Schulter blickte, obwohl ich auf den bloßen Dielen keine Schritte gehört hatte. Ich wandte mich um und blickte nur wenige Zentimeter von mir entfernt in ein paar große Augen, die mich starr ansahen. Es war Bruce Chatwin. Auf einem Bild aus einer deutschen Zeitung.

»Hat Chatwin irgendetwas mit diesem Hotel zu tun?«

»Ja, natürlich!« Der Besitzer legte seine Brille auf das Gästeverzeichnis, zog seine blaue Strickweste zurecht und stand in Habachtstellung. »Er ist hier abgestiegen.« Sein kräftiger Finger wies energisch nach unten. »Er hat drei ganze Seiten über dieses Hotel geschrieben.« Er holte das Hotelverzeichnis für 1974 hervor. Für den

9. März stand in schwarzer Tinte der Eintrag: Charles Bruce Chatwin, London. Darüber hatte jemand mit blauem Kuli das Wort ESCRITOR – Schriftsteller – fest eingraviert. Ich hatte es ganz vergessen. Es war im Ritz Hotel gewesen, wo sich der Vertreter von Damenunterwäsche lang und breit über die Kieselsteine ausgelassen hatte, die er an diesem Tag am Strand aufgelesen hatte. Eines Morgens war er dann verschwunden. Der Mann mit dem Silberhaar war also jener Mann gewesen, der Chatwin das plötzliche Verschwinden des Vertreters mit den Worten »Es loco« – »er ist verrückt« erklärt hatte.

Das Institut von Patagonien

Das Institut von Patagonien befindet sich am Stadtrand unweit der zollfreien Einkaufszone. Es steht hinter einem großen Feld, auf dem alte Traktoren, Wohnwagen und Maschinen aus der Zeit der Jahrhundertwende ausgestellt sind. Als Teil der Universität der Magellanen beherbergt das Institut eine Sammlung früher Land- und Seekarten. Ich hatte gehofft, Verbindung zu zwei Männern zu bekommen, die an der Organisation der vor nicht allzu langer Zeit am British Museum stattgefundenen Patagonien-Ausstellung beteiligt waren. Es handelte sich um den Archäologen und Selk'nam-Experten Alfredo Prieto und den Historiker, Gründer und Direktor des Instituts, Mateo Martinic. Niedrige Gebäude säumten einen kleinen, ornamental angelegten Hof. Ich hatte das Gefühl, in einen Pavillon in einem Park zu treten und war durchaus darauf gefasst, dass mich darin eine Reihe von Rasenmähern erwarten würde.

Stattdessen befand ich mich in einem schmalen Gang ohne Empfangstheke. Als ich um die Ecke bog, traf ich auf einen Mann um die Mitte fünfzig mit gewölbter Stirn, der eine grüne Jacke trug, das typische, bequeme Kleidungsstück eines Akademikers. »Ich mache Nachforschungen zu einem Buch und würde gerne Alfredo Prieto treffen.« Er unterbrach mich und streckte mir die Hand entgegen: »Kommen Sie doch rein, Sie haben ihn leider verpasst, aber setzen

Sie sich bitte. Er ist bei einer Ausgrabung.« Der Mann breitete eine Karte vor mir aus und zeigte auf eine entlegene Stelle, die man ohne ein Geländefahrzeug kaum in weniger als zwei Tagen erreichen konnte. »Er arbeitet an Siedlungen der Ureinwohner. So schade, er wäre sicher der richtige Mann für Sie gewesen.«

»Wann kommt er zurück?«

»Oh, er hat eine Familie, also ist er bis Weihnachten wieder da, allerdings erst spät am Heiligabend.«

»Ich kann nicht so lange in Punta Arenas bleiben. Aber da ist noch jemand, den ich gerne treffen würde, Mateo Martinic.« Er stand auf und streckte mir erneut die Hand entgegen. »Ich bin Mateo Martinic!«

Er führte mich in die Bibliothek und den Kartenraum des Instituts und empfahl mir Bücher und Karten. Eines der beiden besonders wertvollen Originale war eine Karte von 1668, *Das Magellanische Land und die Inseln*, von Guillermo, einem Spross der produktiven Kartografenfamilie Sanson d'Abbeville aus der Picardie. Sein Vater Nicholas hatte dem Franzosenkönig Ludwig XIII. Geographieunterricht gegeben. Die andere Karte war ein Exemplar von 1635 mit dem großartigen Titel *Freti Magellanici Ac Freti Vulgo Le Maire Exactissima Delineatio* – Die Straße von Magellan und die allgemein als Le Maire bezeichnete Straße genauest gezeichnet. Diese Karte stammte von einem der ganz Großen in der Kartografie, Iodocus Hondius, der als einer der Ersten für den Druck der Karten eine Merkatorprojektion verwendet hatte.

Ich machte die Runde und besah mir die gerahmten Drucke in chronologischer Reihenfolge, wobei ich immer wieder auf die Terra Australis Incognita stieß. Drake hatte seine bedeutendsten Entdeckungen unterschlagen und absichtlich durcheinander gebracht, sodass lange nach seiner Entdeckungsfahrt und Fletchers genauer Wiedergabe des Kap Hoorn von 1578 noch immer riesige Landmassen über den Südlichen Ozean gezeichnet wurden. Eine Hondius-Karte von 1607 zeigt das südliche Ufer der Magellan-Straße als den Ausläufer eines unbekannten nebulösen Landes. 1616 entdeckten Willem Schouten und Jacques Le Maire die nach letzterem benannte Le-Maire-Straße. Sie machten die Existenz des Kap Hoorn und der offenen See südlich davon publik. Trotzdem ist auf einer anonymen Skizze aus demselben Jahr noch immer eine riesige Halbinsel zu sehen, die sich nach Norden bis in die Nähe der Staaten-Insel erstreckt. Dreißig Jahre lang war die Terra Australis Incognita nun von den Karten verbannt, bis sie 1646 erneut in *A Geographical Map of the Kingdom of Chile* auftauchte, und zwar in einem Buch desselben Jahres – eben jenem Buch des Alonso de Ovalle, das ich in Hay-on-Wye entdeckt hatte.

Landkarten: Wahre Lügen

Die ersten Landkarten wurden von den Ägyptern den Toten in die Särge gelegt, als Reiseführer der Seelen ins Jenseits. Von ihren frühen Anfängen an zeigten die Karten nicht nur das bereits Bekannte, sondern sie stellten auch Vermutungen über Unbekanntes an. Karten erzählten Fiktives, wobei sich allerdings einige dieser Geschichten später als wahr erwiesen.

Die Karten der alten Griechen enthielten philosophische Fiktion. Als Antwort auf ihren Glauben an die Symmetrie der Natur nahmen sie an, dass eine zweite Erde, Antichthon, als Ausgleich zur Erde um die Sonne kreise. Folglich müsste es als Ausgleich zu den nördlichen Landmassen aber auch einen großen südlichen Kontinent geben, der in seinen Eigenschaften ein Gegengewicht zu dem der bekannten Welt schuf. Folglich war dieser Kontinent unbewohnt und unbewohnbar. Der Schnee war schwarz und fiel nach oben. Eine solche Welt konnte unmöglich mit der unseren verbunden sein, ergo müsste es einen Kanal geben, der die beiden natürlichen Systeme voneinander trennt.

Im März 1493 hatte Kolumbus nach seiner Rückkehr behauptet, eine neue Route nach Kathei gefunden zu haben. Von Spanien wurde die Welt auf Seefahrten nach Westen und von Portugal aus nach Osten eröffnet. Um Streitereien zu vermeiden, hatte sich Papst Alexander VI. schnell entschlossen, die Welt zwischen seinen beiden katholischen Monarchen aufzuteilen. Am 4. Mai 1493, gerade zwei Monate nach Kolumbus' Rückkehr, erließ er die Demarkationsbulle, die später im Vertrag von Tordesillas verankert wurde, der etwa 500 Kilometer westlich der Azoren eine Linie von Norden nach Süden durch den Atlantik festlegte. Auf Einwände Portugals hin, wurde sie schließlich 1800 Kilometer westlich der Kap-Verde-Inseln verlegt. Alle Besitzungen östlich davon gehörten Portugal, alle westlich davon Spanien.

Leider wusste niemand, wo die spanischen und portugiesischen Interessen auf der anderen Seite der Welt aufeinander treffen würden. Aber der Papst war ja schließlich das Oberhaupt einer Kirche, die Menschen dafür auf den Scheiterhaufen brachte, weil sie den Vorschlag wagten, dass sie tatsächlich irgendwo aufeinander treffen könnten. Magellan durfte seine Ansichten nur im Stillen vorbringen. »Die Kirche sagt, die Erde sei flach, ich aber weiß, dass sie rund ist, denn ich habe ihren Schatten auf dem Mond gesehen, und ich habe mehr Vertrauen in einen Schatten als in die Kirche.«

Die Männer hinter Magellans Navigationskunde waren Jorge und Pedro Reinel, die führenden portugiesischen Kartografen ihrer Zeit, die im Dienst der Krone standen. Anscheinend hatte Jorge für Magellan einen Weltglobus gemacht, den er als Beweisargument beim König vorzeigen konnte.

Andere Nautiker hatten ihre Karten noch weiter entwickelt. Den damals höchsten Stand hatte die Canerio-Karte erreicht, die das damalige Wissen in sich vereinte und bei der alle widersprüchlichen Aussagen Ptolemäus' unberücksichtigt geblieben waren. Dank Martin Waldseemüllers zwölfseitigem Holzschnitt von 1507, von dem tausend Exemplare in Umlauf gebracht worden waren, fand die Karte weit gehende Verbreitung. Auf ihr ist Südamerika durch eine Meeresstraße von dem imaginären südlichen Kontinent, der Terra Australis Incognita, getrennt. Magellan war 1519 ausgezogen, um nach dieser Meeresstraße zu suchen. Er fuhr dabei in das noch nicht mit menschlichem Auge Gesehene, seiner Meinung nach aber nicht ins Unbekannte. Später würde er auch den Ruf des größten der griechischen Philosophen ins Wanken bringen, dessen Werk die westlichen Wissenschaften über fast zwei Jahrtausende hin untermauert hatte.

Der Mord an Aristoteles

1498 lag das Schiff von Admiral Christoph Kolumbus im Golf von Pária zwischen Trinidad und Venezuela. Hier trafen zwei mächtige Meeresströmungen aufeinander, sodass »beide Gewässer ein gewaltiges Tosen und Donnern von Ost bis West verursachen«. Mit ihren Ledereimern holten die Seeleute manchmal Salz- und manchmal Süßwasser herauf. Im Kampf der See mit dem gigantischen Süßwasserstrom wurden die Algen am Schiffsrumpf ständig hin und her gerissen. In der schier grenzenlos erscheinenden Bucht drängte ein riesiger, später als Orinoco bezeichneter Strom den größten Ozean der bis dahin bekannten Welt zurück. Kolumbus war sich bewusst, dass derartige Wassermassen nicht von einer bloßen Insel stammen konnten. So gestand er zu diesem Zeitpunkt, dass es den Anschein hätte, als ob er vor »einem sehr großen, bis zu diesem Tag noch unbekannten Kontinent« läge. Durch die langen, warmen Nächte hindurch erfüllte der dröhnende Zusammenstoß der Gewässer seine Ohren mit einer bedeutsamen, aber unerwünschten Wahrheit, die auf dem Kompass seiner Laufbahn einen völlig falschen Kurs anzeigen könnte. Am folgenden Morgen beschloss Kolumbus, den Kontinent ganz einfach zu ignorieren. Kolumbus war der letzte große Seefahrer, der somit die Existenz zweier neuer Kontinente und des größten Ozeans der Welt ableugnete. Und er verbrachte den Rest seines Lebens damit, den Beweis zu erbringen, dass er Amerika nicht entdeckt hatte.

Die Entdeckung des amerikanischen Kontinents hatte Wissenschaft und Philosophie in Aufruhr versetzt. Es hieß, dass die neuen

»Inder« nicht von Adam abstammten und dass Kolumbus die biblische Einheit der Menschheit unterminiert hätte. Schließlich hatte Papst Zacharias im Jahr 741 einen irischen Priester exkommuniziert, der von der Existenz eines südlichen Kontinents gepredigt hatte, der dadurch »die Existenz von Seelen anerkennt, die weder die Sünde Adams noch die Erlösung durch Christus teilen«.

Bald erkannten auch die größten Denker Europas, was Kolumbus Aristoteles angetan hatte. Der griechische Philosoph hatte den Mittelpunkt einer mittelalterlichen Weltanschauung gebildet, einer Anschauung, die sich in ihrem Wissen nach den antiken Geistesgrößen ausrichtete und ihre Ansichten auf diese Weise über den in der realen Welt gemachten Wahrnehmungen hielt. Die Klassiker entschieden nicht nur, *wie* man die Dinge sehen sollte, sondern auch, was man überhaupt sehen *durfte*. Somit war es möglich, eine neue Idee ganz einfach spöttisch damit abzutun, dass Aristoteles damit nicht übereingestimmt oder sich darüber nicht geäußert hatte. Letztlich wurde das wissenschaftliche Gewicht Aristoteles' zu einer Bürde für den Fortschritt und schränkte alles ein, was die mittelalterlichen Experimentatoren sagen konnten.

Doch da kamen Kolumbus und später Magellan von ihren Reisen zurück. Aus dem Nebel der Tradition erstanden plötzlich zwei riesige Landmassen und der größte Ozean der Welt und bei Aristoteles war weder über das eine noch das andere etwas zu finden – die antiken Geistesgrößen blieben stumm. 1517 fragte Erasmus von Rotterdam, mit dem Bild der Neuen Welt vor Augen: »Wenn das Wissen der Alten in der Geographie so beschränkt war, stellt sich einem unweigerlich die Frage, auf welch anderen unentdeckten Bahnen sie sich noch geirrt haben?«

»Von nun an«, sagte Galileo, »können eintausend Demosthenes und eintausend Aristoteles von einem Durchschnittsmenschen vertrieben werden, wenn dieser die Natur mit einbringt.« In den Worten eines Gelehrten unserer Zeit, Anthony Pagden, waren die Entdecker »von den Stimmen der Toten befreit worden«. Es war der Beginn einer Beweisführung, die über Francis Bacon und seinen Abhandlungen über die Methoden der wissenschaftlichen Erkundung bis zur heutigen Überzeugung führten, dass unser Wissen auf Tatsachen und nicht auf Glauben begründet ist.

Puerto Williams

Punta Arenas, sechs Uhr morgens. Regen klatschte auf den Gehsteig. Ich wollte gegen Süden nach Puerto Williams fliegen, um dort die letzten Überlebenden der Yámana aufzusuchen. Mein Fahrer war verspätet und ich duckte mich in den schmalen Eingang zum Flugbüro. Ein Koreaner kam mit einer kleinen Reisetasche die Straße herunter. Er zwängte sich neben mich in den Eingang und zündete sich eine dünne Zigarette an.

Ein Minibus hielt vor uns. Der Fahrer trug eine schwarze Hose und einen Anorak. Er war so dick, dass sein weißes Hemd um die gespannten Knöpfe kleine Krähenfüße-Falten bildete. Sein schmierig glänzendes, graues Haar war zu beiden Seiten zurückgekämmt, sodass es sich rückwärts wie zwei nasse Flicken übereinander legte. Rauchend und hustend fuhr er dahin und bremste auf der feuchten, rutschigen Straße immer erst in letzter Sekunde.

Ich saß hinter dem Piloten unserer zweimotorigen Otter und sah zu, wie wir durch die Wolken immer höher stiegen. Selbst in dreitausend Metern Höhe flogen wir nur mit einer Geschwindigkeit von 140 Knoten. Als wir aus den Wolken heraus waren, bemerkte ich einen riesigen Wasserstreifen unter uns und nahm an, dass wir bereits den Beagle-Kanal erreicht hatten. Als wir dann aber ein zweites Gewässer derselben Größenordnung überquerten, wurde mir bewusst, dass es sich beim ersten um den ungeheuer großen Fagnano-See gehandelt hatte. Dieser See war am Ende der letzten Eiszeit entstanden, als die Gewässer der Meere nicht mehr anstiegen und der Weg, den sich das Schmelzwasser von den Gletschern auf seiner östlichen Abflussroute gebahnt hatte, zur Bildung einer Meeresstraße nicht tief und lang genug gewesen war. Wenn die Seen der Gegend im Winter zufroren, holte Lucas Bridges oft seine schnellen Schlittschuhe mit den langen Kufen hervor, auf denen er unschlagbar war. Allerdings fand er oft keine Zeit dafür, wenn es unter Tags zu viel Arbeit gab. Dann ging er in mondbeschienenen Nächten zum See und glitt allein über das Eis. Im stahlblauen Rund der umliegenden Bergwelt zog er eine einsame Spur über den mehr als 80 Kilometer langen und 11 Kilometer breiten See.

Das Flugzeug flog nun den Beagle-Kanal entlang. Die Inseln südlich davon waren wolkenfrei. Die Navarino-Insel hat eine fast rechteckige Form und ist von Ost bis West 72 Kilometer lang. Die unteren Hänge, die sich nach Norden zur Sonne hin ausrichten, sind bewaldet. Weiter oben gehen sie dann rasch in bloßes Gestein über. Selbst mitten im Sommer sind die Gipfel von Schnee bedeckt. Der Frost hat das felsige Gestein zerklüftet, das nun das Licht absorbiert. Seine Schwärze ist nun keine Farbe mehr, sondern wie ein Loch im Blickfeld. Das Innere der Insel ist kahl. Weiter südlich war die Nassau-Bucht zu sehen, dahinter die steinerne Arena der Wollaston-Inseln und schließlich das Kap Hoorn.

Bei Sonnenschein und einer leichten Brise setzten wir auf einer Landzunge auf. Ich marschierte in die Stadt. Ein großer Habicht ließ sich aus einem Baum in der Nähe fallen und glitt auf einen kahlen, schwarzen Ast zu, der aus dem Wasser eines Bächleins ragte. Ein großer amerikanischer Lieferwagen hielt an und nahm mich in die Stadt mit.

Als Puerto Williams 1953 gegründet wurde, wollte Chile damit seinen Anspruch auf die antarktischen Gebiete konsolidieren. Dazu errichtete die Marine einen winzigen blauen Bungalow mit einem Flaggenmast davor, stellte eine Militärkapelle auf, die den Blick fest nach Süden gerichtet hatte und die Zukunft auf diese Weise begrüßte. Allmählich folgten weitere Bungalows, eine Werft und eine gebrauchte amerikanische Fregatte, die in *Yan Portales* umbenannt wurde. Puerto Williams ist die südlichste Stadt der Welt (da die Antarktisstationen ja keine echten Städte und auch nicht Teil eines Landes sind). Sie zählt heute 1800 Einwohner.

Ich fragte den Fahrer: »Wohnen Sie hier oder kommen Sie nur zur Arbeit her?«

»Ich wohne jetzt hier.«

»Gefällt es Ihnen?«

»Es ist okay, nett und ruhig. Wir haben jetzt auch Läden hier. Man kriegt da nicht alles, aber Ushuaia ist ja nur eine kurze Fahrt mit dem Schiff entfernt. Und in Punta Arenas kann man alles kaufen.«

Er setzte mich auf dem winzigen Marktplatz ab. Die kleinen, einstöckigen Läden waren leuchtend rot, gelb und blau bemalt. Parkbänke im englischen Stil standen rund um den Platz, sodass man sitzend den Kies und die riesige Pfütze bewundern konnte. Die einzigen Fahrzeuge im Ort waren gewaltige amerikanische Kombiwagen. Wenn nach einem weltweiten Holocaust nur der Marktplatz von Puerto Williams übrig bliebe, würden die Archäologen sicher zu dem Schluss kommen, dass die jungen Erdbewohner zuerst in kleinen Holzhäusern aufwuchsen, die sie nach Erreichen ihrer vollen Erwachsenengröße von 2,40 Metern gegen größere aus Metall und auf Rädern eintauschten. Ich hob meinen Rucksack auf, ein Windstoß wirbelte mich um die halbe Achse. Es begann zu regnen.

Ich fand bei Mario ein Zimmer zur Miete. Mario Ortiz Osorio ist Stadtrat und ehemaliger Bürgermeister von Puerto Williams. Er ist Eigentümer des Lebensmittelladens CS Comercial, der als einziges Geschäft nicht am Marktplatz steht. Das zweistöckige Haus im Landhausstil ist innen ganz mit Hartfaserplatten ausgekleidet. Mein Zimmer hatte leere Regale in einem Alkoven, eine kleine Kommode neben dem Bett, ein angeschlagenes, graues Eisenbett mit einer monströsen Senkung in der Matratze und einem Nagel über dem Kopfbrett. Der Ofen im Oberstock wurde im Sommer nicht geheizt, die Fenster hatten einfache Scheiben und davor nur Stores. Die übrigen Gästezimmer standen alle leer. Am Ende des Korridors, der zum rückwärtigen Teil des Hauses führte, war eine Tür mit einem Vorhängeschloss. Dahinter hörte ich das schmerzhafte Husten eines Kindes. Ich sah durchs Fenster hinaus in den Regen. Vor fünf Jahren hatte ich zum ersten Mal über Yámana gelesen, und nun wollte ich der Küste entlang zur Villa Ukika wandern und ihre letzten Nachkommen, die letzten, noch Yaghan sprechenden Menschen aufsuchen. Ich trat vors Haus. Die Sonne war inzwischen hervorgekommen und es war draußen viel wärmer als drinnen. Ich ging zur Küstenstraße hinunter. Das Wasser war ruhig, Möwen und Kormorane suchten im Schlamm und Kies am Strand nach Futter. Kleine Hütten säumten landwärts die unbefestigte Straße. Hühner tummelten sich unter den Häuschen und Hunde lagen faul auf den Stufen. An jeder Ecke traf ich auf den Koreaner, mit dem ich in Punta Arenas im Minibus zum Flughafen gefahren war. Mit vielen Verbeugungen und einem ständigen Lächeln verständigte er sich in gutem Englisch und schlechtem Spanisch.

Der Wind hatte inzwischen völlig nachgelassen. Obwohl ich schon beide Jacken ausgezogen hatte, war mir noch immer heiß. Nach einer Biegung in der Straße stand ich vor einem weißen Schild, dessen Farbe schon abblätterte. Villa Ukika stand darauf. Ein orangefarbener Lieferwagen ohne Räder lag versunken im hohen Gras, ein in den Untiefen der Zeit gefangenes Wrack. Ein Dutzend Bungalows und Hütten standen zwischen Gärten und ungestrichenen Lattenzäunen verstreut. Auf dem Zaun vor dem ersten Bungalow waren Jeans, T-Shirts und Unterhemden zum Trocknen aufgehängt. Ein alter Mann mit einer feschen Mütze auf dem Kopf saß schwatzend auf einem Plankenweg. Sein hageres Gesicht hatte die vollen hohen Wangenknochen der Yámana. Er stand auf und machte sich zur Stadt hin auf den Weg.

Ich fragte eine Gruppe von Leuten, ob ich mich zu ihnen setzen dürfte. Ein Mann Mitte der dreißig lag im Gras und trank Rotwein aus einem Krug. Ich konnte den süßen, fruchtigen Wein riechen. Es war halb zwölf Uhr vormittags. Eine dünne Frau mit einer blauen Baseballmütze rauchte wortlos Hilton-Zigaretten. Camilla, ein hübsches fünfjähriges Mädchen, kam aus dem Haus gelaufen und zeigte mir eine rosa und goldfarbene Christbaumkugel. Ich bewunderte sie gebührend und gab sie ihr dann vorsichtig zurück. Sie legte die Kugel auf den Plankenweg und versetzte ihr einen Tritt. Zwei Hunde jagten hintereinander her.

Ich wusste nicht so recht, wie ich es anstellen sollte, mich zu diesen Fremden zu setzen und sie über ihre mehr oder minder ausgestorbene Sprache und ihren Lebensstil zu befragen.

»Ich bin Pedro, machst du Urlaub?«, fragte der Mann mit dem Wein.

»Ja.«

»Wo kommst du her?«

»Wales.«

»Weltcup«, sagte er. »Chile ist in der Weltcup und England. Vielleicht spielen wir gegeneinander. Wales, glaube ich, hat es nicht geschafft.« Wir lachten beide.

»Macht nichts, ich bin Engländer.«

»Wer wird gewinnen? England bestimmt nicht.«

»Wir haben ein gutes Team.«

»Chile wird gewinnen!« Alle jubelten begeistert, die Kinder standen auf und schrien: »Chile!«

Ich hörte ein eigenartiges Geräusch unter dem Plankenweg unter mir. Es war ein Hund. Unser Geschrei hatte ihn aufgeweckt.

Maria setzte sich neben mich und bat mich um Feuer.

Sie war sechzehn, jungenhaft, mit dicht gelocktem Haar und Ohren, die wie getrocknete chinesische Pilze aussahen. Sie fragte mich über meinen Job aus und wie ich hergekommen war. Ihr Spanisch war für mich fast unverständlich. Sie verwendete Wörter, die ich im Zusammenhang nicht erwartet hatte; so dachte ich zum Beispiel, dass sie wissen wollte, ob ich eine Yacht hätte, tatsächlich hatte sie mich aber gefragt, ob ich mit der Fähre gekommen sei. Ein Junge ging ins Haus und kam mit einem ledernen Fußball zurück, auf dem FIFA stand. Maria stand auf und spielte den Ball hin und her. Sie hatte recht kurze O-Beine, die in einer viel zu langen Jeans steckten. Der Ball machte die Runde. Pedro fing ihn auf und gab mir ein Zeichen. Da stand ich nun mitten auf der Straße und spielte mit den letzten Vertretern einer Volksgruppe Kopfball.

Pedros Schuss ging nur knapp an einem Fenster vorbei. Eine Frau kam zur Türe heraus. Pedro versteckte die Hände hinter dem Rücken, guckte in die Luft und pfiff. Wir setzten uns alle wieder hin. Aus einer Tür torkelte ein Mann auf uns zu. Er war groß, stämmig, mit sehr dunkler Haut und dunklem Haar und stark ausgeprägten Gesichtszügen. Das Weiß seiner Pupillen war völlig verfärbt. Er sah aus, als ob ihn der viele Alkohol schon halb vergiftet hätte. Er stand da und starrte auf den Krug im Gras. Pedro sagte zu ihm: »Es ist nur Saft.«

»Das stimmt doch nicht, oder?«, sagte der kleine Junge und hob den Krug mit beiden Händen hoch.

»Gib mir was«, sagte der große Mann.

»Es ist doch nur Saft.« Dabei lachte Pedro still vor sich hin.

Der Mann schien in Gedanken schon wieder woanders zu sein.

»Gib ihm was.« Man reichte ihm den Krug.

»Ich suche nach Leuten, die Yaghan sprechen«, sagte ich. »Ich würde die Sprache gerne hören und aufnehmen.«

Pedro wandte sich an die Frau mit der Baseballmütze. »Er möchte gerne wissen, wer von uns Yaghan spricht. Ist irgendjemand da?«

Sie schnipste die Kippe ihrer selbst gedrehten Zigarette die Straße hinunter. »Er war einer.«

»Was ist mit Ursula?«

»Weihnachtseinkauf.«

»Cristina?«

»Nicht da.«

Sie zählten das ganze Dorf durch.

Pedro sagte: »Sie haben ein Boot zum Weihnachtseinkaufen in Ushuaia organisiert und alle älteren Leute, die Yaghan sprechen, sind da drauf. Die kommen erst spät abends wieder zurück, falls du dann wieder kommen willst.«

»Ich komme morgen vorbei.«

Die Sonne hatte sich hinter den Wolken versteckt. Pedro kaute an einem Grashalm. »Der Wetterbericht sagt Regen von früh bis spät.«

Auf einem kleinen Hügel hinter dem Haus des Marinekommandanten ging ich über eine mit Walknochen übersäte Wiese auf das Martin-Gusinde-Museum zu. Pater Gusinde war ein österreichischer Missionar und Ethnograph, der zwischen 1918 und 1924 die Feuerland-Indianer intensiv studiert hatte. Er veröffentlichte darüber vier riesige Bände mit herrlichen Fotografien.

Gusinde verbrachte die meiste Zeit im Norden auf der Feuerlandinsel mit den Selk'nam. Diese nomadischen Guanakojäger hatten das Glück, dass sie innerhalb ihres Territoriums weiterhin einem authentischen Lebensstil nachgehen konnten, selbst dann noch, als ihr Gebiet schon viel kleiner und sie selbst immer weniger geworden waren. Sie waren darin einzigartig, dass sie als steinzeitliches Jäger-Sammler-Volk noch immer auf den ihnen angestammten Gebieten lebten. Andere Volksgruppen, wie zum Beispiel die Buschmänner in der Kalahari-Wüste, wurden von benachbarten Gruppen in Gebiete verdrängt, wo sie dann ihr Leben fristen mussten. Die Selk'nam hingegen waren dort, wo sie hingehörten, wo sie schon seit dem Ende der Eiszeit gelebt hatten.

Diese Menschen wussten nichts über die restliche Welt. Die meisten von ihnen verstanden nicht einmal die Kamera, die sie als lebende »Exemplare« in eine Zeitkapsel einfing. Auf den Fotos sieht man sie zumeist mit einem Ausdruck, der zu fragen scheint: »Was soll ich nun tun?« Der Ausdruck in ihren Augen ist fragend, verständnislos, ängstlich und oft richtig verschreckt. Sie blicken fokussiert in die Zukunft und sehen doch nichts.

In ihre Stammestracht gekleidet, legten einige der Selk'nam-Männer durchaus Selbstbewusstsein und Selbstachtung an den Tag. Toiu wurde 1923 im Alter von achtundzwanzig Jahren aufgenommen. Die weißen Streifen auf seinen Wangen versinnbildlichen Rache. Er ist stattlich und zeigt keine Angst. Im normalen Alltag liefen die Selk'nam fast nackt herum. Ein junges, namenloses Mädchen lächelt in unschuldiger Fröhlichkeit mit einem Kind im Arm in die Kamera. Kamanakar Kipa, die 1882 in Bahía Orange aufgenommen wurde, sieht aus, als wäre sie vierzehn oder fünfzehn Jahre alt. Sie ist nackt und hübsch, mit einem wissenden Lächeln.

In der vom Eingang am weitesten entfernten Ecke war ein seltenes Bild der Hausch zu sehen, eines kleinen, mit den Selk'nam verwandten Stammes. Genau wie hier waren auch sie in die Ecke getrie-

ben worden, wo sie zwischen dem von Außenseitern an ihnen verüb-
ten Völkermord und der Vergessenheit, die sie im Ozean finden würden, lebten. Sie begruben ihre toten Schamanen mit dem Gesicht
nach unten, damit sie mit den Erdgeistern sprechen konnten. Es war
das Wehklagen dieser Menschen, das Charles Darwin als erstes von
einem einsamen Felsen entgegenklang. Er schrieb darüber:

Kurz nach Mittag umschifften wir das Kap St. Diego und kamen
in die berühmte Le-Maire-Straße. Wir hielten uns knapp an der
feuerländischen Küste, aber durch die Wolken ließ sich der Umriss des zerklüfteten, unwirtlichen Staten-Landes ausnehmen.
Am Nachmittag gingen wir in der Bay of Good Success vor
Anker. Bei unserer Ankunft wurden wir auf eine Weise be-
grüßt, wie es sich für die Bewohner eines wilden Landes ge-
ziemt. Eine Gruppe von Feuerländern, halb versteckt im Blät-
tergewirr des Waldes, saßen an einer wild zerklüfteten Stelle,
die über dem Meer hing; und als wir vorbei kamen, sprangen sie
auf, schwenkten ihre zerfetzten Umhänge und ließen einen lauten und klangvollen Ruf ertönen. Die Wilden folgten dem
Schiff, und als es gerade dunkel wurde, sahen wir ihr Feuer und
hörten erneut ihren wilden Ruf.

Das Bild stellte eine Familie dar. Dunkle Menschen, die ihre Augen
mit langen klobigen Fingern beschatteten.

Vom Museum ging ich noch bis ans Ende der Stadt, zurück zum
Flughafen. In der kleinen Bucht lag ein robuster Rahsegler vor Anker, der den Namen *Contramaestre Micalvi* trug. Ein stämmiger
Mann um die sechzig sprang aus einem hochrädrigen Geländewagen
und ging die Anlegestelle entlang. »Hi! Ich bin Charlie. Komme aus
Boston, Massachusetts, aber jetzt bin ich so viel hier, dass ich schon
zu Puerto Williams gehöre. Kommen Sie doch mit an Bord und sehen Sie sich um.« Ein Informationsblatt beschrieb das Boot als einen
ehemaligen 850-Tonnen-Frachter vom Rhein, der 1928 zum Munitionstransport zwischen den Magellanen hierher gebracht worden

192

Die *Captain Leonidas* an der Cotopaxi-Bank, English Narrows, in Chiles Western-Kanal. »Wie viele Menschen leben hier?« fragte ich. »Keine.«

Blick aus Gonzalo's, Avenida San Martín, Ushuaia, von meinem Zimmer im Hotel Alakaluf aus.

Linke Seite: Die *County of Peebles,* Punta Arenas. Zu ihrer besten Zeit war es so, dass »jedes Segel, jede Spiere und jedes Seil mit dem Lied des Sturmwinds summte, brüllte und pfiff«.

Landung: die Schlauchboote werden von der *Sergje Wawilow* auf den Südlichen Shetlandinseln entladen.

Punta Arenas. Palast der Sara Braun, der Witwe eines der Begründer der Sociedad Explotadora del Tierra del Fuego. Für seinen Bau wurde 1895 das gesamte Material aus Europa importiert.

Die Besitzer dieser Paläste zahlten an Männer, die hoch zu Ross auf nackte, nur mit Pfeil und Bogen bewaffnete Indianer schossen, ein Kopfgeld von einem Pfund.

Im Schutz der Kondore: Despard Bridges selbstgebautes Boot. Estancia Harberton, Beaglekanal.

Morgenstimmung auf der antarktischen Halbinsel, Le-Maire-Kanal. Das Festland, auf dem wir nicht anlegen konnten, liegt links davon, die Booth-Insel rechts.

Die Straße nach Rio Verde: Nicolas und Violetas Estancia mit dem Skyringbecken im Hintergrund.

Das Neujahrsrodeo, Chonchi, Chiloé-Insel.

Blick von Selkirks Aussichtspunkt: Robinson-Crusoe-Insel, Juan-Fernandez-Inseln.

Der Beaglekanal, die dunkle Arterie durch Feuerland.

war. 1962 wurde er im eigenartigen Spanisch der Informationsblätter »zum Ponton« und später, in Anerkennung der geleisteten Arbeit, zum Denkmal erklärt. Ganz nebenbei hatte er auch ein Loch und war gestrandet.

Als ich mich verabschiedete, wies Charlie mit der Hand zum Berg hinauf. »Cerro Bandera, netter Spaziergang. Maximal 'ne Stunde bis zum Gipfel.«

Zeitbegriffe können aber recht unterschiedlich sein.

Cerro Bandera

Auf dem Schiff in die Antarktis war ich an diesen Hügeln vorbeigefahren und hatte mir damals vorgenommen, bei Gelegenheit hinaufzusteigen. Ich hatte nichts zu essen und nichts zu trinken bei mir, aber das Wasser in den Bächen war sauber, und selbst wenn Charlie optimistisch geschätzt hatte, würde ich bestimmt nicht länger als zweieinhalb Stunden unterwegs sein. Ich folgte Charlies Anweisung und stieg in leichtem Regen einen Waldweg hinan.

Nordamerikanische Biber sind hier von einem Mann namens Schindler eingeführt worden. Sie haben mit ihren Dämmen seichte Seen geschaffen und ganze Landstriche sumpfig gemacht. Aber wir müssen dem Mann vergeben, denn er ist auch der Wohltäter aus Schindlers Liste. Der Regen war inzwischen stärker geworden. Ich duckte mich unter die verkrümmten Zweige eines Baums am Rand eines dieser Seen und sah wohl aus wie ein Reiher mit ausgebreiteten Flügeln. Bäume standen sterbend im neuen Wasser. Ein jeder ihrer Zweige war über und über mit Flechten bedeckt. Als der Regen etwas nachließ, ging ich weiter zu den Wasserfällen, wo ein Teil des Bachs zur städtischen Wasserversorgung in ein Rohr geleitet wird. Ich aß ein paar Beeren und sah dabei einer Bisamratte zu, die vor mir auf den Weg geklettert war. Mit einem Grasbüschel im Maul kam sie auf mich zu. In letzter Minute hielt sie an, sah mich, machte dann eine Slapstick-Kehrtwendung und rannte zum Bach.

Ich hatte das Tier erkannt, weil ich eines davon im Museum gesehen hatte. Damals hatte ich es allerdings für ein schlecht ausgestopftes Exemplar gehalten. Der etwa sieben Zentimeter lange Körper der Tiere ist ausgebeult und strukturlos, mit einem Schwanz, der wie eine dicke Version eines Rattenschwanzes aussieht. Auch in der Natur gleichen sie einem schlecht ausgestopften Museumsstück. Immerhin muss es ein schwacher Trost sein, zu wissen, dass man nach dem Tod selbst in den Händen des schlechtesten Balsamierers keineswegs lächerlicher aussieht als im Leben selbst.

Der Weg wurde zu einem kaum erkennbaren, steil ansteigenden Pfad. Hier oben war der Wald seit dem Ende der Eiszeit vor neuntausend Jahren nicht mehr geräumt worden. Am Boden war es ganz still, aber höher oben blies der Wind mit aller Macht durch die Baumkronen. Zwischen verfaulenden Buchenblättern, die nicht größer waren als der Fingernagel eines Kindes, fristeten winzige, zarte Blümchen ein karges Dasein. Am Fuß der Baumstämme hatte sternförmiges Moos glänzend grüne Polster gebildet. Einige der Bäume trugen frische Löcher, die so groß waren, dass ich meine Faust hineinstecken konnte. Sie waren das Werk des prächtigen schwarzen Magellan-Spechts, eines kohlrabenschwarzen Vogels mit scharlachroten Schnurrhaaren rund um den Schnabel.

Ich stieg weiter hinauf, hatte aber keinen Ausblick und konnte daher nicht sehen, wie weit ich schon gekommen war. Eine Stunde war inzwischen vergangen. Das Singen der Vögel hatte aufgehört. Ich hatte nichts zu essen und es gab jetzt auch kein Trinkwasser mehr. Nach eineinhalbstündigem Marsch hatte ich Durst und Hunger. Ich nahm mir vor, Charlie eine neue Uhr zu kaufen. Als ich mich auf einer Lichtung ein wenig ausruhte, hörte ich etwas wispern. Gänsehaut überzog meine Arme. Tapfer machte ich die Runde und entdeckte die Ursache für das unheimliche Geräusch. Drei Bäume waren auf ihre Nachbarn gekippt und rieben gegen das frische Holz.

Amerikanische Forscher haben das Wachstum von Bäumen in den Urwäldern im Süden Chiles studiert. In einem ihrer Artikel ist ein Mann abgebildet, der zwei spindeldürre Bäume zu beiden Seiten von sich streckt, wie ein Vater, der einen Christbaum auswählt. Dem einen Baum, der etwas größer als er selbst war, hatte man ein Alter von siebenundneunzig Jahren zugeschrieben und dem kleineren hundertelf Jahre. Bei dieser Baumart wächst der Stamm im Jahr um durchschnittlich zwischen einem halben und drei viertel Millimeter. Die großen Buchen um mich herum waren mindestens tausend Jahre alt und wuchsen noch immer. Aller Wahrscheinlichkeit nach hatten die ältesten Bäume ihre ersten zaghaften Wurzelchen zu einer Zeit ins Erdreich versenkt, als Alarich vor sechzehnhundert Jahren Rom einnahm. Und es ist durchaus möglich, dass sich die ganz alten unter ihnen derselben Sonne zugewandt haben, die auch Christus beschienen hat.

Eine Gruppe von Bäumen war mit kreisrunden Schwämmen von einem intensiven Orange in der Größe von Walnüssen behangen. Es waren *Cytarria darwinii*, von den Yámana *yóken* genannt, die sie beim Jagen als Kraftnahrung verzehrten, aber nicht so besonders mochten. Ich schnitt einen der Schwämme auf. Das breiige, gallertartige Fleisch schmeckte eigentlich nach gar nichts.

Vor fünfzig Jahren war ein weit gereister Mann namens Tschiffely, der einmal zwei Pferde von Patagonien nach New York geritten hatte, auf einen englischen Einsiedler gestoßen, der hier im Wald lebte. In einem winzigen Zelt aus Robbenhäuten. Er fing Tiere in Fallen und lebte von den *yóken*. Alle paar Monate kam er zu einer Ranch und bat um Zucker und Salz, was man ihm auch gab. Weiter nördlich, auf der argentinischen Seite der Anden, hatte ein Österreicher in einem entlegenen Tal hinter einem Stacheldrahtzaun seine Bleibe aufgeschlagen. Nicht in einem Haus, sondern in einem Observatorium. Auf einem Schild am Eingang stand: »Geht weiter! Hier ist kein Gasthaus.« Tschiffely konnte nur einen Mann finden, der jemals dieses Schild passieren durfte. Und der hatte drinnen eine prächtige Bibliothek, durchwegs mit Werken über Astronomie, und einen gebildeten Mann gefunden, der mit seinen Beobachtungen den Beweis erbringen wollte, dass der Mond eines Tages unweigerlich auf die Erde fallen würde.

Ja, hier ist ein guter Ort für Obsessionen. Auch die Yámana hatten eine Legende von einer Flut, die Bridges folgendermaßen erzählt:

Vor langer Zeit fiel der Mond ins Meer, das daraufhin mit viel Getöse anstieg, genau wie es Wasser in einem Eimer tut, wenn man einen großen Stein hineinwirft. Die einzigen, die diese Flut überlebten, waren die glücklichen Bewohner der Gable-Insel, die vom Meeresboden brach und an die Wasseroberfläche stieg. Bald standen die Berge rundum unter Wasser und das Völkchen auf der Gable-Insel sah in alle Richtungen um sich und erblickte bis zum fernsten Horizont nur den Ozean. Die Insel schwamm nicht. Irgendwie war sie verankert; und als sich der Mond wieder aus dem Meer erhob und das Wasser zurückging, setzte sie sich am selben Platz wie zuvor fest, mit ihrer Last von Menschen, Guanako und Füchsen, mit denen schließlich die Welt wieder bevölkert wurde.

Erstaunlicherweise hatten die Yámana irgendwie erraten, dass der Mond eine ähnliche Größe wie die Erde hat.

Durch einen Spalt zwischen den Bäumen konnte ich die Berge nebenan ausmachen: schneebedeckt. Eine Stunde lang war ich einen Hang hinaufgeklettert, der steil wie eine Leiter war. Und plötzlich sah ich Licht vor mir. Hier hatten die Bäume noch ihre volle Größe, aber zehn Meter höher waren sie nur noch halb so hoch. Und weitere zehn Meter darüber war freies Gelände. Schnell stieg ich hinauf und stand mitten unter Gestein und Alpenblumen. In kleinen Polstern, aus denen winzige Blättchen und zarte sternförmige Blüten ragten, bedeckten sie den Boden. In der Hand fühlten sich die Pflänzchen aber hart und zäh an. Es begann zu schneien. Ich stieg zu einem Kiessims hinauf, von dem ich einen guten Ausblick hatte.

Im Wald hatte ich gar nicht bemerkt, wie steil der Hang war. Wenn ich jetzt nur einen Schritt vorwärts getan hätte, wäre ich genau wie die Steine, die sich gelöst hatten, meterweit hinuntergerollt. Ich ließ mich auf den Boden fallen. Vom Gipfel konnte ich noch immer nichts sehen und machte mir nun auch Sorgen über das zunehmend schlechte Wetter. Zu meiner Linken ging mein Blick sechs bis acht Kilometer in Richtung Westen. Der Wind trieb die Gischt wie weiße Pferde den Kanal hinunter gegen Osten, wo die Picton-Insel mitten in der Öffnung zum Atlantik hin in einem blassen Sonnenlicht erstrahlte. Die Stadt lag nicht nur unter mir, sondern praktisch unter meinen Stiefeln, und die blauen rechteckigen Dächer wirkten von hier oben wie Schwimmbecken. Die Fregatte sah aus wie ein selbst gebautes Miniaturmodell, das ich ganz einfach mit der Hand hochheben könnte. Der Schnee fiel nun in dichten Flocken. Nachdem ich mich gut umgesehen hatte, war es wohl an der Zeit, an eine Umkehr zu denken.

Ich machte zwei oder drei Schritte auf die Bäume zu. Dann blieb ich stehen und sah hoch. Vor mir stieg der Bergrücken zu einer breiten Kuppe an. Ich hatte mir diese Gipfel vom Schiff aus angeschaut und beschlossen, mir den Blick von ganz oben zu gönnen. Vielleicht würde sich das Wetter am nächsten Tag verschlechtern. Kurz entschlossen drehte ich um, lief den Hang hinauf und war nach hundertzwanzig Metern auf der flachen Kuppe angelangt. Unter mir erstreckte sich ein bewaldetes Tal ins Innere, zu den Seen und in Richtung des Kap Hoorn. Der Wind hatte nachgelassen und die Sonne war hervorgekommen. Im ganzen Rund ging mein Blick nun viel weiter. Ich überlegte gerade, wie weit westlich ich wohl sehen konnte, als sich das Sonnenlicht in einem Fenster fing. Dieses Fenster hielt im vierzig Kilometer entfernten Ushuaia den Wind von einem Haus ab. Mein Blick erstreckte sich gegen Osten über die Picton-Insel nach Lennox und bis zur Nueva-Insel. Puerto Williams und die Biberseen waren hinter dem Hügelkamm verschwunden. Genauso hatte das Land an jenem Tag ausgesehen, als die Haush von ihrem Versteck aus die Spieren der *Beagle* in die Bay of Good Success biegen sahen, und als ein Ruf aus der Dämmerung der Menschheitsgeschichte ihre Kehlen füllte.

Ich tanzte. Ich tanzte.

Blumen im Marmeladenglas

Am Morgen peitschte der Regen horizontal durch die leeren Straßen von Puerto Williams, der schließlich in Hagel überging. Als ich über die Stadt hinweg zum Cerro Bandera hinaufblickte, sah ich, dass es über einer Höhe von dreihundert Metern schon schneite. Bei diesem Wetter hätte ich den Aufstieg allein nicht wagen können. Ich wanderte hinüber zum Friedhof, der von einem Holzzaun umgeben war. Ein weißes Pferd stand davor. Das kniehohe Gras hatte meine Jeans schon völlig durchnässt. Hier war das Grab. Kleine Blumen in einem Marmeladenglas ließen die Köpfe im Regen hängen.

»Rosa Yaghan de Milicic, geboren 2. März 1903 in Tekenika, gestorben 4. April 1983 in Puerto Williams.« Dieselbe Grabschrift wurde auf Yaghan und Spanisch verfasst:

> *Annu Halayala san skar*
> *Wathuineiwa annu katuti hiske.*
>
> *Ya los he dejado*
> *Dios me llevó con el.*

Was so viel heißt wie:

> Ich habe sie bereits verlassen
> Gott hat mich mitgenommen.

Und darunter auf Englisch: »Die wahrscheinlich letzte vollblütige Yámana.« Man hatte diese Inschrift hinzugefügt, als immer mehr Touristen in die Gegend kamen.

Geboren in Tekenika. Selbst dieser Name birgt bereits das Unüberbrückbare zwischen dem Alten und dem Neuen in sich. Kapitän Fitzroy war mit den Ureinwohnern die Küsten entlanggefahren und hatte sie immer wieder nach den Namen der einzelnen Orte gefragt. Sie hatten keine gemeinsame Sprache. Auf frühen Karten trägt ein Gebiet den Namen Yaapooh. Fitzroy hatte in der Ferne auf einen

Küstenstrich gezeigt und nach dem Namen gefragt. Der Eingeborene sah mit seinem scharfen Jägerblick hin und antwortete *iapooh* – Otter. Es war ja gar nicht immer so leicht zu wissen, was die Fremden eigentlich wollten. In einer Bucht der Hoste-Insel sagte der einheimische Führer ganz einfach *Teke uneka* – ich verstehe nicht. Und schon war der Name eingetragen – Tekenika. Sie ist immer noch da, die I Don't Understand Bay – die Ich-verstehe-nicht-Bucht.

Als Thomas Bridges nach Harberton gezogen war, plante die Südamerikanische Missionsgesellschaft, eine völlig neue Mission in einem noch unwirtlicheren Gebiet zu errichten. Schiffe, die die Kap-Umrundung nicht geschafft hatten, liefen oft in der Bucht zwischen dem Kap Hoorn und den Wollaston-Inseln im Süden und den großen Navarino- und Hoste-Inseln im Norden ein. Hier, so hieß es, kamen sie dann zumeist aus Not um oder wurden von den Yámana ermordet. Die Missionsgesellschaft hatte es sich nun zum Ziel gesetzt, zu den Menschen in diesem südlichsten Teil der Erde zu kommen und sie dem Erlöser zuzuführen.

Leonard und Nellie Burleigh hatten elf Jahre lang für die Gesellschaft auf den Falklandinseln gearbeitet und dort auch Yahgan gelernt. Sie hatten eine kleine Tochter namens Kate. Leonard war Tischler. Er wäre also durchaus in der Lage – so die Missionsgesellschaft – für seine Familie ein Haus, eine Mission und andere notwendige Gebäude zu bauen. Am 14. Oktober 1888 traf Kapitän Willis mit der *Allen Gardiner* auf der Grevy-Insel ein. Allerdings hatte vorher niemand herausgefunden, ob das Boot innerhalb von zwei Meilen vom gewählten Standort anlegen konnte und ob es in einem Umkreis von eineinhalb Meilen davon auch Holz und Trinkwasser gab. Außerdem merkten sie bei ihrer Ankunft, dass die Winde aus der Antarktis direkt auf die Stelle zu bliesen.

Am nächsten Tag kamen sie auf die Bayly-Insel, für die sie von der Missionsgesellschaft keine Genehmigung hatten. Hier gab es aber einen besseren Standort. Burleigh nahm das Risiko auf sich und ging an Land. Kapitän Willis und seine Männer blieben noch eine Weile bei ihnen und halfen, eine Lichtung für das Haus auszufällen und

Steine für einen Anlegeplatz herzurichten. Dann wurden die Teile für ein Holzhaus abgeladen und zusammengebaut. Schließlich fuhr die *Allen Gardiner* wieder ab und die Burleighs waren nun sechzig Meilen vom Kap Hoorn von der Außenwelt völlig abgeschnitten.

Burleigh schrieb über die Bayly-Insel: »Ich würde Sie beleidigen, wenn ich Ihnen deren wahren Zustand beschriebe; es genügt wohl, wenn ich sage, dass ich es nicht für möglich gehalten hätte, dass Menschen in einem derartigen Zustand von Widerlichkeit und Schmutz existieren können. Insbesondere eine Familie befand sich in einem entsetzlichen Zustand und ein armes Kind wurde von Ungeziefer praktisch aufgefressen. Es war zum Skelett abgemagert und das Leben schien ihm eine Last zu sein.«

Innerhalb kurzer Zeit hatten sich an die hundert Yámana um die Missionsstation herum niedergelassen. »Die verzweifelten Ausbrüche von Rohheit und Leidenschaft haben sich seit unserem Kommen sicher gelegt, trotzdem sind wir aber fast täglich Zeugen grausamer Szenen, die einen erschauern lassen.« Burleigh versuchte die Indianer mit Arbeit zu beschäftigen, während seine Frau grundlegende Gesundheitsregeln lehrte. Da witterten die Medizinmänner Konkurrenz und schmiedeten Komplotte.

Die Familie wollte Obst und Gemüse anbauen, aber das Klima machte fast alles zunichte. Das Versorgungsschiff kam immer zu spät und brachte viel zu wenig. Es war ein ständiges Warten und ein mühsames Sich-Durchschlagen. Oft war das Wetter so schlecht, dass sich selbst die Yámana nicht hinauswagten und in ihren undichten Hütten blieben. Der arme Burleigh bat um mehr Geld, doch die Missionsgesellschaft war selbst schon fast pleite und der südliche Außenposten war keine Priorität mehr. Die Burleighs gaben sich damit zufrieden, dass wenigstens ein alter Yámana ihre Botschaft verstanden hatte und an sie glaubte, und sie tauften ihn.

Es war offensichtlich, dass die Mission nie in der Lage sein würde, auf eigenen Füßen zu stehen, und da kein Geld mehr da war, sie von außen zu unterstützen, sollten die Burleighs wieder abziehen. Sie packten also alles zusammen und warteten. Dann kam die Nachricht, dass man sie noch nicht abholen konnte. Also packten sie wieder aus und hielten weiter durch. Es kam ein erneuter Anruf zur Evakuierung. Sie packten. Wieder kam eine Meldung. Sie packten aus. Im April 1892, nach mehr als drei einsamen Jahren, wurden sie von den Missionsbehörden etwas weiter in den Norden gebracht, zu einer kahlen, aber etwas größeren und nicht so exponierten Mission auf der Hoste-Insel. Elf Jahre später kam in dieser Mission in der Tekenika-Bucht ein kleines Yámana-Mädchen zur Welt, als Tochter vollblütiger Yámana-Eltern. Als sie starb, gab es keine vollblütigen Yámana mehr, die sie ans Grab begleiten konnten. Sie hatte den Namen Rosa Yahgan de Milicic erhalten.

»Die Tekenika-Bucht«, schrieb Bischof Stirling, »ist besser als die Bayly-Insel, was Klima und Boden anbelangt, was allerdings nicht viel zu sagen hat.« Die Burleighs plagten sich weiter. Ein Jahr später ging im Büro der South American Missionsgesellschaft in England ein kurzer Brief ein:

Ich muss Ihnen eine überaus traurige Nachricht übermitteln. Mein kostbarer Gatte ist heute Nachmittag in der Bucht ertrunken. Ich kann nicht mehr darüber sagen. Er hatte sich große Sorgen über ein paar Bergarbeiter gemacht, die soeben abgezogen sind, und heute Sonnabend wollte er etwas Ruhe haben und fuhr im Boot hinaus, auf mysteriöse Weise muss er über Bord gefallen sein; ich weiß es nicht. Möge Gott mir und meinen lieben Kindern beistehen. Gottes Wege sind geheimnisvoll, aber alles, was er tut, geschieht aus Liebe.

Nellie Burleigh

Bischof Stirling sagte, dass Burleigh von einer Sturmböe überrascht worden und ins Wasser gefallen sei, sich dann im Kelp verfangen hätte und spurlos versunken sei. Zur selben Zeit waren auch etliche Yámana in ihren Kanus in der Nähe gewesen und mehrere Frauen sprangen sofort ins Wasser, um nach ihm zu suchen (Schwimmen war Frauensache). Man fand aber keinen Leichnam.

Rosa Yahgan de Milicic erinnerte sich, dass man ihr die Yámana-Fassung des Vorfalls erzählt hatte. Angeblich war Burleigh bei einer Yámana-Frau von deren Tochter überrascht worden und hatte sich aus Scham und Reue ertränkt.

Rosa liegt in ihrem Grab mit dem Gesicht nach Norden, auf einer Insel neben ihrem Geburtsort auf Hoste.

Rosa Yahgan de Milicic.

Olga Hernandez

Ich ging wieder hinaus und die Küstenstraße entlang. Mein Notizbuch trägt heute noch Spuren des damaligen Regens. Unweit von Villa Ukika sah ich einen jungen Mann und seine Mutter, die mir entgegenkamen. Aus einiger Entfernung riefen sie mir zu: »John! John!«

»Ihr wisst, wer ich bin?«

»Ja, du willst mit der Yámana, mit Olga, sprechen!«

Der junge Mann schlug sich auf die Brust. »Yámana!« Dann nahm er meine Hand. »Brüder. Komm uns besuchen.« Ich wusste nie, ob die Männer hier betrunken waren oder nicht. Seine Mutter litt an einem nervösen Zucken, das ihren Kopf beim Sprechen zur Seite schnellen ließ. Sobald sie ihre dünnen Lippen zu einem Wort formen wollte, hielt sie inne, und ihr Kopf begann wieder seine Zuckungen. Ich nahm ihre Hand und drückte sie. Sie nickte mir zu. Dann gingen die beiden weiter.

Olgas Hütte war winzig. Gartenzaun und Gartentor reichten mir bis an die Brust. Ich löste die Schnurschlinge am Tor und ging aufs Haus zu. Im langen Gras des Vorgartens standen ein alter, roter Stuhl, Schüsseln mit kreosotbraunem Wasser und eine kleine Plastikwanne. Zwei abgetretene Holzstufen führten zur Eingangstür, deren Fenster mit zwei Hartfaserplatten verkleidet war. Ich klopfte leise an. Die Hauswände waren flache Metallplatten. Das Fenster rechts von der Türe hatte zwei Glasscheiben, die übrigen waren durch ein

Stück Karton und ein Brett ersetzt worden. Hinter der unteren Scheibe erschien das Gesicht einer Frau, die ich auf Ende sechzig schätzte. Ihr braunes Gesicht war von Runzeln durchfurcht, ihr dichtes Haar oben am Kopf grau und um die Schultern braun. Ich winkte ihr zu. Ich wusste nicht, ob ihr die Nachbarn schon erzählt hatten, dass ich kommen würde. Sie lächelte und nickte. Dann war es in der Hütte eine Weile still, bis ich hörte, wie Schuhe zum Anziehen mit aller Gewalt gegen den Boden getreten wurden. Wieder vergingen Minuten. Es hatte inzwischen zu hageln begonnen.

Die Frau öffnete die Türe. Ich stand da, im Hagel der Eiskörner, die von mir abprallten, und erklärte ihr, wer ich war. Sie trug Jeans und einen langen, braunen Pullover mit Ringelmuster.

Sie nickte. »Ich weiß, ich habe Sie erwartet.« Sie nahm meine Hand und gab mir einen Kuss auf die Wange. »Kommen Sie rein.«

Ich trat in ein warmes Zimmer, der einzige Raum im Haus. Dann führte sie mich zu einem kleinen Küchentisch hinter der Tür und zog darunter einen Schemel für mich hervor. Sie stellte sich auf die andere Seite des Tischs, nahm etliche Kleidungsstücke von einem kleinen Lehnstuhl und warf sie aufs Bett. Das wiederholte sie zweimal, aber es war immer noch nicht genügend Platz für sie auf dem Sessel. Schließlich drückte sie den Kleiderhaufen einfach nach hinten und machte damit einen kleinen Streifen für sich frei. Bevor sie sich aber setzen konnte, war der Haufen schon wieder nach vorn geglitten. Entmutigt blickte sie um sich. »So eine Unordnung.«

Ich erklärte ihr, dass ich unser Gespräch gerne auf Kassette aufnehmen würde. Sie schob das Durcheinander auf dem Tisch nach hinten, säuberte die freie Tischecke mit der Unterseite ihres Ärmels und breitete eine Bluse darüber aus. Dann griff sie sich unter den Pullover und zog den Reißverschluss ihrer Jeans hoch. Als sie sich niederbeugte, um die ausgefransten Ränder ihrer Jeans hochzukrempeln, sah ich, dass sie feste Schuhe aus dem Kaufhaus anhatte. Sie roch wie eine Frau, die ihr Leben allein mit Haustieren teilt.

Auf der anderen Seite der Türe standen ein Herd und ein Holzofen. In einem Alkoven in der gegenüberliegenden Ecke war eine Toilette untergebracht. Das Waschbecken befand sich in der Mitte der rückwärtigen Wand. In der linken Ecke stand ein Bett, das unter einem Berg von Kleidungsstücken verschwand. Die Hitze vom Holzofen versengte meinen Rücken. Ich zog meine Jacke aus und hängte sie an einen Nagel an der Tür.

»Wie viele Leute gibt es noch, die Yahgan sprechen?«

»Acht?«

Ein andermal waren es drei oder fünf.

»Meine Mutter war eine reinblütige Yámana, mein Vater hatte spanisches Blut. Er kam aus Puerto Montt im Norden. Nach ihrer Heirat haben sie zumeist hier gelebt. Ich bin hier geboren.«

»Können Sie für mich etwas auf Yahgan sagen?«

Sie sagte mir die Namen für Messer und Gabel, Kind und Haus, wiederholte danach das spanische Wort.

»Können Sie sich an ein Lied aus Ihrer Kindheit erinnern?«

»Ja«, sagte sie zuversichtlich und legte dabei, wie um sich für das Singen bereit zu machen, eine Handfläche auf die andere. Nach einer halben Zeile hielt sie inne. Ich wartete, dass sie wieder ansetzen würde. Doch sie runzelte die Stirn und sagte: »Ich habe den Rest vergessen.« Sie lächelte, leicht erstaunt. »Nichts mehr.« Sie hatte die Stirn noch immer in Falten gezogen, lächelte dabei aber. »Rauchen Sie?«

»Nein.« Ich zog meinen Asthma-Inhalator hervor. »Ich hab's kostenlos an der Brust.«

Sie griff auf ein Regal und holte einen identischen Inhalator herunter. »Es ist das Rauchen, haben Sie geraucht?«

»Nein, ich hatte schon als Baby Asthma.«

»Manchmal muss ich zum Doktor, das kostet 'ne Menge Geld, einmal ging's mir sehr schlecht.«

»Haben Sie einen Mann von hier geheiratet?«

»Ja, er war ein reiner Yámana. Wir haben hier in diesem Haus gelebt. Er hat gearbeitet, hat gemacht, was er konnte. Holz gefällt, auf dem Feld gearbeitet. Er hat schwer gearbeitet, von früh bis spät.«

»Haben Sie Kinder gehabt?«

»Nein, keine Kinder. Eines Tages ist er hinausgegangen.« Sie sah durchs Fenster auf Regen und Hagel. Das Feuer im Ofen knisterte. »Er hat einen Herzschlag erlitten und ist auf dem Feld gestorben, wo er gearbeitet hat. Dann sind sie gekommen und haben es mir gesagt. Ich ging hinaus zu dem Feld. Da war er schon tot. Eines Tages ist er hinausgegangen und nicht mehr zurückgekommen.«

Ich stellte mein Aufnahmegerät ab. »Möchten Sie hören, was wir bisher gesagt haben?«

Eine kurze Pause. »Ja.«

Sie horchte und nickte bei ihren eigenen Worten zustimmend, als ob sie damit bestätigen wollte, dass es die Maschine gut getroffen hatte.

Unter dem Bett lagen ein Werkzeugkasten, Gummistiefel und noch mehr Schuhe verstreut. Mir wurde bewusst, dass die Frau bei meiner Ankunft ausgezogen unter dem Kleiderberg gelegen hatte. Zwischen den Kleidern lugte eine offene Packung Spaghetti und mehrere Zigarettenschachteln, America, Hilton und Hollywood, hervor.

»Ist es das erste Mal, dass Sie Ihre eigene Stimme gehört haben?«

»Ja.«

»Viele Leute hören sich selbst nicht gerne, macht es Ihnen etwas aus?«

»Nein, gar nichts.« Sie fand meine Frage eigenartig.

»Wie alt sind Sie?«

»Achtundfünfzig.«

»Darf ich ein Foto von Ihnen machen?«

»Ja.«

Unschuldig stand sie im Türrahmen. Wir verabschiedeten uns mit einem Kuss auf die Wange. Ich ging hinaus ins letzte Licht des Tages und in den sintflutartigen Regen.

In Marios Haus krachte der große Eisenofen in der Küche. Mit den Worten »Kommen Sie rein zu meinen Freunden« zog mich Mario hinein.

El Niño

Zwei Männer, wie er um die Ende vierzig, saßen um den Esstisch, auf dem zwei Kartons mit Rotwein standen. Die Ehefrauen und erwachsenen Töchter waren um einen anderen Tisch beim Fenster gruppiert. Etliche von ihnen hatten Kinder auf den Knien, die mit Buntstiften malten. Ich zog meine Windjacke aus und hing sie neben den Ofen. Der Regen schlug prasselnd gegen das Fenster. »El Niño«, sagte Mario. Die beiden anderen Männer nickten. Der kleinere Mann mir gegenüber klagte: »Es ist alles durcheinander, das Wetter, auf der ganzen Welt. Kennen Sie El Niño auch in Wales?«

Ich bejahte.

»Wales«, sagte der Mann mit den Messingknöpfen auf seinem Blazer. »Wo ist denn Wales? Gehört es zu Großbritannien oder zum Vereinigten Königreich?«

Ich erklärte es ihm und Mario nickte zum Fernseher hinüber. Da waren braunhäutige Kinder auf einer Straße zu sehen, die mit den Händen in die Luft griffen. »Mexiko Stadt«, sagte er, »dort schneit es.«

»El Niño«, wiederholte der kleine Mann und wir nickten alle gemeinsam. Daraufhin öffnete Mario den zweiten Karton und goss uns nach.

Der Mann mit den Messingknöpfen lehnte sich vertraulich zu mir herüber. »Also, wo genau in England liegt Wales?«

Ich erklärte es erneut, diesmal mit Zeichnungen. Marios Frau und Tochter lächelten amüsiert.

Der Regen hieb mit immer größerer Wucht gegen das Fenster. Wir aßen Nudeln und Chorizo. Die Frauen hatten sich zum Essen zu uns gesetzt, zogen sich danach aber wieder ans Fenster zurück. Der zweite Karton ging zur Neige. Ich holte eine Flasche Rotwein aus meinem Zimmer. Als ich herunterkam, war Marios Jacke nass und zwei weitere Kartons mit Wein standen in einer Papiertüte auf dem Tisch. Bei den Gauchos heißt es: »Ein Glas reicht aus, zwei sind zu viel und drei

sind bei weitem nicht genug.« Als wir schon fast das Ende des drit-
ten Kartons erreicht hatten, merkte ich, wie sich der Mann mit den
Messingknöpfen wieder vorbeugte. Er drückte mit der Spitze seines
Zeigefingers gegen den Tisch.

»Wales ist unabhängig, ja?«

»Teils.«

Er schob seinen Finger nach links und zog eine Weinspur dahinter her. »Und es liegt im Westen?«

»Ja.«

Er goss sich ein großes Glas voll. »In Schottland!«

Ich füllte ein Glas für mich, trank es in einem Zug leer und ging
zu Bett.

Die Temperatur in meinem Zimmer lag Tag und Nacht ein paar
Grad über Null. Die Bettlaken waren so dünn, dass ich fürchtete, ich
würde mit den Füßen gleich Löcher hineinreißen. Ich goss Rum in
einen Emaillebecher. Auf dem Bett lagen sieben Decken. Ich wickelte
alle fest um mich und träumte von goldenen Kindern in Mexiko, die
Schnee aßen.

Das Ritz 2

Ich flog nach Punta Arenas zurück und ging ins Ritz. »Ist Chatwins
altes Zimmer frei?«

»Ja.«

»Ich nehme es.«

Señor Fernandez führte mich hinauf. Das Zimmer war klein, aber
gut ausgestattet. Mein Wirt ging wieder hinunter und ich besah mir
eine Notiz beim Spiegel etwas näher. Ich hatte angenommen, dass es
sich dabei um eine Information über Chatwin handeln würde, las
dann aber: »Es ist verboten, nasse Kleidung in den Zimmern aufzu-
hängen. Wenn Sie nasse oder feuchte Kleidung haben zum Aufhängen, bitte geben über an Zimmermedchen.«

Ein Tisch mit einer grün angelaufenen Resopalplatte schwankte auf verbogenen Beinen hin und her. Weiße Schwäne zogen über die grünen Vorhänge. Ich setzte mich aufs Bett. Es war aus Chromstahl mit einem Kopfbrett aus Resopal. Es gab noch einen Schrank aus Edelstahl und einen schön furnierten Nachttisch, das einzige Qualitätsstück unter der Fabrikware, wie mir schien. Dann strich ich mit dem Finger darüber – auch Metall. Das Zimmer hatte kein Waschbecken. Einer der Tapetenstreifen neben der Türe klebte verkehrt an der Wand. Ich öffnete eine Flasche Rotwein und ging ins Badezimmer. Dann sah ich mich im Hotel um. Nicht nur Chatwins Zimmer war frei – auch alle übrigen Zimmer waren frei.

Bei meiner Rückkehr roch es in meinem Zimmer nach Obst. Ich streckte mich auf dem Bett aus und trank aus einem Emaillebecher.

Am Morgen ging ich in den Frühstücksraum des Hotels hinunter. Ein eiskalter Ballsaal, der von einem Radio beheizt wurde. Señor Fernandez kam herein, verbeugte sich, reichte mir die Speisekarte und drehte das Radio ab. Eine Kellnerin mittleren Alters brachte den Kaffee, eine andere, Mitte zwanzig, das Essen. In ihren schwarzen Uniformen aus billigem Material standen sie im Saal, während ich mein Frühstück aß. Nach einer Weile setzte sich die Ältere nieder, die Hände zwischen den Knien, den Rücken gekrümmt. Ich aß Eier, die wie für Rührei geschlagen und dann in einem kleinen Stahlnapf gegart worden waren. Jedes Mal, wenn ich mein Besteck niederlegte, kam die junge Frau auf mich zugestürzt und prüfte, ob ich schon fertiggegessen hatte.

Die Frau mit der Strickweste kam herein und stellte den Fernseher an. Señor Fernandez brachte eine Teekanne und ein Kännchen Milch. In einem regnerischen Santiago gaben ein paar Leute bedeutungslose Interviews. Dann war es Zeit für die Morgengymnastik im Fernsehstudio. Drei Mädchen mit Körpern, die einem neuen Jahrhundert anzugehören schienen, hatten sich hinter einem Brasilianer aufgestellt, dessen Schenkel so breit wie das Nil-Delta waren. Er dirigierte die nylonbezogenen Nymphen bei einem Disko-Tanz, den sie Aerobics nannten. Die Frau mit Señor Fernandez zeigte auf ein blondes Mädchen mit bunten Holzperlen im Haar. Mit einem wissenden Blick sah sie mich an, trommelte auf den Deckel der blauen Emaillekanne und nickte missbilligend.

Am zweiten Abend führte ich von einer Agentur aus mehrere Gespräche mit zu Hause. Ich gab der Frau am Kassenschalter die Telefonnummern, die sie für mich wählte und mir dann eine nummerierte Kabine anwies. Als ich wieder rauskam, bemerkte ich einen recht solide aussehenden Mann mittleren Alters, der im Raum herummarschierte und mit lauter Stimme vor sich hin redete. In seinem walnussbraunen Gesicht saß ein mächtiger, weißer Schnurrbart. Er fasste mich am Arm und redete auf Spanisch auf mich ein. Voller Erleichterung, dass sie ihm entkommen waren, sahen uns alle übrigen Leute im Raum fasziniert zu. Um seinen Redeschwall zu stoppen, log ich auf Englisch: »Ich spreche nicht Spanisch.«

Da schlug er sich triumphierend auf die Schenkel: »Und ich spreche kein Deutsch!«

Wieder im Freien, wanderte ich ziellos umher auf der Suche nach einer Bar. Ich war schon wieder auf dem Rückweg, als ich die junge Kellnerin aus dem Ritz traf. Nur mit Mühe erkannte ich sie in ihrer flotten braunen Cowgirl-Jacke. Ich lud sie auf ein Bier ein.

Sie hieß Liz Dennys Ramón. »Ich arbeite jetzt zum zweiten Mal im Ritz. Dazwischen war ich Cocktail-Kellnerin in Valparaiso im Norden. Dort habe ich genauso viel verdient, aber das Trinkgeld war viel besser. Mein Freund war aber hier unten, und da wollte ich nicht länger bleiben.«

»Hat er hier gearbeitet?«

»Er war ein schlechter Kerl. Hat nichts getan, nichts gearbeitet, nur den ganzen Tag herumgelungert und auf mein Geld gewartet. Aber ich habe zwei Kinder.«

»Von diesem Freund?«

Sie setzte sich zurecht und starrte mich missbilligend an. »Natürlich.«

Ich zuckte die Achseln. »Weiß ich ja nicht.«

»Ich habe meine Kinder geliebt. Hab für wenig Geld gearbeitet und er hat nichts getan. Er wollte Künstler werden, hat aber nicht an sich geglaubt. Nach einer Weile hat er überhaupt nichts mehr gezeichnet oder gemalt.«

»Und als du wieder hier warst?«

»Dann war es eine Zeit lang okay, ich hatte ja Erspartes. Dann habe ich mich aber bald entschlossen und ihn verlassen.«

»Und die Kinder?«

»Er hat sie, seine Mutter betreut sie.« Ihre Augen waren zum Spalt geworden. »Ich muss arbeiten, weil meine eigene Familie Geld braucht, aber seine Mutter hat eine kleine Rente.«

Wir waren eine Weile still. »Mir fehlen die Kinder. Hast du Kinder?«

»Nein.«

»Das hab ich mir gedacht.«

»Wieso?«

»Ich weiß so manches über dich. Du rauchst nicht, du trinkst Wein und bist unordentlich.«

»Ich pack meine Sachen nicht aus. In meinem Rucksack ist alles in kleinere Taschen verteilt. Ich stelle dann die Taschen, die ich brauche, geordnet auf den Boden. Ich kann sie in fünf Minuten wieder einpacken.«

»Es war mir unfassbar, was du für eine Unordnung im Zimmer gemacht hast.«

»Du hast mein System ruiniert. Ich werde nie mehr was finden.« Jetzt zuckte sie die Achseln.

»Wie ist die Arbeit im Ritz?«

»Okay. Macht es dir was aus, wenn ich dir beim Essen zusehe?«

»?«

»Beim Frühstück. Wir müssen uns hinstellen und schauen, ob du etwas brauchst. Mir wäre das unangenehm.«

»Das macht mir nichts.«

»Merkst du, dass wir dir zusehen?«

»Mir ist aufgefallen, dass euch kalt ist.«

»Ja, da drinnen ist es so kalt.«

»Ich glaube, der Manager hat letzte Woche denselben blauen Pullover angehabt.«

»Im letzten Jahr auch. Immer denselben.«

»Die Frau ist seine Mutter, nicht seine Frau?«

Sie lachte. »Ja, natürlich.«

»War er je verheiratet?«

»Nein, nie.«

»Und er hat immer geholfen, das Hotel der Familie zu führen?«

»Ja.«

»Und was machst du jetzt?«

»Ich habe einen Freund, wir haben zusammen eine Wohnung.«

»Was macht er?«

»Er ist Schriftsteller. Er ist so lieb«, ihr Gesicht strahlte, »ganz anders als der letzte.«

»Verdient er was?«

»Noch nicht, er fängt ja erst an, aber er hat viel Talent.«

»Hat er einen Job?«

»Nein, das würde ihn hindern, ein richtiger Schriftsteller zu werden. Es ist okay. Ich verdiene genug für uns beide.«

In der Bar war es ruhig geworden. Außer einem stattlichen Mann, der sich mit dem Besitzer unterhielt, sprach niemand. Die beiden sahen uns an. Sie war eine Frau, die die Blicke der Männer auf sich zog. Wir gingen. Auf der Straße war es schon fast dunkel. Ich wollte sie, sagte aber nur: »Bitte nimm nicht jeden Tag das Stück Karton unter dem Tischbein weg, ich muss schreiben.«

»Noch ein Schriftsteller«, sagte sie und ging den Hügel hinauf.

Beim Frühstück fragte ich den Manager: »Gab es da wirklich einen Verrückten, wie Chatwin geschrieben hat, der Steine gesammelt und gesagt hat, das seien Fische?«

»Ja, natürlich.«

»Und hat er wirklich Damenunterwäsche verkauft?«

»Es ist schon lange her.«

»Chatwin sagt, er hätte Damenunterwäsche verkauft.«

»Nein, das stimmt nicht. Er hat Zertifikate, Kupferplaketten und Qualifikationsurkunden verkauft.«

»Wofür?«

»Für Geld.«

»Ich meine, wofür waren die Zertifikate?«

»Was man so gebraucht hat.«

»Waren das Fälschungen?«

»Ja, aber gute. Da hat man ein einwandfreies Stück für sein Geld gekriegt.«

»Die Leute haben so was gekauft?«

»Ja.«

»Wieso denn, wenn es Fälschungen waren?«

»Damit sie sich etwas an die Wand hängen konnten, das sagt, dass sie eine Qualifikation haben.«

»Als Arzt?«

»Nein, nicht so was. Kleinigkeiten wie, dass sie eine Kamera reparieren oder einen Herd installieren können oder dass sie eine Prüfung bestanden oder ein Diplom für irgendwas haben. Er kam von irgendwo aus dem Norden, ich glaube aus Santiago, er war aber ganz bestimmt ein Chilene. Sie müssen verstehen, das ist schon fünfundzwanzig Jahre her.«

Ich packte meine Sachen zusammen und sah aus dem Fenster am obersten Treppenabsatz auf die Straße hinunter und dachte an Chatwin, wie er an der Marineakademie vorbeimarschierte. An die Kadetten, von denen nur ihr Mund und ihre Nasenflügel zu sehen waren. Dann ging ich hinaus in den Wind.

Die County of Peebles

Ich wanderte zum Marinemuseum von Punta Arenas, das auch den Caleuche Club für Marineoffiziere beherbergt. Vom Treppenabsatz aus machte das Museum einen recht leeren Eindruck. Vor mir lag eine Rolle purpurroter Tickets, aber es war niemand da, der sie mir verkaufen konnte. Ich ging hinein. Da waren Ausstellungsstücke, zumeist von völlig nutzlosen Denkmälern, die am Kap Hoorn und auf Cabo Froward, dem südlichsten Punkt des südamerikanischen Festlands, errichtet worden waren. Das einzige dieser Denkmäler, das wert ist, erhalten zu werden, wurde am 5. Dezember 1992 enthüllt. Es ist den Seeleuten gewidmet, die in den Gewässern um das Kap den Tod gefunden haben. Zwei auf die Spitzen gestellte, stählerne Dreiecke bilden eine Rautenform und der Raum dazwischen lässt in der Luft die Silhouette eines sieben Meter hohen Albatros erstehen.

Das Cape Froward hingegen hat viel Schlimmeres über sich ergehen lassen müssen. Dort erinnert ein recht hässliches Kreuz aus Reifen und Stangen, das wie eine aus Weiden geflochtene Druidenfigur aussieht, an den Besuch Papst Johannes Pauls II. Ein einundzwanzig Meter hohes Betonkruzifix, das 1956 aufgestellt worden ist, hat nur zwölf Jahre überdauert. Hier herrscht eben ein heidnisches Klima.

Es waren auch Modelle der kleinen chilenischen Marineschiffe ausgestellt, einschließlich der *Yelcho*, die Shackletons Mannschaft gerettet hatte. Der chilenische Text dazu hob hervor, dass sich dieses Schiff bei der ganzen Affäre durch besonderen Heldenmut ausgezeichnet hat. Die für die Fahrt im Eis völlig ungeeignete *Yelcho* befand sich zwar am richtigen Ort, war aber das falsche Schiff. Sie musste aber einfach her und hat sich bestens bewährt.

Ich hielt vor dem Bild eines wunderschönen viermastigen Klippers inne. Die *County of Peebles* lief am 25. Juli 1875 bei der Barclay Curle's Werft in Clyde vom Stapel. Dieser erste vollgetakelte Viermaster der Welt war eigenartigerweise nach einer völlig landumschlossenen Grafschaft in Schottland benannt worden. Wie die meisten der schnellen Segler aus der County-Serie, die speziell für die Fernostrouten ausgelegt waren, trat auch sie ihre Fahrten von Süd-Wales aus an und erzielte einen ihrer Rekorde auf der Strecke von Penarth nach Mauritius, die sie in sechsundzwanzig Tagen zurücklegte. Ein Tagebucheintrag eines ihrer Besatzungsmitglieder beschreibt, wie aufregend es war, wenn eine dieser für den Handelsverkehr bestimmten Rennmaschinen mit vollen Segeln und bei gutem Wind zur See ging, und mit einem Kapitän, der es verstand, das Beste aus ihr herauszuholen.

Auf dieser Fahrt schien sie bei voller Kraft zu sein. Nie werde ich den Nervenkitzel vergessen, als wir mit 15 und sogar 16 Knoten durch die haushohen »Graubärte« der südlichen Ozeane jagten, wie eine unwiderstehliche Macht ihren Kutter durch die brodelnden Gewässer trieb, die schäumenden Strudel im Kielwasser, die Segel steif wie Bretter im Wind, wie die tosenden zischenden Brecher, die das Heck hoben, am Schiff vorbeirollten und vorwärts drängten, See und Luft gefüllt mit ozongeladener Gischt, wie jedes Segel, jede Spiere und jedes Seil mit dem Lied des Sturmwinds summte, brüllte und pfiff, und wie dieser Gesang zu einem Crescendo anstieg, wenn sich das Schiff auf einen Wellenkamm hob, und wie es wieder verklang, wenn es in die relative Ruhe eines tiefen und breiten Wellentals abglitt.

Das war das Seemannsleben, das mein Urgroßvater kannte.

Das monatliche Grundgehalt eines normalen Schiffers war nur £ 20, aber Männer, die Schiffe derart ankurbeln konnten, standen hoch im Kurs. Kapitän Anthony Enwright hatte sich den Ruf erworben, aus dem englischen Klipper *Chrysolite* Topgeschwindigkeiten herausholen zu können, selbst wenn dieses Schiff die üble Gewohnheit hatte, unter Druck abzutauchen und dabei Männer, die am Bugspriet arbeiteten, über Bord in den Tod zu werfen. Man bot ihm die für damalige Verhältnisse unglaubliche Summe von £ 1000, wenn er auf den in Amerika gebauten 1462-Tonnen-Klipper *Lightning* überwechseln würde. Die Arbeit auf einem Klipper war so anstrengend, dass die Offiziere schnell ausgebrannt waren. Auf den Teeklippern schraubten sich einige der Kapitäne einen Stuhl ans Deck, auf dem sie dann während der ganzen Fahrt arbeiteten und schliefen. Oft ging es auf den Schiffen aber auch so gewalttätig zu, dass viele Kapitäne nie ohne einen geladenen Revolver an Deck gingen. Dazu gab es spezielle »Entenfuß«-Revolver mit vier im Bogen angelegten Läufen, mit denen ein Deck voll Meuterer im Handumdrehen geräumt werden konnte. Mit vierzig hatten die meisten Kapitäne dann schon nicht mehr den nötigen Mumm für diese Arbeit.

Die *County of Peebles* hatte aber nicht nur gute Kapitäne wie John Wallace, James Blair und William Fordyce, sondern auch Glück. Ihr Schwesterschiff, die *County of Roxburgh,* war am Pazifik-Atoll Tokarva in einem Taifun auf Grund gelaufen. Die Hälfte der Mannschaft hatte sich in Rettungsbooten abgesetzt und war ertrunken. Die andere Hälfte war an Bord geblieben, als Wind und Wellen das Wrack erfassten und über das Riff in eine sichere Lagune warfen. Sie alle überlebten. Ein weiteres Schwesterschiff verschwand spurlos auf der Rückfahrt von Kalkutta.

Während ihres zwanzigjährigen Einsatzes für das Glasgower Handelshaus R. & J. Craig absolvierte die *County of Peebles* fünfundsiebzig Seereisen, zu einer Zeit, als nur eine Hand voll erfolgreicher Fahrten die Kosten des gesamten Schiffs wett machten. Bei einer vollzähligen Mannschaft handhabten fünfundvierzig Männer 280 000 Meter Segeltuch. Für eine neue Garnitur Segel brauchte man neunundzwanzig Kilometer Tuch. Als dann aber der Handel abflaute und die Reeder Einsparungen machten, waren die Schiffe oft nur mit einem Dutzend Männer und einer Hand voll Jungs bestückt. Auch die Schiffe wurden diesem Umstand angepasst. Die Segelfläche war zwar immer noch dieselbe, sie war aber in kleinere Segel unterteilt, die von einer reduzierten Mannschaft gehandhabt werden konnten. Der letzte Eintrag im Lloyd's Register für die *County of Peebles* ist für den 7. August 1898, als sie an Chile verkauft worden war und unter Kapitän Dixon von Cardiff aus in See stach. Sie kam am 21. Oktober 1898 in Punta Arenas an, wo man sie in *Muñoz Gamero* umbenannte. Sie wurde zuerst für den Munitionstransport und dann als Lagerraum eingesetzt, bis sie schließlich als Hulk endete.

Ich kannte dieses Schiff. Ich ging zum leeren Schalter zurück. Auf meinen Ruf hin kam ein Kadett herbeigeeilt und ich führte ihn zum Bild: »Ist das hier das letzte Schiff am Pier in der Marinewerft?«

»Ja, das ist es! Aber«, fügte er merkwürdigerweise hinzu, »da gibt es keinen Pier.«

Ich ging wieder die Straße zum Dock entlang. Zwei Männer hobelten an neuen Gangplanken für ein Fischerboot. Ein Rottweiler trug sein Junges im Maul herum. Ich war beim Wachposten angelangt.

»Ich bin der englische Schriftsteller John Harrison. Ich hätte gerne mit Ihrem Kommandanten gesprochen, weil ich die *County of Peebles* sehen möchte.«

Er stand stramm. »Kommen Sie bitte mit.«

Er führte mich in das leere Büro von Kapitän Montaño im ersten Stock. Es war im Stil der 50er mit gelben Hartholzplatten ausgekleidet. An der Wand hingen gerahmte Fotos verschiedener Schiffe unter seinem Kommando, die die Unterschriften dankbarer Offizierskollegen trugen. Von seinem Fenster aus konnte ich die *County of Peebles* sehen. Jetzt verstand ich auch den Kommentar des Kadetten: Es war wirklich keine Pier da. Drei eiserne Hulke, zwei davon große viermastige Rahsegler, waren hintereinander versenkt worden. Die Schiffe selbst bildeten den Pier.

»Tut mir Leid, dass ich Sie habe warten lassen.«

Ich wandte mich um und begrüßte einen glatt rasierten Mann mit einem runden Gesicht. »Kapitän Montaño.«

Er rief nach Schlüsseln, als wir über den Hof gingen. Dann kletterten wir über eine Holztreppe durch ein Loch im Heck des ersten Schiffs. Eine Laufplanke führte rund um die Innenwand des Rumpfs. »Die *County of Peebles* ist für gewöhnlich nur für VIPs.« Das Innere des Schiffs war offen, es gab schon lange kein Deck mehr. Ich fragte mich, ob VIP in Chile vielleicht eine Abkürzung für *Vessel In Pieces* – also Schiff in Stücken – war. Kapitän Montaño wies nach unten. »Wenn wir sie nicht mehr als Arbeitsschiffe brauchen, werden sie aufgereiht, versenkt und mit Steinen als Ballast verankert.« Die Laufplanke führte über den Bug zum Heck des nächsten Schiffs. Das war ein riesiger eiserner Rumpf, von dem die vier eisernen Rohrmaste nur noch als Stümpfe übrig waren. Neben diesem ehemaligen 3-Tonner-Monster sah die *County of Peebles* ganz klein und unscheinbar aus.

»Wissen Sie, wie dieses Schiff heißt?«

»Das ist die –«, hielt er erstaunt inne. »Jetzt hab ich es vergessen.«

Wahrscheinlich war es ein amerikanisches Schiff gewesen. Dort baute man Klipper von 4555 Tonnen wie die *Great Republic*, während der Großteil der britischen Schiffe viel leichter waren. Die *Cutty Sark* war nur 963 Tonnen und die *Taeping* und die *Ariel*, die die 22 400 Kilometer bis London mit dem ersten Tee der Saison um die Wette fuhren und innerhalb von zwanzig Minuten voneinander dort eintrafen, hatten beide ein Gewicht von unter 900 Tonnen. Die amerikanischen Schiffe konnten scharf und auch bei starkem Wind mit vollen Segeln gefahren werden. Mit voller Segelgarnitur konnte *The Republic* 6000 PS erzielen, was der Pferdestärke von zehn Formel Eins Boliden gleichkommt. Die Spitzengeschwindigkeiten der Yankees waren aber noch höher; so erzielte die *James Baines* mit ihren 2275 Tonnen die höchste Geschwindigkeit, die je für ein Segelschiff verzeichnet worden war, nämlich »21 Knoten mit gesetztem Hauptskysegel«, war die stolze Behauptung: mehr als 38 Stundenkilometer ohne Treibstoff. Sie versank brennend in den Docks von Liverpool. Als Kind hatte ich auf ihrem alten Spantenwerk am Molenkopf gestanden. Ihr Schwesterschiff, die *Champions of the Sea*, konnte einmal erstaunliche 744 Kilometer an einem Tag verzeichnen. Während die leichteren Klipper wie die *Cutty Sark* und die *County of Peebles* auf Hochtouren nur 14 Knoten erzielten, schafften sie bei leichtem Wind, wenn die größeren Schiffe ins Schwimmen kamen, immerhin noch 14 Knoten. Es waren aber die Schwergewichtler, die für die langen Getreidefahrten nach Australien über den Südlichen Ozean ideal geeignet waren. Denn ihre leichtgewichtigen Kollegen wussten, wenn sie unter ihren Sturmsegeln erzitterten und eine Wolke weißer Segel auf sie zuflog, dass da ein Yankee-Klipper die Wellen ritt.

Inzwischen waren wir bei der *County of Peebles* angekommen. Sie befand sich in einem etwas besseren Zustand als die beiden anderen Schiffe und gab im Gegensatz zu diesen noch knarrende Lebenszeichen von sich. Als wir aufs Schiff stiegen, wies Kapitän Montaño auf ihren Bug hinunter. »Ihr Rücken ist gebrochen, der Bug ist verankert, aber das Heck schwimmt noch und bewegt sich mit Ebbe und Flut hin und her.« Lächelnd fügte er hinzu: »Sie ist noch immer rastlos.« Sein Lächeln galt dabei dem Klipper und nicht mir. Dann zog er die Schlüssel hervor und öffnete eine Mahagonitür. »Hier ist versperrt, weil der Zugang nur den Offizieren des Caleuche Clubs und wichtigen Besuchern gestattet ist.« Wir gingen hinein.

Es war dunkel und ich hörte das Ächzen ihres mächtigen Rückenteils. Mit jedem Knarren schien sich das prächtige Spantenwerk einer neuen Lüge anzupassen. Aus dem Dunkel leuchtete mir eine in Weiß gehüllte Frauengestalt entgegen. Der Kapitän tappte nach dem Messingknopf für die Beleuchtung. Gesicht und Arme der Galionsfigur waren von tödlicher Blässe. Die linke Hand der zweieinhalb Meter hohen Gestalt war schützend über ein Auge gelegt. Mit ihrer Rechten raffte sie den Saum ihres Umhangs. Eiserne Klammern hielten ihren Rücken am Fuß des Besanmastes fest, dort wo er durchs Deck zum langsam schlingernden Kiel abfiel.

»Die Offiziersquartiere und die Kapitänskabine sind zusammengelegt worden.« Dabei zeigte Montaño mit den glänzenden Spitzen seiner schwarzen Schuhe auf die Reste der alten Trennwand. »Wir befinden uns im Heck des Schiffs. Reservekompass und Steuerrad hier waren für den Notfall gedacht, sodass man das Schiff auch steuern konnte, ohne an Deck gehen zu müssen. Das ist in diesen Gewässern manchmal notwendig.«

Im Schatten der Wand konnte ich den grauen Abzug der um 1890 aufgenommenen *Fragata Peebles* ausmachen. Im Hintergrund waren einige verschwommene Gebäude zu sehen, und ich nahm an, dass sie in einem Hafen vor Anker lag, da ihre langen Rahe fast parallel zum Rumpf angezogen waren. Ansonsten gab es keine Hinweise auf ihren Standort. Daneben hing eine Liste ihrer Fahrten von Liverpool, Barry, Cardiff, Penarth und Falmouth aus. So weit in der Fremde fand ich hier vertraute Namen, von Orten, an denen ich gelebt oder gearbeitet habe, deren Docks ich von meinen Spaziergängen her kannte.

Am anderen Ende des Salons reichte eine gewölbte Glasfläche bis unter das abfallende abgerundete Heck. Es war, als ob man aus einer Laterne schauen würde. Auf einem Sims darunter lag ein Messingteleskop aus dem 18. Jahrhundert, dessen zerkratzte Linsen in einen ewigen Nebel zu weisen schienen. Ein Steuerrad aus Messing und Mahagoni, so groß wie ich, fing das Licht und ließ es in sanften Flecken aufleuchten, die aus einem fernen Sommer zu kommen schienen.

WCSA

Die Verbindung zu Wales bei vielen Fahrten der *County of Peebles* war kein Zufall, denn im 19. Jahrhundert war Swansea die wirtschaftliche Hauptstadt Chiles. Bereits im 18. Jahrhundert war Swansea weltweit das Zentrum für die Verhüttung aller Metalle mit Ausnahme von Eisen gewesen. Kupfer war das wichtigste Handelsgut. Für die Verhüttung von Kupfer war Kohle in riesigen Mengen erforderlich und da war es einfacher, das Erz zu Swanseas Kohle zu bringen. Englisches Kupfererz hatte einen Reinheitsgrad von 10 Prozent, kubanisches 20 Prozent und chilenisches bis zu 60 Prozent. Die Schiffe zogen von Wales mit Kohle, Koks, Schamottstein und feuerfestem Ton aus und kamen mit Kupfer zurück. Das Erz war so schwer, dass nur ein kleiner Teil des Laderaums gefüllt werden konnte. Deshalb mussten darin spezielle Boxen angebracht werden, damit die Fracht nicht verrutschte und das Schiff auf der Rückfahrt ums Kap zum Sinken brachte. Schiffe mit derartigen Boxen im Frachtraum wurden als *Swansea fitted* – also als Schiffe, die für den Transport von und nach Swansea ausgestattet waren – bezeichnet. Und der Handel erhielt den Namen WCSA – West Coast South America.

Männer, die auf den Kupferbarken angelernt worden waren, konnten bei der Handelsmarine immer Arbeit finden. Sie stammten fast alle von der schönen Halbinsel Gower unweit von Swansea, manche von ihnen hatten aber auch die dünne, nasse Scholle der weiter westlich gelegenen Bauernhöfe in Cardigan zurückgelassen. Joseph Conrad erinnert sich an den Besuch bei einem Kapitän, unter dem er gedient hatte, als dieser krank ans Haus gefesselt war. Da lag der arme, an die hohe See gewohnte Mann gestrandet, um ihn seine Frau und unverheiratete Schwester, die ihn pflegten. Sein jüngster Sohn, ein zwölfjähriger Bub, schwatzte dabei über die neuesten Cricketergebnisse. Conrad schrieb darüber:

Ich erfuhr in diesem Gespräch mehr von ihm als in den ganzen achtzehn Monaten, die wir zusammen gefahren hatten. Es stellte sich dabei heraus, dass er in der Kupfererzfahrt groß geworden war, der berühmten Erzfahrt jener Tage zwischen Swansea und der chilenischen Küste; mit Kohle hin und Erz zurück. Auf beiden Reisen, wie zur mutwilligen Herausforderung der mächtigen See bei der Hoorn, tief weggeladen – eine Aufgabe für starke und feste Schiffe und eine großartige Schule der Standhaftigkeit für die Seeleute der Westküste. Eine ganze Flotte kupferbeschlagener Barken war in dieser längst verklungenen Fahrt beschäftigt gewesen; Schiffe, so stark in den Spanten und in der Beplankung, so vorzüglich ausgerüstet, wie sie jemals auf See geschickt worden sind, mit einer eisenharten Mannschaft und geführt von jungen Kapitänen. »Das war die Schule, in der ich erzogen wurde«, sagte er beinahe prahlerisch zu mir und lehnte sich mit einer Decke über den Beinen in seinen Kissen zurück.

Der Engpass im Nitrathandel war das Beladen der Schiffe. Die für die Rückfahrt bestimmte Fracht wurde oft von Hand in Häfen verladen, wo es keine Docks und auch keine Kräne gab. In Orten wie Iquique transportierten Leichter die Fracht in Säcken zu den Schiffen, die vor der Küste standen und dort den Stürmen, Erdbeben und Flutwellen ausgeliefert waren. Es konnte Monate dauern, bis zwei- oder dreitausend Tonnen verladen wurden. Da kein Dampfer so lange still liegen konnte, war dies eines der letzten Geschäfte für die Rahsegler.

Damit sie sich weiterhin rentierten, mussten aber auch hier Neuerungen eingeführt werden. Rahsegler waren die ersten Schiffe, bei deren Bau Eisen verwendet wurde. Zuerst im Rahmen, dann in den

Rumpfwänden. Das 1848 von der Neath Abbey Company für den WCSA-Kupferhandel erbaute Barkschiff *La Serena* aus Swansea umrundete als erstes eisernes Segelschiff das Kap Hoorn. Die Swansea Iron Shipbuilding Company baute 1849 den eisernen 81-Tonnen-Schraubendampfer *Fire Fly*, der als erster Dampfer die Magellan-Straße passierte. Als man in Chile begann, das Erz zum Teil zu feinen, ließ das Frachtvolumen nach, aber es gab noch immer anderes Frachtgut für die Rückfahrt. Die europäische Landwirtschaft brauchte dringend Nitratdünger. Niemand konnte ihn künstlich herstellen, aber im Norden Chiles waren in der trockensten Wüste der Welt, der Atacama, in schillernden Schichten riesige Nitratmengen gelagert.

Die Wetterwarte meldete für die Wüste eine durchschnittliche Regenmenge von 0,025 Zentimeter. Dabei war dieser Wert allerdings dadurch erreicht worden, dass man einen einzigen starken Taubefall über mehrere Jahre hin verteilte. Karawanen von Eseln und Maultieren zogen durch die Wüste, ohne Futter und mit nur wenig Wasser aus künstlichen Kondensatoren. Mit schweren Säcken beladen wankten sie zurück und fanden unterwegs oft den Tod. Die Gebiete mit Nitratlagern im Landesinneren hatten ehemals zum Großteil Bolivien gehört. Die andere bedeutende Nitratquelle, der Guano der Seevögel, war auf peruanischen Inseln zu finden. Diese Inseln im Humboldt-Strom, der sich an der Westküste von Chile und Peru entlangzieht, sind so reich an Futter, dass Sturmvögel aus der Antarktis, Albatrosse aus Neuseeland und Skua und Möwen von Alaska hierher kommen. Ihr Kot hat sich mehrere Meter hoch aufgetürmt. Er wurde von indianischen Taglöhnern, die nicht viel besser als Sklaven behandelt wurden, abgebaut und in Säcken zu den wartenden Windjammern getragen.

Auf beiden Gebieten waren die Arbeiter jedoch durchwegs Chilenen, die 1879 die Stadt Antofagasta von Bolivien an sich rissen und damit den Pazifischen Krieg Chiles gegen Bolivien und Peru auslösten. Chile trug den Sieg davon und Bolivien verlor sein einziges Küstengebiet und wurde somit zum Binnenland. Chile nahm auch den Südwesten Perus ein, und bis zum heutigen Tag legen peruanische

Armeeoffiziere den Schwur ab, die im Krieg verlorene Stadt Arica wiederzugewinnen.

Der Bedarf an Dünger war in Europa weiterhin enorm, vor allem bei den französischen und deutschen Zuckerrübenbauern. Es ließ sich damit reich werden. Ein glänzendes Beispiel dafür war J. T. North aus Yorkshire, dem man den Beinamen Nitratkönig gab. Er gründete Unternehmen, redete ihre Aktien hoch und ging dann zum nächsten Projekt über. 1887 erwarb er das Lagunas-Nitratlager für £ 110 000, teilte es in drei Holding-Gesellschaften, von denen er eine sieben Jahre später für £ 850 000 floatete. Wenn eine seiner Gesellschaften unterging, hatte er seine Aktien schon längst abgegeben.

Zwischen den beiden Weltkriegen fuhr mein Großvater Thomas Harrison auf Trampschiffen, die Guano transportierten. Er erzählte mir von dem feinen Staub, der überall und in alles eindrang. Sein einziger Vorteil lag darin, dass der Staub Ratten und Mäuse umbrachte. Zum Glück, denn er machte auch den Schiffskatzen den Garaus. Nur Flöhe und Eidechsen schienen dagegen immun zu sein. Sein Vater hatte sicher auch über eine weitere unangenehme Eigenschaft Bescheid gewusst: Wenn sich der Staub an den Schuhsohlen der Matrosen festgesetzt hatte, ließ er die Fußseile verfaulen, auf denen die Männer hoch oben standen, wenn sie die Segel setzten.

Am Ende des 19. Jahrhunderts deckte Chile 70 Prozent des Weltbedarfs an Stickstoffdünger und Dreiviertel der Staatseinnahmen kamen von der Nitratsteuer. Bis 1909 ein Deutscher namens Fritz Haber Chiles Wirtschaft ruinierte. Er verband den Stickstoff aus der Luft mit Wasserstoff und schuf auf diese Weise Ammoniak. Das Haber-Bosch-Verfahren wurde schließlich so weiterentwickelt, dass viele Stickstoffverbindungen künstlich hergestellt werden konnten. Vor 1914 hatte Deutschland von Chile jährlich 200 000 Tonnen Nitrate bezogen. Der Krieg hatte die Schifffahrt lahm gelegt, aber für die Munitionsherstellung waren Nitrate notwendig und so musste Deutschland die Herstellung künstlicher Nitrate rasch steigern, um Landwirtschaft und Waffenhersteller versorgen zu können. Nach

1918 war das Land auf keine Importe mehr angewiesen. Desgleichen die übrigen Industriemächte.

Haber konnte aber noch einen anderen Ruhm für sich beanspruchen. Im Ersten Weltkrieg steckte er hinter der deutschen Entwicklung von Gaswaffen. Als Deutschland den Krieg verlor, fürchtete er, als Kriegsverbrecher verurteilt zu werden. Stattdessen erhielt er 1918 den Nobelpreis für Chemie.

Im August 1927 wurden in Tocopilla gerade die letzten Nitratladungen an Bord der britischen *William Mitchell* gebracht. Als der letzte Sack verladen war, sprang der kleinste Lehrling drauf und schwenkte die britische Fahne. Die anderen hoben ihn mit Hochrufen in die Luft. Dann stimmte die Mannschaft ein Shanty für die Heimfahrt an.

> Lebt alle wohl, ich wünsch euch wohl,
> Auf Wiedersehn, lebt alle wohl; auf Wiedersehn, lebt alle wohl!
> Lebt alle wohl, ihr hübschen Mägdelein!
> Hurra, meine Jungs, es geht nach Haus!

Doch kein Schiff antwortete ihnen. Im Hafen lagen nur noch Dampfer. Die *William Mitchell* hatte ihre letzte Fahrt als Nitratklipper angetreten.

John Rees Jones

Es war Zeit für Gespräche mit den Lebenden – und dann mit den Toten. Einige Bergsteiger hatten mir den Namen von John Rees Jones als eine gute Anlaufstelle in Punta Arenas gegeben. Den altmodischen Geschäftsblock im Stadtzentrum zierte ein Torbogen im Renaissancestil mit einem schmiedeeisernen Tor. Darüber war ein kleines Schild mit der Aufschrift »British Honorary Consul« angebracht. Das konnte nicht stimmen, denn im Haus befand sich ein Flugbüro, das über und über mit Paketen und Verpackungsmaterial übersät war. Kartons mit in Klarsichtfolie verpackten kirschroten Stewardessen-Uniformen standen überall herum. Sekretärinnen bewunderten gerade zwei schlanke dunkelhaarige Frauen, die die Uniformen vorführten.

Ich fragte: »Wo ist das Büro des Konsuls?«

»Es ist hier.«

»Ich habe einen Termin.«

Die Familie von John Rees Jones stammte aus Wales.

Ich hatte dem Mann eine Karte von zu Hause geschickt und ihn um ein Gespräch gebeten.

»Wie ist Ihr Name?«, fragte die Sekretärin.

»Harrison«, sagte ich. »John Harrison.«

»Señor Harrison John Harrison«, wiederholte sie und ließ mich dann eine Zeit lang stehen. Zwei Männer trugen einen stählernen Fenstersturz durch den Raum.

Dann führte mich eine Stewardess zu einem Stuhl etwas weiter hinten im Raum. Ich hörte, wie sich John Rees Jones ununterbrochen auf Spanisch mit mehreren Klägern auf einmal unterhielt, hier eine Anweisung und dort einen Ratschlag gab. Als er mich sah, kam er mit ausgestreckter Hand und einem strahlenden Lächeln auf mich zu. Auf Englisch sagte er: »John, schön Sie zu sehen«, und auf Spanisch: »Bitte führen Sie Mr. Harrison in mein Büro.« Dann ging's weiter auf Englisch – »Einen Augenblick bitte« – und schon war er zur Tür hinaus. Ich sah mich langsam von meinem Drehstuhl aus um. Das kleine Büro war recht gemütlich, mit Hi-Fi-Anlage, klassischen CDs und Tonbändern und einem Regal mit Büchern über Kunst und Architektur. Ein gerahmtes Zertifikat bestätigte seine Ernennung zum britischen Honorarkonsul. Silberne Brieföffner und ein hölzernes Tintenfass vervollständigten das Arbeitszimmer.

Er kam mit Tee auf einem Tablett herein. »Sie müssen verzeihen, aber wir eröffnen heute eine neue Fluglinie und es gibt eine Menge zu tun.« Er griff hinter sich und zog meine Postkarte, eine Satellitenaufnahme von Wales, hervor. »Sie haben mir diese äußerst interessante Aufnahme geschickt. Bemerkenswert – keine einzige Wolke.«

Er setzte sich und wartete, bis der Tee in der Kanne fertiggebraut war. Dabei hatte er die Finger gegeneinander gelegt und spielte mit einem winzigen Akkordeon in der Luft.

»Unser Hauptgeschäft ist die Verschiffung, wir betreiben seit siebenundsechzig Jahren eine Schiffsagentur. Nach einem flauen Jahr in 1995 geht das Geschäft jetzt wieder gut. Die letzten sechs Monate war viel los und jetzt sollen wir die Generalagentur für eine neue Fluglinie übernehmen, die am kommenden Freitag den Flugverkehr aufnimmt. Heute tut sich wirklich viel. Aber Punta Arenas ist eine Kleinstadt und da findet sich immer Zeit für alles Mögliche. Alles ist ja in nur zehn Minuten erreichbar. Die Tage sind mit Arbeit gefüllt, aber man hat doch auch mehr Zeit für angenehmere Dinge, nicht wie in einer Großstadt.«

»Welche Möglichkeiten sind denn für eine neue Fluglinie gegeben, wenn die staatlichen Fluglinien solche Probleme haben?«

»Wir sprechen hier vom Lokalverkehr. Fürs Erste sind nur Binnenflüge geplant. Der heimische Markt ist enorm angewachsen, was auch im kommenden Jahr andauern wird, und die Leute, denen die Fluglinie gehört, sind mit 7 Prozent des Marktes durchaus zufrieden. Nach einer Ausgangsinvestition von 24 Millionen Dollar haben wir drei Flugzeuge und überhaupt keine Schulden. Wichtig ist, dass wir bereits der IATA, dem Internationalen Luftverkehrsverband, angehören, was für einen Neuling eine ganz schöne Leistung ist.«

Ich traf ihn ein Jahr später wieder. Die Gesellschaft hatte inzwischen zwei weitere 737 erworben.

»Meine Urgroßeltern kamen aus Swansea, ich glaube der Ort hieß Foxhole. Sie kamen gegen Ende des 19. Jahrhunderts. Sie müssen recht arm gewesen sein, weil sie das schöne Süd-Wales gegen ein hässliches Stück Wüste im Norden Chiles eingetauscht haben. Meine Familie hat sich dann in der Gegend von Caldera und Copiapó etwa sechs Stunden nördlich von Santiago im Nitratgebiet niedergelassen. Später ist mein Großvater dann nach Valparaiso, dem Haupthafen von Santiago, gezogen. So ist die Familie schließlich in der Hauptstadt gelandet.«

»Sind Ihre Vorfahren ausgezogen, um hier ihr Glück zu suchen?«

»Mein Urgroßvater war, was man einen Prüfer nennt. Er hat für die Nitratgesellschaften gearbeitet, wahrscheinlich als eine Art Ingenieur. Mein Vater war Buchhalter. Wir hatten alle möglichen Wissenschaftler in der Familie, Architekten, Ärzte und dergleichen. Ich habe die Grange School besucht, das ist eine alteingesessene britische Schule in Santiago. Über den Journalismus kam ich zum Verkauf und begann 1964 mit meiner Arbeit für die Fluglinien. Dann heiratete ich ein Mädchen aus Punta Arenas und wir gingen nach Mexiko. Dort haben wir fünfzehn Jahre lang gelebt. Die letzten drei Jahre dort hatte ich das Glück, in der mexikanischen Regierung für den Staatssekretär für Finanzen zu arbeiten – eine faszinierende Tätigkeit. Als der Vater meiner Frau starb, sind wir nach Punta Arenas zurückgekommen.«

»Wie lange sind Sie schon britischer Honorarkonsul?«

»Fünf Jahre.«

»Wie kommt man denn an so einen Posten?«

»So eine Ernennung ist äußerst mysteriös. Natürlich werden die Leute geprüft. Es gibt sicherlich eine Liste. Aber Sie müssen wissen, dass mein Schwiegervater mehr als dreißig Jahre lang Konsul war, so liegt's also in der Familie. Eines Tages hat mich der Generalkonsul von Santiago aus Punta Arenas aus angerufen und gesagt: ›John, ich möchte dich gerne besuchen.‹ Nachdem wir uns ein paar Stunden lang unterhalten haben, sagte er plötzlich: ›Möchtest du Honorarkonsul werden?‹ Ich habe ja gesagt. Dann hat er mich noch gewarnt, ich müsste es ganz vertraulich für mich behalten und dürfte es nicht einmal meiner Frau sagen, denn man würde mich erneut überprüfen. Irgendwas ist dann wohl geschehen, und etwa einen Monat später habe ich dann einen Anruf vom Botschafter bekommen. Er ist übrigens inzwischen in Pension gegangen. Er sagte, ich sei nun offiziell ernannt worden. So war das also. Ich weiß wirklich nicht, wie das gemacht wird.«

»Haben Sie eine Ausbildung bekommen oder haben Sie ganz einfach *Unser Mann in Havanna* von Graham Greene gelesen?«

»Alle seine Romane habe ich schon vorher gelesen. Übrigens ist eines meiner Lieblingsbücher Malcolm Lowrys *Unter dem Vulkan*, wahrscheinlich weil ich so lange in Mexiko gelebt habe. Es handelt von einem ehemaligen Konsul, Geoffrey Firmin, der innerhalb von vierundzwanzig Stunden im Schatten des Popocatépetl in Ungnade fällt. Ein faszinierendes Buch. Nein, eine Ausbildung gibt es keine, man muss nur seinen guten Menschenverstand spielen lassen. Es gibt immer viel zu tun, wegen der Beziehungen zu den Falklands. Leider wird die britische Gemeinde in Punta Arenas und Umgebung immer kleiner – eine traurige Geschichte.«

»Weshalb braucht Großbritannien denn eine Vertretung hier?«

»Vor allem wegen des Seetransports. Dann der Tourismus. Im Sommer ist immer viel los mit verlorenen Pässen und gestohlenen Brieftaschen. Die Schiffe der Royal Navy kommen mindestens viermal im Jahr von den Falklands nach Punta Arenas. Da gibt es viel zu tun, und dann sind da noch die Handelsbeziehungen zu den Falklands. Und besondere Ausnahmefälle. In der vergangenen Woche sind zwei Männer aus einer zweimotorigen Otter mit dem Fallschirm über dem Südpol abgesprungen. Einer der Fallschirme ist nicht aufgegangen. Das hat niemand verstanden, weil sich Fallschirme heutzutage ja immer öffnen. Eine recht lächerliche Hypothese war, dass der Mann auf spektakuläre Weise Selbstmord begangen hat, aber das ist reiner Unsinn.«

Ich war recht neugierig, seine Meinung zu den territorialen Streitigkeiten zwischen Chile und Argentinien zu hören. »In Ushuaia hat mir ein recht seriöser junger Mann im Museum eine Karte gezeigt, auf der dreiundzwanzig Grenzstreitigkeiten eingezeichnet waren. Er hat zu mir gesagt: ›Wissen Sie, dass wir nur eine davon gewonnen haben?‹ Ist das wahr?«

»Nein, das stimmt überhaupt nicht. Es ist eine historische Tatsache, dass Chile eine Menge Land abgegeben hat. Die gegenwärtige Regierung verfolgt eine Beschwichtigungspolitik, eine totale Beschwichtigungspolitik, gegen die es aber unter wichtigen Politikern und auch unter den einfachen Leuten enormen Widerstand gibt. Die sind der Meinung, genug ist genug. Wir warten jetzt nur noch auf das Ergebnis des letzten Streits um die Eiskappe nördlich von Puerto Natales. Darüber wird derzeit von beiden Parlamenten in Santiago und Buenos Aires verhandelt. Der junge Mann hat Unrecht, wir haben eine Menge Territorium verloren.«

»Aber die Eiskappen sind doch unzugänglich. Sind das echte Streitigkeiten über Gebiete, die von Bedeutung sind, oder ist es nur Hurrapatriotismus, eine Frage der öffentlichen Meinung?«

»Tja, das wissen wir nicht. Sehen Sie, das umstrittene Gebiet hat viele hohe Berge. Da ist dann zum Beispiel immer noch die Frage von Erdöl. Wir wissen nicht, um welche Bodenschätze es da möglicherweise gehen könnte, Gold, Silber oder dergleichen. Es ist also eine Kombination von Patriotismus und dem echten Wunsch, das Gebiet behalten zu können. Wir haben schon genug verloren.«

Ich erzählte ihm, dass ich Chatwins Eintrag im Ritz gefunden hatte. John lehnte sich auf seinem Stuhl zurück, die Fingerspitzen zum Zelt gefaltet. »*In Patagonien* ist eines meiner Lieblingsbücher. Ich habe es immer und immer wieder gelesen. Und jedes Mal finde ich darin etwas Neues und Aufregendes. Ich glaube, Bruce war ein phantastischer Schriftsteller. Ich habe ihn nie getroffen. Ich war in Mexiko, als er hier war. Mein Schwiegervater hatte das Glück, ich glaube, Bruce war bei ihm zum Tee oder so. Sein früher Tod war natürlich eine traurige Sache. Ich muss Ihnen aber sagen, dass sich eine Menge Leute in Buenos Aires und auch in Punta Arenas nicht gerne an Bruce Chatwin erinnern, weil er ja eigentlich einen Roman geschrieben hat. Einige der älteren Briten hier haben das Gefühl, dass er sie irgendwie ausgenutzt hat. Er hat eine Menge Geschichten übernommen und sie dann verdreht. Es gibt da eine bekannte Geschichte über eine Dame, die auf dem Hügel gewohnt hat und die er Herzogin nannte. Ich finde das nicht sehr freundlich, denn die Frau war sehr nett zu ihm. Aber jetzt ist er ja tot und er hat ein wunderschönes Buch geschrieben.«

Ich stand auf, um John bei seiner Fluglinieneröffnung nicht weiter aufzuhalten. »Noch eines, kennen Sie einen Mann namens Tomas Daskam? Ich würde ihn gerne treffen.«

»Chiles berühmtester Maler – eigentlich ist er ja Amerikaner, aber er verbringt einen Teil des Jahres hier, und seine Arbeiten betreffen alle Chile.«

»Wie ist er denn?«

»Also.« Er sah zur Decke hinauf. »Nein, er war in Ordnung.«

»Aber?«

»Er kann recht charmant sein. Ich fand ihn charmant.«

»Aber?«

»Also, er hat keine Zeit für Dummköpfe.«

Das Salesianer-Museum

Von außen war das Museum der Salesianer-Mission in Punta Arenas so unscheinbar, dass ich zweimal daran vorbeiging. Durch die dunkle Brille, die ich gegen den staubigen Wind und den sporadischen Sonnenschein trug, konnte ich in der Düsternis des Gebäudes fast nichts erkennen. Es gab eine Ausstellung von Handarbeiten der Ureinwohner aus der San-Rafael-Mission auf der Dawson-Insel. Wolldecken, die sich in einem modernen Einrichtungshaus durchaus gut ausmachen würden, eine Schatulle in der Form eines gekrümmten Herzens und Bilder von Selk'nam in Guanakofellen aus der Zeit, bevor sie dem Erlöser zugeführt und in Baumwolle aus Lancashire gehüllt worden waren.

Die chilenische Regierung hatte Monseñor Fagnano von der Salesianer-Kongregation die Erlaubnis erteilt, auf der achtzig Kilometer langen Dawson-Insel, die sich wie eine Flint-Pfeilspitze gegen Norden in die Magellan-Straße erstreckt, eine Missionsstation für die Selk'nam zu errichten. Die Indianer wurden dann in die Mission gebracht, wo die Frauen strickten und Decken webten und die Männer in einem Sägewerk Holz schnitten. Lukas Bridges kam auf einem Dampfer vorbei und sah sich die Mission an. Da er im Gegensatz zu den Patres Selk'nam sprach, ließen die Eingeborenen sofort ihre Arbeit liegen und versammelten sich um ihn. Er sah unter den Leuten, die ihm bekannt waren, Hektliohlh, ein fast 1,90 Meter großer, kräftiger Mann mit breiten Schultern, den man in westliche Kleidung gezwängt hatte, die ihm um zwei Nummern zu klein war. Die Patres waren über die Arbeitsunterbrechung recht ungehalten. Gegen Abend fuhr Bridges wieder zurück. Hektliohlh hatte ihm erzählt, dass man ihn in seinem Stammesgebiet im Osten gefangen und nach Ushuaia im Yámana-Territorium gebracht hatte. Von dort war er entkommen, erneut gefangen genommen und auf die Dawson-Insel weiter im Westen gebracht worden. Die Insel war das angestammte Gebiet der Kawéskar-Kanuindianer. Er war ein Jäger, der in einer Fabrik arbeiten musste. Er beklagte sich nicht über sein Schicksal, sah dabei aber nach Osten, wo für ihn, unsichtbar, seine Berge lagen. »Shouwe t-maten ya« – »Die Sehnsucht bringt mich um.« Er starb wenig später.

Zwischen 1889 und 1898 kamen tausend Urbewohner nach San Rafael. Als die Mission 1911 geschlossen wurde, waren nur noch fünfundzwanzig übrig geblieben. Ein Bild zeigt Juan Emilio Galindo Natales, einen Kawéskar von den westlichen Meeresstraßen, bei seiner Erstkommunion am 21. Juli 1947. Er trug einen Anzug, eine Binde um den Arm und eine Medaille am Revers. Die Füße steckten in Holzschuhen und seine Hände waren ineinander verschlungen. Unter Tags übte er seine gestochene Handschrift auf Papier, das den Aufdruck *N⁰ 3 Escuelas Publicas de la Republica de Chile* trug.

> *Acuerdate que tienes una sola Alma,*
> *Con el sudor de tu rostro, comeras el pan.*

> Vergiss nicht, dass du nur eine Seele hast,
> Im Schweiße deines Angesichts wirst du Brot essen.

Diese paar Zeilen, immer wieder.

Das Museum war dunkel und kalt und roch nach staubigen Federn. Tschiffely hatte es unmittelbar vor dem Zweiten Weltkrieg besucht und verwundert auf Kuriositäten wie ein Lamm mit zwei Köpfen gestarrt. Aus Pietätsgründen hat man dieses Exponat inzwischen durch tot geborene siamesische Zwillingskälber ersetzt. Allerdings hatte der Präparator ganz offensichtlich keine guten Lieferanten und letztlich auch wenig Talent gehabt. Die meisten Tiere sehen aus, als ob sie an den Folgen eines verschluckten Rugbyballs verendet wären oder dringend einer Knieoperation bedürften. Es schien mir auch, dass braune Tieraugen damals knapp waren. Denn hinter der Tür versteckte sich ein Biber, dessen schwarz-weiße Puppenaugen an Stielen hervorstanden. Sicher war er einmal in der Mitte des Saals platziert gewesen und hatte sich dann aus Scham in einer mondlosen Nacht hierher geschlichen.

In Glasvitrinen waren fein gearbeitete Pfeilspitzen aus Stein und Flint und aus Glas ausgestellt, desgleichen die feinen Spitzen von Fischspeeren und Harpunen. Die Konservierungsmethoden waren primitiv: Mottenkugeln. Obwohl die Stücke horizontal angeordnet waren, hatte man sie mit einer feinen Schnur an einem Display-Karton befestigt. Als ich zwischen den Vitrinen herumwanderte, stellte ich mir vor, wie die Ureinwohner ihre letzten Tage damit verbracht hatten, kleine Stücke aus ihrer Vergangenheit an den grauen Karton zu binden, um auf diese Weise die Schwerkraft zu überwinden.

In melancholischer Stimmung ging ich hinaus und überquerte die Straße zu einem Stelldichein mit der wichtigsten Persönlichkeit von Punta Arenas, die in den gepflegten Grabreihen des Friedhofs auf mich wartete.

Die letzte Ruhestätte des Don José Menéndez

Mein zweiter Termin in Punta Arenas war mit einem Toten. Die Toten wurden hier mit aller Hast in die rechteckigen Parzellen des Friedhofs auf dem Hügel, unweit vom Rennplatz, befördert, der von hohen Mauern und einem imposanten Tor geschützt ist. Ein sauberer Plan gab Auskunft darüber, wo die einzelnen Familien, und zwar je nach Staatszugehörigkeit, begraben waren. Aufragende Zypressen, die man paarweise zu dunkelgrünen Säulen getrimmt hatte, standen dicht beieinander. Von einem plötzlichen Regenschauer noch immer ein wenig durchnässt, drückte ich mich durch ihre Reihen wie ein Stück Wäsche durch den Wringer.

Einige der Mausoleen, wie zum Beispiel das des angesehenen Handelshauses Blanchard, sahen aus wie Tempel; ihre Ziegelmauern waren mit Zement verputzt, der Steinmetzarbeiten imitierte. Die Familie Kusanovice sah der Ewigkeit in einem schmucken pastellfarbenen Phantasiegebilde entgegen. Man hatte die Mausoleen in Erwartung fruchtbarer Dynastien mit vielen leeren Regalen versehen. Viele der Tempel jüngeren Datums sahen mit ihren zugluftsicheren Aluminiumfenstern aus, als stünden sie zum Verkauf da: eine Nekropolis als Gärtnerei, in der man Pavillons zum Verkauf anbot.

In der östlichen Ecke waren Babys und Kinder in Grabstätten mit Glasfenstern beigesetzt. Die Särge der ganz Kleinen waren versteckt, aber durch Glasscheiben konnte man Andenken aus ihrem kurzen Leben sehen. Stofftiere, Puppen und Spielzeugautos drängten sich um Fotos der verstorbenen Kinder. Da es Dezember war, gab es in einigen schon Weihnachtsgeschenke. Mehrere waren mit einer silbernen Uhr geschmückt, die die Todesstunde mit einem Finger am Herzen anzeigte.

Nicht weit davon befand sich das Grabmal des unbekannten Indianers. Eine nichts sagende Bronzestatue war als eine seichte Entschuldigung für ihre Ausrottung aufgestellt. An den Händen und unten an den Beinen war die Figur von vielen Berührungen schon blank gerieben. Rundum Plaketten, die für gewährte Bitten dankten: ein heidnischer Heiliger.

Im mittleren Oval des Friedhofs, das wie das Zentrum einer Großstadt nur den ganz Reichen vorbehalten war, stand ein neoklassizistisches Phantasiegebilde, das von einem Verkündigungsengel gekrönt war. In der Rechten hielt er eine Trompete, seine Linke wies in die Weiten des Himmels. Flammenurnen waren an den Ecken aufgestellt und acht stämmige Bronzepfeiler führten zum Tor. Ehemals waren diese mit Ketten verbunden gewesen, die es jetzt aber nicht mehr gab, sodass die Pfeiler nun nur noch vor Rammüberfällen von

232

Autovandalen zu schützen schienen. Das Bronzetor zierte ein Medaillon aus Schilden mit einem Rad, einem Schiffsruder und einem Schaf, bronzene Zeichen, die dem Verstorbenen auch in der Ewigkeit die Treue hielten. Aus jedem Schildbuckel starrte einem aus einem runden, väterlichen und von einem flotten Schnurrbart gezierten Gesicht weise Augen entgegen. Der Schädel des Mannes war glatt wie Porzellan. Es war die Hollywood-Version eines gütigen Unternehmers. Der Mann im Mausoleum war Don José Menéndez.

Der Urlaub des Don José Menéndez

Im April 1899, als der Herbst in den Winter überging und das Wetter in Punta Arenas kälter und der Wind ruhiger wurde, waren die Bediensteten in den Sälen des Palastes am Hauptplatz emsig bei der Arbeit. Kleider wurden gefaltet und die Deckel über den vollen Koffern niedergedrückt. Träger luden das Gepäck in die Kutschen vor den Häusern der Millionäre an der Plaza Muñoz Gamero. Diese Männer hatten die Herrschaft über den Viehhandel der südlichen Gebiete inne, zu einer Zeit, als diese Gebiete die Hälfte der chilenischen Viehbestände beherbergten. Schmucke Pferde scharrten unruhig im Kies und kleine Bengel starrten aus Verstecken hervor und warfen hin und wieder einen Stein. Der Mann, dessen Familie und Geschäftspartner diese Paläste für sich errichtet hatten, fuhr nach Norden, um den Winter in Buenos Aires zu genießen. In etwas weniger als einer Woche würde ihn einer der modernen Dampfer im milden Klima der argentinischen Hauptstadt absetzen, wo ihn bereits seine übliche Suite im Hotel Universal in ihrer polierten Pracht erwartete.

Ein Bild von ihm in mittleren Jahren zeigt nicht das Gesicht des den Schafen zugetanen Wohltäters, das wir von seinem Grabmal kennen. Es ist ein Gesicht, dem wohl nur sein Hund in Liebe zugetan war. Der Kopf eines Junkers, eher preußisch als spanisch, sitzt auf dem Nacken eines Ringers, der aus einem steifen Vatermörder birst. Ein Jabot mit einer Nadel unter dem Knoten umklammert seinen

Hals. Sein Schädel ist glatt, seine Wangen rund, seine Ohren liegen flach am Kopf.

Im Juni wurde ein respektvoller Mann von der Zeitung *El Diario* in das Arbeitszimmer und Büro von Don José Menéndez in dessen Suite im Hotel Universal geführt. Der große Mann sprach und der stille Mann schrieb: »Herr José Menéndez ist der Prototyp des ›self-made man‹ unserer Zeit.« Dabei verwendete der Journalist den englischen Ausdruck. »Das Leben dieses Mannes ist ein steter Aufstieg zum Gipfel des Erfolgs, eines Aufstiegs, der nur durch andauernde Entschlossenheit und rohe Gewalt in einer wilden und ungezähmten Umgebung erzielt werden kann.« Dann führt der Journalist aus der Großstadt alle Triumphe und Rückschläge gewissenhaft auf, denen Don José auf seinem Weg zum Erfolg begegnet war. Entspannt und wie immer voller Selbstvertrauen fühlte sich Don José Menéndez hier fern der bedrückenden Realität in den südlichen Gebieten. Er räumte sogar ein, dass es ein Haar in seiner üppigen Suppe gäbe.

»Allein in der *Estancia La Primavera* könnte ich 150 000 Schafe haben, wenn es nicht die vielköpfige Kundschaft der Selk'nam-Indianer gäbe, die jedes Jahr zwischen 15- und 20 000 Schafe verzehren. Alle, die eine Meile von Cabo Domingo an der Atlantikküste zu Hause sind, treiben sich dort auf einem 36 Meilen großen Gebiet herum, das jetzt als ein Refugium und Schlupfwinkel von Dieben gilt. Seit ihrer Gründung ist die Salesianer-Mission von zwei *estancias* (die beide ihm gehörten) umgeben. Die Indianer sind ständig unterwegs. Sie ziehen durch das dichte Gehölz und die Wälder, die sich vom Rio Grande zum Süden erstrecken, ziehen übers Land und stehlen massenhaft Schafe. Wenn man sie dabei überrascht, sagen sie, sie seien auf dem Weg zur Mission oder kämen von dort zurück. Dabei lachen sie listig und halten uns insgeheim zum Narren. Die Mission ist also ein hervorragender Vorwand, dass sie ohne Risiko stehlen können. Die Selk'nam-Indianer sind von einer unverbesserlichen Habgier. Sie rauben aus Spaß und freuen sich, wenn sie das Gut anderer Leute stehlen können.«

Dann kam eine Litanei altbekannter Anschuldigungen: »Die Selk'nam haben hunderte von Schafen zusammengetrieben und als sie weggejagt wurden, haben sie den Tieren noch schnell einen Huf abgeschnitten und die Schafe liegen gelassen oder ihre Kehle aufgeschlitzt.«

»Und die Arbeit der Missionare?«, fragte die ruhige Stimme des *El Diario*.

Die runden Gläser neigten sich mit dem glänzenden Kopf zurück und das Licht aus den hohen Fenstern fing sich in den beiden Glimmerscheiben. Wie angenehm, sich diesem netten Mann anzuvertrauen. Hier im Schatten der Palmen von Buenos Aires war sein Interviewer doch sicher erstaunt über all die Schwierigkeiten, die Männer mit Zukunft und Unternehmungsgeist wie er selbst im kalten Grenzland meistern mussten, um Lamm- und Rindfleisch auf die Tische in Buenos Aires und Europa bringen zu können. »Ich messe ihnen relativ wenig Bedeutung bei. Die Indianer, die in die Mission kommen, machen bei den Missionaren wahrscheinlich einen recht reumütigen Eindruck, aber die meisten von ihnen haben nur eines im Sinn, Schafe zu stehlen und zu ihren Verstecken im Wald zurückzulaufen. Und die Missionare verlangen von uns ein Pfund Sterling für jeden Eingeborenen, den sie bei sich aufnehmen, und dann 30 Centavos pro Tag. Wir müssen ein Sonderbudget für diese eigentümlichen Pensionäre einrichten.«

Ob der Journalist je gefragt hat, wie viel denn die Regierung oder das Unternehmen den Selk'nam dafür gezahlt hat, dass man ihnen das Land, in dem sie zehntausend Jahre lang gelebt haben, weggenommen hat, ist nicht vermerkt. Der Artikel des Journalisten erschien am 13. Juni 1899.

Vierzehnhundert Meilen südlich setzte sich Monseñor José Fagnano, der Salesianer-Missionar, Erbauer der Kathedrale von Punta Arenas, Begründer der Selk'nam-Mission auf der Dawson-Insel und der Candalaria-Mission in Cabo Domingo seine Brille auf die Nase und machte es sich an seinem Schreibtisch in dem nunmehr als »Diebsnest« verrufenen Candalaria bequem. Er rückte ein Exemplar des *El Diario* für den 13. Juni 1899 ein wenig zur Seite und tauchte seine Feder ins Tintenfass.

Señor Redakteur, in der Gewissheit, dass Sie einen Kodex der Unparteilichkeit haben, der das Prärogativ seriöser Journalisten ist, habe ich keinen Zweifel, dass es für Sie wünschenswert wäre, mir Platz in Ihren Kolumnen zur Verfügung zu stellen, sodass ich die von Ihrem Berichterstatter gegen die Salesianer-Mission in Rio Grande vorgebrachten und Don José Menéndez zugeschriebenen Vorwürfe beantworten kann.

Der Verfasser des Briefs fährt im leicht gezwungenen Ton eines Mannes fort, der sich einsichtig anhören möchte, dabei aber weiß, dass er einen Seiltanzakt vollführt. Er weist darauf hin, dass McLennan, der Agent von Menéndez, mehrmals für längere Zeit die kostenlose Gastfreundschaft der Mission in Anspruch genommen hatte. Und dann: »Ich komme nun zu dem Pfund Sterling, das für jeden Indianer, der zu uns gebracht wird, angeblich an uns gezahlt wird. Diese Sache mit dem Pfund Sterling erweckt in mir Erinnerungen, die mich verleiten, den Schleier, der diese Erinnerungen bedeckt, zu lüften. Es ist ja für niemanden ein Geheimnis, am wenigsten für mich – das allmähliche Verschwinden der Indianer –, ich hätte es jedoch ohne weitere Provokation nicht getan.« Er fährt dann fort, dass er von den Großgrundbesitzern keinen einzigen Pfennig erhalten habe und: »Ich warte, dass mich Señor Menéndez in die angenehme Lage versetzt, zu seiner Ehre das Gegenteil behaupten zu können.«

Der Süden war Menéndez' Herrschaftsgebiet und Fagnano hatte ihn einen Schinder und Lügner genannt. Aber Menéndez hatte den Fehler gemacht, sich herablassend über Fagnanos Lebenswerk zu äußern, eines Mannes, der im Süden auf seinem Gebiet ebenso viel erreicht hatte wie Menéndez selbst, allerdings aus einer altruistischen Motivation heraus. Mag sein, dass es den Lesern gleichgültig war, ob Menéndez zehn- oder hunderttausend Schafe verloren hatte, mit Sicherheit waren sie aber daran interessiert, dass er gelogen hatte, als er behauptete, der Kirche Geld gegeben zu haben, und dass er Männer zum Töten der Indianer anheuerte.

Indianermörder

Die Rancher heuerten Hirten aus anderen kalten und nassen Ländern an. Viele kamen aus Schottland und Wales. In den neuen Arbeitsverträgen hieß es, dass sie einen abgerichteten Hirtenhund mitbringen müssten und so gab es innerhalb weniger Wochen in den Straßen von Punta Arenas keine streunenden Hunde mehr. Einige der Neuankömmlinge erwarben ein wenig Land und wurden Kleinbauern.

Den Ureinwohnern hingegen war der Begriff von Landeigentum völlig fremd. Sie fanden aber bald heraus, dass die neuen weißen Guanako ganz einfach zu erlegen waren. Als die Siedler sahen, wie ihre Kapitalanlagen durch die räuberischen Überfälle der Selk'nam auf ihre Schafe ausgelöscht wurden, war es ein Leichtes, sie für ein neues Geschäft, die Kopfjagd auf die Indianer, zu gewinnen.

Es war der Beginn einer Ära der Gewalt. Als man anfing, die Selk'nam zu erschießen, rächten sich diese damit, dass sie ganze Schafherden stahlen. Zum Überqueren der Flüsse brachen sie die Beine der vorderen Tiere, bis eine genügende Menge Kadaver im Wasser lag und die übrigen Tiere darüber hinwegmarschieren konnten. Und wenn sie verfolgt wurden, dann töteten oder verletzten sie die Schafe, wie es Menéndez gesagt hatte.

Die Bauern organisierten richtiggehende Mordzüge. Wenn dann die Männer einen Bogen zurückbrachten, galt das so viel wie ein Ohr, denn ein Selk'nam würde lebend nie seinen Bogen aufgeben, weshalb sie oft mit Gewalt den Fingern eines Toten entrissen werden mussten. Die Landarbeiter verkauften diese Stücke dann an Touristen in den Kreuzfahrtschiffen.

Die Selk'nam wurden bei diesem Krieg durch ihren Ehrenkodex behindert. Sie verwendeten nie Gift auf ihren Pfeilspitzen und erschossen auch nie einen Gegner, wenn er nicht zu Pferd war. Wahrscheinlich war McLennan der Mann, den Lucas Bridges McInch nannte. Er war ein rotgesichtiger Schotte mit einer Vorliebe für Alkohol und einer Krawattennadel aus einer Pfeilspitze, die er sich selbst aus der Brust gerissen hatte. Auch er hatte einen Ehrenkodex und geriet in Rage, wenn jemand einem Pferd unnötig die Sporen gab oder einen Ochsen schlug. Andererseits war er aber stolz darauf, hoch zu Ross mit dem Gewehr Jagd auf nackte und nur mit Pfeil und Bogen bewaffnete Männer zu machen. Ein Mann namens John McRae rühmte sich, sechzig Indianer umgebracht zu haben. Und ein ehemaliger Rancher hatte sich aus der Haut der von ihm erschossenen Indianer Sattelzeug und Pferdegeschirr machen lassen. Ein anderer machte von einer Dampfbarkasse aus Jagd auf Indianer in Kanus.

El Jimmy kannte zwei der berüchtigsten Killer, Sam Hazelup und McDonald. Zumeist fanden die Jagdzüge auf die Indianer um das erste Mondquartal statt und dann standen die verschiedenen Gangs schon bereit. Sie nahmen Proviant für zwölf bis fünfzehn Tage mit und hatten nur einen Auftrag – so viele Menschen wie nur möglich umzubringen.

Wenn es Frauen für sie gab, legten sie ihnen vor den Zelten Fußfesseln an wie Pferden. Nach getaner Arbeit führten sie ihre Opfer zum Fluss und schrubbten sie ab. In der Gefangenschaft waren die Frauen immer fügsam. In ihrer eigenen Gesellschaft galten sie als häuslicher Besitz. Die Anthropologin Anne Chapman fasste die Rolle einer Selk'nam-Frau folgendermaßen zusammen: Pflichten der Frau – dem Mann zu dienen; Rechte der Frau – keine. Wurde eine Selk'nam-Frau von einem weißen Mann schwanger, wurde das Kind getötet. Wenn die Frauen zu ihrem Stamm zurückkehrten, nachdem sie mit Weißen zusammengelebt hatten, wurden sie von ihren eigenen Männern ermordet.

McDonald ritt auf einem weißen Pferd. Er schoss nie auf alte Männer, Frauen oder Kinder, denn das wäre Munitionsvergeudung gewesen. Er stieg vom Pferd und erstach sie. Wenn eine junge Frau darunter war, vergewaltigte er sie und schnitt ihr dann die Kehle durch. Und wenn sie hübsch war, vergewaltigte er sie mehrere Tage lang, bevor er auch ihr die Kehle durchschnitt.

Hazelup hatte schon im Handgelenk und im Hut einen Pfeil stecken gehabt. Und eine zinnerne Zündholzschachtel war vom Aufprall ganz verbeult, als sie ein Pfeil durch die Brusttasche direkt über dem Herzen des Mannes getroffen hatte.

Das Morden war ein offenes Geheimnis. Die Regierungen schritten so lange nicht ein, bis die wenigen Verbliebenen den Ranchern nicht mehr schaden konnten. Einige Anführer der mörderischen Gangs und Farm-Verwalter wurden nach Punta Arenas gebracht, wo man sie gegen eine Kaution aber wieder auf freien Fuß setzte. Niemand landete im Gefängnis. McLennan starb schließlich an Delirium tremens und tobte in seinem Wahn, dass die Selk'nam hinter ihm her seien und ihn umbringen wollten.

Als Sam Hazelup eines Nachts aus einer Bar kam, half ihm jemand über den dahinter liegenden Abgrund.

Die Selk'nam hatten mindestens sieben verschiedene Bezeichnungen für den weißen Mann. Ein frühes Wort war *k'óloit*, was so viel bedeutet wie »sein Umhang ist rot« (die Polizei war damals mit roten Decken ausgestattet worden). Zwei andere Begriffe hatten sie für Kopfjäger geprägt. Diese ritten zumeist in dunkler Kleidung eng nebeneinander und die Selk'nam beschrieben sie als »Erdklumpen, die mit Wurzeln aus dem schwarzen Sumpfwasser gezogen wurden«. Manchmal banden die Jäger auch Dummys, für die sie ein Fell mit Torf ausstopften, als Lockvögel auf die Pferde. Die Selk'nam nannten diese weißen Männer »mit haarigen Fellen überzogene Gestalten aus Erde«. So kleidete sich die zivilisierte Welt zum Töten.

Der Letzte-Hoffnung-Sund

Die Straße nach Rio Verde

Es war an der Zeit, Punta Arenas ade zu sagen und die lange Reise nach Santiago anzutreten, wo mehr als dreitausend Kilometer weiter im Norden Weintrauben und Smog in der gärenden Hitze auf mich warteten. Vorerst war aber noch eines zu erledigen. Der Regisseur Jo Menell aus Los Angeles hatte mir die Telefonnummer eines Künstlers gegeben, von dem er annahm, dass ich ihn interessant finden würde. Tomas Daskam, über den ich bereits den Honorarkonsul ausgefragt hatte, verbrachte einen Teil des Jahres in einem Dörfchen namens Rio Verde, das selbst unter den Feuerländern als recht klein und entlegen gilt. Alles, was ich zu dem Zeitpunkt über den Mann wusste, war, dass er hyperrealistische Bilder malt, die sich in aller Welt gut verkauften, und dass er sich für Tiere interessiert.

In unmittelbarer Nähe von Rio Verde gab es eine *estancia*, in der man Zimmer mieten konnte, aber keine Transportmöglichkeiten dorthin. Die Situation war nun so, dass ich nordwärts auf der Straße nach Puerto Natales einen Bus nehmen könnte, der mich dann in Cabeza del Mar absetzen würde. Von diesem an einem großen Meeresarm gelegenen Ort führte ein Weg zu etwa einem Dutzend großer *estanzias* im Landesinneren, den ich dann entweder zu Fuß oder per Anhalter zurücklegen konnte. Ohne Mitfahrmöglichkeit würde das ein zweitägiger Marsch sein, aber ich hatte ja meinen Biwakbeutel. Ich packte also ein wenig Proviant und Wasser zusammen.

Der Busfahrer hatte einen jungen Gehilfen, der das Gepäck verstaute und die Fahrscheine einsammelte. Der dünne Mann in seiner kastanienbraunen und grauen Jacke war dabei so eifrig, dass es schien, als hätte er sich nichts sehnlicher gewünscht, als einmal Fahrergehilfe auf der Strecke nach Puerto Natales zu werden. Der Frühbus fuhr um 8 Uhr los und dann bei windigem Sonnenschein die Küste der Magellan-Straße entlang, vorbei am Weinlagerhaus der Firma Toro y Concha und am alten Frauengefängnis.

Rechts von uns lag Cabo Negro, das mich an eine Geschichte erinnerte, die ich über El Jimmy gehört hatte. Am ersten Sonntag nach seiner Ankunft war Jimmy von James Louis, dem Besitzer der Bar, in der er logierte, zu einem Picknick im Wald eingeladen worden. Ein Deutscher namens Sheaver, Besitzer einer Limonaden- und Gingerale-Firma, wollte die Getränke dazu beisteuern und fuhr schon mal mit Mrs. Louis und dem Picknick in seinem Wagen voraus. Die übrigen Männer marschierten zu Fuß zur vereinbarten Stelle. Dort angekommen waren aber keine Wagen, kein Picknick, kein Herr Sheaver und keine Frau zu sehen. Die beiden tauchten schließlich erst am Abend auf. Mrs. Louis war sorglos beschwingt, Mr. Louis wütend. Danach hielt er sie mehr oder minder hinter Schloss und Riegel gefangen, doch kurze Zeit später entfloh sie mit Sheaver endgültig.

Die beiden eröffneten eine kleine Bar und Pension hier an der Straße nach Cabo Negro. Leider wurde aber die Frau gleich krank und starrte dann noch eine Zeit lang traurig hinten vom Laden aus auf die Besucher. Nach ein paar Monaten war sie tot. Daraufhin nahm Sheaver sein Gewehr und jagte sich eine Kugel durch den Kopf.

Dreißig Kilometer außerhalb der Stadt liegt die letzte Landenge des amerikanischen Kontinents, die das bauchige Stück Festland verankert, auf dem sich Punta Arenas befindet. Wir machten nur einmal Station, dazu bog der Bus von der flachen, geraden Straße ab und fuhr einen schmalen Weg mit vielen Kurven zum Hotel Cabeza del Mar hinunter. Zuerst hatte ich den Eindruck, das Holzhaus läge an einem See, der sich dann aber als Meer herausstellte (ein Kanal, der die Lagune mit dem Meer verbindet, ist eng und nicht sichtbar). Vom Licht geblendet blickte ich auf das schillernde Gewässer. Ein riesiges, rosa und schwarz geflecktes Schwein stolzierte vom Garten zum Strand. Der Fahrer saß eine Weile reglos da. Nichts rührte sich. Ein kleines Boot mit dem Namen *Snows* lag in einer Kieswehe. Dann klopfte der Fahrer an die Türe zum Hotel und unterhielt sich mit jemandem im Schatten der Eingangshalle. Es stieg niemand aus und niemand ein.

Der Bus fuhr auf die Hauptstraße zurück, und fast unmittelbar danach gab mir der Fahrer ein Zeichen, dass der staubige Weg, der nach links abzweigte, die Straße nach Rio Verde sei. Ich stieg aus, und als der Bus losfuhr, ließ er einen staubigen Kondensstreifen in der Luft zurück. Nachdem sich der Staub etwas gelegt hatte, bemerkte ich einen schmucken grauen Minibus, der auf dem Kiesdreieck zwischen der Hauptstraße und der Abzweigung nach Rio Verde wartete. Darin saßen ein schmuddeliger Fahrer und zwei Männer, die wie bemittelte Sizilianer aussahen, die keine Steuern zahlen. Ich ging auf den Wagen zu und die Männer öffneten mir bereitwillig die Tür.

»Könnten Sie mich irgendwo in der Nähe von Rio Verde absetzen?«

»Dort fahren wir hin. Steigen Sie ein.«

Ich fragte: »Haben Sie gewusst, dass ich kommen würde?«

»Was?«

»Haben Sie auf mich gewartet?«

»Nein.«

»Weshalb sind Sie denn hier?«

»Für den Fall, dass es Passagiere gibt.«

»Sie warten also nur so auf gut Glück?«

»Sicher.«

»Muss ich zahlen?«

Alle lachten. »Nein.«

Wir fuhren eine Stunde lang gegen Westen. Die Geografie hier ist unmöglich kompliziert. Nach der Karte würde man annehmen, dass es zwei riesige runde Seen, Seno Otway und weiter nördlich Seno Skyring, gibt. Tatsächlich handelt es sich aber um eine gigantische Bucht, in deren Mitte die Insel Riesco liegt, die sie fast völlig ausfüllt. Zwischen der Insel und dem Festland liegt ein etwa fünfhundert Meter breiter Kanal, der die beiden sechzig und achtzig Kilometer langen

242

Meeresbuchten miteinander verbindet und in dem sich die Gezeiten von beiden Seiten der Insel ein wild tobendes Stelldichein geben.

Der Minibus setzte mich bei der *estancia* in Rio Verde ab. Das lange zweistöckige Gebäude stand einsam über den wilden Gewässern des Kanals zwischen den beiden Buchten. Die Außenmauern waren vertikal mit Baumstämmen verkleidet, die noch immer ihre Rinde trugen. Niemand war zu sehen. Außer vier zutraulichen Hunden im Hof hinter dem Haus.

Violeta Drpic war eine Frau Anfang fünfzig mit ausgeprägten, attraktiven Zügen und einem direkten Blick aus runden Augen. Nach einem »Hallo« bat sie mich einzutreten. Dann kam Nicolas Drpic herein, ein großer, ruhiger Mann mit einem scheuen, ausweichenden Blick. Er führte mich in einen Raum, der zugleich Wohn- und Speisezimmer war und die ganze Vorderfront des Gebäudes einnahm. Zwischen den beiden großen Fenstern, die den Blick auf die Meeresstraße freigaben, stand ein offener Kamin, der so groß war, dass man ein Auto drin hätte parken können. Ganze Bäume krachten knisternd in die Glut und zwei Frühstücksgäste dampften schwitzend in der Hitze. Nach dem Essen zahlten sie und gingen.

Vor der *estancia* war am Rand des Wassers eine kompakte Rampe für die Fähre errichtet worden, die man mit einem hölzernen Paddel rufen konnte. Dazu wurde das Paddel hochgestellt, mit der weißen Seite für Fußgänger und der roten für Fahrzeuge. Fußgänger mussten nur zahlen, wenn keine Fahrzeuge transportiert wurden und die Überfahrt nur für sie gemacht wurde. Auf der anderen Seite kuschelten sich drei Häuser am Fuß eines steilen Abhangs eng zusammen. Zwei waren gelb mit einem roten Dach und das dritte, ein weißes mit einem grünen Dach, hatte ein Boot im Garten stehen. Die Fähre verließ gerade das andere Ufer und steuerte rechts von mir etwa hundert Meter gegen Strömung und Wind auf die Stelle zu, wo die Gezeiten von beiden Seiten in Gischt und niedrigen weißen Wellen aufeinander stoßen. Nachdem der Fährmann den Punkt überquert hatte, wendete er das Boot und steuerte nun links von mir, diesmal mit dem Wind, erneut gegen die Gezeitenflut. Die arg mitgenommene, grüne Fähre hatte nur einen Wagen an Bord, lag aber so tief im Wasser, dass ich mir vornahm, sie nur dann zu nehmen, wenn keine Autos transportiert wurden, selbst wenn ich dann zahlen müsste. Ein alter Mann, die Mütze fest übers Gesicht gezogen, ging auf das angehobene rechteckige Heck zu und drehte an einer Handkurbel, mit der er die Auffahrrampe absenkte. Dabei sah ich, dass Davit und Innenraum butterblumengelb gestrichen waren. In etwa fünfzig Meter Entfernung riss der Pilot das Boot scharf um, und gerade als das schwenkende Heck vierkant zur Küste lag, legte das Boot haargenau an der Rampe an und ich konnte seinen Namen, *Ponsoby*, deutlich ausmachen.

Ein Auto und zwei Leute kamen von der Fähre und ein Minibus fuhr hinauf. Der Bus schien mir viel zu groß zu sein. Der Mann mit der Mütze kurbelte die Rampe wieder hoch. Das Boot fuhr ein kurzes Stück zurück und wandte dann die Nase erneut gegen die Strömung. Nun war der Name auf der anderen Seite sichtbar: *Pinguino II*. Ich nahm meinen Feldstecher heraus und erkannte, dass ich zwei Boote vor mir hatte. Der Minibus stand auf einer schwimmenden Metallkiste ohne Motor mit einer Rampe an beiden Enden, die den Namen *Ponsoby* trug. An sie festgezurrt war ein robustes Fischerboot, die *Pinguino II*, die die ganze Arbeit tat.

Neben mir sagte eine Stimme: »Luis Aguila: die dreizehn *estanzias* auf der Insel haben eine Genossenschaft gegründet, die ihn bezahlt.« Die Stimme gehörte Nicolas. »Jeden Tag sind Gezeiten und Wind ein wenig anders. Er hat noch nie einen Unfall gehabt.«

»Wie lange macht er das denn schon?«

»Dreißig Jahre.«

Der flüchtige Mr. Daskam 1

Ich machte mich zu Fuß auf den Weg nach Rio Verde, wo ich Tomas Daskam besuchen und etwas zu essen kaufen wollte. Innerhalb von fünf Minuten hatte sich der Kanal zu einem Trichter erweitert, der sich ins Skyring-Becken öffnete. Ich ließ die Straße hinter mir und ging hinaus auf eine Landzunge aus Sand und Kies mit einer kleinen Bucht. Unter mir, entlang der Gezeitenmarke am Strand, lag ein Gewirr silbriger Baumstämme, die wie Ertrunkene wild umschlungen den Boden bedeckten. Kelp war wie Stoff zu großen Ballen verwickelt – Leiche und Leichentuch in einem. Dominikanermöwen standen reglos im Wind über mir.

Obwohl das Meeresbecken nach einem Seemann benannt worden war, ist Skyring – Himmelsring – auch eine perfekte Beschreibung des Sunds an einem sonnigen Tag. In einem Rund schneebedeckter Gipfel kämmten die rollenden Wellen die gefangene See. Braunmantel-Austernfischer hüpften schnatternd vor mir den Strand entlang. Zu meiner Rechten hob sich eine schwarze Gefiederdecke vom Boden und überwand mit langsamen Flügelschlägen die Momente, die zwischen Erdgebundenheit und Hochflug liegen. Durch träge Luftmassen bahnte sich der Kondor einen Weg hinauf in den Energiestrom, der unseren Erdball umgibt. Nun hatte er den Wind erreicht und neigte seine Flügel. Sekunden später war er bereits einen Kilometer entfernt und schwebte über der nächsten Gruppe von Schafen. Sie waren alle am Leben. Seitlich legte er sich in den Wind, den Motor der Welt, und richtete die scharfen Augen auf das Land unter sich. Er wurde zum Strich, zum Punkt und schließlich zur Erinnerung.

Ich ging zurück auf den Weg und marschierte einen langen flachen Abhang hinunter. Die Straße hatte nun die Küste verlassen und der Wind blies mir fast direkt ins Gesicht. Zwischen mir und der Küste tauchte ein Teich auf, auf dem zwei Schwarzhalsschwäne auf den Wellen schaukelten. Hinter einem Drahtgeflecht auf der Landseite lag ein grauer Feuerlandfuchs, die hellen Vorderläufe gerade von sich gestreckt. Ich fragte mich, woran er wohl verendet war. Der Wind strich über ihn und ich erkannte an seinem gesunden Fell, wie es um ihn stand. Ich trat näher an ihn heran, er hob seine schmale Nase vom Boden, schnellte hoch, wandte sich um und starrte mich an.

Die Straße machte nun eine leichte Biegung und führte an einem niedrigen Hügel entlang. Ich konnte von hier die Weite und Tiefe des nächsten Tals ausmachen. Das hintere Talende verschwand in nebliger Ferne. Ein rotes Dach trug den Namen der Estancia Carmen. Um das Haus herum standen die einzigen Bäume in der weiten Landschaft, dunkel und schattenhaft.

Ich marschierte immer weiter, aber die Stadt schien einfach nicht näher zu kommen. Etwa hundert Meter rechts von mir flatterte ein Falke durchs Gestrüpp. Drei Guanako erhoben sich. Ihre Füße haben weiche Polster wie Kamele, was ihren Galopp elegant und leise macht. Knapp vor der Talsohle sah ich eine Einfahrt mit einem offenen Gatter und einem Viehrost. Ich stand da und überlegte, ob das die Stadt sein könnte. Die Auffahrt schien nur zu einer großen *estancia* zu führen, aber wenn das hier eine Farm war, wo war dann Rio Verde? Die Landschaft sah nicht aus, als ob sich darin eine Stadt verstecken könnte.

Das nächste Feld war ein Fußballplatz. Das also war Rio Verde, sechs nette Häuser und kein Laden.

Ein riesiger schwarz-weißer Stier wanderte vor mir über die Straße auf einen Zaun links von mir zu. Vier große Hunde, alle von unterschiedlicher Farbe und Statur, stoben aus einem Korral rechts von mir, in dem hunderte von Kälbern eingepfercht waren und nach Muttermilch blökten. Die Hunde nahmen um mich herum Stellung auf. Ich blieb stehen, die Haare auf meinen Armen sträubten sich und meine Handflächen begannen zu schwitzen. Der Stier hatte sich inzwischen nach dem Lärm umgewandt, was die Aufmerksamkeit der Hunde von mir ablenkte. Ich versuchte nun, mich zwischen dem Stier und den Hunden hindurchzuzwängen, aber wie auf ein Kommando hin setzten sich die Köter erneut in Bewegung und bellten mich dabei wild an. Einen Augenblick lang stellte ich mir vor, wie es sich wohl anfühlen würde, von Hirtenhunden in Stücke gerissen zu werden. Da stoben sie aber plötzlich an mir vorbei und warfen sich schnappend und mit gefletschten Zähnen gegen Kopf und Vorderbeine des Stiers. Beunruhigt wandte sich das Tier ab und wollte davon, aber die Meute folgte ihm. Ich hatte den Eindruck, dass sie ganz einfach nach einer Beschäftigung suchten. Mit vorsichtigen Schritten machte ich mich rückwärts aus dem Staub und hielt dabei den Blick fest auf die Hunde gerichtet.

Die Schafschur-Station auf der anderen Seite des engen Tals hatte sechs Positionen mit sechs Gattern, durch die die nackten Schafe in die Mulde der Koppel darunter springen mussten. Ein weißes Pferd kam wiehernd zum Zaun. Ich ging die Hauptstraße entlang, bei der es sich um die einzige Straße im Ort handelte. Vorbei am Bungalow, in dem das Gemeindeamt untergebracht war, vorbei am hölzernen Schulgebäude und an der Unfallstation. Eine Rasenfläche war von einer niedrigen Kette umzäunt und eine Plakette darauf informierte mich, dass das Land von einem Wohltäter für den Bau einer Kirche vermacht worden war. Am Ende der Straße bog ich im Schatten eines großen Baumes um eine unübersichtliche Ecke und stand plötzlich Auge in Auge mit einem weiteren Stier. Er lag im Gras. Sein Kopf war so groß wie ein Lehnstuhl. Als er mich sah, stand er rasch auf, und bevor ich dasselbe tun konnte, rannte er davon.

Ein Haus mit einem sechseckigen Türmchen in einer Ecke stand unter den anderen deutlich hervor. Den Grasstreifen vor dem weißen Lattenzaun, der oben in Pfeilspitzen endete, zierten violette und lachsfarbene Lupinen, während sich dahinter blühender Ginster wie zwei gelbe Wolken ausbreitete. Ein wunderschönes Fenster war gitterartig in kleinere Felder unterteilt, von denen einige vergoldete Glasscheiben trugen. Auf dem Fensterbrett und zwei gut verdeckten Regalen darüber waren kleine Glasflaschen in allen Formen und Größen zu sehen. Ich wusste, dass Daskam ein Sammler war. Ich griff nach dem Türklopfer.

Mein Pochen hallte durch das leere Haus. Dann drückte ich auf die Klingel, aber nur, um mein Gehen noch ein wenig zu verzögern. Die Lupinen bogen sich im Wind. Ich ging zum Gemeindeamt und klingelte. Ich hörte, wie in einem Raum mit offenem Fenster, unsichtbar für mich, ein Stuhl scharrte. Eine Frau, die überall auf der Welt Beamtin in einem Rathaus hätte sein können, führte mich in einen Raum, in dem sie gerade Weihnachtspakete in großen Pappkartons verstaute.

»Mr. Daskam? Ich glaube er ist in Santiago.«

»Wohnt er nicht das ganze Jahr über hier?«

»Nein, er hat zwei Häuser, mindestens zwei Häuser. Möglicherweise hat er noch eines in Amerika.« Sie las in einem Notizbuch mit einem Deckel aus schwarzem Karton nach. »Ja, nein, er ist in New York oder Santiago.« Sie wies mit ihrem Finger auf eine Liste von Daten und Telefonnummern neben seinem Namen.»Er ist in Santiago ...«

»Für wie lange? Ich fahre demnächst nach Santiago.«

»... dann ist er in New York für eine Auktion. Er ist bis Neujahr dort. Möchten Sie seine Telefonnummer?«

»Danke.«

»Nichts zu danken. Frohe Weihnachten.«

»Ihnen auch.«

Sie hatte mich nicht mal gefragt, wer ich bin. Im hallenden Vorraum wollte ich wissen: »Wie ist er denn, der Mr. Daskam?«

»Er ist ein Künstler.«

»Ja, ein sehr berühmter. Kennen Sie ihn?«

Sie schüttelte den Kopf. »Nein, eigentlich nicht.«

In einer Stadt mit nur sechs Häusern – und sie kannte ihn nicht. Während meines Besuchs war ich innerhalb einer Stunde auf vier Hunde, zwei Stiere, eine Katze und einen Menschen gestoßen. Auf dem Rückweg zur *estancia* hatte ich den Wind im Rücken und brauchte daher eine halbe Stunde weniger.

Am Abend fand ich ein Buch mit Daskams Bildern im Arbeitszimmer. Es war eine begrenzte Auflage und trug die Widmung: »Für Nicolas und Violeta, in Freundschaft. Tomas Daskam.«

Ich verbrachte den Abend mit dem Buch. Am besten waren Daskams Gebäude, die er wie Porträts malte. Für gewöhnlich enthielten die Bilder keine Menschen, aber die Häuser selbst wirkten irgendwie persönlich, so als ob sie das Leben der abwesenden Menschen weiterführten. Genau wie ich in seiner Abwesenheit zu seinem Haus gegangen war, es mir angesehen und mir ihn und sein Leben vorgestellt hatte. Sein Heim war zu einem seiner Bilder geworden.

Daskam war als Hippie nach Chile gekommen. Mit vierzig kaufte er sich eine Kamera, malte fast gar nicht mehr und machte stattdessen Fotos von Tieren und Pflanzen, die in seinen beiden Büchern *The Birds of Chile* und *Chile, the land and its fauna* gesammelt sind. Einige der Vögel waren vorher noch nie in der freien Natur aufgenommen worden. Dann nahm er die Malerei wieder auf, hatte aber noch immer acht große Aviarien in seinem Haus in Santiago.

Nicolas kam ins Wohnzimmer, wo ich beim Lesen war, und setzte sich in einen der bequemen Lehnstühle vor der Feuerwand.

»Ich war heute Nachmittag bei Mr. Daskams Haus. Er war aber nicht da.«

»Er hat noch ein Haus in Santiago.«

»Wie ist er denn?«

»Ich weiß es nicht. Ich habe ihn noch nie getroffen.«

Ich hob das Buch hoch. »Aber die Widmung?«

»Ich glaube Violeta hat ihn kennen gelernt.«

»Was hält sie denn von ihm?«

»Sie hat nichts darüber gesagt.«

Die Beagle Hills

Ich war der einzige Gast in der *estancia*. Es gab keine Speisekarte; der Koch setzte sich ganz einfach zu mir und fragte, was ich denn essen wollte. Den Fitzroy-Kanal vor dem Fenster saß ich da und übersetzte die Korrespondenz zwischen José Menéndez und José Fagnano. Nach dem Essen machte ich einen kleinen Spaziergang im Garten. Ein einsames Lamm kam zum Zaun und blökte jämmerlich. Der Wind war stärker geworden und das Grau des Himmels hatte sich verdunkelt. Ich ging wieder ins Haus.

Der Aufseher kam herein und schürte das Feuer. Er ging ans Fenster und schaute teilnahmslos hinaus. Dann ging er zum anderen Fenster. Er hatte sich den Hut wie einen Blumentopf tief in die Stirn gezogen. Er sah aus wie der Bauer auf einem von Daskams Bildern aus dem mittleren Chile, der einen Sack mit Mehl auf dem Widerrist seines Pferdes hält. Beide hätten aber ebenso gut einem Gemälde Bruegels entsprungen sein können. Als er mit dem Fensterschauen fertig war, fragte ich den Aufseher: »Wird sich der Wind legen?«

»Ja.«

»Wann?«

»Morgen. Heute wird er noch die ganze Nacht blasen.«

Ein Lkw, der eine orangefarbene Dampfwalze geladen hatte, fuhr vor. Der Fahrer stellte das Paddel auf Rot.

Nicolas kam herein. »Scheußliches Wetter.«

Gemeinsam gingen beide durch den Raum und standen am Fenster Wache. Nach einer Weile kam es mir irgendwie unhöflich vor, weiterhin sitzen zu bleiben, und so stand ich auf und leistete den beiden beim Fensterschauen Gesellschaft.

Im Skyring-Becken hatte die Flut weiße Gischt zu hohen Wellenpferden aufgepeitscht, die nun gegen den Wind rannten. Dann machte ich am anderen Fenster meinen Dienst und sah zur Fähre hinaus. Langsam bahnte sich der Lkw einen Weg auf das Boot, das immer tiefer im Wasser versank, bis nur noch ein halber Meter vom Heck sichtbar war. Der alte Mann mit der Mütze kurbelte die Rampe hoch. Dann fuhren sie los, während sich das Wasser über dem Bug brach.

Nicolas wandte sich an mich. »Möchten Sie morgen mit zum Reiten kommen?«

»Gern.«

»Wir müssen 1400 Schafe aus der Riesco-Insel zusammentreiben. Die Lkws kommen am Morgen aus Punta Arenas und bringen sie dann in den Schlachthof. Die Schafe müssen bis dahin bereitstehen.«

Um sieben trank ich mit Nicolas und dem Aufseher in der Küche Kaffee und hörte dabei auf das Ticken der Uhr, das sich wie das Tropfen des Regens auf einen Zinndeckel anhörte. Im alten Stall, der jetzt als Garage diente, holte Nicolas einen Schaffellsattel hervor und dann warteten wir neben einem leeren Lkw für den Schaftransport auf die Fähre. Nicolas folgten drei Hunde, alle mit langem Fell und hängender Zunge, die einfach nicht stillsitzen wollten.

»Gehört der Hügel auf der Insel Ihnen?«

»Ja, ein Hügel auf jeder Seite. Es ist eine kleine *estancia*, nur etwas mehr als achthundert Hektar. Eine große hat zehntausend, aber unsere Weiden gehören zu den besten. Bei uns kommt oft ein Schaf auf vier Hektar.«

»Im walisischen Hochland gelten fünf Schafe pro Hektar als ziemlich dürftig.«

Er quittierte diese Bemerkung mit einem Lächeln.

Die Fähre legte an und der Lkw wurde aufgeladen. Er nahm fast die ganze Fähre ein. Ein Holzkeil wurde nachlässig unter ein Rad gesteckt. Die Hunde liefen aufgeregt von einem Ende der Fähre zum anderen. Ich plauderte mit dem Mann mit der Mütze über den Kapitän. Ja, er habe den Job schon seit dreißig Jahren gemacht. Nein, er habe noch nie einen Unfall gehabt.

»Würde er mit mir sprechen?«

Er lächelte mich durch seine Zahnlücken an. Wir pflügten uns einen Weg in die Mitte des Kanals und wirbelten herum, als wir die Gezeitenströmungen überquerten. Der Lkw verschob sich ein wenig. Der Matrose holte einen zweiten Keil.

Ich fragte Nicolas: »Sind Sie hier geboren?«

»Nein, ich bin in einem kleinen Dorf in Dalmatien zur Welt gekommen. Violetas Großvater ist hier eingewandert. Sie ist Chilenin der dritten Generation und stammt aus Punta Arenas.«

»Und Sie?«

»Ich bin vor dreißig Jahren hergekommen.«

»In Rio Verde habe ich große weiß-braune Rinder gesehen, die wie die englischen Herefords ausgesehen haben.«

»Ja, es sind Hereford-Rinder.«

»Hier gezüchtet?«

»Ja, es gibt hier gezüchtete Herden, aber wir holen immer wieder neue Tiere her, damit wir die Zucht verbessern können.«

»Aus England?«

»Natürlich nicht! Ihr habt ja den Rinderwahn. Nein, die kommen aus Amerika.«

Wir lagen dicht vor der Küste. Die Hunde rannten auf die Spitze der Rampe zu, beugten sich vor und nahmen schnuppernd Witterung. Als wir anlegten, sprangen sie sofort an Land. Kapitän Aquila blieb in seiner Kabine im anderen Boot. Ich versuchte, seine Aufmerksamkeit zu erregen, aber er starrte nur gespannt auf die wogende Turbulenz in der Mitte des Kanals.

Im ersten Feld stand ein stämmiger Wallach, daneben scharten sich Magellan-Gänse nervös um einen Teich. Auch ein Boot war da, die alte Fähre *Pinguino 1*. Das kleine Segelboot war noch immer adrett gestrichen, taubengrau mit kastanienbraunen Rändern um die Kabine und entlang dem Reibholz. Wie bei einem Damenkostüm.

Nicolas sattelte das Pferd.

Mit vorgetäuschter Kennermiene sagte ich: »Es sieht recht kräftig aus.«

»Eher fett, würde ich sagen.«

Die Steigbügel waren aus Holz geschnitzt wie die Kappen von Holzpantinen. Ich hatte meine Wanderschuhe an und musste meine Schuhspitze richtig hineinzwängen.

»Sie nehmen den Pfad dort drüben links und steigen dann oben zum Feld hinauf. Dann bringen Sie die Schafe runter. Die Hunde holen den Rest.«

Das Pferd mühte sich bereitwillig den Hang hinauf. Die Schafe waren in kleinen Gruppen verstreut. Es waren sechsjährige Muttertiere. Rotbauchdrosseln schwirrten zwischen den Büschen hin und her. In zweihundert Metern Höhe wurde das Terrain flacher und in zweihundertfünfzig Metern Höhe erreichte ich einen Grat und einen Zaun. Ich ritt den Zaun entlang und begann, die Schafe abzutreiben.

Vom Kamm des Hügels blickte ich zurück. Hinter der *estancia* erhob sich die um etliches höhere Kette der Beagle Hills, die gegen Osten über eine Strecke von knapp zwei Kilometern in steile, dunkle Klippen übergehen. Von ihren Nestern über den vom Kot weiß bespritzten Felsen stürzten sich Kondore in den Aufwind, der in Spiralen das steile Gestein hinaufwirbelte.

Als ich weiterritt, hob sich ein einsamer Kondor vom Boden und ließ sich an die fünfzig Meter treiben, bevor er wieder landete und im Gras herumstocherte. Er saß gegen den Wind und konnte mich nicht riechen. Wie viele andere Tiere sieht auch ein Kondor einen Mann auf einem Pferd als ein anderes Tier, das man nicht fürchten muss. Je näher ich an den Vogel herankam, desto größer wurde er.

Und ich meine da nicht die Flügel, sondern vor allem den Körper. Man stelle sich einen fünfundzwanzig Pfund schweren Truthahn mit dem Kopf und Hals eines Aasgeiers vor, bei dem der Hals deshalb keine Federn hat, weil nackte Haut leichter zu säubern ist, wenn der Hals blutverkrustet aus einem Kadaver hervorkommt. Dazu kommen Flügelknochen, die so schlank und leicht sind, dass die Indianer der Anden Flöten daraus schnitzten. Und Flügel so groß, dass sie der Vogel in den Lüften noch weniger schwingen muss als ein Albatros. Erst mit acht Jahren ist das Gefieder eines Kondors ausgewachsen. Ein Kondor, der einmal gefangen und dann zahm gehalten wurde, lebte danach noch fünfzig Jahre. Ich ritt ungefähr siebzig Meter an den Vogel heran, konnte aber nicht sehen, woran er zerrte. Dann ging ich zurück an die Arbeit.

Es war recht einfach, die Schafe in kleine Herden zusammenzutreiben, doch dann wurde die Sache kompliziert. Die Lämmer waren schon fast ausgewachsen und folgten den Muttertieren nicht mehr blindlings. Oft lungerten sie in der Herde hinten herum und versuchten, wieder in die Richtung, aus der sie gekommen waren, zu entwischen. Nach einer Weile merkte ich aber, dass sie sich gleich wieder beruhigten, sobald ich das Pferd anhielt. Schließlich strömten sie alle den Hügel hinunter, auf die Rückseite eines Schuppens zu, wo sie zwischen einem hölzernen Geländer wie durch einen Trichter in die Schafpferche gelotst wurden. Auf dem Hang unter mir folgten die Hunde ohne irgendwelche Anweisungen direkt auf den Fersen der letzten Tiere und duckten sich dann ins Gras. Sobald die Schafe langsamer wurden, rannten sie in einer Linie quer hinter ihnen her, um sie in Bewegung zu halten.

Auf dem Festland lösten sich die Kondore aus dem Aufwind über den Klippen und glitten über den Kanal direkt auf die Riesco-Insel zu. Über der Insel ließen sie sich auf meiner Höhe von der Thermik tragen und stiegen dann höher und höher empor.

Dem Pferd war das Abwärtsgehen gar nicht recht und es bahnte sich mit übertriebener Vorsicht einen Weg nach unten. In weiten Zickzacklinien gelangten wir schließlich zum Fuß des Hanges. In den Schafpferchen standen Nicolas und der Aufseher an einem Gatter und trennten die Muttertiere und Lämmer voneinander. Für mich gab es nichts mehr zu tun. Ich ritt zurück auf den Grat hinauf und beobachtete die Kondore. Es waren nun sechzehn an der Zahl. Sie scherten nach Norden aus und warfen dabei ihre Schatten über das Land, das El Jimmys Freund, der Tehuelche-Häuptling Mulato, erworben und wieder verloren hatte. Abgesehen von den Beagle Hills stand ich nun auf dem höchsten Punkt. Ich konnte fünfzig Kilometer im Westen die Inseln ausmachen, die das westliche Ende des Skyring-Beckens abzuschließen schienen. Dreizehn Kilometer südöstlich von mir war der ganze Fitzroy-Kanal zu sehen, der sich bei der Estancia *Between the Winds* in das Otway-Becken windet. Auch der Schnee auf den Bergen in der Ferne war fünfzig Kilometer weit entfernt. Die hundert Kilometer lange Riesco-Insel erstreckte sich vor mir, bis mir die ansteigenden Kordilleren den Blick versperrten.

Das Land um Rio Verde war von der Mannschaft der *Beagle* gegen Ende ihrer ersten Vermessungsfahrt benannt worden. Das Schiff stand unter dem Kommando von Kapitän Stokes und verbrachte in einer Schwadron unter dem Oberkommando von Kapitän King in der *Adventure* die Jahre 1826 bis Mitte des Winters von 1828 in den stürmischen und zerstörerischen Gewässern an den südlichen Küsten Chiles und Argentiniens. Stokes war ein fähiger und gewissenhafter Mann mit einem obsessiven Charakterzug, der das Markenzeichen aller guten Vermesser ist. Allerdings verlangte seine Arbeit von ihm Leitung und Präzision in einem Wetter, das so scheußlich war, dass die Schiffe und ihre Boote, die ja die Plattform für seine Tätigkeit waren, kaum mehr unter Kontrolle gebracht werden konnten. Die Aufgabe hätte selbst den stärksten Mann zerbrechen können und mit der Zeit zermürbte sie auch ihn.

Ende Juni 1828 war die Mannschaft erschöpft und trotz der guten Ernährung brach Skorbut aus. Von den steten Rückschlägen seiner Aufgabe zu Depression und Apathie getrieben, zog sich Stokes in seine Kabine zurück. Leutnant Skyring übernahm stillschweigend das Kommando und fuhr mit den Vermessungen fort. Als die *Beagle* einen Monat später mit der *Adventure* zusammentraf, war Kapitän King über Stokes schlechte körperliche Verfassung schockiert, konnte seine geistige Verfassung aber nicht richtig einschätzen. King hatte vor, nach Chiloé im Norden zu segeln, um Männer und Schiffe dort wieder in einen besseren Zustand zu versetzen. Für Stokes zerrüttetes Gemüt war jedoch der Gedanke an eine weitere Seefahrt unerträglich und er schoss sich eine Kugel in den Kopf. Damit endeten seine Qualen aber noch lange nicht. Seine Hand hatte beim Abschuss so gezittert, dass er elf Tage in Agonie verbrachte, bevor er starb.

King übergab Skyring das Kommando der *Beagle*. Er hatte sich für die einfachere Route nach Brasilien entschieden und die gesamte Schwadron ging in Rio de Janeiro vor Anker, wo sich bald ein wichtiger Besucher einstellte. Es war Admiral Otway auf der *Ganges*, der die Beförderung des getreuen und taktvollen Skyring durch King nicht anerkennen wollte und stattdessen den wohlhabenden dreiundzwanzigjährigen Leutnant Robert Fitzroy, der recht gute Beziehungen hatte, in diesem Amt bestätigte.

Fitzroy war bestrebt, sich einen Namen zu machen und damit seine rapide Beförderung zu rechtfertigen. Er zog nach Süden und ließ die *Beagle* im Hauptabschnitt der Magellan-Straße zurück. Von dort fuhr er mit zwei offenen Booten gegen Norden in die unbekannten Gewässer des Jerónimo-Kanals. Um so viel Proviant wie möglich mitnehmen zu können, erlaubte er niemandem, auch nicht sich selbst, frische Wäsche mitzuführen. Mit viel Mühe bahnten sie sich einen Weg durch den engen Kanal, der zuerst nach Nordwesten ausgerichtet war und dann in nordöstliche Richtung abbog. Am 11. Mai 1829 waren sie plötzlich in einer Binnensee gelandet, die Fitzroy in Gedenken an seinen Gönner Otway-Becken nannte. Abrupt ging die Küste von gebirgigem Terrain in die Pampa über und die Männer befanden sich nun im Regenschatten der Berge. Auf ihrem Weg verteilten sie die Namen von Mannschaft und all ihrer Lieben auf das Land, bis sie an einem Punkt ankamen, wo sie ein Feuer machen und die Nacht verbringen wollten und wo auch ihre Quellen der Zuneigung und Bewunderung versiegt waren. Und so nannten sie die Stelle nun Donkin-Bucht, nach dem Hersteller der Fleischkonserven, die die Männer am liebsten aßen.

Sie trockneten ihre Kleidung am Feuer und sahen sich um. Es hatte den Anschein, dass sie am oberen Ende der Bucht angelangt waren, denn Nord- und Südküste schlossen sich hier zusammen und aus dem Norden kam ein Wasserstrom, von dem sie annahmen, dass es sich dabei um einen Fluss handelte. Am nächsten Morgen floss die Strömung allerdings in die andere Richtung. Sie folgten dem Gezeitenstrom und stellten fest, dass es Salzwasser war. Innerhalb von zwei Stunden, während denen alles auf den Kopf gestellt zu sein schien, waren sie – vorbei am Ort, wo heute die *estancia* von Violeta und Nicolas steht – in einer weiteren Binnensee gelandet, die schmäler, aber in ihrer wilden Schönheit noch herrlicher war als die zurückgelassene. Nachdem er seinem Gönner die nötige Schuldigkeit erwiesen hatte, zeigte sich Fitzroy von seiner feinfühligen Seite und benannte sie nach dem abwesenden Skyring, der bei seiner Beförderung den Kürzeren gezogen hatte. Das Strömungsbett dazwischen, den Fitzroy-Kanal, behielt Fitzroy bescheiden für sich selbst.

Nach ein paar Tagen fuhren sie wieder in den Kanal, landeten auf dem Festland und kletterten auf die Hügel hinter Nicolas' und Violetas *estancia,* die sie nach der abwesenden *Beagle* benannten. Genau wie heute würden sich die Kondore, die in den Klippen gegen Osten nisten, schwerfällig von den Felsgesimsen in die Lüfte erhoben haben. Oben angekommen, hielten die Männer nach Osten Ausschau, in der Hoffnung, wieder Wasser zu sehen. Nach Westen hin bot sich ihnen ein herrlicher Ausblick über Otway- und Skyring-Becken, deren tiefblaue Gewässer mit weißer Gischt gefleckt waren. Gegen Osten hin war jedoch nur hügeliges Grasland zu sehen. Da die Vorräte inzwischen knapp wurden, war es an der Zeit, die Rückfahrt anzutreten. Wieder eine Sackgasse in Feuerlands Arsenal an Frustrationen.

Vom Schuppen aus blickten wir durch das Tor auf die Kondore, wie sie aus der Thermik ausscharten und sich dann zur Jagd über den Himmel verteilten.

»Guanako«, sagte der Aufseher und nickte zur anderen Seite hinüber. Ich sah aber nichts.

»Auf dem Kamm.«

Ich ließ meinen Blick langsam darüber hin streifen. In zwei Kilometer Entfernung konnte ich ein Tier ausmachen, das die Glätte des Kamms unterbrach. Ein Punkt in der Landschaft mit einem langen Hals.

»Sie stehen gerne an der Horizontlinie und halten Ausschau.«

»Ich habe gestern einen Fuchs gesehen. Gibt es noch viele hier?«

Er sah mich an. »Heuer nicht, wir halten sie in Zaum.«

»Sie stehen unter Naturschutz.«

»Wenn man nicht viel darüber redet, schert sich niemand drum. Wenn wir sie nicht umbringen würden, wären sie überall.«

»Und die Kondore?«

»Herrliche Vögel.«

»Erschießen Sie die auch?«

»Nein, die vergreifen sich nie an lebenden Tieren, sie nehmen nur Kadaver.«

»Auch keine Lämmer?« Das wird oft als Grund dafür angegeben, sie zu töten.

»Sie warten bei einem sterbenden Tier, töten aber nie selbst. Wenn das Tier dann einmal tot ist, ist das etwas anderes. Vier Vögel können ein ganzes Schaf vertilgen. Dann bleiben nur die Knochen und das Vlies übrig. Sie fressen die Sehnen, einfach alles. Das Vlies ist dann so sauber, dass man es anziehen könnte, und die Haut ist ganz, ohne einen Riss, nur an der einen Stelle, wo sie zuerst ans Fleisch gehen. Ja, sie sind saubere Fresser.«

Es war jetzt elf, aber die Lkws für den Schaftransport waren noch immer nicht da. Nicolas war gelassen. Ich nahm den Sattel vom Pferd und fand eine Kiste, auf die ich mich setzte. Ein Lkw kam am anderen Ufer in Sicht. Kurz darauf gesellte sich ein Lieferwagen dazu und die Fähre fuhr hinüber, um sie abzuholen. Ich stand auf. Nicolas sagte: »Der ist nicht für uns.«

Ich ging ein wenig herum, aber es gab nicht viel zu sehen. Die Fähre legte an und Nicolas ging hinunter und sprach mit der Familie im Lieferwagen. Inzwischen war es eins geworden, aber von den Lkws war noch immer nichts zu sehen. Die ganze Zeit über war der Aufseher auf einer Kiste gesessen und hatte nichts getan. Darin war er Meister. Ich wurde unruhig und fuhr mit der nächsten Fähre zurück.

Als ich mit meiner Übersetzung des mit höflichem Vitriol durchtränkten Diskurses zwischen José Menéndez und José Fagnano fertig war, sah ich zwei Lkws, die auf die Überfahrt zur Riesco-Insel warteten. Um halb fünf wurden die geduldigen Schafe dann endlich nach Punta Arenas gebracht. Landarbeiter und Gauchos kamen in den Laden, kauften Zigaretten und Kekse und tranken an der Theke ein Bier.

Ich war noch immer der einzige Gast.

Phil, der Feuerwehrmann

Im Laden der *estancia* versuchte ein dünner, wie ein Fragezeichen gebogener Mann mit einem Fahrrad, in gebrochenem Spanisch ein Getränk zu bestellen.

»Amerikaner?«, fragte ich.

»Yep, versuche noch immer, das Spanisch in den Griff zu bekommen.«

»Ich heiße John. Kann ich Ihnen helfen?«

»Phil.«

Ich fragte für ihn nach dem Preis verschiedener Getränke, dann kaufte er sich einen Fruchtsaft.

Nicolas kam herein. »Wir haben ein paar Freunde zum Essen eingeladen, Sie können gerne zu unserer Grillparty kommen.«

Hocherfreut nahm ich an. Er führte uns zu einem Grill im Haus, auf dem geröstetes Fleisch ausgelegt war. Ich füllte meinen Teller mit Lammfleisch und bestellte eine Flasche Rotwein.

Dann setzten wir uns an den Esstisch. Phil war Mitte vierzig. Er hatte einen dichten, schwarzen Bart und trug eine Baseballmütze, die er über seine buschigen Augenbrauen gezogen hatte. Ein Halstuch und eine Sonnenbrille verdeckten viel vom restlichen Gesicht. Eigentlich waren nur Wangen und Schläfen zu sehen.

»Ich bin Feuerwehrmann in Utah, nicht in der Stadt, bei den großen Buschbränden. Es ist verrückt. Die Bundesregierung finanziert das meiste, und so gibt der Staat 'ne Menge Geld dafür aus, kleine Brände einzudämmen, die viel weniger Schaden anrichten als das, was das Löschen kostet. Tatsächlich richten die Raupen mehr Schaden an als das Feuer.«

»Wein?«

»Ja, bitte.«

»Wo wollen Sie jetzt hin?«

»Utah.«

»Was wollen Sie von Südamerika alles sehen?«

»Was mir so unterkommt. Ich fahre mit dem Rad nach Utah zurück.«

»Wie lange wird das denn dauern – zwei Jahre?«

»Vielleicht. Das Essen ist gut, möchten Sie noch was?«

Wir holten uns Nachschub.

»Ist denn der Isthmus von Darién passierbar – nicht nur Sumpf?«

»Ja, man hat mich gewarnt, dass es da – hm – Probleme geben soll.«

Ich senkte den Blick und bemerkte, dass die Platzsets alle Bilder alter englischer Gaststätten trugen. Auf meiner Matte war der Jamaica Inn in Cornwall abgebildet. »Übernachten Sie hier?«

»O nein, ich muss noch zu den heißen Quellen.«

»Noch etwas Wein?«

»Ja, bitte.«

»Sind Sie verheiratet?«

»Nein, aber ich bin mit meinen Leuten daheim in Kontakt. Ich wohne bei meinem Vater.«

Er nahm die Weinflasche und goss mir ein wenig und sich selbst den Rest ein. Dann schob er seinen leeren Teller zur Seite. »Glauben Sie, dass wir für das hier zahlen müssen?«

»Es ist ein Restaurant.«

»Dann wollen die, dass ich dafür zahle?«

»Das ist hier unten so üblich.«

»Ja, also, zu Hause, ich schicke Mails. Mein Vater macht sich immer Sorgen um mich.«

Da Tomas Daskam in Santiago war, brauchte ich eigentlich nicht länger in Rio Verde zu bleiben. Also könnte ich versuchen, bis Weihnachten Puerto Natales zu erreichen. Ich fragte Nicolas, ob er mich am nächsten Morgen zur Bushaltestelle an der Hauptstraße mitnehmen könnte. Ja, sagte er, aber ich müsste dafür bezahlen. Spät am Abend kam ein Wiener Ehepaar mittleren Alters an. Peter und Martha hatten vor, früh am Morgen in ihrem Mietwagen nach Puerto Natales weiterzufahren. Sie würden mich mitnehmen. Dann fragten sie mich, was ich denn hier zahlen würde und flüsterten mir dann zu, dass Nicolas viel mehr verlangte, als in ihrem Reiseführer angegeben war. »Und bis jetzt«, sagte Martha, »waren die Angaben so genau.« Sie schwenkte das Buch in der Luft. »Also wirklich haargenau.«

Puerto Natales

Als wir mit großer Geschwindigkeit den schmalen Weg hinunterpreschten, erzählte mir Peter, wie teuer der Mietwagen sei. »Außerdem ist er für die Fahrt, die wir machen, völlig ungeeignet.« Meine offene Frage hing – sicher allen spürbar – in der Luft. Er fuhr fort: »Aber der Preis von Geländefahrzeugen ist astronomisch.« Er schaute auf seine Uhr. »Wir haben nicht viel Zeit, wenn wir heute noch hin wollen.« Der Wagen lief am Boden auf, als wir über den Hügelkamm flogen. »Völlig ungeeignet.«

»Schau!«, rief Martha und zeigte auf ein paar Magellan-Gänse. »Stopp! Die muss ich fotografieren.«

Sie stieg aus und ging auf die Gänse zu. Peter schaute ungeduldig auf seine Uhr. Die Gänse flogen davon. Ich sagte: »Es ist okay, die sind hier gar nicht so selten und wir werden noch viele sehen.«

Ein paar Minuten später: »Schau! Schafe! So viele Schafe! Stopp! Die muss ich fotografieren.«

Eine Gruppe Gauchos hielten bei ihrer Arbeit inne und starrten sie an.

Als mich die beiden in Natales absetzten, nahm Peter die Uhr ab und massierte sich das Handgelenk.

Der Mann, der Puerto Natales im 19. Jahrhundert gegründet hatte, hieß von Heinz. Er kam an einem 24. Dezember hier an und nannte den Ort Natales, in Erinnerung an die Geburt Christi. Viele Jahre lang gab es nur an die zehn Häuser, die sich um den Platz scharten, der heute das Zentrum des 15 000-Seelen-Orts ist. Frauen wuschen hier ihre Wäsche am Flussufer, ihre schuppig-rissigen Hände blau vor Kälte. 1919 hielt dann die Zivilisation Einzug: mit der ersten öffentlichen Beleuchtung. Sie bestand aus vierseitigen Glaslampen mit einer kleinen Kerze darin. In drei Meter Höhe. Die Aufregung war groß. Eine Einladung zur Eröffnung erging an den Regionaldeputierten im Parlament, die vom Berater des Unterdelegierten mit einem offiziellen Schreiben angenommen wurde. Die Kerzen wurden um sieben Uhr abends entzündet, die ganze Nacht über in Brand gehalten und um sieben Uhr am nächsten Morgen gelöscht. Das Beleuchtungssystem überdauerte nur ein paar Jahre. 1925 wurde dem Spaß mit einem neu errichteten, dampfelektrischen Kraftwerk ein Ende bereitet.

Auch ich kam Heiligabend an und mietete mich in einem modernen Privathaus mir vier Gästezimmern ein. Der erdrückend gute Geschmack im Speisesaal war überwältigend. Vom künstlichen Christbaum hingen goldene Perlenschnüre und Putten. Neben einem Weihnachtsmann warteten Keramikglocken und Schneemannkerzen auf den Beginn der Festlichkeiten. Auf dem Fernseher thronte ein großer Donald Duck aus Filz, aus dessen Ohren die Drähte der Fernsehantenne herausragten.

Direkt am Strand und auch in der Häuserzeile dahinter sprossen neue Hotels aus dem Boden, die mit Regierungszuschüssen erbaut worden waren. Dort breiteten junge Männer und Frauen in adretten Uniformen weiße Leinentücher über die Tische und legten unter dem gestrengen Blick der Oberkellner mit ungeschickten Fingern das Besteck aus. Mit sakramentaler Präzision wurden Tassen und Gläser, Salzfässchen und Teller, Menagen und Marmeladen aufgestellt, Servietten ausgebreitet und wieder gefaltet. Dann zogen sich die Kellner an die Wand zurück, wo sie wie die Motten an einer Baumrinde warteten, bis ihr Boss alles geprüft und korrigiert hatte. Dann wurde es still.

Niemand kam und niemand ging. Eine Uhr unter einer gläsernen Kuppel spielte mit viel Messinggeblitz einen Walzer. Als sie in heimeligen Tönen die zehnte Stunde ankündigte, gab der Oberkellner mit einem fast unmerklichen Nicken ein Zeichen. Daraufhin verließen Kellner und Kellnerinnen wieder ihre Stellung an den chintzbezogenen Wänden und räumten das glänzende Frühstücksgeschirr ab. Niemand hatte diese Hotels zeitgerecht für die Sommersaison vermarktet. Niemand wusste um ihr Bestehen. Niemand kam. Und bald würden die Tische fürs Mittagessen gedeckt werden.

Puerto Bories

Der unterste Süden war effektiv erst Mitte des 19. Jahrhunderts kolonisiert worden. Alle früheren Versuche waren gescheitert und es gab viel Geschichten über unzulänglich ausgestattete Garnisonen, die entsetzliche Not und Missgeschick erlitten hatten. Der Letzte-Hoffnung-Sund, an dem Puerto Natales liegt, ist ein typisches Beispiel dafür. Im Sommer des Jahres 1557 auf 1558 schleppten sich Juan Ladrillero und Francisco Cortés Ojea in ihren klapperigen Schiffen die chilenische Küste herunter. Mendoza, der neu ernannte Gouverneur des Landes, hatte die Expedition mit dem Auftrag ausgeschickt, die Magellan-Straße vom Westen aus zu erforschen.

Das spanische Gold und die spanischen Häfen lagen an der Pazi-fikküste und wenn Spanien die Herrschaft über den Süden ausüben und den Kontinent absichern sollte, mussten ihre Kapitäne auch den westlichen Eingang zur Magellan-Straße kennen. Man wusste be-reits, dass Magellan, der vom Atlantik gekommen war, ohne Prob-leme in die Straße gelangt war. Aber vom Westen aus war das eine ganz andere Sache. Da gab es tausende von Inseln, hunderte von Buchten und Sackgassen und nur ein paar lange Kanäle, die zu bei-den Seiten offen waren. Es gab auch noch keine Karten darüber.

Ladrillero war ein alter Haudegen von sechzig Jahren. Als ihn hef-tige Stürme von seinem Begleitboot, der *San Sebastián*, trennten, zog dessen Kommandant Ojea allein weiter. In einer Höhe von 52° 30′ Süd kehrte er wieder um mit dem Bericht, dass die Mündung der Magellan-Straße verschwunden sei und dass man nur niedrige Klip-pen und eine große Bucht gefunden hätte. Tatsächlich liegt bei 52° 30′ der Eingang zur Magellan-Straße, aber man hatte ihn einfach nicht als solchen erkannt. Im Oktober kehrte Ojea nach Valdivia zu-rück mit der Nachricht, dass sein Gefährte »bei dem waghalsigen Un-ternehmen« umgekommen sei. Dabei war der sture alte Ladrillero aber noch immer am Leben und kämpfte sich verbissen weiter nach Süden durch. Etwas nördlich von der wahren Meeresstraße fuhr sein Pilot vorzeitig ins Labyrinth und die Namen, die sie hier hinterlas-sen haben – Obstruction-Fjord und Little-Hope-Bucht – sind ein Zei-chen für ihre Frustrationen.

An der Stelle, wo heute Puerto Natales liegt, verengt sich der Ka-nal. Die Verfassung von Mannschaft und Schiff erlaubte nur noch einen Versuch und so nannten sie das Gewässer Letzte-Hoffnung-Sund. Meile um Meile fuhren sie den Kanal in nordwestlicher Rich-tung entlang. Hinter Grasland und Hügelketten rechts von ihnen er-hoben sich eigenartige Klippen, deren olivfarbenes und braunes Gestein im seltenen Licht der Sonne aufglänzte. Schließlich wurde ihr Weg von Bergen versperrt und ihre letzte Hoffnung zunichte ge-macht. Sie gaben auf und machten sich an die Heimfahrt. Dabei führte sie ihr Weg zufällig in einen breiten Kanal, den sie eine Weile

lang verfolgten und unterwegs mehrere Inseln beschrieben und benannten. Doch schließlich fuhren sie durch die Seitenkanäle wieder
in Richtung Heimat. Es war ihnen nicht bewusst geworden, dass es
sich bei dem breiten Kanal um die Magellan-Straße gehandelt hatte.

Bald aber war die strategische Bedeutung der mysteriösen Meeresstraße überhaupt unwichtig geworden und in Vergessenheit geraten. Zwanzig Jahre später meldete Drake offene Gewässer gegen
Süden und ließ neue Karten zeichnen. Nach Drake blieb der entlegene Süden lange Zeit unbeansprucht, denn seit seiner Entdeckung
der offenen See südlich vom Kap Hoorn hatte die Beherrschung der
Meeresstraße nur noch geringen strategischen Wert. Als der französische Nautiker Dumont d'Urville 1837 die Magellan-Straße er-
forschte, bedrängte er seine Regierung, Besitz davon zu ergreifen.
Zu jener Zeit lebte Bernardo O'Higgins, der Urheber von Chiles Un-
abhängigkeitsbestrebung, im peruanischen Exil. Er verbrachte seine
Zeit damit, schriftliche Warnungen loszufeuern, um alle in Alarm-
bereitschaft zu halten. Er schlug vor, Chile sollte jemanden mit der
Staatsflagge in den Süden schicken. Sechs Jahre vergingen, bevor irgendetwas geschah. 1843 segelte schließlich der aus Bristol stam-
mende Kapitän John Williams, ein gutmütig-derber Bursche, auf
einem chilenischen 30-Tonnen-Schoner, der nach seinem Heimat-
hafen Ancud im Norden Chiloés benannt worden war, gegen Süden.
Die Mannschaft kämpfte sich durch das übliche stürmische Wetter
und vier Monate später legte das bis dahin recht lädierte Boot beim
leeren Flaggenmast in Port Famine, südlich vom heutigen Punta
Arenas, an. Kapitän Williams nahm die südliche Halbinsel Südamerikas offiziell für Chile in Anspruch. Kurze Zeit später tauchte am
Horizont ein Kriegsschiff auf, die *Phaeton*. Nach sechsjährigem Zö-
gern waren die Franzosen schließlich um ein paar Stunden zu spät
eingetroffen.

Am nächsten Tag sah Williams, wie die Franzosen zuerst einen
neuen Flaggenmast aufstellten und dann die Trikolore hissten. Sofort
sandte er eine schriftliche Mahnung, auf die er eine ausweichende
Antwort erhielt. Es sei bei den Franzosen üblich, die Staatsflagge

über einem provisorischen Lager zu hissen. Nervös erwartete Williams die weiteren Entwicklungen, doch ein paar Tage später hatte die Besatzung der *Phaeton* das Misslingen ihrer Expedition akzeptiert. Sie fuhr weiter und beanspruchte Tahiti als französisches Protektorat. Chile erhielt die Hälfte von Feuerland.

Gabriel Bustamente Barría, ein Arbeiter, der 1893 in Ancud das Licht der Welt erblickt hatte, war in den frühen Tagen in Puerto Bories gewesen. Im Alter von einundneunzig Jahren erinnerte er sich: »Als ich hier ankam, gab es nur ein paar Häuser. Einige waren neu und das älteste Haus gehörte José Iglesias. Unten am Strand legten sie hinter der Pedro-Montt-Straße einen Friedhof an und der erste Tote wurde in den Armen eines Angehörigen zu Grabe getragen.«

Die Menschen, die dieses Gebiet im 20. Jahrhundert prägten, waren Kapitalverbrecher aus Europa und heimische Kriminelle. 1906 wurde die Region versteigert und die Konzession an die Sociedad Explotadora del Tierra del Fuego übertragen, eine Privatgesellschaft, die zur Nutzung der Naturschätze des Gebiets gegründet worden war. Sie wurde nach zwei argentinischen Unternehmen zur drittgrößten Viehverarbeitungsgesellschaft der Welt. Die Gesellschaft brachte Schafe und Rinder ins Land und baute Fabriken, Häfen, Städte und Schiffe. 1913 errichtete sie nicht nur die Bories-Tiefkühlanlage, sondern übernahm auch eine Privateisenbahn entlang der Küste, mit der die Arbeiter von und nach Puerto Natales befördert wurden. Gegen Ende des Ersten Weltkriegs schlachtete sie bereits 300 000 Tiere jährlich.

Von allem Anfang an war die Arbeiterschaft zäh, gut organisiert und radikal. Außer dem Trinken gab es nur wenig Unterhaltung. Kurzum, die Leute waren oft betrunken, aber immer rot. Die sporadischen Zusammenstöße zwischen Eigentümern und Arbeitern waren politisch motiviert, tief sitzend, persönlich bestimmt und manchmal auch recht gewalttätig.

Die Arbeiter wurden teils bar, teils in Naturalien entlohnt. Dabei waren die Naturalien überbewertet, aber das spielte praktisch keine Rolle, denn das Geld konnte nur in den firmeneigenen Läden ausgegeben werden. Dort waren die Preise so hoch, dass mit einem Streik die Gründung eines Tribunals erzwungen wurde, das schließlich zu Gunsten der Arbeiter entschied. Die Gesellschaft musste die Preise senken, was aber nicht viel ausmachte, denn das Geld ging weiterhin im Kreis herum und landete letztlich immer in denselben tiefen Taschen.

Am Morgen des Weihnachtstags spazierte ich den Letzte-Hoffnung-Sund entlang in Richtung Puerto Bories. Schwarzhalsschwäne ritten auf den schmalen, hohen Wellen. Diese Tiere sind auf den salzigen und brackigen Gewässern in der Mitte und im Norden Feuerlands recht häufig zu finden, kommen aber nie das zusätzliche Stück weiter südlich in den Beagle-Kanal. Mit krummschnabeliger Eleganz steckten Ibisse ihre rotgoldenen Hälse in den Torf auf der Suche nach Larven. Genau wie die Schwäne sind auch sie Zugvögel, die den Sommer hier verbringen. Der englische Sammler Crawshay vermerkte 1907, dass die Ibisse »gar nicht leicht zu töten sind, aber recht gut schmecken«.

Ein Junge ritt ohne Sattel auf einem braunen Hengst, gefolgt von einem Wolfshund und einem Labrador. Auf einem glänzenden Stück Rasen verlangsamte er den Gang und ließ das große Pferd wie beim Dressurreiten im gestreckten Schritt gehen und dann langsam traben. Inzwischen war der Asphalt von einem unbefestigten Weg abgelöst worden. In der Umgebung gehört das ganze Land noch immer den großen *estanzias*. Die weitläufigsten Besitztümer waren inzwischen in etwas leichter zu bewirtschaftende Einheiten von etwas über 40 000 Hektar mit jeweils einer Viertelmillion Schafe unterteilt worden.

Vier Hektar des dürftigeren Bodens ernähren nur ein Schaf, wobei die Vliese allerdings ein Gewicht von neun oder zehn Pfund erzielten und erstklassige Böcke dreißig Pfund Wolle produzierten. Von den entlegeneren Farmen mussten die Herden ehemals zwei oder drei Wochen lang zu den Kühlanlagen marschieren. Der Großteil des Schaffleischs ging dann nach Großbritannien.

Die Arbeit in den Schlachthöfen war brutal und verrohend. In einer ähnlichen Anlage in Rio Gallegos wurden chilenische Arbeiter jeweils für drei Monate, fern der Heimat, zum Schlachten von Schafen angestellt. Wenn die Männer dann am Sonntag nichts zu tun hatten, vergnügten sie sich damit, beim Sonnenbad am Strand Robben um die Wette die Kehle durchzuschneiden. Für die Kadaver hatten sie keine Verwendung und so konnten sich die Vögel daran gütlich tun. Am nächsten Morgen gingen die Männer dann ausgeruht und erfrischt im Schlachthof wieder an die Arbeit.

Ab 1912 konnte Puerto Natales seinen Bewohnern mit der Gründung des last Hope Football Clubs eine etwas zivilisiertere Freizeitbeschäftigung bieten, obwohl es sich dabei möglicherweise um den pessimistischsten Namen für einen Club in der Geschichte des Fußballs handelt. Dem Club folgten schließlich ein Schwimmbad, eine Turnhalle, ein Schießstand, eine Kegelbahn, ein Kino und eine Bibliothek.

Auf meinem Spaziergang kamen mir alle möglichen Geschichten in den Sinn, die ich auf Spanisch in Jorge Díaz Bustamentes *Crónicas de Última Esperanza*, der Chronik der Letzten Hoffnung, gelesen hatte. Der beste Schwimmer der Stadt war Bernardo Glinka gewesen, dem man nach dem ausgestorbenen Riesenfaultier den Namen Mylodon Kid gegeben hatte. Der Deutsche stürzte sich bei jedem Wetter in die Fluten. 1924, als er sich mit mehreren Brandys Mut angetrunken hatte, überquerte er schwimmend den ganzen Señoret-Kanal, der fast zwei Kilometer breit ist. Danach schwamm er die Strecke je nach Lust und Laune immer wieder. Eines Tages fiel er aus seinem Skiff, war aber so betrunken, dass er nicht wieder hineinklettern konnte, und ertrank. Es dauerte mehrere Wochen, bis man seinen Leichnam am Strand von Demstre fand.

Ein Kawéskar-Indianer, El Chonqui, war auch ein geübter Trinker, der die Kinder mit seiner knurrenden Aussprache erschreckte. Hin und wieder arbeitete er auch. Eines Tages traf er halb nackt bei der Bories-Kühlanlage ein und sah ein paar Männern beim Graben zu. Er hatte keine Ahnung, was sie taten, wusste aber, dass sie dafür bezahlt wurden. Also nahm er eine Schaufel und grub mit. Als ihm der

Aufseher sagte, er solle aufhören, grub er einfach weiter. Auf die erneute Aufforderung hin, grinste El Chonqui nur und wies auf die anderen Männer. Dann grub er weiter. Nun holte der Aufseher den Manager hinzu, der dem Indianer erklärte, dass er ihm nichts zahlen könne und dass er aufhören sollte. Doch El Chonqui grub weiter, bis die Arbeit fertig war. Schließlich zahlten sie ihn doch und er kaufte Kleider und Schuhe und Massen von Alkohol.

Etwas später im selben Jahr geriet die Anlage, in der Fett geschmolzen wurde, in Brand, der sich auch auf andere Gebäude ausbreitete. In jenem Jahr verendeten etwa 6000 Tiere, aber es wurde eine neue Feuerwache gegründet. Sie stand unter der Leitung von Madman Reley, dem Verrückten Reley.

Reley gehörte jedem Club in der Stadt an. Er war ein Mann, der gerne Streiche spielte, und so erklärte er eines Tages, dass Christus nicht der Einzige war, der auf dem Wasser gehen konnte. Daraufhin wurde ein Tag festgelegt und allen Bescheid gegeben. Eine Menschenmenge versammelte sich in der Bucht. Reley erschien mit zwei riesigen Schwimmschuhen. Er schnallte sich die Schuhe an und dann ging's los. Einmal über die Bucht, zweimal. Bei der dritten Überquerung glitten ihm die Beine auseinander und Madman Reley stürzte ins eisige Wasser. Wie würde wohl der zweite Akt des Spaßvogels aussehen? Erwartungsvoll blickte die Menge aufs Wasser, auf dem sich nichts rührte. Schließlich rief jemand: »Das ist kein Spaß!« und holte schnell ein Boot. Reley wurde halb ertrunken aus dem Wasser gezogen. Die *carabineros* kamen hinzu und wollten ihn gleich festnehmen, wussten aber nicht so recht, wofür. Reley war zu erschöpft, um sich zu rechtfertigen, aber die Menge war auf seiner Seite. Es wurde ein Kompromiss geschlossen. Die *carabineros* würden ihm nichts anlasten und Reley würde in Zukunft das Gehen auf dem Wasser Christus überlassen.

Etwa fünf Kilometer außerhalb der Stadt liegen die Überreste des Reichtums der Gesellschaft, die rotbedachten Holzschuppen von Puerto Bories. Von der Mole, wo ehemals die großen Woll- und Fellschiffe angelegt hatten, fehlten jetzt einige Teile. Der riesige Gebäudekomplex lag leer und verschlossen da, einige der Plankenwände waren schon eingestürzt. Etliche der kleineren Häuschen waren noch bewohnt, so auch das Haus des Managers, um dessen Vorbau sich Rosen rankten. Der leere Sund lag stahlblau glitzernd vor mir. Kahles Felsengestein erhob sich steil aus den Wassern. Gegen das Meer hinaus spiegelte sich die Sonne schillernd im Kanal. Ein Fischkutter fuhr aftern in den Hafen. Im schwarz-weißen Zickzackflug glitten Austernfischer über den Strand. Ein heftiger Windstoß trieb mir plötzlich Regen ins Gesicht, doch Minuten später sah ich wieder geblendet in die Sonne.

Mit der Zeit war es für Feuerland einfach zu schwierig, die weit entfernten Märkte zu beliefern. Man reduzierte die Tätigkeit in Schlachthof und Kühlanlage und legte die Anlagen in den 60ern schließlich völlig still. Heute gibt es Bestrebungen, diese wieder in Stand zu setzen. Ist Denkmalschutz der nächste Schritt?

Das Riesenfaultier Mylodon

Ein Besuch, den man sich in Puerto Natales keineswegs entgehen lassen soll, ist ein Ausflug zur Mylodon-Höhle, wo Chatwin seine Reise beendete. Er hatte sich dort ein Haar des ausgestorbenen Faultiers geholt, als Ersatz für eines, das er bei seiner Großmutter in einer Vitrine bewundert hatte. Ich buchte den Ausflug über ein Reisebüro und bekam einen Taxifahrer namens Henrique zugeteilt. Ich war sein einziger Passagier auf der Fahrt zur etwa zehn Kilometer nordwestlich von der Stadt gelegenen Höhle.

Der Mylodon war ein Geschöpf der Eiszeit, das die Form eines Faultiers und die Größe eines ausgewachsenen Bären hatte. Im Sommer liegt die Höhle inmitten lieblichen Weidelands, im Winter hingegen hängt Eis von den Wänden und der Boden ist mit Schneewehen bedeckt. 1896 suchte ein Hirte in der Höhle Schutz und kam durch den riesigen linsenförmigen Eingang. Im Eis fand er ein Büschel rotbraunen borstigen Haars. Schnell lief er zu seinem Boss

Herman Eberhard, der Knochen, Fell und Exkremente aus der Höhle und sich damit den Ruhm für die Entdeckung holte. Die Reste waren hervorragend erhalten. Sorgfältig rekonstruierte man mit Skelett und Fell ein Tier. In benachbarten kleineren Höhlen fand man Reste menschlicher Siedlungen, denen schließlich ein Alter von 12 400 Jahren zugeschrieben wurde. In Europa entspricht das dem Ende der letzten Eiszeit.

Der hervorragende Zustand der Überreste ließ zahlreiche Vermutungen aufkommen. Schließlich war die Höhle im Sommer immer eisfrei und warm. Möglicherweise handelte es sich hier nicht um einen außergewöhnlichen Konservierungsakt, sondern um effektives Überleben. Es wäre doch durchaus möglich, dass Mensch und prähistorisches Monster hier gemeinsam existierten: dass das Monster vielleicht überlebt hatte.

Zur Sommersonnenwende des neuen Jahrhunderts richtete Professor Ray Lancaster folgende Worte an die Royal Zoological Society: »Es ist durchaus möglich – und ich möchte hier nicht mehr dazu sagen – dass er [der Mylodon] in einigen der Gebirgsregionen Patagoniens noch immer existiert.« Mit dieser Idee im Kopf zog H. Hesketh Prichard, ausgestattet mit einem der eigenartigsten Prosa-Stile der gesamten akademischen Welt, ans Ende der Erde.

Mit Kreditbriefen der Firma Thomas Cook versehen, machte er sich auf die Reise zur Waliserkolonie im Chubut-Tal, die zu diesem Zeitpunkt erst fünfunddreißig Jahre alt war. Auf der Suche nach religiöser und kultureller Freiheit und Land waren die Menschen aus ihrem heimatlichen Wales hierher gekommen. Sie hatten sich zwar ihre walisische Sprache erhalten, aber nicht ihre Agrarwerkzeuge, denn die waren ihnen abhanden gekommen, als sie sie bei ihrer Ankunft unbedacht unter der Flutmarke hatten liegen lassen.

Nicht so lange vorher war ein gewisser Lord Reed in Trelew eingetroffen. Er war zu reich, um genügend Bargeld mit sich herumzutragen und musste sich daher von der örtlichen Bevölkerung Geld borgen. Eines Tages verschwand er damit. Die Suche im Adelskalender *Burke's Peerage* ergab, dass der Titel erfunden war. Ein Polizeiaufgebot brachte schließlich eine Kaution für die Darlehen in Form des lebendigen »Lord« Reed am Ende eines Lassos zurück.

Als nun erneut ein Engländer bei ihnen auftauchte, fragten sie Hesketh Prichard gleich einmal, ob er vielleicht nicht ein *Lord Prichard* sei. Denn sie sahen seine Kreditbriefe von Thomas Cook als eine erneute List. Der arme Prichard war gezwungen, achthundert Kilometer Pampa mit dreißig argentinischen Dollar in der Tasche zurückzulegen. Und auch die störrischen und halsstarrigen Pferde, die man ihm verkauft hatte, waren eine einzige Tortur.

Ihm wurde bald die Ironie der Situation bewusst: Diese Menschen hier waren von so weit her gekommen, um ihre walisische Sprache und Kultur vor dem englischen Einfluss zu schützen, nur um sie nun dem Spanischen auszuliefern. Seine Befürchtungen begründete er dabei auf die dunkeläugigen argentinischen Mädchen und die Mischehen. Gemeinsame Anstrengungen zwischen Wales und der argentinischen Regierung haben in jüngster Zeit jedoch dazu beigetragen, die walisische Sprache wieder zu stärken, nachdem sie praktisch eine ganze Generation übergangen hatten. Heute befragen Großeltern ihre Enkel in einem walisischen Dialekt des 19. Jahrhunderts und die Kinder antworten in modernem Walisisch. Die Elterngeneration dazwischen wartet auf eine spanische Übersetzung.

Hesketh Prichard zog mit seinen Leuten und den Pferden, die ohne Unterlass ausschlugen und bockten, schließlich gegen Süden. Seine Proska kam hier unter dem weiten Firmament zur vollen Blüte: »Bei Sonnenaufgang aus den Federn, wenn die Sonne ihren großen, kahlen, zitronengelben Kopf aus der Bettwäsche des Himmels hervorstreckt.«

Unterwegs trafen sie auf Tehuelche-Indianer, die sich die riesigen Weiten des Graslands zu Eigen gemacht hatten. Die Pampa ist so groß und eintönig, dass sich selbst Gauchos auf langen Touren des Abends angewöhnt haben, mit dem Kopf in der Zielrichtung schlafen zu legen, damit sie am nächsten Tag den richtigen Kurs einschlagen. Von früher Kindheit an lebten die Tehuelche mit und auf ihren Pferden. »Wir fragten einmal einen Tehuelche, was er denn tun würde, wenn er ohne Pferd allein in der Pampa gelassen würde.«

»Ich würde mich hinsetzen«, sagte er.

Henrique fuhr mich an der Küste entlang und an der Bories-Anlage vorbei. »Früher nur Großgrundbesitzer. Alle Tiere kamen hierher. Dann hatten wir die Landreform und viel mehr Grundbesitzer. Kleinbauern sind anders, die spezialisieren sich nicht. Sie tun ein wenig von diesem und ein wenig von jenem. Sie wollen die Tiere nicht jedes Jahr schlachten. Fabrik zu.«

»Gab's hier nicht mal sechshundert Arbeiter?«

»Ja, noch mehr während der Hochsaison. Jahreszeitbedingte Arbeit.«

»Ist es besser, die Landreform und keine Jobs zu haben?«

»O ja. Es gibt weniger Arbeit, aber die Leute haben Land. Sie stecken nicht mehr in der Tasche der Firma.«

Ich stand im Eingang zur Höhle und stellte mir vor, wie das Land wohl während der Eiszeit ausgesehen haben mochte, als es noch keine Menschen hier gab. Der Lauf der Jahreszeiten, ohne dass sie jemand gezählt hätte. Das Töten der Tiere untereinander. Das Brüllen der Bestien, nun ohne Atem. Hinter mir muhte eine Kuh, und der Laut, so alt wie der Wind, hallte in der Höhle wider.

Je weiter ich in die Höhle hineinging, desto größer wurde sie. Ausgrabungen hatten ergeben, dass in der Eiszeit Jäger hier gelebt, gejagt und ihre Beute über dem Feuer gegart hatten. An Knochen waren die Spuren von Werkzeugen festgestellt worden. Hesketh Prichard fand aber keinen lebenden Mylodon. Stammte das Exemplar, welches so viel Furore gemacht hatte und von der Kälte so außerordentlich gut konserviert worden war, wirklich aus prähistorischer Zeit? Der Mylodon war und blieb ausgestorben. Aber seit wann? Hatten Mensch und Mylodon je Seite an Seite auf diesem Stück Land gelebt?

Datierungen mittels Radiokarbon wurden in der Mylodon-Höhle nicht an den Tierknochen selbst, sondern an den daneben aufgefundenen Fellresten und Exkrementen durchgeführt. Datierungen dieser Art sind aber immer anfechtbar, da Artefakte, die nebeneinander gefunden werden, nicht unbedingt aus derselben Zeit stammen müssen. Die Ergebnisse deuten darauf hin, dass der Mylodon bis in die Zeit vor zehntausend Jahren im Gebiet der Höhle gelebt hat, also bis in eine Zeit, als der Mensch hier auftauchte.

Die letzten vier bis fünf Millionen Jahre haben außergewöhnlich rasche Klimaveränderungen erlebt. Mehrmals wurde die Erde von Eiszeiten gelähmt, während sich in den Perioden dazwischen Nilpferde an den warmen Ufern der Themse sonnten. Das Überleben der einzelnen Tiergattungen hing oft davon ab, ob die Tiere in der Lage waren, dem ihnen zuträglichen Klima und Lebensraum von Norden nach Süden oder umgekehrt zu folgen. Inseln waren da immer ein Problem, denn wenn sie nicht schwimmen oder fliegen konnten, kamen die Tiere um. Außerdem boten Feuerland und Patagonien einfach nicht genügend Raum für die Vielzahl verschiedener Säugetiere, die sich in den entsprechenden nördlichen Breiten angesiedelt hatten. Während der Eiszeiten war dieses Gebiet lediglich von einer kleinen Gruppe widerstandsfähiger Generalisten bevölkert, von Tieren, die auf kahlem und unfruchtbarem Terrain ihr Leben fristen konnten. Mylodone und die heimischen Pferde kamen für ihre Ernährung mit dürftiger Vegetation aus, vorausgesetzt, es gab genügend davon, und die großen Katzen lebten natürlich von der Jagd auf sie.

Die großen Tiere, die vor zehntausend Jahren existierten, hatten schon eine Menge überdauert, was an klimatischen Änderungen so auf sie zugekommen war. Weshalb begannen sie aber gerade zu jenem Zeitpunkt auszusterben? Möglicherweise besteht eine Verbindung zwischen dem Verlust der Megaflora und dem Auftauchen der menschlichen Jäger zu einer Zeit, als die Tiere sich bereits abmühten, sich den ständigen Änderungen in ihren Lebensbedingungen anzupassen. Selbst wenn der frühe Mensch Großwild nur dann erlegte, wenn sich die Gelegenheit dazu bot, so war diese zusätzliche Bedrängnis für die Tiere einfach zu viel. In der Mylodon-Höhle sind noch andere große, seitdem ausgestorbene Tierarten zu sehen: ein Panther, zwei verschiedene kamelartige Tiere und zwei pferdeähnliche Kreaturen. Während diese Tiere allmählich dem Aussterben zugetrieben wurden, existierte der Mensch offensichtlich noch eine Zeit lang gemeinsam mit der ausgehenden Megafauna. Der langsame, hartnäckige Mylodon war einer der Letzten, der zu Grunde ging. Dabei hätte er das Überleben beinahe geschafft.

Auf dem Rückweg hielt Henrique an. »Wir können da hinaufklettern.«

Wir stiegen eine felsige Klippe hinauf, die aus der Kuppe eines kleinen Hügels am Wegrand zum Himmel ragte. Henrique führte mich über einen schmalen Grat zu einem Felsvorsprung, von dem aus man den Señoret-Kanal überblicken konnte. Die Aussicht war von atemberaubender Schönheit. Von dieser Warte aus sah das ganze Land plötzlich ganz anders aus. Im mittleren Bereich verlor sich der Blick in etwa fünfundzwanzig Kilometern Entfernung und vierzig Kilometer weiter draußen blockierte der blendende Glanz der Sonne die Sicht. Beide Ufer des Kanals waren von Bergen gesäumt. »Die Leute kommen hier laufend vorbei, aber sie kennen diesen Platz nicht. Sie fahren zur Höhle und dann wieder heim. Ich mag diesen Platz, man sieht das ganze Land, wenn man weiß, wo man hin muss. Gefällt es Ihnen?«

Ich fand keine Worte.

»Wo wollen Sie hin, wenn Sie hier weggehen?«

»Hinauf nach Chiloé und dann nach Santiago.«

»Sie gehen nach Chiloé? Meine Frau ist Chilotin. Ich schreibe Ihnen ein paar Sachen auf, nach denen Sie fragen müssen.« Er schrieb sie nieder. Ich kannte zwei davon: eine Messschachtel und ein Schlitten, die für Chiloé typisch sind.

Er schrieb mir auch *curanto* auf, an das ich mich später noch zur Genüge erinnern würde.

»Gibt es ein paar gute Fischrestaurants in Puerto Natales?«, fragte ich. »Ich habe noch gar keine gesehen.«

»Das Bahía.« Er schrieb die Adresse auf. »Es ist das Beste.«

Henriques Zettel enthielt auch Anweisungen, wie ich die Straße mit dem Bahía Restaurant finden würde. Das Geschäftszentrum liegt an einem Ende der Stadt, wo man das erste Straßennetz angelegt hatte. Hier waren die Hotels und auch die prächtigeren Häuser der Stadt zu finden. Das Restaurant lag am anderen Ende. Ich musste das Straßennetz diagonal überqueren, was eine Art Zickzackroute erforderlich machte. Viele der kleineren Häuser waren frisch gestrichen mit ordentlichen, bunt leuchtenden Gärtchen. Vor den Behausungen älteren Datums standen stämmige Baumklötze wie vierschrötige, dunkle, undurchdringliche Wachen.

Auf meiner Touristenkarte hörte die Stadt unmittelbar nach der größten Geschäftsstraße auf. An diesem Punkt waren Asphalt und Karte auch wirklich zu Ende, aber von der Stadt war danach noch eine Menge übrig. Es war nur wenig Verkehr, dafür standen aber überall alte Autowracks herum und hin und wieder auch das zerschlagene und ausgetrocknete Skelett eines hölzernen Fischerboots mit vergilbtem Rumpf und windschiefem Ruderhaus. Ich überquerte eine lange Einkaufszeile, die ich vorher noch nicht bemerkt hatte. Sie machte einen recht ärmlichen Eindruck. In den Läden gab es nur wenig Waren, und was es gab, war aufs Geratewohl und stückweise zusammengetragen. Ein Bekleidungsgeschäft verkaufte nur Strickjacken und Baumwollkleider, alle in Weiß oder Taubenblau. Ein weiteres dürftiges Schaufensterangebot wurde von einem heruntergerollten grellgelben Plastikrollo beschirmt. Ich war inzwischen am Ende der Häuserzeile angekommen. Von der anderen Straßenseite aus starrten zwei abgemagerte Hunde auf einen Metzger, der gerade sein Auslösemesser schliff.

Die Vorgärten waren nun klein und ungepflegt. Viele Häuser standen direkt an der Straße. Fehlende Holz- oder Wellblechplatten waren durch Teile ersetzt worden, die nicht zusammenpassten. Die Giebelwand eines dieser Häuser bestand nur aus Öldosen, die jemand aufgeschnitten, flachgehämmert und dann fest angenagelt hatte. Eine adrett aussehende Frau kam aus einer Telefonzelle. Sie hatte ein intelligentes Gesicht mit einem lebhaften, nachdenklichen Ausdruck. An der Häuserecke wurde sie von einem Windstoß erfasst. Sie zog ihre wattierte Jacke enger um sich. Die Jacke war voller Löcher.

Schließlich bog ich nach rechts ab und ging eine gerade Straße entlang. Dabei hielt ich mich in der Mitte, um nach Möglichkeit dem Gestank der stagnierenden Abwässer in den offenen Straßenrinnen zu entgehen. Eine Leuchtbox aus Plastik an einem Haus war unbeleuchtet. Ich konnte darauf Bahía Café, besser gesagt Bah:a Ca:é, ausmachen. Darunter leckten Hunde in den Pfützen.

Im Hof des Hauses stand ein kleiner Traktor, der Motor war in Stücke zerlegt worden. Der Mann, der anscheinend daran gearbeitet hatte, war in einem der Schuppen mit dem Abwasch beschäftigt. Eine Lampe im Fenster ging flackernd aus und an. Das war aber nicht als Spezialeffekt gedacht, sondern ein Fehler in der Verdrahtung. Ich versuchte, die Türe unter dem Reklameschild zu öffnen. Sie war verschlossen. Ich drehte mich um und wollte wieder in die Stadt zurück. Der Mann am Waschbecken trug ein grünes Hemd, unter dem sich ein brauner Bauch wölbte. Er hatte eine kurze Hose an und seine kräftigen braunen Beine steckten in Sandalen. »Kann ich Ihnen helfen?«

»Das Restaurant«, dabei wies ich auf das Schild, »ich suche das Restaurant.« Er trocknete sich sorgfältig die Hände und als er damit fertig war, sagte er: »Kommen Sie rein, kommen Sie rein.« Ich wollte ihm hinten ins Haus folgen. »Nein! Die Kunden kommen vorne rein. Warten Sie einen Moment.« Er verschwand im rückwärtigen Teil des Hauses und kam schließlich an der Eingangstüre wieder zum Vorschein, die er für mich öffnete, bevor er mich mit einer graziösen Geste zum Eintreten einlud.

Eine breit gebaute Frau, wie er um die fünfzig, drückte sich an mir im dunklen Gang vorbei. Die Fliesen des Steinbodens waren blitzsauber. »Möchten Sie einen kleinen Drink? Wir nehmen gerade einen.« Die Frau führte mich in einen Privatraum hinten im Haus. An einem

Tisch saß ein junges Paar. Wir begrüßten uns. Dann bat ich um ein Bier. Die Familie trank geziert aus zarten kleinen Gläsern. Ich sah mich um und bemerkte weiter hinten im Raum einen riesigen Küchenherd. »Sie haben eine wunderschöne Küche.« Die ältere Frau strahlte mich an, aber die jüngere schaute über die Schulter missbilligend auf den Herd: »Ach, das alte Ding.«

Ich ging in den kleinen Speisesaal nebenan, wo ein einheimisches Ehepaar gigantische Portionen Fisch, Salat und Röstkartoffeln verzehrte. Zu essen gab es, was die Fischer an dem Tag gerade gefangen hatten. Man setzte mir Suppe, Krabben und gebratenes *congria*-Steak vor. Alle Speisen waren leicht untergart, gerade recht für meinen Geschmack. Die meisten Restaurants trauen ihren Gästen einfach nicht zu, dass sie wissen, wie es am besten schmeckt.

Als ich mich gerade verabschiedete, war am Eingang ein lautes Hämmern zu hören. Der Mann im grünen Hemd ging zur Tür. Jemand stolperte herein. Ich ging auch zur Tür, für den Fall, dass man meine Hilfe brauchte. Ein Mann gegen Ende zwanzig stand da, weit nach vorn gelehnt, während sich der Besitzer gegen ihn stemmte, um ihn vor dem Umfallen zu bewahren. Der Besucher war groß und dünn. Er hatte beim Eintreten den Kopf einziehen müssen. Sein Haar war schulterlang und er trug einen schlaffen Schnurrbart. Er sah aus wie jemand, der viel und regelmäßig trinkt und den Alkohol gut verträgt, den es diesmal aber trotzdem mächtig erwischt hatte.

Hinter ihm kam ein etwas kleinerer und eher rundlicher Mann herein. Auch er auf unsicheren Beinen. Er unterhielt sich mit lauter Stimme, während er gegen einen unsichtbaren Wind anzukämpfen schien. Der Besitzer hatte den ersten Mann inzwischen aufgerichtet. Er ließ ihn stehen und schüttelte dem zweiten Mann die Hand. Dann kamen sie herein. Den Männern folgten zwei elegant gekleidete Frauen. Beide nüchtern und mit zwei kleinen Kindern und einem Baby. Der Besitzer umarmte die Frauen und strich den Kindern liebevoll über den Kopf. Die Männer gingen direkt in den Hinterraum, wo sie mit lauter Stimme Bier verlangten. Die Frau mit dem Baby rief nach hinten: »Hallo, Mama!«

Milly's

Ich aß mein Mittagessen in Puerto Natales hinter der Hauptstraße bei Milly's, einem amerikanischen Diner im Stil der 50er mit Spiegelglasfenstern und Resopaltischen. Die Ausstattung war einfach, aber sie hatte Stil. Milly's war in. Ein paar schick gekleidete Leute kamen herein. An einem der Fenster saß eine Frau mittleren Alters in einem Pelzmantel und bröckelndem Make-up mit zwei Männern. Beide trugen Anzüge und einer hatte Schuhe mit Plateausohlen an. Sie sahen mit distinguiertem Gebaren um sich. Als die Frau eine lange Zigarette hervorholte, reichten ihr beide Männer gleich beflissen Feuer. Um neun würden sie dann alle nach Hause gehen, ihre Kleider aufhängen, die Hosen in Falten legen und die Schulterpolster auf den Kleiderbügeln mit ein paar Handgriffen zurechtrücken.

Siebzehnjährige Kellnerinnen in chromgrünen Miniröcken eilten auf ihren schönen, jungen Beinen beflissen zwischen den auf Hochglanz polierten Tischen hin und her. Zwischen den Bestellungen wisperten sie an der Theke miteinander und starrten dann zum Fenster hinaus. In ihren Gesichtern waren zwei verschiedene Lebenswege vorgezeichnet.

Der eine bestand darin, möglichst weit von hier fortzugehen. Dann würde die Stadt hier niemals mehr ihr Zuhause sein. Sie würde dann ganz einfach ein Ort werden, wo sie einmal gelebt hatten. Bei ihren Besuchen würden die Leute den Mädchen klein und unverändert erscheinen und wie früher auf denselben Stühlen und an denselben Tischen sitzen. Die Mädchen würden mit neuen Freunden und neuen Kleidern kommen und ihre Eltern würden beides ablehnen. Ladenbesitzer, die in der Stadt neu waren, würden sie für Touristen halten und versuchen, sie mit faulen Tricks übers Ohr zu hauen. Und wenn ihnen die Mädchen dann sagten, dass sie ja selbst von hier seien, würde man sie von oben bis unten betrachten und auslachen. Auf der Fahrt zurück zum Flughafen würden sich ihre Augen mit Tränen füllen, ohne dass sie wüssten, weshalb. Der Vater würde winken und die Mutter würde sich ein Taschentuch gegen die Augen drücken. Und beim Abschied wäre es, als ob sie nie mit ihnen gesprochen hätten.

Der zweite Lebensweg bestand darin, hier zu bleiben und sich ans Fenster zu setzen. Einen jungen Mann aus der Stadt zu heiraten und sich ein Geschäft zu suchen. Und dann würden sie über die Kellnerinnen bei Milly's herziehen und ihnen vorwerfen, dass sie zu langsam seien und nie das Richtige brächten. Und vor allem die Beine würden sie in Rage bringen. Und wenn es dämmrig wurde, würden sie schnell das Restaurant verlassen, denn sonst würde ihr Spiegelbild im Glas sie daran erinnern, wo sie noch immer waren.

Als ich ging, war es still geworden. Eine eher unscheinbare Kellnerin, deren langes Haar wie ein schwarzer Vorhang über ihren Rücken hing, lehnte an der Theke und sah auf die nächtliche Straße hinaus. Die hübscheste der Serviererinnen hatte sich bei ihr untergehakt, starrte aber in die andere Richtung auf den Kuchenstand.

Bald würde einer der Lebenswege unauslöschlich in ihr Gesicht gekerbt sein.

Die lange Pazifikküste

Navimag

Ich wachte auf, als sich das Schiff mit knarrendem Anker bebend vom Dock löste. Damit hatte unsere Fahrt nordwärts durch Chile begonnen, auf die einzige Art, die außer Fliegen möglich ist. Der Süden Chiles ist dreihundertzwanzig Kilometer lang. Den Mittelpunkt bildet die Wellington-Insel, zusammengesetzt aus Bergen, die aus Land oder Meer ragen. Es gibt keine Straßen und es wird wahrscheinlich nie welche geben. Die Straßen auf dem chilenischen Teil von Feuerland führen nur nach Argentinien.

Für die Menschen ist der Transport dank dem vielseitigen Angebot der internen Fluglinien relativ billig, wenn es aber darum geht, Massengüter und -produkte im Süden Chiles von Nord nach Süd und von Süd nach Nord zu transportieren, dann gibt es nur eine Möglichkeit – die Navimag. Diese nationale Institution ist eine Privatgesellschaft, die einen grellroten 18000-Tonnen-Frachter, die *Puerto Eden* betreibt, die auch als Fähre dient. Einmal die Woche absolviert sie eine Fahrt nach Norden und eine nach Süden und transportiert dabei Lkws, Fracht, Vieh und ein paar Dutzend Passagiere, die auf dieser Fahrt auch nicht viel besser untergebracht sind. Dabei legt sie den Großteil der Strecke in den Kanälen zwischen den Inseln und dem Festland zurück, denn die Enge der Wasserstraßen und die Höhe der Berge verhindert, dass die Gewässer darin zu turbulent werden, außer es weht ein wirklich stürmischer Wind.

Die Schlafstelle über mir wurde von Dieter, einem kleinen Deutschen, eingenommen, der nach seiner Statur und seinem Gebaren wie ein schüchterner Bankangestellter wirkte. Die Haut seiner Nase war wie bei einer reifen Pflaume aufgeplatzt und sein Gesicht vom Sonnenbrand verschwollen. Wir begannen ein Gespräch. Dieser schmächtige Mann hatte gerade den Vulkan Aconcagua, den höchsten Berg des gesamten amerikanischen Kontinents, bezwungen.

Die andere Seite der Kabine hatte ein Schweizer Paar belegt. Sie eine zierliche, lebhafte Blondine und er ein freundlicher, aber etwas fader Hüne, der in seinem braun-beigen Outfit wie der stämmige Führer eines Pfadfindertrupps wirkte und durch eine runde Metallbrille in die Gegend blinzelte. Durch das Fenster der Kabine sah man auf das Frachtdeck hinunter. Holzverschläge in zwei Etagen mit reglosen Schafen darin waren von Lkw-Anhängern heruntergehoben, auf Pfosten gehievt und dann an Deck festgebunden worden. Das Wetter hatte sich inzwischen verschlechtert, es war kühl mit einer steifen Brise.

Wir fuhren gerade in südwestlicher Richtung über den Admiral-Montt-Golf und ich ging aufs Frachtdeck hinaus. Die Schafe standen dicht gedrängt in ihren Verschlägen. Einige hatten ihre Vorderbeine auf den Rücken der anderen Tiere gestützt. Alle paar Minuten schlug eines der Schafe aus und versuchte, durch Bocken etwas mehr Platz zu gewinnen. Durch die allgemeine Bewegung gelang es schließlich einigen von ihnen, alle vier Beine auf den Boden zu setzen. Sprühregen blies vom Wasser her und setzte sich in feinen Tropfen auf dem lanolingetränkten Fell ab. Ein Riesensturmvogel glitt in langen trägen Bögen über das Heck.

Bald bogen wir in den drei Kilometer breiten Valdes-Kanal ein. Gegen Mittag verlangsamte sich unsere Fahrt und wir hielten vor einem schmalen Seitenkanal, dessen Eingang fast zur Gänze von winzigen Inseln blockiert war. Unser zwanzig Meter breites Schiff steuerte langsam auf die Furt zwischen dem Ufer links von uns und einer kleinen Insel zu. Die als Kirke Narrows bezeichnete Stelle war der engste Durchgangspunkt auf der ganzen Fahrt. Der erste Matrose sagte lässig: »Die Öffnung ist hundertvierzig Meter breit, hat aber einen Felsen in der Mitte, und so haben wir nur einen Spielraum von etwa fünfzig Metern.«

Die kleinen Bäume auf der Insel hatten halbkreisförmige Kronen und spindeldürre Äste und Stämme. Zwei, die auf der Kuppe eines kleinen Hügels standen, sahen aus wie Quallen, die ihre Greifarme durch die Büsche flattern ließen. Wir kamen mit einer leichten Nachfolgeströmung vorwärts. Als wir auf den engsten Punkt zusteuerten, flog das Ufer immer schneller und immer näher auf uns zu. Bäume sprossen bis an die Gezeitenmarken aus den Felsen. Mir wurde bei dem Anblick schwindlig. Die Sonne beschien ein kleines Stück flaches Land zu unserer Rechten und ihr strahlender Glanz unterstrich nur noch die Düsterheit der dunklen Wälder um uns. Sechshundert Meter über uns war das kahle Gestein der Berge mit Pulverschnee bestäubt. Wir schossen zwischen den Felsen hindurch, doch als ich auf unser Kielwasser zurückblickte, sah es aus, als könnte man diese Stelle niemals passieren.

Die Wolken hingen immer tiefer, der Wind war stärker geworden und wir fuhren nun direkt dagegen an. Auf der Brücke wurde er mit 40–45 Knoten gemessen, die Temperatur betrug 5°C mit einem Windchill-Faktor von 50°C. Ich kletterte zum exponierten Oberdeck hinauf, von wo ich in alle Richtungen sehen konnte. Die ganze Umgebung hatte an Farbe verloren. Der Horizont war in trüber Dunkelheit versunken und alles um mich schien von einem grauen Schleier überzogen zu sein. Es war erst Mittag, aber fast schon dunkel.

Wie bei einem Totentanz kamen die grauen Wellen auf uns zugestürzt, bevor sie sich an dem schwarzen Gestein der zahllosen trostlosen Inseln wieder auflösten. Es war eine leichenkalte Hölle, in der die Elemente wild aufeinander losstürmten und sich an die Kehle gingen. In meiner Brust hatte sich die bedrückende Vorstellung festgesetzt, dass alles um unser Schiff von blindem Hass erfüllt wäre. Vor uns türmte sich eine Wolkenwand auf, die den Weg versperrte. Ein Stück davon hatte sich gelöst und jagte auf unser Schiff zu. Dabei hinterließ es eine Spur tobender Strudel im Wasser. Ich tappte auf die Reling zu, um dort Halt zu finden, aber einen Meter davon entfernt traf mich die Sturmbö. Um mich heulte der Wind und blies mir schmerzhaft ein Stück meiner Kleidung ins Gesicht. Mit gebeugten

Beinen legte ich mich in die Böe. Meine Stiefel schlitterten auf dem nassen Stahldeck nach hinten. Zwei Minuten hielt ich mein Gleichgewicht, während mich der Wind langsam nach achtern blies und ich mein Gesicht vor den Nadelstichen des Regens zu schützen versuchte.

Land und See standen im Kampf miteinander. Den ganzen Nachmittag dauerte das Ringen, bis wir um vier Uhr an der Nordseite der Piazzi-Insel endlich die letzte freistehende Felsformation mit dem Namen Islet of Madmen umschifft hatten, und der Sturm nachließ. Später las ich einen Bericht Eric Shiptons, der in einem kleinen Boot die Kanäle auf der anderen Seite der links von uns gelegenen Berge durchschifft hatte. Er schreibt: »Ich hatte ein Gefühl der Einsamkeit, wie ich es sonst nirgends in Feuerland verspürt hatte. Trotz seiner betörenden Schönheit ist dieses Land in eine Atmosphäre der Feindseligkeit gehüllt, ganz so, als ob es uns unser Eindringen verübelte.«

Am Abend herrschte heiteres Wetter. Schwarzbraune Albatrosse hatten sich zu unserem Schiff gesellt und segelten seitlich von uns. Sie segelten mit dem Wind etwa eineinhalb Kilometer weit hinaus und ich konnte sie gerade noch durch meinen Feldstecher ausmachen. Dann kamen sie zu uns zurück und ließen sich von der Luftwelle tragen, die von unserem Schiffsbug aufgewühlt wurde. Als sich der Himmel etwas erhellt hatte und wieder Farbe in unsere Umgebung gekommen war, ging ich an den Bug, wo es noch immer bitterkalt war. Robben tummelten sich um unser Schiff, als wir uns den Guíd Narrows im sanften Licht des Abends näherten. Eine kleine Gruppe Magellan-Pinguine spielte im Wasser, wobei sie sich wie Ottern auf den Rücken drehten. Albatrosse versammelten sich um einen der Pinguine, der einen Fang gemacht hatte. Plötzlich waren es fünf, sieben, zehn und schließlich dreizehn, die wie Enten auf dem Wasser hin und her schaukelten. Ich blieb draußen, bis ich meine Finger nicht mehr spüren konnte.

Als Kapitän Fitzroy in seinem kleinen Boot von seiner Vermessungsfahrt um das heutige Rio Verde zurückkam, erhielt er den Auftrag, direkt nach Chiloé, 650 Meilen nördlich, weiterzufahren. Nachdem er in das Skyring-Becken von der südöstlichen Ecke aus eingedrungen war, wollte er nun versuchen, mit dem wendigen Schoner *Adelaide* einen Weg von Westen aus zu finden, um auf diese Weise zu bestätigen, dass es eine schiffbare Verbindungsroute zwischen den neuentdeckten Gewässern gab. Ein Missachten des Befehls hätte Fitzroy sein soeben erst erlangtes Kapitänspatent kosten können, da der Auftrag aber vor der Entdeckung der Otway- und Skyring-Becken erteilt worden war, entschloss er sich beherzt, die Abfahrt zu verzögern und Leutnant Skyring selbst auf die Suche nach einer schiffbaren Durchfahrt zu entsenden.

Skyring fuhr also in westlicher Richtung die Magellan-Straße entlang und dann nach Norden durch den Smyth-Kanal, der sich durch die Inseln am westlichen Eingang zieht. Bei klarer Sicht stieg er auf einen Berg und sah den Pazifik vor sich. In der entgegengesetzten Richtung konnte er die Kanäle ausmachen, durch die sie gerade gekommen waren, und feststellen, dass sie auf das Skyring-Becken zusteuerten. Er ließ nun die *Adelaide* in einer sicheren Bucht zurück, der er den Namen Relief Harbour gab, füllte Proviant für eine Woche in ein Boot und machte sich mit dem Matrosen J. Kirke auf den Weg zu dem nach ihm benannten herrlichen Gewässer, das er selbst noch gar nicht gesehen hatte. Auf ihrer Fahrt kamen sie zu dem Engpass, den sie Kirke Narrows nannten.

Nachdem sie den engen Kanal passiert hatten, fanden sie das erhoffte offene Gewässer, bei dem es sich allerdings um die Meeresarme des Golfs um das heutige Puerto Natales und nicht um die breite Bucht des Skyring-Beckens handelte. Widerwillig machten sie kehrt und erkämpften sich ihren Rückweg. Da sie länger als geplant unterwegs waren, lebten sie die letzten drei Tage nur noch von Schalentieren. Nach ihrer Rückkehr machten sie sich mit Fitzroy auf den Weg nach Chiloé, wo Kapitän King zum Glück damit einverstanden war, dass Fitzroy seinen Plan geändert hatte.

Im Dezember desselben Jahres zog die kleine Flotte erneut gegen Süden und im April befanden sich Skyring und Kirke erneut am Eingang zu den Kirke Narrows. Dort trennten sie sich, erforschten in

Ruderbooten die Buchten und nahmen Lotungen vor. Sie bahnten sich ihren Weg durch die gewundenen, sich verengenden und wieder breiter werdenden Kanäle, durch Buchten, die sich plötzlich zu Fjorden öffneten, durch scheinbare Sackgassen, die sich plötzlich als Inseln erwiesen, hinter denen weitere Kanäle lagen. Hoffnungen wurden laufend zerstört und wieder aufgebaut. Eines Morgens gegen elf fand sich Skyring, genau wie Ladrillero dreihundert Jahre vor ihm, am Ende des letzten Kanals, umgeben von hohem undurchdringlichen Gelände in einer kleinen Bucht. »Alle Ungewissheit war zu Ende und alle Hoffnung zerstört.«

Es gibt keine Passage durch diese Kanäle. An einem Punkt blockiert eine fünf Kilometer breite Bergwand den Weg zurück in die Magellan-Straße. Wenn Skyring an einem anderen Punkt vom Obstruction-Fjord aus auf den Mount Forgotten hinaufgeklettert wäre, hätte er in nur acht Kilometern Entfernung über eine Landenge hinweg das Skyring-Becken gesichtet. Er tat es aber nicht. Und so hat er nie sein eigenes blaues Reich gesehen.

Ein Kontinent wird versenkt

Mitte des Nachmittags passierten wir ein paar Inseln nördlich vom westlichen Eingang zur Magellan-Straße. Unsere Route führte uns weiter nach Norden, während sich Francis Drake am 6. September 1578 seinen Weg um die Inseln herum in den Pazifik gebahnt hatte. Er war dabei auch nicht blind gewesen gegen die wilde Schönheit der Landschaft: »Die Berge erheben sich mit solchen Spitzen und Gipfeln in die Lüfte und sind dabei von solch seltener Höhe, dass man sie leicht zu den Weltwundern zählen könnte, umgeben, wie sie sind, von vielen Schichten erstarrter Wolken und vereister Meteore.«

Dabei machte sich Drake aber nun für den wahren Zweck seiner Expedition bereit, nämlich den, im Pazifik mit aller Gewalt einzubrechen und den praktisch unverteidigt daliegenden Reichtum der Spanier für Englands Schatzkammern, seine eigene Tasche und den

Geldbeutel der Königin zu plündern. Bevor er seine Absicht aber realisieren konnte, trieb ihn ein Sturm von seinem Kurs ab und in Gewässer, von denen er schließlich auf den See- und Landkarten nicht nur die Seeungeheuer, sondern auch den mythischen Kontinent Terra Australis Incognita bannen würde. Sechsundfünfzig Tage lang sahen Drake und seine Leute keine Sonne, keinen Mond und keine Sterne. Als der Mond schließlich doch zwischen Wolkenfetzen hervorlugte, war es während einer zweistündigen Eklipse im Sternbild des Widders. Alle hofften, dass dies ein gutes Omen sei. Aber der Sturm tobte weiter und wurde nur noch stärker. Sie verloren die *Marigold*, auf der John Thomas Kapitän war, aus dem Blickfeld, und als Drake und der Trompeter John Brewer plötzlich aus der Dunkelheit das angsterfüllte Geschrei von Männern vernahm, war dies das letzte Lebenszeichen, das sie je von der *Marigold* hören sollten.

Der Sturm wütete unaufhaltsam weiter. Inzwischen war es Oktober geworden und die Mannschaft von Drakes inzwischen in *Golden Hinde* umbenannten Schiffs versuchte noch immer verzweifelt, von der pazifischen Küste Abstand zu gewinnen und in die Sicherheit der offenen See zu gelangen, doch der Sturm trieb sie immer wieder dem Land zu. Francis Fletcher sah nichts als Felsen, als sie gegen die Küste geschwemmt wurden, und die Wellen waren so hoch, dass in den Wellentälern der Meeresgrund sichtbar wurde, wenn das Schiff den Wellenkamm ritt. Plötzlich »wurden wir durch eine äußerst enge Passage in den Felsen wie durch ein Nadelöhr in eine große und weite Bucht getrieben«. Als die *Elizabeth* ihren Anker verlor, wurden in diesem sicheren Hafen am 8. Oktober schließlich auch die zwei verbleibenden Schiffe voneinander getrennt. Zwei Tage lang folgte die *Elizabeth* noch dem Kurs zum geplanten Treffpunkt mit der *Golden Hinde*, doch dann hatte die Mannschaft endgültig genug und entschloss sich für die Heimfahrt. Sie traf am 2. Juli 1579 in Ilfracombe in Devon ein.

Die *Golden Hinde* blieb zurück und sah einen ganzen Monat lang kein Land mehr, denn sie war bis zum 57. Grad im Süden, weit unter das Kap Hoorn, abgetrieben worden. Ständige Nässe und Feuchtigkeit zersetzten Mensch und Schiff; Algen und Unkraut überziehen die Decks, die Fingerknöchel der Männer werden rissig, das Salz im Wasser dringt tief in die Wunden ein und lässt sie faulen. Schwielen an den Händen reiben sich ab und es bleibt nur noch rohes Fleisch zurück, gegen das die Seile bei der Arbeit reiben. Am 28. Oktober beruhigte sich endlich der Sturm. Es wurde November.

Trotz dieser Härten hatten die Seeleute aber noch immer ihren Verstand beisammen und es fiel ihnen etwas auf, das schließlich die Darstellung der Welt auf den Landkarten völlig ändern würde. Auf ihrer Fahrt westwärts durch die Magellan-Straße entdeckten sie, dass es sich bei der südlichen Küste zu Backbord achtern nicht um die fortlaufende Küste der *Terra Australis Incognita*, sondern, in Fletchers Worten, um »zerbrochene Inseln, durch viele Passagen getrennt und an jeder Seite von Wasser umgeben und folglich um keine Meerenge« handelte. Der spätere Bericht von Francis Drake, dem gleichnamigen Neffen von Sir Francis, lässt keinerlei Zweifel über das Gesehene: »Das Kap, beziehungsweise die Landzunge, die all diesen Inseln zuoberst liegt, steht nahe an 56 Grad, und außer diesen ist südwärts kein Festland und keine Insel zu sehen, nur der Atlantische Ozean und die Südsee, die hier in einem ganz weiten und freien Raum aufeinander treffen.«

Damit war der mythische Kontinent der Terra Australis Incognita in den Fluten verschwunden.

Bevor Drake und seine Leute Feuerland ade sagten, suchten sie aber noch eine neue Insel auf, die daraufhin auch wieder verschwand.

Die verschwundene Insel

Drake wurde oft die Entdeckung des Kap Hoorn zugeschrieben. Er war mit seinem Schiff nach Süden abgetrieben worden, von wo er sich schließlich mit seinen Männern den Weg nordwärts zurückerkämpfte. Am 24. Oktober 1578 landeten sie auf einer Insel. In seinem Bericht sagt Drake, dass »wir in seiner göttlichen Vorsehung glücklich auf der untersten Insel im Süden Amerikas gelandet sind, sodass bei unserer Ankunft beide Meere zu ein und derselben See wurden und es kein weiteres Land (südlich) von der Wasserscheide dieser Insel gab«. Sie füllten ihre Wasservorräte auf und sammelten Holz und Beeren, denn hier »gediehen Kräuter und Bäume«. Sie nannten das Eiland Elizabeth-Insel und den Hafen Port Francis Drake.

Fletcher gab dieser südlichsten Insel eine viereckige Form, etwa 50 Kilometer von Nord nach Süd, mit einem See in der Mitte. Mit einem Schiffsjungen kletterte er die Anhöhe ganz im Süden der Insel hinauf, von wo sie sahen, dass sie um einen Dreiviertelgrad weiter südlich als alle übrigen Inseln lag. Als Drake später einmal mit Richard Hawkins sein Garn spann, erzählte er ihm, wie er sich »in sein Schicksal ergeben bis zum untersten Punkt der Erde treiben ließ und auf diese Weise körperlich davon Besitz ergriff. Bald darauf ging er wieder an Bord und erzählte dann seinen Leuten, dass er auf dem südlichsten bekannten Punkt der Erde gewesen ist«.

Da sie drei oder vier Tage auf der Insel verbrachten, müssten ihre Beschreibungen eigentlich stimmen. Das Problem ist aber, dass die Kap-Hoorn-Insel gar nicht so aussieht. Sie ist nicht viereckig und hat auch keinen See in der Mitte. Es gibt keine Bäume, die Holz anbieten könnten, keine aromatischen Kräuter und keine Beeren. 1926 entschied der amerikanische Historiker Henry R. Wagner, dass es sich wohl um die nahe gelegene Henderson-Insel gehandelt haben musste. Allerdings sind von der Henderson-Insel aus auch andere weiter im Süden gelegene Inseln sichtbar. Letztlich gab es genügend Inseln für die verschiedensten Theorien, aber zu wenig Informationen für eine stichfeste Beweisführung. Keine der Inseln passt so recht auf die Beschreibung. Wo also war Drake wirklich gewesen?

Noch rätselhafter wird die Sache dadurch, dass Drake, um die Spanier zu verwirren, seine Navigationsbücher absichtlich gefälscht und falsche Informationen über seine Route verstreut hat. Die kritischsten Informationen jener Zeit waren die Beschreibungen von Feuerland, und Drake hätte zu seinen Lebzeiten kaum jemandem Einblick in seine Notizen gegeben und so genaue Einzelheiten über wichtige Vorfälle publik gemacht.

1908 machte eine Amerikanerin namens Zelia Nuttall in Mexiko

Stadt eine bemerkenswerte Entdeckung. Sie forschte dort in den In-
quisitions-Archiven nach Informationen über den Zauberglauben
der Indianer. In einer dunklen, staubigen Ecke fand sie auf dem Boden die zu Protokoll gegebene Aussage, die ein gefangener portugie-
sischer Pilot namens Nuño da Silva, der Drake bei der Navigation um
Südamerika geholfen hatte, vor der Inquisition gemacht hatte. Neu-
gierde darüber führte Zelia Nuttall schließlich zum Generalarchiv
der Indien in Sevilla, wo sie auf das seit Jahrhunderten verschollene
Original von da Silvas Logbuch stieß.

Da Silvas Einträge waren kurz und sachlich. Es waren die Aufzeichnungen eines Navigators und keine Reiseerzählungen: »24. Oktober. Gingen auf 57° C vor einer Insel vor Anker. 25. Oktober. Gingen an diesem Tag an Land. 26. Oktober. Wir beschafften Holz.« Das
Logbuch enthielt zwar keine nützlichen Beschreibungen der Elizabeth-Insel, aber es gab den Historikern die Möglichkeit, die Irrfahr-
ten der *Golden Hinde* während der sieben oder acht Sturmwochen zu
rekonstruieren und das Rätsel der angeblichen Landung am Kap
Hoorn zu lösen. Als sie aber den von da Silva beschriebenen Kurs
nachvollzogen, kamen sie zu dem Schluss, dass sich die Elizabeth-Insel weit im Südwesten vom Kap befinden müsste, wo es nur offene
See und kein Land gibt. Im Lauf der Jahre wurden die ursprünglichen
Einträge der Elizabeth-Insel auf den Karten zuerst mit dem Vermerk
PD (*position doubtful* – Position fraglich) und schließlich mit ED
(*existence doubtful* – Existenz fraglich) versehen. Und die Historiker
gingen wieder darauf zurück, Fletchers Bericht für bare Münze zu
halten, sodass Drake erneut die Entdeckung von Kap Hoorn zugeschrieben wurde, wonach die Elizabeth-Insel und Kap Hoorn ein und
dasselbe gewesen wären.

Diese Schlussfolgerungen der Historiker waren aber auch auf
Grund eines anderen, zu Lebzeiten von Drake und da Silva veröffentlichten Berichts suspekt. Es heißt darin über ihre Abreise von der Elizabeth-Insel: »Da der Wind südwärts kam, lichteten sie den Anker
und hielten zwei Tage lang ihren Kurs gegen Norden, und dann er-
spähten sie eine kleine unbewohnte Insel«. Wenn man vom Kap Hoorn

zwei Tage lang nach Norden fahren will, braucht man eine Land-yacht, aber die Londoner *Times* wiederholte diese Geschichte 1997, also erst vor ein paar Jahren, als erneuten Beweis.

Doch zurück zum Jahr 1938. Da studierte der amerikanische Ka-pitän Felix Reisenberg mit Forschungen per Dampf- und Segelschiff erneut das Beweismaterial. Er prüfte den Kurs, den die Schiffe ein-geschlagen hatten, die Positionen, die sie geschätzt hatten, und er-rechnete ihre einzelnen Fahrten. Seine Kalkulationen platzierten die Elizabeth-Insel erneut in einen leeren Ozean in 4500 Meter tiefes Wasser. Reisenberg war mit dem Gebiet von zahlreichen Fahrten her bestens vertraut. Er wusste, dass bei stürmischer See über den tiefe-ren Gewässern des Humboldtstroms oft eine aus der Antarktis im Norden kommende Abtrift von West nach Ost entstand. In Stür-men, wie sie Drake erlebte, muss diese Trift äußerst stark gewesen sein. Nachdem Reisenberg auch diesen Umstand berücksichtigt hatte, brachte er die vermeintliche Position der Elizabeth-Insel um nahezu hundert Meilen nach Osten, aber auch das half nichts, denn auch dort gab es keine Insel. Er schrieb daraufhin an das hydro-graphische Amt der US-Marine, von dem er folgende Antwort erhielt:

Kapitän W. D. Burnham berichtet diesem Amt, dass er während eines Sturms am Kap Hoorn, als er das Kommando über das amerikanische Schiff *Pactolus* führte, und sich am Morgen des 6. November 1885 der Wind gelegt hatte und die See ruhiger geworden war, um 4 Uhr eine stark verfärbte Stelle im Wasser entdeckte und daraufhin den Anker lichtete und drei Lotungen vornahm, die jedes Mal in einer Tiefe von 67 bis 70 Faden schwarzen Sand und kleines Felsgestein zu Tage förderten. Po-sition der Lotung, Breite 56° 36′ S, Länge 74° 20′ W. Fuhr dann dreißig Meilen gegen Süden, bevor das Wasser, das bis dahin sehr trübe und gelb war, wieder seine natürliche Farbe annahm.

Die Sandbank wurde nach ihm benannt: Burnham Bank.

Die Stelle befand sich am richtigen Ort, dreißig Meilen Nord nach

Süd, genau wie Fletchers Insel, und für die *Golden Hinde* zwei Tage Fahrt von Feuerland aus, genau wie es Nuño da Silva gesagt hatte. Es war ein Fels, der sich von den 4500 Metern Tiefe des Ozeans bis in eine Höhe von sechzig Metern unter den Wellen erhob.

Reisenberg hatte die Antwort gefunden. Kleine Inseln mit einem See in der Mitte sind nicht selten. Es handelt sich dabei zumeist um Vulkane mit überschwemmten Kratern. Seiner Hypothese nach gab es die Elizabeth-Insel nicht mehr, war durch einen Vulkanausbruch zerstört oder vielleicht auch von einem riesigen Eisberg aus der Antarktis abgeschert worden. Ihm war dabei ein wichtiges Detail entgangen: Gestein und Sand, die Kapitän Burnham in seinem Lotblei gefunden hatte, waren schwarz – sie waren vulkanischen Ursprungs. In einem Sturm am Rand der Welt hatte Drake eine Insel gefunden, auf die kein Mensch vor ihm jemals den Fuß gesetzt hatte, hatte an ihrem Riff angelegt und sie zum südlichsten bis dahin bekannten Stück Erde der Welt erklärt. Danach war sie aber auf der leeren Bühne des Südlichen Ozeans von einer Explosion zertrümmert worden. Und kein menschlicher Fuß würde je wieder ihren wohlriechenden Kräuterteppich betreten.

Sicher hätte Drake der Name des Schiffs gefallen, das die Insel entdeckte. Es war der Fluss Pactolus gewesen, in dem König Midas seinen Fluch wegwusch und in dessen Sand danach für immer und ewig Goldstaub zu finden war.

Die letzten Kawéskar

Im versteckten Herzen von Chiles graugrünem Inselmeer liegt Puerto Eden. Der Ort ist so entlegen, dass der staatliche Reiseführer das ganze Gebiet nicht einmal erwähnt. In Puerto Natales hatte ich mit dem Kapitän eines Fischerboots gesprochen, der den südlichen Teil des Archipels abfischt. Mit meinem Finger auf der Karte fragte ich ihn: »Wie viele Menschen leben denn hier?«

»Gar keine.«

»Nur ein paar?«, forschte ich nach.

Ausdruckslos quittierte er mein Lächeln. »Nein. Überhaupt keine.«

Ich glaubte ihm aber immer noch nicht. Puerto Natales lag jetzt etwa 440 Kilometer hinter uns, und die nächste Stadt, die man als solche bezeichnen konnte, war Puerto Aisen, etwa 680 Kilometer weiter im Norden. Der Rest der Landkarte war leer.

Puerto Eden. Kein fließendes Wasser, drei Läden, ein Café, ein Büro. 180 Einwohner, fünf *carabineros*, zwölf reinblütige Kawéskar-Indianer, die hier das ganze Jahr oder zumindest einen Teil davon verbringen, die letzten zwölf auf der ganzen Welt. Navimag verkehrt hier mit staatlicher Lizenz, die verlangt, dass die Schiffe in Puerto Eden anlegen und Handels- und Transportverbindungen nach Norden und Süden herstellen. Die Stadt und auch die Kawéskar würden ohne diese Verbindung nicht überleben.

Am Ende der letzten Eiszeit zogen Kawéskar und Yámana in ihren Booten entlang der chilenischen Küste nach Süden. Die beiden Volksstämme sind sich in ihrer Kultur sehr ähnlich. Selbst die frühen Entdeckungsreisenden fanden nur selten Gruppen von Ureinwohnern in den westlichen Kanälen. Entweder waren sie dort schon immer rar oder sie wussten sich beim Anblick der Fremden rar zu machen. Zumeist bestand der erste Kontakt dieser Menschen mit der Außenwelt darin, dass sie auf Trupps von Robbenjägern stießen, die auf ihren Vernichtungszügen in immer entlegenere Gebiete vordrangen, bevor sie sich neue Jagdgebiete suchten. Bei diesen Seeleuten handelte es sich um den Abschaum der Menschheit und ihre Kontakte zu den Ureinwohnern waren kurz und brutal. Mateo Martinic, dem ich im Institut von Patagonien begegnet war, schätzt, dass es Mitte des 18. Jahrhunderts, als das Gebiet besiedelt wurde, dort 3000 Kawéskar gab. Von Eden bis zum Kap Hoorn lebten auf einem Gebiet, das die Größe von Italien hat, alles in allem 10 000 Ureinwohner.

Später fanden die meisten Kontakte im Süden statt, wo die Kawéskar vorbeifahrende Schiffe angriffen, gefolgt von einem Kreislauf gewalttätiger Repressalien. Ab 1870 kamen dann die Missionare, und Handels- und Vermessungsschiffe tauschten minderwertigen Tand gegen wertvolle Otterfelle. Ein Druck im Britischen Museum, der nach einer Zeichnung Brasseys von 1880 hergestellt wurde, zeigt nackte Kanuindianer, bei denen es sich wahrscheinlich um Kawéskar handelt, unter den Wanten eines vorbeiziehenden Schiffs. Den Männern im Kanu, die Felle zum Schiff hinaufreichen, werden Banknoten und Münzen ausgehändigt, während eine Frau mit einem Topf Wasser aus dem Boot schöpft.

Jacques Cousteau kam auf der Suche nach den letzten Kawéskar in den 60er Jahren hierher. Der Steward des Navimag-Schiffs zeigte uns einen Film, den Cousteau von seinem Besuch gemacht hatte. Cousteau konnte nur fünf Familien reinblütiger Kawéskar finden. Wir sahen ein junges Mädchen, das er vor der Dorfschule aufgenommen hatte. Es sang ein Lied in seiner Stammessprache und sagte auch ein Gedicht auf. Ein Interviewer fragte sie, was wohl aus ihrem Volk werden würde. Ihre Antwort war prompt: »Sie werden aussterben.« Dann wurde ihr offensichtlich bewusst, was sie gesagt hatte, und sie begann zu weinen.

Dann zeigte das Video fünf Familien, die noch immer fischten, Muscheln sammelten und mit den vorbeikommenden Schiffen Handel trieben. Zwei winzige Kanus fuhren an ein großes Passagierschiff heran und man sah, wie sich blonde Köpfe über die glatte Stahlwand hinunterbeugten. Zwei Männer und eine alte Frau hielten kleine, aus Gras geflochtene Körbchen mit Deckeln in der Größe von Orangen und Modelle ihrer Rindenkanus hoch. Sie trugen primitiv geschnittene, westliche Kleidung. Von oben zeigten Finger herunter, Handarbeiten wurden hochgehoben, blonde Köpfe nickten zustimmend. Hoch aufgerichtet standen die Kawéskar in ihren Kanus und streckten ihre winzigen Waren in die Höhe. Dann wurden an einer Leine Banknoten heruntergelassen und die kleinen Artikel hochgezogen. Es wirkte wie eine Umkehrung der ersten Tauschhandlungen, als Tand gegen Felle getauscht wurde. Als die Passagiere kein Interesse mehr zeigten, nahmen die Männer in den Kanus, die den Großteil ihrer Waren verkauft hatten, die Paddel wieder auf. Die alte Frau hielt noch immer ihr kleines Kanumodell in die

Höhe. Niemand habe etwas von ihr gekauft, rief sie. Und selbst als das Kanu sich schon entfernte, hatte sie ihr kleines Boot noch immer verzweifelt zum Dampfer erhoben und rief dabei den Preis. Ein Seemann warf eine Zigarette ins Wasser. Noch lange danach, als schon längst niemand mehr auf sie heruntersah, hatte sie noch immer ihre Hand ausgestreckt.

Der einzige Unterschied über die Kluft von neunzig Jahren hinweg ist der, dass sich bei den ehemals kleineren Schiffen die ausgestreckten Hände und dabei die beiden Kulturen körperlich berührten.

Nach dem Film hatte sich das Publikum schnell verlaufen. Einige gingen in die Bar, wo Diskomusik gespielt wurde. Die Schweizer Blondine tanzte zweimal mit ihrem Mann, der bei seinen tänzerischen Verrenkungen aussah, als ob ihm Kaugummi an seinen Schuhen klebte, den er möglichst diskret wieder loswerden wollte. Nach dieser Pflichtroutine wandte sich die Frau einem jungenhaften schwarzen Mann aus Johannesburg zu. Er war jünger als sie, hatte ein bübisches Lächeln und war ein gewandter Tänzer. Sie war plötzlich wie verwandelt und die beiden tanzten bis spät in die Nacht hinein, auch die langsamen Nummern. Ihr Mann saß inzwischen unglücklich auf einem Sofa, blinzelte auf seine Füße hinab und nickte dabei im falschen Takt zur Musik. Ich ging zu Bett, als ich seinen Anblick nicht länger ertragen konnte.

Um 5 Uhr 30 früh ging ich an Deck und sah, wie wir gerade langsam im Kanal in eine Bucht einbogen, in der das Dorf Puerto Eden liegt. Luft und Wasser waren völlig ruhig. Auf den hohen Gipfeln lag Schnee. Die Sonne, die für uns noch nicht sichtbar war, hatte mit ihren ersten Strahlen bereits eine kleine Ecke auf einem Hügel gefunden und ließ die dürftige Vegetation wie einen goldenen Moosteppich aufleuchten. Das Dorf bestand zum Großteil aus einstöckigen Häuschen und Bungalows aus Kantholz, und einige waren nur dürftige Hütten. Das einheitliche Farbschema waren blaue Wände mit roten Dächern.

Ein kleines, gelbes Motorboot mit einer weißen Kabine fuhr in einem weiten Bogen auf unser Heck zu. Der Boden zwischen Kabine und Bugdeck fiel leicht ab. Darauf stand, zur Seite gelehnt, ein strammes Schaf, dessen Beine mit einer blauen Schnur zusammengebunden waren. Es bewegte den Kopf und sah um sich, verhielt sich aber sonst völlig still. Drei Kawéskar standen bescheiden wartend da. Sie waren klein und von dunkler Hautfarbe, mit breiten Gesichtern, hohen Wangenknochen und den schmalen Augen von Menschen, die ihr ganzes Leben im Freien verbracht haben. Männer und Frauen trugen ihr dichtes, tiefschwarzes Haar schulterlang. Ich schätzte ihr Alter auf fünfzig. Sie trugen rote Schwimmwesten und Kartons, die sie mit an Bord brachten.

Daraus holten sie kleine Kanus hervor, Modelle der Boote, die sie nun nicht mehr verwendeten. Die wunderschönen, in Spiralen geflochtenen Körbchen rochen noch immer nach Gras. Sie sahen genauso aus wie die Stücke im Cousteau-Film und im Museum. Für die Körbchen wird ein kräftiger Grashalm von der Bodenmitte aus in eine Spirale gelegt, in die dann ein Strang feinerer Halme wieder spiralenförmig lose geflochten und verankert wird. In ganz Südamerika ist diese Methode nur für die Kawéskar, Yámana und Selk'nam typisch. Sie verwenden dafür *Juncus magellanicus*, ein kräftiges Gras mit rundem Stiel, das die Kawéskar durch Kauen flach und biegsam machen. Die Herbstkörbchen sind leuchtend rot, verblassen aber innerhalb weniger Wochen.

Alle drei sprachen leise, höflich und in kurzen Sätzen.

»Wie nennt man die?«, fragte ein Passagier und begutachtete behutsam ein Körbchen.

»Körbe«, antwortete der Mann ohne Ironie.

Ich nahm zwei Körbchen aus dem Karton, den einer der Männer trug. »Wie viel kosten sie?«

»Dreitausend.«

Ein paar Pfund. Sie rochen frisch und aromatisch. Ich hängte die Körbchen später über mein Bett.

Es gibt keine Verpflichtung, die Kawéskar an Bord zu lassen. Es geschieht lediglich auf Initiative der Offiziere, damit die Kawéskar ein wenig Geld verdienen und die Passagiere etwas Abwechslung haben.

Da sich die Fahrten in diesen Gewässern aber nach den Gezeiten richten, mussten die Leute diesmal innerhalb von fünfzehn Minuten schon wieder vom Schiff, damit die Navimag die nächste Meerenge bei Stillwasser passieren konnte. Verärgert wandte ich mich ab und brummte vor mich hin. Einer der Matrosen kam von hinten auf mich zu und fasste mich am Arm (ich nenne ihn Victor). »Habe ich richtig gehört, dass Sie nicht viel von der Navimag halten?«

Mit rotem Gesicht sagte ich: »Es hat mich geärgert, wie schnell man die Kawéskar wieder vom Schiff befördert hat.«

»Ganz ehrlich«, dabei zog er mich eng an sich heran, »ich finde auch, dass sich die nicht gut verhalten.« Er blickte vorsichtig um sich. »Die schmeißen mich raus, wenn sie herausfinden, dass ich das zu Ihnen gesagt habe. Wissen Sie, wie man früher Jagd auf die Selk'nam gemacht hat? Wissen Sie, wer dafür bezahlt hat, dass man diese Indianer wie Tiere erschießt und dann die Ohren als Beweis zurückbringt?«

»Die Rancher.«

»Eine Firma mehr als alle andern. Sie hat Braun und Menéndez gehört und existiert noch immer. Jemand hat jetzt ein Buch über die Ausrottung der Indianer herausgebracht. Und eben diese Firma hat alle Rechte erworben und so viele Exemplare wie möglich aufgekauft, nur um die Sache zu vertuschen. Und dieser Gesellschaft, mein Freund, gehört auch die Navimag.«

»Was, die Navimag gehört den Erben von José Menéndez? Der Mann, der sich mit den Salesianer-Missionaren gestritten hat?«

»Genau der.«

Mit Victors Hilfe, der das Vertrauen der Kawéskar genoss, gelangen mir später Interviews mit acht der zwölf Überlebenden. Ich führte meine Gespräche mit den Kawéskar auf Spanisch und nahm sie auf, aber obwohl ich sie immer wieder abspielte, hatte ich Probleme bei der Niederschrift. Schließlich musste ich eine Freundin, Roser Gaitano, deren Muttersprache Spanisch ist, um Hilfe bitten. Sie sagte dazu: »Ich habe den Eindruck, dass die älteren Kawéskar noch immer in ihrer eigenen Sprache denken, wobei dann diese eigenartige Kreuzung entsteht. Ein Teil hiervon ist sicher in der Struktur ihrer eigenen Sprache, wobei sie die Wörter dann ins Spanische übesetzen. Einer hat zum Beispiel gesagt: ›Als ich im Vorgang war‹, hat damit aber gemeint: ›Als meine Mutter mit mir schwanger war‹.«

Nach meinem Treffen mit den Yámana hatte ich mir sorgfältig überlegt, wie ich die Kawéskar am besten über ihre Vergangenheit und ihre Zukunft ausfragen sollte, wenn doch beide in gleichem Maße schmerzlich für sie waren. Auf meine Frage: »Wie sehen denn Ihre frühesten Erinnerungen aus?«, begannen die meisten nur zögernd zu sprechen, denn sie waren sich nicht sicher, worauf ich letztlich hinaus wollte.

Eden

»Als Erstes erinnere ich mich daran, wie wir die Muscheln über dem Feuer geräuchert haben und wie ich mit den leeren Schalen gespielt habe.« Gabriela Patirito sagte mir, sie sei »ungefähr fünfzig Jahre alt. Ja völlig, ganz natürlich, hundert Prozent Kawéskar.«

»Was haben Ihre Großeltern gemacht?«

»Ich habe sie nicht gekannt. Niemand, keine Familie, niemand von den Älteren, nicht einmal meine Mutter. Die Einzigen, an die ich mich erinnere, sind mein Bruder und meine Schwester. Die anderen sind alle tot.«

Ich fragte: »Gibt es noch Kinder, die Kawéskar sprechen?«

»Nein, niemand.« Sie dachte eine Weile nach. »Also, nur einer, Juan Carlos Tonco, der jetzt in Santiago studiert. Er hat dort geheiratet. Es gibt keine Kinder, es ist niemand mehr da. Keine jungen Frauen. Das kommt daher, dass die Jungen Chilenen heiraten, bis es keine mehr davon gibt, keine Natürlichen.«

»Was fühlen Sie, wenn Sie an das Aussterben Ihres Volkes denken?«

»Mehr oder minder gibt es keine mehr, wir sind so wenige. Mein Sohn, meine Tochter, so weit weg in Temuco.«

Die von mir befragten Kawéskar hatten alle unterschiedliche Vorstellungen, wie viele echten Ureinwohner es noch gibt und wie viele davon noch Kawéskar sprechen. Es gibt mehr, als Gabriela annahm, aber das spielt auch keine Rolle mehr. Ihre Zahl ist so gering, etwa ein Dutzend, dass das Ergebnis letztlich immer dasselbe bleibt.

Juan Carlos Tonco war der Jüngste unter den Befragten. Er war hier mitten im Sommer vor einunddreißig Jahren zur Welt gekommen.

»Wie sehen Ihre ersten Erinnerungen aus?«

»In Puerto Eden, vor vielen Jahren. Wir haben gespielt, dass wir mit dem Boot herumfuhren, und haben unsere kleinen Schiffsmodelle gebaut, so wie die großen. Ich erinnere mich auch, wie ich mit meinem Vater im Segelboot hinausgefahren bin. Wir haben fast die ganze Isla Wellington umfahren und Ottern und Robben gejagt. Da sind wir fast die ganze Zeit zwischen Madre de Dios und der Insel Santero gesegelt und weiter durch den Fallos- und den Covadonga-Kanal, nach Brazo Norte, Horno Sur, Playa Solitario und Cueva de Lobos.

Es war eine sehr wichtige Zeit für mich, die Entdeckung, was es bedeutet, ein Kawéskar zu sein und ein wenig über die Lehren meines Volkes zu erfahren. Dinge von meinem Vater zu lernen, wie Segeln, wie man in der Nacht navigiert, den Kurs nach den Sternen richtet. Wie man am Himmel ablesen kann, ob es am nächsten Tag regnen wird oder Wind gibt, oder ob es am nächsten Tag stürmisch wird. Diese Weitergabe des kulturellen Erbes war für mich sehr beeindruckend. Das Gefühl, ein Kawéskar zu sein, war in mir viel stärker als bei meinen beiden Brüdern.

Später kam der Unterricht, begann die Schule. Als ich einige Zeit mit den Chilote-Kindern von der Chiloé-Insel im zivilisierten Norden verbracht habe, gab es viel Diskriminierung, weil wir anders waren. Damals war es für die Leute nicht wichtig, dass jemand ein Kawéskar war. Anfangs habe ich mich dabei recht klein gefühlt. Es sind aber Änderungen gekommen, eine ganz wesentliche Stimmungsänderung, eine Anerkennung der Kultur, eine neue Denkweise.«

»Was haben Ihre Eltern gemacht?«

»Meine Mutter stellt bis heute Handarbeiten her. Mein Vater hat nach Ottern und Muscheln gejagt und die Muscheln getrocknet.«

»Können Sie sich noch an Ihre Großeltern erinnern?«

»Meinen Großvater habe ich nie gekannt, denn er ist gestorben, als meine Mutter mit mir schwanger war. Ich hätte gerne diese Generation meiner Familie gekannt. Vielleicht hätte ich über diese ältere Sicht eine andere Einstellung zu unserem kulturellen Erbe bekommen, ich hätte mir ein anderes Bild davon machen können. Das ist nun etwas, das mich in meiner Seele ein wenig traurig stimmt. Vielleicht hätte ich mit Hilfe unserer Mythen und Sagen, die man sich von einer Generation zur nächsten erzählt hat, den Verlust anderer Dinge kompensieren können.«

»Wie verdienen Sie sich Ihren Unterhalt?«

»Ich arbeite in Santiago, ich studiere dort im dritten Jahr Journalismus, aber das ist jetzt aufs Eis gelegt, wegen Geldproblemen. Aber am Ende meiner persönlichen Reise werde ich das Studium nach Möglichkeit abschließen. Bis dahin leite ich eine Druckerei.«

»Verdienen Sie da gut?«

»Wenn man wie ich aus dem Gebiet von Puerto Eden kommt, ist das schwere Arbeit. Es verlangt Opfer. In der Stadt zu leben, ist eine große Umstellung, die Arbeitszeiten sind lang. In gewisser Hinsicht lohnt es sich, aber ich weiß nicht, ob es die beste Lebensart ist.«

»Sprechen Sie Kawéskar?«

»Ja, perfekt. Mein Vater und meine Mutter sind Kawéskar, ich habe viel Zeit mit ihnen verbracht. In der Sprache liegt das Herz einer Kultur. Alle, die in die Stadt gehen, verlieren das Gefühl, ein Kawéskar zu sein. Es ist ein anderer Lebensstil, eine sesshafte Lebensweise, die Leute haben keine Boote, mit denen sie losziehen und Fahrten machen können. Sie sind mit anderen Arbeiten beschäftigt. Meiner Meinung nach wird die Lebensweise der Kawéskar ausgelöscht, sie geht dem Ende zu. Es ist unmöglich, sie wieder aufleben zu lassen. Weil wir von den Inselbewohnern, den Chiloten, abstammen werden, die keine echten Kawéskar sind.«

»Werden die Kawéskar hier in Puerto Eden bleiben?«

»Ja, ich habe bei dieser Reise mit meiner Mutter gesprochen und sie hat mir gesagt, dass sie nie mehr wieder in die Stadt zurückgehen will. Ihre Gedanken fliegen immer nach Puerto Eden, es ist ihr Land, es ist ihre Welt, dort lebt sie, dort wird sie eines Tages sterben und im Friedhof von Puerto Eden liegen.«

»Was fühlen Sie, wenn Sie an das Aussterben Ihres Volkes denken?«

»Ich betrachte es mit einem großen Gefühl der Verantwortung. Es ist ein persönlicher Verlust, der in meinen Sinnen sehr, sehr, sehr tief geht. Meine Mutter ist sechzig, fünfundsechzig Jahre alt. In fünf oder sieben Jahren, wenn sie stirbt, wird es keinen Grund mehr für mich geben, nach Puerto Eden zurückzukommen. Im Augenblick ist meine Mutter praktisch der einzige Anker, der mich in Puerto Eden hält, und wenn diese Bindung gelöst ist, wird das Leben von Juan Carlos Tonco in Santiago sein. Ich glaube, die Familie Tonco wird in der Stadt sein und nie wieder in das Gebiet von Puerto Eden zurückkehren.«

José Tomo, ein anderer der jüngeren Männer, sprach recht schnell und unterbrach sich dabei oft: »Ich bin vierunddreißig Jahre alt und kam vor langer Zeit in Puerto Eden zur Welt. Sehen Sie, es ist wirklich schon zu lange her, als dass ich etwas über meine Kindheit sagen könnte. Außerdem war das Haus meiner Vorfahren zur Zeit, als ich mir der Dinge bewusst wurde, schon zivilisiert; wir haben nicht mehr gejagt, sondern eine sesshafte Lebensweise gehabt. So habe ich diese Kindheit verloren. Ich weiß nicht, wie man jagt. Die Leute haben Muscheln aus dem Meer gesammelt, haben sie dann getrocknet und an die Schiffe verkauft, die durch die Kanäle gekommen sind.« Es wurde mir bewusst, dass José Tomo die alte Frau aus dem Cousteau-Film gekannt haben musste, die ihr unverkauftes Kanumodell hoch gehalten hatte.

»Wird an der Schule in Puerto Eden Kawéskar unterrichtet?«

»Um ehrlich zu sein, nein. Vor ein paar Monaten hat mich die Universität der Magellanen gebeten, sie zu beraten, wie man den zweisprachigen Unterricht in Puerto Eden durchführen könnte. Ich habe tatsächlich versucht, dieses Projekt während meiner vierunddreißig Jahre zu realisieren, aber wir werden ja sehen, welche Wirkung es haben wird, oder ob es auf Grund der mangelnden Unterstützung ganz einfach scheitern wird. Chile hat uns schon seit langem vergessen. Es gibt etliche hundert Prozent reinblütiger Kawéskar und fünf- oder sechshundert *mestizos*. Es gibt keinen richtigen Zensus, aber ich weiß, dass der Zensus von 1991 von vierhundert Personen eine Unterschätzung ist.«

»Werden die Kawéskar hier in Puerto Eden bleiben?«

»Die älteren Leute hier in Puerto Eden werden immer hier bleiben. Sie werden an diesem Ort sterben. Aber für die Jungen, die heranwachsen, ist Puerto Eden meiner Meinung nach zu klein und sie werden sich andere Horizonte suchen. Ich glaube, der beste Ort, wo die jungen Kawéskar ihr Wissen verbessern können, ist die Stadt. Puerto Eden bietet keine derartigen Möglichkeiten, sie bekommen hier nur eine Grundausbildung. Die Älteren werden hier sterben, nachdem sie ihr ganzes Leben hart geschuftet haben. Ich finde, das sollte nicht so sein, die Leute sollten weiterlernen. Das Aussterben von Menschen ist eine Realität, die man akzeptieren muss. Es ist eine Tatsache, dass das Volk der Kawéskar in fünfzig Jahren hier ausgestorben sein wird.

Sehr traurig ist, dass die Kawéskar-Sprache aussterben wird. Sie ist schon am Aussterben. Wenn man die Sprache verliert, ist das eine große Sache. Die Politiker haben kein spezielles Programm geschaffen zur Rettung der heimischen Kultur der südlichen Region und der Kawéskar-Menschen. Die Kultur ist schon fast verloren, aber noch nicht ganz. Zum Beispiel machen sie ein Wörterbuch und eine Grammatik für Spanisch und Kawéskar, doch bis jetzt ist es noch nicht redigiert. Aber selbst das ist ein Privatprojekt mit lokalem Geld und geschieht nicht mit Unterstützung der Zentralregierung.«

Die letzten Worte kamen von Juan Carlos Tonco: »Die Kawéskar hatten ehemals eine Vision, die eins mit der Natur war. Sie waren Menschen, die von der Natur leben konnten. Es ist alles da, es gibt keine bösen Geister, die ein gesundes Leben in einer natürlichen Umgebung zerstören können. Wenn aber niemand fähig ist, die erforderliche Rettung des kulturellen Erbes durchzuführen, wird man ein paar Aspekte der Kultur bewahren, ein paar Leute aussuchen, wie Museumsstücke, nur ein paar, doch wir werden die gesamte Geschichte verlieren. Meine Mutter hat mir aber gesagt, dass ich nicht so traurig sein soll, denn dies alles passiert, weil wir jetzt ein Volk sind, das keine religiösen Gefühle hat, das nicht an Gott glaubt, das nicht mehr an die großen Geister glaubt.«

Wager-Insel

Den Morgen über war das Wetter kalt und ruhig. Dann kam die Ansage über den Lautsprecher, dass die Passagiere nun für die Fahrt durch den Golf von Penas ihre Tabletten gegen Seekrankheit einnehmen sollten. Wir würden den Golf am Nachmittag erreichen und dann zwölf Stunden lang von den pazifischen Brechern seitlich gerammt werden. Wenn der Wind genau nach Westen bläst oder ein wenig südlich davon, sind diese Wellen direkt um die ganze Welt gekommen, nachdem sie von der anderen Seite Südamerikas auf ihrem Weg nach Osten über dreißigtausend Kilometer weit auf kein Land gestoßen sind.

Die ersten Strahlen der Morgensonne tauchten die Wolken in honiggelbes Licht, das sich von dort über die schneebedeckten Gipfel ergoss. Als wir in die English Narrows einfuhren, kam der Kapitän auf die Brücke. Es ist wichtig, dass die Schiffe hier bei Gezeitenwechsel ankommen, wenn das Wasser ruhig ist, denn sonst ist die Gezeitenströmung schneller als die meisten Schiffe, die auf dieser Route verkehren. Ein Kapitän wird hier erst dann ohne Pilot durchgelassen, wenn er zehn überwachte Fahrten in jeder Richtung absolviert hat.

Unser Schiff wand sich durch die Disraeli- und Cavour-Inseln, vorbei an den riesigen Farnen, die bis ans Wasser reichen. Unser Kiel hinterließ eine anmutige Spur im morgendlichen Gewässer. Von der kleinsten Insel grüßten ein Schrein und eine kleine Marienstatue herüber. Der erste Matrose, ein stämmiger, verschlossener Mann, kam zu mir herauf zur Brücke und warf einige Münzen ins Wasser. Dann bekreuzigte er sich und seine Lippen bewegten sich in stillem Gebet.

»Ist hier ein Schiff auf Grund gelaufen?«

»Ja.«

Dabei warf er erneut eine Münze in die gekräuselten Fluten.

»Welches Schiff war das?«

»Ich weiß nicht, wie es hieß, aber Seeleute sind dabei umgekommen und das reicht aus.«

Bald konnte ich backbord ein verrostetes Schiff ausmachen, das mit schwerer Schlagseite auf uns zuzukommen schien. Der dritte Matrose bemerkte, dass ich meinen Feldstecher darauf gerichtet hatte. »Die fährt nirgends mehr hin. Ein griechisches Schiff, die *Leonadis*. Sie liegt auf der Cotopaxi-Bank, schon seit 1968. Um neun Uhr dreißig morgens ist sie auf Grund gelaufen. Ich war auf dem Boot, das zwei Tage danach vorbeigekommen ist. Die ganze Mannschaft konnte gerettet werden, das Schiff aber nicht.«

»Wie war denn das Wetter?«

»Gut.«

»Navigationsfehler?«

»Möglich.« Er zuckte die Achseln und seine Augen blitzten verschmitzt.

Ich tat so, als ob ich aus einer Flasche trinken würde.

Er lachte. »Wer weiß?«

Langsam verschlechterte sich das Wetter und unsere Umgebung verlor wieder an Farbe. Der Messier-Kanal erweiterte sich langsam in den Golf von Penas. Das Schiff begann leicht zu stampfen. Plötzlich kam Gegenwind auf. Schwarzbraune Albatrosse zogen über dem Heck ihre Bahnen und winzige Buntfuß-Sturmschwalben flitzten unentwegt über die Stirnseiten der Wellen. Im Rund standen Berge von wildgrimmiger Schönheit. Wir fuhren das überflutete Tal entlang, bis im düsteren Licht die Wager-Insel sichtbar wurde und dahinter die Byron-Insel, die sich unserem Gesichtsfeld immer wieder hinter Nebelschwaden entzog. Auf der Wager-Insel erhebt sich

Mount Anson, ein oben abgeflachter, ungeschlachter Felsklotz, der die ganze Insel beherrscht. Das Licht war inzwischen so schwach geworden, dass das gesamte Panorama flach wirkte. Es entschwand immer wieder unserem Blick, verschob sich trickreich, bis es gegen Westen hin versank, wobei die Farben, wie bei einem gigantischen Bühnenbild immer schwächer wurden, wie bei einem Aquarell verschwanden. Die Wolken türmten sich über uns auf. Berge fielen zu Inseln ab, vor deren Ufern tückische Felsen und Sandbänke lauerten. Immer wieder bäumte sich Land in zackigen Felsformationen hoch, ganz so, als wollte es sich im Kampf mit dem Wasser nicht so ohne weiteres ergeben. Heulend erlag es aber schließlich an den als The Mice bezeichneten Felsen, dem langen Kamm einer versunkenen Gebirgskette, die sich etwa zwei Kilometer weit in die See erstreckt. Wellen reißen und zerren am Gestein, bedecken das Wasser mit schäumender Gischt und peitschen die Luft darüber mit wässrigen Schrotkugeln. Es ist eine Küste, die man seinem schlimmsten Feind nicht wünschen würde.

Ich ging die Brücke entlang, bis der Kilometer anzeigte, dass wir 25° backbords bis 25° steuerbords rollten. Es bedurfte nun großer körperlicher Anstrengung, nicht hinzufallen und sich dabei zu verletzen. Der dritte Matrose sah, wie ich den Kilometer konsultierte und sagte: »Einmal ist sie um 36° gerollt.«

»Was ist dann passiert?«

»Ich bin aus meiner Schlafkoje gefallen.«

Ich ging zurück in die Kabine, wo mein Rucksack gerade aus dem Schließfach stürzte. Ich verkeilte mich damit auf meinem Bett und las.

Armut, Ungeziefer, Hungersnot und Vernichtung

1743 kam in der Londoner City unter dem Schild eines goldenen Löwen ein kleines Buch auf den Markt, das drei Schillinge und Sixpence kostete. Die Autoren dieser Geschichte eines Schiffbruchs waren der Schiffsbauer John Cummins und der Geschützoffizier John Bulkeley.

Alle guten Reiseerzählungen haben einen Zweck; der ihre war es, sich wegen Meuterei vor dem Tod durch den Strang zu retten.

Begonnen hatte die Geschichte 1740, als zwei Flottengeschwader von England auszogen, um das Reich der Spanier zu beiden Seiten der Welt zu plündern. Ein Geschwader sollte ostwärts ziehen und Manila überfallen, denn der nur schwach verteidigte Hafen erhielt alljährlich über drei Millionen Dollar in Silber von Acapulco. Aufgabe des zweiten Geschwaders war es, gegen Westen um das Kap Hoorn zu fahren und die Schätze aus den süd- und mittelamerikanischen Gebieten der Spanier direkt von den pazifischen Häfen zu stehlen. Die Kap-Hoorn-Mission des Kommandanten George Anson war dabei das wesentlich schwierigere Unternehmen, da er aber im Rang unter dem Kommandanten der Manila-Flotte stand, zog er immer den Kürzeren, von den Masten bis zum Proviant.

Zehn Monate vor ihrer Abreise machte der umsichtige Anson bereits beim Admiralsamt Vorstellungen, dass man ihm doch um Himmels willen nicht »die Erbsen und das Hafermehl, die für gewöhnlich an Bord der Schiffe Seiner Majestät geladen werden und [die] zumeist schon verfault und zur Ausgabe nicht mehr geeignet sind« aufhalsen sollte. Das Admiralsamt billigte zwar die Änderungen, aber durch Korruption wurden letztlich wieder dieselben alten Güter geladen. Auf der *Gloucester* waren zweiundvierzig der zweiundsiebzig Fässer mit Rindfleisch bereits verfault, bevor die Schiffe überhaupt in See stachen.

Aber nicht nur der Proviant war miserabel, die Seeleute waren noch schlechter. Ursprünglich wurden Anson ein Regiment unter Oberst Blands Leitung und dreihundert zusätzliche Männer zugeteilt. Daraus wurden aber schließlich fünfhundert Armeepensionäre und auch nur solche, die zu krank oder zu alt zum Marschieren waren. Der Erste Seelord Sir Charles Wager stimmt zwar Ansons Einspruch zu, erhielt aber den Rat von oben, dass »Personen, die Soldaten angeblich besser beurteilen können als er oder Mr. Anson, sie für die geeignetsten Männer hielten, die zur Verfügung gestellt werden konnten.« Sie waren jedoch fitter, als sie aussahen. Denn sobald sie von ihrer bevorstehenden Aufgabe am und um das Kap Hoorn hörten, marschierten 241 der 500 Pensionäre schnurstracks wieder aus Plymouth hinaus, sodass nur völlig kaputte Männer, von denen einige schon über siebzig waren, zurückblieben.

Für die *Centurion* wurde bei der Rekrutierung hingegen mit ganz anderen und viel gewalttätigeren Mitteln vorgegangen. Man entsandte Boote zu den ankommenden Handelsschiffen und fasste ganz einfach ausgebildete Seeleute, die von ihren zweijährigen Fahrten noch unbezahlt zurückkamen, und requirierte sie für sechs Jahre mit einem Drittel ihres Lohns. Obwohl Desertion mit dem Tod durch den Strang bestraft wurde, machten sich neunzehn der auf diese Weise angeheuerten Seeleute sofort aus dem Staub. Als die fünf Schiffe schließlich im September 1740 ihre Reise über den Atlantik antraten, waren sie in einem so bedauernswerten Zustand, dass feindliche Spione glaubten, es würde sich um ein Ablenkungsmanöver handeln. Im Ernst würde doch niemand eine derart elend ausgestattete Flotte in die gefährlichsten Gewässer der Welt entsenden!

Das Kommando über die *Pearl* hatte Kapitän Dandy Kidd inne, ein Mann von depressivem Naturell, der »Armut, Ungeziefer, Hungersnot und Vernichtung« voraussagte. Womit er auch Recht hatte. Drei dieser Heimsuchungen blieben ihm erspart, aber auch nur deshalb, weil ihn praktisch gleich am Anfang seine ganz persönliche Vernichtung ereilte. Sein Nachfolger war George Murray von der *Wager*, und David Cheap, ein noch recht junger und in seinen Entscheidungen unerfahrener Leutnant, wurde zum Kapitän der *Wager* ernannt.

Am 7. März fuhr das Flottengeschwader in die Le-Maire-Straße ein. Zu ihrer Rechten lagen die Inseln des Kap Hoorn, links von ihnen die Staaten-Insel. Die Gedanken der Männer waren bereits erfüllt von chilenischem Gold und peruanischem Silber, doch das Geschwader sollte nicht mehr lange beisammen sein. Für die meisten Männer waren es die letzten Tage, die sie in erwartungsvoller Hoffnung verbringen würden.

Ein Sturm brach los und die Schiffe wurden von ihrem Kurs mit aller Gewalt zurückgeschlagen. Bevor die *Wager* die dreißig Kilometer lange Meerenge passieren konnte, hatte sich der Himmel verdunkelt und die Flut eingesetzt. Der Wind stand inzwischen nach Süd, ihnen direkt im Gesicht. Als sie ihre Notsignale losfeuerten, waren sie so nahe an der Staaten-Insel, dass sie ihre unerbittliche Schönheit erkennen konnten. Der erfahrene Seemann Anson bekannte in seinen Aufzeichnungen:

Einige unter uns hatten in letzter Zeit die Schwierigkeiten, denen frühere Seefahrer bei diesem Unternehmen angeblich begegnet waren, praktisch als Phantastereien abgetan, und hatten angenommen, dass sie sich eher auf Grund von Ängstlichkeit und Ungeschicktheit und nicht wegen echter Beschwernisse durch Wind und See ergeben hatten: Nun waren wir aber ernsthaft überzeugt, dass dieser Tadel übereilt und unbegründet war, denn die Nöte, gegen die wir in den nachfolgenden drei Monaten ankämpfen mussten, werden im Vergleich zu früheren Seefahrten kaum ihresgleichen finden.

Das Geschwader nahm Kurs auf Südwest und wurde über dreißig Kilometer nach Osten abgetrieben. Die riesigen Wellen schlugen mit solcher Wucht auf die Schiffe ein, dass mehrere Männer über Bord gingen und in den Fluten ertranken. Einer der Seeleute brach sich das Genick, ein anderer den Oberschenkelknochen und der Bootsmann zweimal das Schlüsselbein. Zuerst fuhren sie nur noch mit einem Segel und schließlich mit den bloßen Masten. Sobald sich der Wind ein wenig legte, hissten sie erneut die Segel, doch Schnee und Schneeregen setzten sich auf der Takelage fest und vereisten das Segelwerk. Die verfaulten Taue rissen. Die Männer gingen ihrer Arbeit zumeist barfuß nach, sie verloren viele Finger und Zehen. Am 3. April erhob sich neuerlich ein Sturm. Er war noch schlimmer als alle bisherigen und dauerte drei ganze entsetzliche Wochen.

Als sich auf der *Centurion* die Großstage zu lösen begannen, strich man die Segel, und als die Taue noch immer rissen, nahm man die ganze Rah ab. Es dauerte nicht lange und Skorbut brach aus. Die *Cen-*

turion verzeichnete die meisten Krankheitsfälle all ihrer Fahrten. Vielleicht deshalb, weil viele der Männer alt waren und vor der Reise in ihrem Hospiz nur minderwertige Kost gegessen hatten. Das Geschwader war mit 1872 Männern ausgezogen. Bei ihrer Ankunft an Brasiliens grüner Küste waren bereits 160 tot und 430 krank, und das, bevor sie überhaupt Stürme oder einen Schiffbruch erlitten hatten. Im Royal Observatory in Greenwich ist das in braunes Leder gebundene Register der Todesfälle aufbewahrt, in sauberer Handschrift Seite um Seite eingetragen.

Im April starben auf der *Centurion* allein dreiundvierzig Männer, im Mai doppelt so viele. Als sie die Küste erreichten, waren nur sechs Männer fit genug, Wache zu halten. Ohne Vitamin C verfault der Körper, Pusteln überziehen die Haut, Gliedmaßen schwellen an, Kiefer werden eitrig und Zähne fallen aus. Auf der *Centurion* waren die Männer so schwach, dass viele nicht mehr aufstehen oder sich irgendwie um sich selbst kümmern konnten. Der Skorbut brachte einen nach dem anderen um. Sie fielen aus ihren Hängematten und rollten wie Baumstämme auf dem Deck herum. Pascoe Thomas schrieb darüber: »Ich habe 4 oder 5 Leichen auf einmal gesehen, einige hatte man in ihre Hängematten genäht, andere aber nicht, und die rutschten auf dem Deck herum, weil niemand sie zur See bestatten konnte.«

Im letzten Stadium verfault schließlich das Fleisch am Körper – »eine solche Menge an schwammigem Fleisch, das auf kein Heilmittel mehr ansprach«. Skorbut bringt aber auch Depressionen mit sich – Männer mit schwarzen Gedanken betrachteten grünliche Leichen. Die schrecklichsten Gräuel waren aber den Kriegsveteranen vorbehalten. Einer der Invaliden auf der *Centurion* war fünfzig Jahre zuvor in der Schlacht von Boyne verletzt worden. Plötzlich öffneten sich die vor einem halben Jahrhundert verheilten Wunden wieder und seine Knochen brachen erneut, als ob sie nie gesundet wären.

Am 22. Mai kam die *Centurion*, die nun allein unterwegs war, in einen so gewaltigen Sturm, dass es »uns schien, als ob sich die Wut aller Stürme, die wir bisher erlebt hatten, verbündet zu unserer Vernichtung verschworen hätten«. Fast alle Segel waren zerrissen und die Takelage halb zerstört. In der Annahme, dass die kleineren Schiffe inzwischen gesunken waren, nahm die *Centurion* Kurs auf Juan Fernández, die halbtropische Insel, die den aus den Gewässern des Südlichen Ozeans entflohenen Schiffen als Wasser- und Reparaturstelle diente. Am 28. Mai blickte Anson gegen Westen und rief »Land in Sicht!«. Sie waren auf dem richtigen Breitengrad, nämlich 33° Süd, jedoch der Längengrad war unbekannt. Seine Offiziere überredeten ihn aber, dass sie zu weit westlich lägen und es nur eine Wolke sei. Und so wandten sie sich wieder gegen Osten. Zwei Tage später stiegen die Schnee bedeckten Gipfel der Anden vor ihnen am Horizont auf. Ihre Trostlosigkeit kannte keine Grenzen. Neun Tage und achtzig Tote später war es ihnen dann endlich gelungen, sich ihren Weg windwärts nach Juan Fernández durchzukämpfen. Das war der Preis dafür, dass der Längengrad bloß geraten wurde.

Nur mit gegenseitiger Hilfe konnten sie sich an die Küste schleppen, einige mussten getragen und die Schwerkranken an Bord von der Küste aus versorgt werden. Trotz des wilden Selleries mit seinen Vitamin-C-Reserven, der hier überall wuchert, dem frischen Wasser und Fleisch, erlagen sechs weitere Männer der Krankheit, bevor ihr Einhalt geboten werden konnte. Auf der Insel fanden sie Ziegen mit gespaltenen Ohren, die Alexander Selkirk mehr als dreißig Jahre zuvor gebrandmarkt hatte. Bald folgte der *Centurion* die viel kleinere *Anna* in den sicheren Hafen, während sich die *Tryal* und *Gloucester* nach Brasilien gerettet hatten. Nur ein Schiff fehlte: die *Wager*.

Der Schiffbruch der Wager

Am 13. Mai 1741 um acht Uhr früh segelte die *Wager*, ein für die Fahrt adaptierter Ostindienfahrer, unter dem neuen Kommando von Kapitän David Cheap blind durch einen Sturm in die unbekannten Gewässer des Golfs von Penas, dem Golf der Leiden, an der Westküste Chiles. Der Kurs der *Wager* hatte sich mit dem unserer *Puerto Eden* gekreuzt. Die *Wager* war von den Stürmen im Süden bereits arg mitgenommen. Defekte Eisenplatten, mit denen die wichtigste Stütztakelage des Besanmasts befestigt war, hatte sich mit einem lauten Krachen wie von Geschützfeuer gelöst und der Mast war eingestürzt.

Am Abend zuvor hatte Kapitän Cheap seinen erfahrenen Geschützoffizier John Bulkeley zu sich gerufen und mit ihm ihre verzweifelte Lage besprochen. Sie waren sich einig, dass sie bestenfalls 300 Kilometer und schlimmstenfalls 100 Kilometer von der Küste entfernt waren. Dann ging der Schreiner John Cummins zum Vordeck hinauf, um den Schaden zu begutachten, und sah Land. Als er dies dem ersten Offizier, Leutnant Robert Baynes, meldete, sagte dieser: »Es liegt bei NNW. Es kann kein Land sein, das ist unmöglich.« Baynes weigerte sich, Kapitän Cheap Bescheid zu geben, dass Land gesichtet worden war.

Um die Mittagszeit brachen die Blöcke, die den Fockmast hielten, und eine der größten Rahen fiel aufs Deck. Dann wurde Kapitän Cheap von den wilden Bewegungen des Schiffs nieder geschleudert und renkte sich die Schulter aus. Nur noch zwölf Männer waren arbeitsfähig. John Bulkeley, der Wache hielt, stieg nach oben, um zu helfen. »Ich sah das Land ganz deutlich, beim Backbordbalken, mit Hügeln und einer eigenartigen, sehr hohen Gesteinsformation, die wie ein Zuckerhut aussah. Ich stieg von der Fockrahe herunter und gab dem Kapitän Bescheid.«

An diesem schicksalsschweren 13. Mai segelte die *Wager* in eine der heimtückischsten Buchten der Welt. Mit an Bord hatte sie einen adligen siebzehnjährigen Fähnrich. Die Härten, die den Männern noch bevorstehen sollten, waren so extrem, dass es der junge Offizier erst über sich brachte, darüber zu schreiben, nachdem er aus der Sicherheit der mittleren Jahre auf die Fahrt zurückblicken konnte. Später würde sein Enkel diese Erinnerungen nach Einzelheiten durchforschen und zu einer kolossalen und innovativen Dichtung verarbeiten, einen Roman in Versform, *Don Juan*. Der junge Offizier war John Byron, der Großvater des Dichters.

John Byron zufolge blieb Kapitän Chepa trotz der großen Schmerzen in seiner Schulter ruhig und erteilte weiterhin seine Befehle. Das Schiff befand sich in einer großen, rechteckigen Bucht. Da sie das Land in NNW gesichtet hatten, fuhren sie im Uhrzeigersinn eine Runde, zuerst gegen Osten, dann in südlicher Richtung, bis sie schließlich versuchten, luvwärts gegen Westen abzufallen und am südlichen Rand der Bucht auszubrechen. Am Morgen des 14. Mai 1741 um halb fünf Uhr früh durchzog ein Beben das ganze Schiff. Da die *Wager* von Sturm und See bereits so schwer lädiert war, merkte die Mannschaft erst gar nicht, dass sie auf einen Felsen aufgelaufen war. Schließlich kam das Schiff wieder los, schlug aber erneut mit solcher Gewalt auf einen anderen Felsen, dass es kenterte und auf der Seite zu liegen kam. Als die wenigen Seeleute, die noch gehen konnten, aufs Deck stürzten, brach eine riesige Welle über sie herein. Die Kranken ertranken in ihren Hängematten. Wohin die wenigen noch Überlebenden auch blickten – es war nur Gestein und Gischt zu sehen. Wieder hob sich eine mächtige Welle vom Felsen, doch als sie erneut auf Grund liefen, brach die Ruderpinne.

> … Und eh es noch gelang, das Schiff zu stellen,
> Ging auch das Ruder weg; nun ward sondiert,
> Und vier Fuß Wasser wurden schon notiert.

Einer der tapfersten Männer an Bord sah die entsetzliche Hoffnungslosigkeit ihrer Lage und stürzte an die Reling, um im Meer den Tod zu suchen. Andere hielten ihn davon ab. Die Kranken, völlig Erschöpften wurden von den Fluten ins Speigatt gespült. Da stürzte einer der Seeleute mit einem Entermesser an Deck. Drohend schwang er es über seinem Kopf und schrie dabei: »Ich bin der König dieses Landes!« Er bedrohte jeden, der sich ihm näherte, bis ihn schließlich jemand niederschlagen konnte.

Am Helm stand der Maat John Jones, der als Einziger einen klaren Kopf behalten hatte und mit ruhiger Stimme rief: »Freunde, lasst euch nicht entmutigen, habt ihr denn noch nie ein Schiff unter Brechern erlebt? Bemüht euch doch, sie durchzubringen. Kommt, legt

Hand an. Hier ist eine Schott und hier eine Brasse, fasst an und zweifelt nicht. Wir werden es schaffen, sie so nah an Land zu bringen, dass wir uns das Leben retten können.« Später sagte er oft darüber: »Ich sagte das nur, um die Leute so lange wie möglich bei Stimmung zu halten, glaubte aber nie, dass wir je eine Chance hätten, das Leben auch nur eines einzigen Mannes zu retten.«

Es war ihm aber trotzdem gelungen. Byron sagte: »Viele, die vorher schon halb tot waren, wurden plötzlich wieder rege und machten sich nun allen Ernstes an die Arbeit.«

Das Schiff löste sich ein drittes Mal aus den Felsen und nur mit den Segeln als Steuer gelangten sie näher an die Küste heran. Sie konnten das Schiff schließlich zwischen zwei Felsblöcken verkeilen, wo es vor den ärgsten Winden und Wellen geschützt war. Dann holten sie mühsam die Boote unter der eingestürzten Takelung hervor. Als sie eines davon flott gemacht hatten, sprangen gleich so viele Männer hinein, dass es noch vor Erreichen der Küste zu kentern drohte. Einige der Männer, die noch an Bord waren, wo sie auf Knien um ihre Rettung gebetet hatten, sprangen auf und stürzten sich auf die Truhen mit kostbaren Stoffen und Fässer mit Wein und Weinbrand. Der Bootsmann John King, ein recht streitsüchtiger und brutaler Kerl, gelobte mit lauter Stimme, dass er das Schiff nicht verlassen würde, solange auch nur ein Tropfen Alkohol darauf zu finden sei. Da die *Wager* den Großteil des geladenen Proviants der Flotte an Bord hatte, war dies ein wahrhaft ehrgeiziges Gelöbnis. Er bekleidete sich mit einem der wertvollen Stücke und betrank sich.

> Nichts wirkt beruhigend auf unsere Seele
> Wie Rum und Andacht; so geschah es, dass
> Der eine trank, der andre sang Choräle.

An der Küste fanden die Offiziere im Wald eine verlassene Indianerhütte. Unter einem großen Baum machten die Männer Feuer und kauerten sich eng zusammen. Trotzdem starben in der Nacht ein Leutnant und zwei weitere Männer an Kälte und Erschöpfung.

Auch am nächsten Tag wütete der Sturm weiter. Der Pöbel auf dem Schiff soff und stritt und brachte sich wegen des Plünderguts gegenseitig um. Am Tag darauf brachte John King einen Vierpfünder in Stellung und feuerte zwei Geschosse direkt über die Hütte des Kapitäns. Erst nach zwei Tagen kam der Bootsmann schließlich an Land. Cheap schlug ihn mit seinem Stock zu Boden und zog die Pistole. Da riss sich King das Hemd auf und bot dem Kapitän seine bloße Brust dar. Doch Cheap beschimpfte ihn, er sei den Schuss nicht wert, und stürmte davon. Insgesamt hatten sich einhundertvierzig Männer an die Küste retten können.

Hunger kennt kein Mitleid

Die Überlebenden räumten das Schiff immer weiter aus, behindert von der Überschwemmung unter Deck und den darin herumschwimmenden Leichen. Trotzdem konnten größere Mengen von Fleisch, Mehl und Alkohol sichergestellt werden. Hinter dem gestrandeten Schiff erhob sich die flache Kuppe des Mount Anson, wie er heute genannt wird. Einige der Männer kletterten hinauf und sahen, wo sie gelandet waren. Sie gaben dem Berg seinen ersten Namen, Mount Misery – Elendsberg. Wenn sie von den Felsen am Ufer Muscheln sammelten, mussten sie den Anblick der verstümmelten Leichen ihrer Kameraden ertragen, die daran zerschmettert waren. Dabei entdeckten die Männer einen Schiffsjungen, der neben dem aufgeschlitzten Körper eines toten Seemanns kauerte und dessen Leber in Händen hielt, die er gerade essen wollte. Nur mit Gewalt konnten sie ihn davon abhalten.

Die Überlebenden stellten so gut es ging Zelte und Hütten auf. Von außen sahen diese Unterstände recht armselig aus, aber innen waren sie mit wertvollen Stoffen ausgelegt, die ursprünglich für einen Tauschhandel bestimmt gewesen waren. Byron fand einen kleinen Welpen, der von einem Indianerhund zurückgelassen worden war, und behielt ihn für sich. Aus Cheaps Bibliothek holte er sich

George Shelvockes *Eine Reise um die Welt*. Das Buch war nur fünfzehn Jahre zuvor erschienen und erzählt, wie sich der Autor vom Wrack der *Speedwell* vor den Juan-Fernández-Inseln auf einem Boot, das er sich aus den Spanten selbst gebaut hatte, retten konnte.

Kapitän Cheap befahl John Cummins, den Rumpf des größten Boots um dreieinhalb Meter zu verbreitern, sodass sie damit aus der Bucht entkommen könnten. Cheap hatte den Plan, darin die fast fünfhundert Kilometer bis zur relativ wenig verteidigten Insel Chiloé der Spanier im Norden zurückzulegen. Dort würde er dann ein spanisches Schiff kapern und sich mit Anson treffen. Bulkeley hingegen wollte umkehren und die dreitausend Kilometer durch die Magellan-Straße und dann nach Norden bis zu einem freundlichen Hafen im neutralen Brasilien fahren.

Inzwischen war es August geworden, tiefster Winter. Die Männer waren am Verhungern, Offizierskollegen kamen zu Byrons Hütte mit einem Auftrag: Sie wollten seinen Hund essen. Trotz Byrons Einwänden töteten sie das Tier. Der überlegte sich dann aber, dass er wohl das größte Anrecht auf den Hund habe und setzte sich zu ihnen zum Essen. Der Hund schmeckte ihnen so gut wie das »feinste englische Schaffleisch«. Drei Wochen später war Byron so hungrig, dass er an den Platz zurückging, wo die Männer seinen Hund getötet hatten, und die halb verwesten Pfoten und das Fell verzehrte.

Die Männer ließen das umgebaute Boot zu Wasser und gaben ihm den Namen *Speedwell*. Eine eigenartige Wahl, wenn man bedenkt, dass dies der Name von Shelvockes gestrandetem Schiff und nicht der seines selbst gebauten Rettungsboots, der *Recovery*, war. Am 8. Oktober 1741 zog Bulkeley mit einem Teil der Männer auf der *Speedwell* und einem kleinen Kutter endgültig nach Süden. Sie hatten fünf Monate und vier Tage auf der *Wager*-Insel verbracht. Alsbald aber stellte sich heraus, dass die Männer, auf sich selbst gestellt, auch nicht leichter im Zaum zu halten waren. Bulkeley klagte, dass sie für »Meuterei und Vernichtung« reif wären. Die Schwächeren unter ihnen erfroren oder verhungerten. Bulkeley notierte, dass diese Menschen in ihren letzten Stunden recht fröhlich wurden und anfingen »zu spaßen und zu lachen, bevor sie in dieser Stimmung ihren Geist aufgaben«. Am 19. November versuchte der junge Thomas Caple ein wenig zusätzliches Mehl zu kaufen. Er hatte eine Uhr, einen silbernen Becher und mehr als zwanzig Guineen. Aber keiner der Männer wollte ihm etwas überlassen. Sein Vormund an Bord versuchte, den Jungen damit zu trösten, dass er ihm in Brasilien für das Geld schöne Kleider kaufen würde.

Weinend rief Thomas: »Ich werde nie Brasilien sehen; ich bin jetzt am Verhungern, beinahe schon verhungert, deshalb gib mir um Gottes willen meinen silbernen Becher, damit ich mir etwas zu essen kaufen kann, oder kaufe du etwas für mich.« Dann starb er. Er war zwölf Jahre alt.

Bulkeley vermerkte weiter: »Man wird sich fragen, wie es möglich ist, dass Leute zusehen können, wie ihre Mitmenschen vor ihren eigenen Augen verhungern, ohne ihnen Hilfe zu bieten. Aber Hunger kennt kein Mitleid.« Erst im Januar 1742 glitten sie endlich über eine Sandbank unweit vom Plate-Fluss in die Sicherheit eines portugiesischen Hafens.

Auf der *Wager*-Insel waren inzwischen alle Versuche gescheitert, die *Wager* gegen Wind und See aus dem Golf von Penas hinauszusegeln. Kälte, Hunger und Unfälle hatte die Zahl der Männer auf eine Hand voll Leute reduziert, zu denen auch Byron und Cheap gehörten. Eines Morgens traf ein Indianer bei ihnen ein, der einen Stock mit silbernem Knauf bei sich trug, wie ihn die Spanier, den ihnen getreuen *caciques* oder Stamm der Chonos von der Chiloé-Insel angehörte. Die Nachricht vom Schiffbruch hatte sich von Gruppe zu Gruppe und von Stamm zu Stamm bis nach Norden verbreitet, und Martin der Häuptling war nun gekommen, um die Situation mit eigenen Augen zu sehen.

Die Männer erklärten ihm, dass sie zu einer spanischen Siedlung wollen und der Häuptling versprach ihnen, sie dorthin zu navigieren, wenn sie ihm danach das Schiff überließen. Man einigte sich. Essen war aber immer noch knapp, denn die Indianer wollten Nahrungsmittel nur im Tauschhandel hergeben, und die Männer hatten nichts mehr, das sie tauschen konnten. Cheap hingegen wurde von den Indianern als Häuptling behandelt und von ihnen verköstigt. Nie aber teilte er etwas von seinem Essen mit den andern, selbst wenn die Männer im Bilgenwasser zu seinen Füßen verhungerten.

Obwohl Cheap besser behandelt wurde, konnte er bald nicht mehr ohne Hilfe gehen. Die Männer waren von Ungeziefer völlig verseucht. Byron legte sich zum Schlafen immer nackt in den Schnee, denn das meiste Ungeziefer hatte sich in seiner Kleidung festgesetzt. Cheap sah wie ein wandelnder Ameisenhaufen aus. Er versuchte schon gar nicht mehr, sich sauber zu halten. Sein Bart reichte ihm bis an die Brust, sein Oberkörper war zum Skelett abgemagert und seine Beine waren aufgedunsen. Als sie sich endlich wieder einer Küste näherten, sahen sie über den Sund hinweg die Insel Chiloé. Obwohl die Indianer hier sehr arm waren, schlachteten sie ein Schaf und backten Brot. Jeden Tag kamen Bauern zu ihnen und brachten Nahrungsmittel als Geschenk. Die Männer aßen und aßen.

Erst im Oktober 1746 kehrte Byron nach Dover zurück. Auch andere Nachzügler erreichten langsam die Heimat und erzählten dort ihre Geschichten. Bulkeley und Cummins schrieben ihr Buch und brachen in Angstschweiß aus, als sie von der Rückkehr ihrer Offiziere hörten. Wenn man es Cheap überlassen hätte, wären sie wohl aufgehängt worden, aber die Entscheidung lag nicht bei ihm. Anson war mit 1972 Männern ausgezogen: davon waren vier gefallen und 1300 einer Krankheit erlegen. Anson hatte genug von Tod und Sterben. Er war mit Schätzen heimgekommen, die in einem feierlichen Umzug in zweiunddreißig Karren zum Londoner Tower gefahren wurden und er wollte nun seinen Ruhm genießen. Als ein Militärgericht über den Verlust der *Wager* urteilte, brachte Cheap eine einzige Klage vor, und zwar gegen Leutnant Baynes, der lediglich gerügt wurde.

John Byron wurde 1778 zum Vizeadmiral ernannt. Sein ausschweifender, gut aussehender Sohn, der Gardeoffizier »Mad Jack« Byron, zeugte schließlich den Dichter, der seinem Großvater recht zugetan war. »Er hatte keinen Frieden zur See und ich nicht zu Land«, schreibt er in seiner *Epistel an Auguste*.

Anson konzentrierte seine Anstrengungen auf eine Umgestaltung der Marinewerften und wurde schließlich in den Stand des Ersten Seelords erhoben. Das Aufsehen, das die vielen Skorbut-Toten auf der *Centurion* erregt hatten, führte dazu, dass James Lind 1747 eine erste wissenschaftliche Erforschung der Krankheit begann. 1753 widmete er Anson seine *Abhandlung über den Skorbut.* Es würde allerdings noch weitere fünfzig Jahre dauern, bevor man Notiz davon nahm und handelte.

Caleta Angelmó

Wir legten spät abends an. Die Schafe, die drei Tage lang kein Wasser bekommen hatten, standen reglos und still in ihren Verschlägen und leckten die Regentropfen vom Fell ihrer Nachbarn. Puerto Montt duckte sich unter einem kühlen grauen Regen. Ich ging drei Kilometer am Strand entlang, um meinen Flug nach Juan Fernández zu buchen. Denn nun wollte ich mir meinen Traum erfüllen und an jenem Ort stehen, wohin mich meine Phantasie schon als Achtjährigen entführt hatte. In meiner Vorstellung hatte dieser Ort damals eine so konkrete Form angenommen, dass es ihn einfach geben musste.

Ich versuchte es in einem Reisebüro, denn ich wusste, dass die Insel nur von kleinen Maschinen angeflogen wird, die mitten im Sommer immer recht schnell ausgebucht sind. Die Angestellte in ihrer adretten Uniform war jung, gelassen und höflich. Sie sagte: »Es gibt keine Flüge nach Juan Fernández. Ich kann Ihnen aber einen zu den Osterinseln besorgen.«

»Drei Fluglinien fliegen nach Juan Fernández.«

»Haben Sie ihre Telefonnummern?«

Die Versuchung war groß, mit ihr hinauszugehen und ihr das Schild über dem Schaufenster zu zeigen, auf dem in großen Lettern »Reisebüro« stand, denn als solches hätte sie doch sicher die Möglichkeit gehabt, ein oder zwei Telefonnummern selbst zu finden. Stattdessen wählte ich mich mit ihr gemeinsam durch Prospekte und das Telefonbuch. Drei Stunden später war meine Kreditkartenrechnung durch eine weitere Flugbuchung angeschwollen.

Die junge Frau reichte mir ein Stück Papier. »Die Tickets warten in Santiago auf Sie. Sie haben Glück, dass Sie einen Flug bekommen haben.«

Eine Stunde später ging auf meinem Anrufbeantworter in Cardiff eine Nachricht meiner Bank ein. Irgendjemand würde mein Geld wie Wasser ausgeben. Hatte jemand meine Karte gestohlen? Meine Antwort war leider nein.

Ich fuhr mit dem Bus die Bucht entlang nach Caleta Angelmó, einem kleinen Fischerdorf, wo der Strand nur aus alten Muschelschalen zu bestehen schien, die man von den Cafés ganz einfach hinten hinausgeworfen hatte. Der Markt quoll über von frischen Meeresfrüchten, die nur hundert Meter entfernt von den Fischerbooten direkt in die gedeckte Markthalle gebracht worden waren. Große, meterlange Fische mit rosa Kiemen lagen vor mir auf den Steinplatten, daneben Seeungeheuer mit kräftigen Kiefern, die man aus dem enormen Druck der Tiefen heraufgeholt hatte und deren Augen nahe der Wasseroberfläche an ihren Sehnensträngen hängend aus den Höhlen gequollen waren. Eine Holzkiste war mit Steinklötzen gefüllt. Fünf Zentimeter lange Rankenfußkrebse und Entenmuscheln klebten daran fest. Ich beugte mich nieder, um sie mir etwas näher anzusehen, als eine Klaue nach mir schnappte. Eine dicke, schwarz gekleidete Frau am Stand schwenkte ein Geschirrtuch darüber und rief: »Halt still, du Quälgeist!« Worauf die Klaue wieder verschwand.

»Was ist denn das?«

»Es sind *pico rocas*.«

»Sind das Krabben?«

»Nein, das sind andere Tiere. Schmecken recht gut, in Suppen, in *curanto*. Wie viele möchten Sie denn?«

»Muss ich den ganzen Steinklotz kaufen?«

»Nein, ich breche sie für Sie ab. Sie brauchen keinen Schubkarren. Reicht das?« Sie hob den größten Stein hoch. Wieder kam die Klaue zum Vorschein.

»Ich koche nicht selbst.«

Die Marktfrauen in dem mittelalterlich wirkenden Labyrinth von Ständen waren alle recht korpulent und schwarz gekleidet. Sie liefen auf mich zu, fassten mich am Arm und versuchten, mich hinter einen ihrer Klapptische zu zerren. In den dampfenden Kesseln garten Meeresfrüchte und in der brausenden Brühe wirbelten immer wieder neue unbekannte Kreaturen an die Oberfläche. Das also war der *curanto*, den mir der Taxifahrer Henrique nach unserem Besuch der Mylodon-Höhle empfohlen hatte. Als mir eine Frau in die Quere kam, deren Umfang ein Entrinnen unmöglich gemacht hätte, setzte ich mich fügsam nieder und gab meine Bestellung auf. Als Vorspeise wurde mir kalte *pico rocas* serviert. Sie hatten eine feine weiche Konsistenz wie delikates Krabbenfleisch. Dann kam eine Schüssel *curanto* auf den Tisch. Jede Kreatur der Schöpfungsgeschichte schwamm mit dem Bauch nach oben darin herum.

Bevor ich nach Santiago zu Mr. Daskam und meinen Flugtickets weiterfuhr, hatte ich hier allerdings noch etwas zu erledigen. In einem Mietwagen fuhr ich in südwestlicher Richtung nach Pargua, von wo ich die Fähre zur Chiloé-Insel nahm. Die Westküste von Chiloé verläuft parallel zur chilenischen Pazifikküste, dahinter ist aber das Meer eingedrungen und hat die Ancud-Bucht gebildet. Im Süden liegt ein dreißig Kilometer breiter Golf, durch den die Gezeiten mit solcher Wucht toben, dass sie Byron und Cheap beinahe den Garaus gemacht hätten. Und gegen Norden hin tosen die Gezeiten mit derselben Gewalt durch eine nur drei Kilometer breite Lücke. Hier überquert die Fähre den schmalen Chacao-Kanal, wo sie von der Strömung wild herumgewirbelt wird. Auch hier saß die Autofähre so tief im Wasser, dass man gut daran getan hätte, am Rumpf ein Schild mit den Worten »Barkasse anders rum aufs Wasser setzen« anzubringen.

Es war ein herrlicher Sommermorgen. Magellan-Pinguine jagten nach Futter in den Strudeln und Wirbeln, in denen die Gezeitenströmung die Fische nach oben treibt. Es waren dieselben wendigen kleinen Gesellen, die in den wilden Gewässern um das Kap Hoorn ihr Leben fristen. Robben überquerten zielbewusst den Kanal und zwei

Delfine schossen in lässigem Bogen über unser Kielwasser. Hier war der Zugang zu einem mythischen Inselreich. Meine magische Reise führte mich nach Chiloé, der Heimat von Hexen und Zauberern und dem Ort einer der aufregendsten Geisterschiffsagen der Welt.

Castro

Die Insel hat die Form eines Ziegels, von dem eine lange durchbrochene Seite dem Festland gegenüber liegt. Sie ist von Nord nach Süd zweihundert Kilometer lang. Darwin schrieb über die Insel: »Im Winter ist das Klima abscheulich und im Sommer nicht viel besser.« Der heutige Tag war sonnig und warm und die Landschaft wirkte sanft und zahm. Ginstersträucher standen in voller Blüte und aus den Gärten grüßten die mir aus Cornwall gut bekannten Dracaena-Palmen. Ich hatte reichlich Gelegenheit, mich umzusehen, denn überall wurden die Straßen aufgegraben. Eine riesige Maschine mischte Beton und trug ihn auf; dahinter besprühten Männer den Belag mit Wasser und stellten Plastikzelte darüber auf, um ihn vor zu raschem Austrocknen zu schützen.

Überall standen Tramper am Wegrand, deren sommerliche Kleidung verriet, dass sie aus dem Glutofen im nördlichen Chile gekommen waren. Die Rucksacktürme auf ihren Rücken waren übersät mit Reißverschlüssen, Riemen und Klettverschlüssen. Die Seitentaschen waren voll gestopft, die Riemen bis zum Äußersten gespannt, die Klettverschlüsse unter dem Druck bereits geborsten. Pritschenwagen blieben stehen und ließen die jungen Leute mitfahren. Sie kamen aber nicht weit, denn alle acht Kilometer warteten *carabineros* mit Schnüffelhunden, die dann die Rucksäcke sorgfältig nach Drogen durchsuchten.

Die größte Stadt der Insel ist Castro in der Mitte der Ostseite. Der 1567 gegründete Ort ist Chiles drittälteste Stadt. Als ich meinen Wagen parkte, kamen gleich ein paar Buben angelaufen, die auf das Auto zeigten, weil es so neu aussah, und mich fragten, ob ich bei ihnen zu

Hause für zwei US-Dollar übernachten wollte. Holzhäuser auf Pfählen säumten die Küste. Ihre Eingangstüren weisen zur Straße hin, während ihre Rückseiten über dem Wasser stehen. Ursprünglich gab es diese Art von Häusern, die nur noch hier erhalten sind, in allen Fischerdörfern der Ostküste.

Ich wählte das Blue Unicorn Hotel nur wegen seines Aussehens. Es war ein altes Gebäude, mit einem verandaartigen Gang, der den steilen Hügel hinter dem Hotel hinaufführte. Eine Reihe kleiner Häuschen war rundum angelegt. Alles war rosa und blau gestrichen. Ich präsentierte mich am Mahagonischreibtisch des Empfangs und betrachtete die modernen Bilder an den Wänden, von denen einige recht gut waren. »Die Tochter des Besitzers«, sagte die Empfangsdame. »Sie ist Kunststudentin in Santiago.«

Ein kleiner, spindeldürrer Mann erschien an meiner Seite. »Er wird Ihr Gepäck tragen.«

Der Mann zündete sich eine Zigarette an, hustete, spuckte sich in die Hände und hob meinen Rucksack hoch, wozu er sich beide Träger über einen Arm schob. Gekrümmt wie eine menschliche Papierklammer ging er auf die Treppe zu, wobei der Rucksack bei jedem Schritt gegen sein Bein stieß. Ich folgte ihm. Nach drei langen Treppenfluchten blieb er Schweiß triefend stehen, drückte seine Zigarette zwischen Finger und Daumen aus und steckte den Stummel in seine Hemdentasche. Dann verlagerte er den Rucksack auf den anderen Vorderarm. Auf halber Höhe stieß er einen Schrei aus, ließ den Rucksack fallen, griff sich in die Tasche und zog den glimmenden Stängel heraus. Als er sich wieder niederbeugte, nahm ich einen der Träger hoch und bot ihm den anderen an.

Das Zimmer war einfach, aber geschmackvoll eingerichtet. Von einer Veranda ging der Blick auf den Hafen. Eine hohe Zypresse von der Strandpromenade unter mir ragte weit über mich hinaus. In meiner Augenhöhe saß in den oberen Zweigen eine Ente.

In einer Ecke des Speisesaals war eine Bar. Dunkle Hartholzböden von ekklesiastischer Feierlichkeit glänzten im schwachen Licht. Aus dem Schatten hinter der Bar leuchtete mir ein steif gebügeltes weißes Hemd entgegen, in dem jemand mit einem Cocktailshaker aus Edelstahl Pisco Sour mixte. Dabei tanzten die Silberknöpfe an den doppelten Manschetten wie Wunderkerzen funkelnd auf und ab. Aus dem Dunkel dahinter erzählte mir der Barkeeper mit seiner samtigen braunen Stimme: »Es war ein Haus, in dem ein Holzhändler wohnte. Er hat jahrelang immer die besten Stücke vom Holz, mit dem er handelte, zurückgelegt, um sich damit ein Haus zu bauen. Als es fertig war, ging es mit seinem Geschäft abwärts. Und als er 1986 starb, ist das Haus jahrelang leer gestanden. Das Geschäft gab es nicht mehr und die Familie hatte kein Geld, das Haus weiter zu führen. Es ist erst seit ein paar Jahren ein Hotel. Der berühmte chilenische Architekt Edward Rojas hat es umgebaut.«

Die Straße zur Stadt hinauf verlief fast senkrecht. In einer Biegung am oberen Ende lugte zwischen schattigen Kiefern und Zypressen ein graublaues Haus hervor, an das auf turbulente Weise oben und unten angebaut worden war. Spitzenvorhänge hinter den Scheiben ließen die Fenster fast blind erscheinen. Ich erkannte das Haus aus Thomas Daskams Gemälde »Almirante Thompson«.

Am Hauptplatz angekommen, machte ich eine Aufnahme und lauschte dabei völlig gebannt dem Singen, das aus der Kirche des heiligen Franziskus drang. Die Insel ist berühmt für ihre zahlreichen Kirchen und Kapellen, von denen die meisten im 18. Jahrhundert von Jesuiten aus Bayern bis Skandinavien erbaut worden waren. Sie alle hatten ihre eigenen Methoden für den Bau von Holzkirchen entwickelt. Keine war wie die andere. Eisen war rar, und so wurden bei ihrer Konstruktion alle Fugen geleimt und kein einziger Nagel, sondern nur Dübel verwendet. San Francisco in Castro ist die meist fotografierte Kirche. Der Grund dafür liegt nicht allein darin, dass dieses 1906 von Eduardo Provasoli entworfene Bauwerk eines der größten und spätesten seiner Art ist oder dass es von heimischen Handwerkern unter Verwendung heimischer Hölzer errichtet wurde, denn ein Großteil des Gebäudes wurde später mit Wellblech verkleidet, sondern dass sich die Kirche morgens und abends, wenn ein günstiges Seitenlicht alle Ecken und Winkel hervorhebt, besonders gut fotografieren lässt.

Der Hauptgrund aber, dass sie den Umschlag des staatlichen Reise-
führers für das südliche Chile ziert, ist der, dass die Kirche orange und
das Dach purpurfarben gestrichen ist.

La Posada Antigua

Über Kiesstraßen und hölzerne Brücken fuhr ich an die Westküste
der Insel. Zwischen zwei felsigen, in neblige Wolken und Gischt ge-
tauchte Landzungen liegt eine riesige Bucht, in die die pazifischen
Brecher mit großer Wucht und Getöse einlaufen. Am südlichen Ausläufer der Inselstraße stieß ich schließlich auf Quellón, eine triste
Kleinstadt, die nur aus kommunalen Bauten zu bestehen scheint. Die
Hälfte ihrer Straßen waren aufgegraben und auf die andere Hälfte
aufgetürmt worden.

Ich machte kehrt und fuhr nordwärts nach Chonchi. Nachdem ich
die Asphaltstraße verlassen hatte, fuhr ich auf einem unbefestigten
Fahrweg mit Gehsteigen und Laternenpfählen durch das Tal. Anscheinend war da wieder eine neue Straße im Entstehen. In der leeren Stadt herrschte eine seltsame Ruhe.

In Chonchi gibt es eine Gaststätte, La Posada Antigua, die für ihre
Küche berühmt ist. Die Auffahrt schlängelt sich durch einen großen
Garten mit Blick auf den Hafen. Auf dem Parkplatz stand kein einziges Fahrzeug. Der Wind seufzte in den Kiefern. Eine von Weinlaub
umrankte Pergola führte zu den Stufen eines Bungalows, über dessen Eingang ein augenförmiges Giebelfenster in das Ziegeldach ein-
gelassen war. Die horizontalen Bretterwände waren rot angestrichen.
Der Wind trug das Muhen von Kühen von einer kleinen Wiese zu
mir herüber.

Ich hörte Schritte auf dem Kiesweg, und ein Mann mit rundem
Gesicht, der eine graue Hose und einen grauen Pullover anhatte,
schlurfte am Rand der Auffahrt auf mich zu. Sein Rücken schien für
sein Alter viel zu gebeugt, eine Schulter war bis ans Ohr hochgezogen. Er lächelte mich nervös an und ging ins Haus hinein. Ich folgte

ihm. Die beiden ersten Säulen der Pergola waren zu feinen Spiralen geschnitzt. Ich fragte mich, weshalb sich jemand so viel Mühe gemacht hatte, merkte dann aber, dass es sich um die hölzernen Gewinde einer alten Apfelweinpresse handelte. Eine sonnige Veranda nahm die ganze Hausfront ein, in einem der Räume klingelte ein Glöckchen. Der Mann ging durchs Haus und schien sich dabei an unsichtbaren Wänden festzuhalten.

Eine dünne Frau streckte mir ihre Hand entgegen. »Ich bin Teresa Vera Alvarez, Sie müssen mich aber Teresa nennen.« Bei diesen Worten zog sie ihre orangefarbene Weste eng um die Brust und entschuldigte sich dafür, dass sie ihr weniges Englisch mit Spanisch vermischt und dabei Fehler gemacht hatte. Sie führte mich eine breite Treppe hinauf, deren Wände mit aus Maisstroh geflochtenen mythologischen Figuren der Chiloé-Insel geschmückt waren. Über die ganze Länge des Hauses erstreckte sich eine Galerie bis hin zum augenförmigen Giebelfenster an der Vorderseite des Hauses. Auf dem Boden meines Zimmers waren cremefarbene Wollteppiche ausgelegt und in der Mitte des Raums stand ein riesiger, bauchiger Ofen aus Stein und Eisen. Mit einer Geste wie eine Tänzerin, die die Bühne verlässt und den Worten »*Mi casa es tu casa,* verstehen Sie? Mein Haus ist dein Haus«, wandte sich die Frau zum Gehen.

Ich sah mich im Zimmer um. Das Messingbett hatte eine weiche Matratze und eine selbst genähte Steppdecke. Außen an der Dusche war ein kleiner elektrischer Klingelknopf angebracht. Jemand klopfte an der Tür. Teresa rang verzweifelt die Hände. »Meine Tochter ist nicht hier. Ich kann kein Essen kochen.«

»Kann ich hier nicht zu Abend essen?«

»Nein, jetzt nicht.«

»Frühstück?«

»Das Frühstück werde ich selber machen.«

»In der Stadt ist es ziemlich ruhig. Wo kann ich dort essen?«

»Nirgendwo. Alle sind beim Rodeo. Dort gibt es zu essen.«

Der Bus holperte über die Landstraße und setzte mich an einem Feld mit einer Arena und einer großen Halle ab. Die ganze Stadt war hier versammelt, außer Teresa und dem gebeugten Mann. Es war der letzte Tag eines dreitägigen Neujahrs-Rodeos. Eine Band mit Akkordeon und Gitarre machte sich gerade auf der Bühne und in der Halle bereit. An einer Seite ging man ein paar Stufen zu einer ausschließlich für Männer bestimmten Bar hinunter. Ich bestellte ein Bier. Familien saßen am Rand der Halle an türkisfarbenen Resopaltischen, über die Tischtücher mit rotem Rosenmuster gebreitet waren.

Die Reiter trugen Stiefel und lange Hosen, ein normales Hemd mit Kragen und darüber einen Wollponcho mit einfachen geometrischen Mustern in erdigen Farben. Um die fünfzehn Zentimeter breiten Krempen ihrer Filzhüte waren Bänder aus Leder oder geflochtenem Seil geschlungen. Ein Mann an einem Stand hatte eine Form, die der jeweiligen Kopfgröße angepasst werden konnte und auf der er die Hüte dann perfekt ausbügelte. Die Gauchos sind ja nicht nur für ihre Reitkünste, sondern auch für ihre Eleganz bekannt.

Ich aß Lammbraten. Die Band hatte zu spielen begonnen und die meisten Leute strömten auf die Tanzfläche. Alle Köpfe um mich herum hatten schwarzes oder graues Haar. Nach etwa einer Stunde schienen sich die meisten Männer im Raum in dem vom Alkohol produzierten Übergangsstadium zwischen Bewusstsein und Bewusstlosigkeit zu befinden. Ich hörte zu trinken auf und setzte mich in die Arena. Der Ring war zu drei Vierteln von einer glatten Holzwand umgeben, an die sich ein Pferch für die wartenden Reiter und die bereits angetretenen Stiere anschloss. Darin warteten die Reiter paarweise, bis ein junger Stier in den Ring gelassen wurde. In seinen Memoiren erinnert sich C. J. Lambert, der zwischen den beiden Weltkriegen eine Farm in Chile leitete, an die Kraft, die in diesen Tieren steckt. Wenn er einige seiner größten Bullen gemeinsam in einen Korral steckte, gingen sie immer auf jenen Stier los, der gerade nicht auf der Hut war. Als er einmal ein lautes Brüllen hörte, sah er, wie eines der Opfer seitlich über einen fast zwei Meter hohen Zaun geflogen kam.

Die wartenden Stiere waren unter der Tribüne eingepfercht. Einzeln wurden sie in den Ring gelassen, wo ihn die beiden Konkurrenten kontrolliert die Wand entlang laufen lassen, dann wenden und wieder zurückbringen mussten. Einmal mussten sie das Tier zum Stehen bringen und gegen die Wand drücken. Ein rundlicher Vater und sein halbwüchsiger Sohn gingen gerade mit ihren Pferden zum Tor. Ihre Steigbügel waren vom Holzschuhtyp, damit ihre Füße nicht gegen die Wand gequetscht werden konnten. Das Gatter unter der Tribüne ging knallend auf und der erste Stier sprang heraus. Der Vater ritt leicht tänzelnd seitlich an ihn heran und hielt dabei den Brustkorb seines Pferdes gegen die Schulter des Bullen gerichtet. Sein Sohn ritt knapp dahinter, damit der Stier nicht kehrtmachen konnte. Sie brachten ihn mit einem gleichmäßigen Kanter bis ans Ende der Ringwand. Dann versetzte der Vater dem Pferd einen Tritt und stellte sich quer vor den Stier. Gleichzeitig vollzog der Sohn eine schnelle Drehung. Staub wirbelte hoch, als Stier und Pferde anhielten und kehrtmachten. Zwei Sekunden später rannten die zweieinhalb Tonnen schweren Tiere wieder im gleichen Tempo die Wand entlang.

Der Wettbewerb dauerte noch eine Stunde. Die Sonne stand inzwischen schon tief und die chilenische Flagge knallte an ihrem hohen Mast. Es war die erste Fahne auf meiner Reise, die an ihren Rändern von den feuerländischen Winden nicht zerrissen und ausgefranst worden war. Die Sieger stiegen von ihren Pferden und ein kleiner Junge ritt in den Ring und sammelte die großen Sporen mit den silbernen Rädchen ein. Die Preise hatte ein heimischer Fischfarmer zur Verfügung gestellt. Ein Planwagen mit seinem Namen in großen Lettern fuhr in den Ring. Unsicher staksten die Rodeo-Königin und ihre Prinzessin mit ihren hohen Absätzen und weißen Abendkleidern durch den Sand und verteilten Packungen von Räucherlachs. Über den Lautsprecher erklang Musik und alle versammelten sich zum Nationaltanz, der *cueca*. Zum Abschluss kletterten Königin und Prinzessin zu den Siegern auf die Pferde und ritten mit ihnen hinaus.

Der Bus brachte mich zurück. Nachdem ich so vielen Leuten die längste Zeit beim Trinken zugeschaut hatte, wollte ich mir nun selbst einen Drink genehmigen. Endlich fand ich einen Laden in der Stadt, der noch offen hatte, und kaufte eine Flasche *licor d'oro* und Schoko-

326

lade. Als ich im Hotel die Halle überquerte, öffnete sich eine Tür und Teresa schoss hervor: »Was machen Sie denn jetzt?«

Sie sah aus, als ob sie das einsame Trinken im Zimmer missbilligen würde, und so sagte ich vorsichtig: »Ich bin müde. Ich wollte gerade ein wenig Schokolade essen und dann schlafen gehen.«

»Kommen Sie doch in die Küche auf einen Drink. Ich habe einen *licor d'oro* aufgemacht.«

In der Küche saßen ein Paar aus der Umgebung und ein Franzose mittleren Alters namens Thierry, der etwas aus einem Notizbuch abschrieb. Teresa goss mir ein kleines Glas voll mit einer goldfarbenen sirupartigen Flüssigkeit. Die Flasche trug das Bild der Posada Antigua. »Ich mache den Likör selbst, mit der Milch meiner eigenen Kühe.«

»Mit Milch?«

»Ja, von meinen eigenen Kühen. Mein Sohn Pancho melkt sie mit der Hand und dann gebe ich Zucker, Vanille, Zitrone und reinen Alkohol dazu.«

Der Likör schmeckte nach Sirup und ein wenig nach Milch.

»Ich sehe, Sie interessieren sich für meine Arbeit«, sagte Thierry, obwohl ich in Gedanken noch immer bei dem Rodeo war. »Jedes Jahr fahre ich an einen besonderen Ort auf Urlaub und schreibe dann darüber für *Le Monde*. Das finanziert den Großteil des Urlaubs. Teresa hilft mir mit dem Lokalkolorit. Vor Chile war ich auf den Philippinen. Wissen Sie über den Verletztenkult Bescheid?«

»Nein.«

»Die Menschen glauben, dass Leute, die einen Unfall überlebt haben, besondere Kräfte erlangen. Je schwerer der Unfall war und je kleiner der Abstand, der sie vom Tod trennte, desto größer die Kräfte, die sie erlangen. Kinder gelten dabei als besonders wertvoll. Sie agieren als Wahrsager, als Weise. Ich habe mehrere dieser *animistas* kennen gelernt. Ein Junge hatte einen Autounfall mit einer Kopffraktur überlebt. Er lag vierzehn Tage lang im Koma und verfügte daher über ganz besondere Kräfte. Die Leute brachten ihm Geld und er konnte recht gut davon leben. Sein Onkel hat das Geschäftliche für ihn erledigt.«

Wir sprachen alle ein wenig Englisch, Französisch und Spanisch und gingen von einer Sprache auf die andere über. Das Ehepaar verabschiedete sich. Teresa betrachtete liebevoll ihr Küchensoiree. Ich stand auf. »Ich muss jetzt ins Bett.«

»Nur noch einen letzten Schluck«, sagte Teresa.

Ich setzte mich wieder hin. Eines wollte ich noch wissen. »Die Straßen, sind die immer so?«

»Wie denn?«

»Aufgegraben.«

»Der Parlamentsabgeordnete für unser Gebiet ist groß im Kommen. Er ist jetzt Verkehrsminister. Und da gibt er so viel Geld wie möglich in Chiloé aus.«

Beim Frühstück war ich allein. Auf jedem Tisch stand eine Statue von Trauco, einer tragischen Figur der Chiloten. Der ein Meter große Waldgeist soll Frauen mit seinen magischen Kräften angezogen haben, sodass sie ihm in die Wälder folgten, wo er dann nach Herzenslust mit ihnen bumste. Bei einer jeden der grauen Statuen wölbte sich vorne der Mantel unter dem Druck einer starken Erektion. An den Wänden hingen überall Zeugnisse von Kochkursen, Kochwettbewerben, Diplome für Gastronomie und regionale Küche. Sie alle lauteten auf Teresas Namen und keines auf den Namen ihrer Tochter.

Am Abend saßen wir wieder in der Küche. Thierry war inzwischen abgereist. Ich wollte etwas mehr über Teresas Familie erfahren und fragte zuerst einmal nach dem Haus.

»Mein Großvater hat es gebaut. Er hat mit Holz und anderen Produkten gehandelt. Das ganze Haus ist mit den herrlichen Hölzern von Chiloé und vom Festland hergestellt, Alerce, Zypressen, *roblé*, einfach nur das Beste. Kommen Sie und sehen Sie sich um.«

Sie führte mich durch das ganze Haus. Nirgends waren persönliche Andenken zu sehen, kein Hochzeitsbild, keine Fotos von einem Mann, der ihr Gatte, Vater oder Großvater hätte sein können, und keines von einer jungen Frau, ihrer Tochter.

»Haben Sie immer hier gewohnt?«

»Ich bin in diesem Haus zur Welt gekommen, das mein Großvater gebaut hat. Salvador Allende!« Bei diesem Namen setzte sie ihr Glas mit solcher Wucht auf den Tisch, dass die goldene Flüssigkeit in klebrigen Tropfen auf die polierte Tischplatte spritzte.

»Mein Großvater hat vierhundert Leute beschäftigt. Das hier hat alles ihm gehört. Er hat es aus dem Nichts geschaffen. Und was hat Allende getan? Was hat er damit gewollt? Neid! Purer Neid!«

»Hat er das Haus konfisziert?«

»Wir waren gerade weg, in unserem Haus in Santiago.«

»Warum hatte er es ausgerechnet auf Ihren Großvater abgesehen?«

»Weil er ein bedeutender Mann war, weil das Geschäft erfolgreich war.«

»Was wollte er denn damit tun – verstaatlichen?«

»Er hat gar nicht gewusst, was er wollte. Er hat nicht einmal verstanden, worum es bei unserem Betrieb ging. Nur dass er vierhundert Leute beschäftigte, in einer Stadt, in der es keine anderen größeren Unternehmen gab. Das war alles, was er gewusst hat. Sie sind in Rio Verde gewesen?« Dabei zeigte sie mit ihren dürren Fingern mitten auf meine Brust. »Kenneth Maclean, der sich gerade in die Ponsonby Ranch in Rio Verde eingekauft hatte, saß in seiner eigenen Küche und hörte im Radio, dass die Ranch konfisziert worden war und dass er sie bis zum Monatsende verlassen musste, die Ranch, auf der er fünfunddreißig Jahre lang gearbeitet hat. Die Schafe waren noch nicht einmal fertig geschoren. Ja! Señor Allende hatte jetzt die Leitung über die Produktion, aber er wusste nicht einmal, wie man Schafe schert. Sie haben schließlich Kenneth Maclean wieder anheuern müssen, damit er die Arbeit fertig macht.«

Sie sah hinauf zu den schläfrigen Schatten an der Decke. »Allende wurde 1973 gestürzt und wir haben das Haus 1974 zurück bekommen. Aber es war völlig ruiniert. Auch der Betrieb lag in Scherben. Die hatten von nichts eine Ahnung. Unser Geschäft hat sich nie mehr erholt.«

Sie hatte das Gefühl verloren, dass das Haus, in dem sie aufwuchs, unantastbar, unversehrbar war, aber es gab für sie keinen anderen

Ort, wo sie hingehen konnte. Von der Struktur her war das Haus intakt und gut erhalten, aber emotional stellte es für Teresa den Zerfall ihrer Familie, den Verlust ihres Ansehens und ihrer finanziellen Sicherheit dar. Sie verließ es nicht mehr. Ihre Besucher waren nun ihr gesellschaftliches Umfeld. Das Haus war neutralisiert, alle Erinnerungen an die Vergangenheit waren daraus gelöscht und der Schlüssel dazu aus den Schlössern genommen worden.

»Ist Pancho verheiratet?«

»Nein! Pancho ist ein guter Junge, ein guter Sohn. Er hat einen kleinen Buben, auch ein sehr braves Kind, ganz ohne Probleme.«

Ich hatte am Vormittag das Heimatmuseum von Chonchi besucht, das in einem typischen alten Holzhaus untergebracht war, einem Haus, das mit seinen Spitzenvorhängen in seiner ganzen bürgerlichen Ehrbarkeit erhalten worden war. Die meisten Ausstellungsstücke hatte man dem Museum vermacht, weil sie nicht mehr modern waren oder weil ihre Besitzer aus dieser Welt geschieden waren, auf die manierliche Art, wie sie bei vergangenen Generationen üblich war. Die Räume vermittelten den Eindruck von Menschen, die sich dem hartnäckigen Erwerb von Gütern verschrieben hatten. Nur die Wände mit ihren kräftigen Rot- und Blautönen schienen lebendig, wie die bunten Farben von Papageien, die ihrem Käfig der Achtbarkeit entkommen waren. An den Wänden hingen Bilder der Stadt nach einem Erdbeben. Anfangs konnte ich mich darauf überhaupt nicht zurechtfinden, bis mir klar wurde, dass die gesamte Hafenfront und die Kaistraße in den Fluten versunken waren. Die Druckwellen des Erdbebens gingen damals um die halbe Welt, sodass selbst die Tongariki-Statuen auf den dreitausend Kilometer entfernten Osterinseln einstürzten.

An einer Wand hingen zwei Porträtaufnahmen. Die eine zeigte eine dralle Frau mit kräftigen Kinnbacken, voll bäuerlicher Unerschütterlichkeit, in deren Adern sicher das Blut der Ureinwohner floss. Ihr schwarzes viktorianisches Kleid zierte ein Rosenkranz. Das zweite Foto, Cyriacos Porträt, ist mit 1909 datiert. Es stellt einen jungen Mann von sechsunddreißig Jahren mit sanften Augen, vornehmen Backenknochen und einem kräftigen Kinn dar. Man hatte ihm den Beinamen König der Zypressen gegeben, denn er hatte mit dem hochwertigen Holz gehandelt, von dem es auf der Insel große Mengen gab. Er verdiente sein Geld aber auch mit Fischerei und später, als es um den Fischfang nicht mehr so gut stand, war er zum größten Verschiffer von Kartoffeln und Fisch geworden. In der Stadt war er in jedem Ausschuss und jeder Kommission tätig und fand sogar Zeit, an der Schule zu unterrichten, deren Vorstand er angehörte. Trotzdem war er immer einfach gekleidet, in einen grauen Poncho aus heimischem Material, mit Hemd, Jacke und Wams und einer Hose aus Kuhleder.

Er war Cyriaco Alvarez Vera und sie Transita Vera, Teresas Großeltern. Aber keines der Stücke im Museum war Teresa Vera Alvarez als Spenderin zugeschrieben worden.

Bei meinem Abschied von der Posada Antigua weinte Teresa und bat mich um ein Foto von mir. Sie hielt Pancho eng an sich gedrückt, sodass sein Kopf auf ihrem schmächtigen Busen ruhte. Dabei strich sie ihm mit ihren Fingern liebevoll durchs Haar.

Caleuche

In Europa wird angenommen, dass die Sage der Chiloten vom Geisterschiff *Caleuche* auf das Verschwinden von Vincente van Euchts holländischem Schiff *El Calanche* im Südlichen Ozean zurückgeht. Mit ziemlicher Sicherheit handelt es sich aber um eine Sage der Ureinwohner, denn es gab sie bereits vor dem Eintreffen der Spanier. Außerdem ist *caleuche* ein Wort der Ureinwohner, das so viel wie »Menschenverwandler« bedeutet.

Angeblich kündigen Schwärme von Delfinen das Kommen der *Caleuche* an, und wenn sie weinen, wird jemand sterben. Kettengeklirr zeigt an, dass sich das Schiff in unmittelbarer Nähe befindet. Es kann sich unsichtbar machen und mit großer Geschwindigkeit vorankommen. Manchmal kann es sich auch wie eine Schimäre in Tiere oder sonstige Gestalten verwandeln und hin und wieder wird es als Schiff sichtbar. Männer und Frauen können dann an den Vergnügungen an Bord oder auch an Land teilnehmen, wo Frauen mit ihren Reizen aufwarten, bei denen es sich um die gelangweilten Töchter reicher Händler handelt, die für ihre Dienste aus den Vorräten des Schiffs entlohnt werden. Das soll angeblich auch den kometenhaften Aufstieg mancher Händler, wie den Cyriaco Alvarez Veras, erklären.

Derartige Sagen gehen über Jahrhunderte zurück und sind von schauriger Beharrlichkeit. Bereits 1161 verzeichneten irische Mönche »Geisterschiffe in der Galway-Bucht, die gegen den Wind segelten«. Und Dithmar Blefkins vermeldete, dass Seeleute vor der isländischen Küste ein großes Wunder erlebt hatten, nämlich »dass ein Schiff mit gewissen Fremden, das von Island mit vollen Segeln und recht schneller Geschwindigkeit loszieht, auf ein anderes Schiff stößt, das gegen Wind und Wetter segelt«.

Geschichten wie diese haben auch im englischen West Country ihre Gegenstücke, und sicher hat sich Coleridge daran erinnert, als einer seiner Geister auf den Alten Seemann hinunterblickt und sich wundert, wie denn das Schiff ohne Wind weitersegeln konnte:

Was treibt das Schiff so schnell voran,
Was tut der Ozean?

Und

Doch wie fliegt's Schiff ohn' Well und Wind
So eilig über's Meer?

Die Antwort:

Die Luft ist abgeschnitten vorn
Und schließt von hinten her.

Der Santiago-Express

Es war nun an der Zeit, nordwärts nach Santiago weiterzuziehen, um endlich den flüchtigen Mr. D. einzuholen. Der Bahnhof von Puerto Montt lag an der Strandpromenade am Ende der weiten Bucht. Vor dem Gebäude stand im hellen Sonnenschein eine alte Dampflok und auf dem ersten Bahnsteig waren drei Waggons in ein Pizza-Restaurant umgewandelt worden. Der Kartenschalter befand sich auf dem Platz vor dem Haupteingang. Darüber und über die ganze Bahnhofsfront hin prangte in großen Lettern die Aufschrift: »Das ist eine Pepsi-Cola-Station« und darunter: »Hier ist der südlichste Bahnhof der Welt«.

Ich stellte mich an, um einen Platz im Schlafwagen nach Santiago zu buchen. Meinem Reiseführer zufolge würde die 999 Kilometer lange Strecke in zwanzig Stunden zurückgelegt werden. Gebannt starrte ich auf die langen roten Fingernägel der Kassiererin und die drei prächtigen Ringe an ihrem Ringfinger, die im Licht der Sonne ein wahres Feuerwerk veranstalteten. Ich reservierte eine Koje für sechs Uhr am nächsten Abend und fragte dann: »Wann soll ich denn herkommen? Fährt der Zug pünktlich ab?«

»Ja, kommen Sie um fünf zum Bus. Der fährt Sie dann nach Puerto Varras.«

Puerto Varras war nur ein paar Kilometer entfernt. Offensichtlich hatte unser Gespräch irgendwo eine falsche Richtung genommen.

»Tut mir Leid, aber ich wollte eine Fahrkarte nach Santiago.«

»Ja, das stimmt«, sagte sie munter, »der Bus fährt Sie von hier zum Bahnhof von Puerto Varras.«

Ich schaute etwas genauer in die schattigen Tiefen unter dem Bahnhofsdach. Reihen verrosteter Schienen führten aus dem Bahnhof hinaus. Dazwischen wuchs Gras. Und die Türen zum Bahnhof waren mit Ketten verhängt. Das einzige rollende Material, das weit und breit zu sehen war, waren die Waggons mit dem Pizza-Restaurant.

Die Frau lächelte mich an. »Die Gleise müssen repariert werden. Die Züge fahren hier nicht mehr. Es gibt nur noch Fahrscheine.«

Am nächsten Morgen schnaufte der Minibus über den Hügel aus der Stadt hinaus, vorbei an staubigen Bäumen und mit Schindeln gedeckten Häusern. Ich hatte einen früheren Bus genommen, denn ich wollte den Nachmittag am See von Puerto Varras verbringen. Der Bus setzte mich im Zentrum ab und ich trug meinen Rucksack zum Pier hinunter. Ein junger Mann wollte mir Kochbücher verkaufen. Es war recht heiß, um 80°C wärmer als in den westlichen Kanälen eine Woche zuvor, wenn man den dortigen Windchill mit einbezieht. Mein Körper registrierte dies mit Verwirrung.

Über die blauen Gewässer des Llanique-Sees hinweg erhob sich in sechzig Kilometer Entfernung der Osorno. Das Gestein unter der sommerlichen Schneekappe, die bis in eine Höhe von 2400 Metern emporragte, war in der flimmernden Hitze nur verschwommen zu sehen. Der Osorno ist der chilenische Fudschijama, ein perfekter Vulkankegel. Teenager alberten auf dem See in einem Miniboot herum. Ihr Gelächter wehte hell und sorglos in voller Lautstärke zu mir herüber. Eine Spielzeugsirene ging los, schrill wie in einer Geisterbahn. Ein Boot der Küstenwache tuckerte zu den Teenagern heran, und als der Kapitän so nahe heran war, dass er ihnen auch hätte ins Ohr flüstern können, hielt er ihnen über ein Megafon eine Anstandspauke über die Gefahren des Jung- und Fröhlichseins.

Vor dem modernen Seehotel hingen die Fahnen von Chile und Deutschland in brüderlicher Schlaffheit von den weißen Masten. Hinter einer langen Veranda lag ein kühler Speisesaal, in dem sich ältliche, von Münchner Kaffeehäusern hierher versetzte Bürger mit den steifen Servietten unsichtbare Anstandskrümel vom Mund wischten. Eine plötzliche Reisemüdigkeit überfiel mich. Mit vorgestrecktem Kinn, dem Gang eines Tänzers und dem Körper und der Haltung eines leichten Schwergewichtsboxers stürzte sich ein Oberkellner sofort auf mich: »Wir servieren jetzt bald kein Lunch mehr.«

»Könnten Sie mir vielleicht noch etwas ganz Einfaches bringen?«
Er schaute auf seine Uhr und ich kam mir vor wie bei einem Box-

kampf, bei dem in der nächsten 3-Minuten-Runde unerwünschte Gäste k. o. geschlagen werden. Stattdessen sah er mich aber mit einem strahlenden Lächeln an, was mir im Grunde nur noch mehr Angst einjagte. »Wenn Sie das dreigängige Mittagsmenü nehmen, können wir Sie noch bedienen.«

Sobald ich mich gesetzt hatte, wurden Eiswasser und Bier mit geölter Perfektion aufgetragen. Nach nur einem Schluck stand bereits ein Teller mit Venusmuscheln vor mir. Als ich Zitronensaft darauf tröpfelte, versuchten sie, das Weite zu suchen. Ganz offensichtlich waren sie frisch, roh und noch sehr lebendig. Mit Zitrone, Salz und Pfeffer ließen sie sich aber so lange zähmen, dass ich sie essen konnte. Dabei stellte ich mir vor, wie sie in meinem Mund, oder später, ihren Geist aufgaben. Das Hauptgericht war eine Art Wiener Schnitzel in einer zweifelhaften braunen Panade.

Ein junger Mann kam ins Foyer und der Oberkellner begutachtete ihn von oben bis unten, bevor er ihn auf der Willkommensmatte stehen ließ. Es war der Kochbuchverkäufer. Raging Bull, wie ich den Oberkellner inzwischen getauft hatte, nahm dem jungen Mann den Stoß Bücher aus der Hand und rief in der Küche nach dem Souschef. Ich nahm an, dass er sich selbst einfach zu gut war, unerwünschten Straßenhändlern mit dem Hackbeil den Garaus zu machen. Der Koch blätterte die Bücher durch und Raging Bull verbrachte einige Zeit damit, ihn auf einige Feinheiten darin aufmerksam zu machen. Der Koch verstand den Wink und kaufte eines der Bücher. Erwartungsvoll sah ich nun meiner Nachspeise entgegen.

Dosenpfirsiche mit Sahne.

Der Bahnhof befand sich auf einem steilen Hügel. Beruhigt stellte ich fest, dass die Lok des Zuges bereits in Gang war. Ich hatte ein Abteil im Stil der 50er für mich allein. Die Temperatur betrug 31° C. Ich kaufte mir ein paar Liter kaltes Wasser in Flaschen. Während des Trinkens freute ich mich schon, dass der Zug nun bald losfahren und ein wenig Luft ins Abteil kommen würde. Mit einem Ruck setzte sich der Zug dann auch in Bewegung und fuhr aus dem Schatten des Bahnhofs hinaus. Gleich kletterte das Thermometer weiter nach

oben. Ich zog mich bis auf meine Shorts aus. Wir hatten die Höchst-
geschwindigkeit von etwa 65 Stundenkilometern erreicht und das
Thermometer zeigte nun 34° C. Ich öffnete eine Dose Bier.

Strecken, die im Flugzeug zurückgelegt werden, sind Unterbre-
chungen in einer Reise. Fahrten im Zug hingegen sind Teil davon.
Durchs Fenster beobachtete ich, wie die Dörfer durch den heißen
Abend mit mir reisten. Kinder spielten Fußball auf einem staubigen
Platz, in dessen Mitte ein Felsblock in der Größe eines Lkws aufragte.
Eine Frau warf mir beim Wäscheaufhängen eine Kusshand zu. Ein
Bub auf einem winzigen Fahrrad strampelte die Straße hinunter und
versuchte, mit dem Zug Schritt zu halten. Das Fahrrad wackelte da-
bei bedenklich zwischen seinen Knien hin und her.

Auf der Suche nach einer Toilette fand ich eine Dusche und kam
schnell mit Seife und Handtuch zurück. Ich drehte an den Heiß- und
Kaltwasserhähnen. Sie hatten recht lange Gewinde, und als ich sie
voll aufgedreht hatte, fielen mir die Hähne in die Hände. Also keine
Dusche. Wieder in meinem Abteil begann ich mich zu waschen. Das
Wasser im Becken sickerte weg. Als ich von den Handgelenken bis
zur Taille gut eingeschäumt war, drehte ich den Hahn auf: kein Wasser. Da fuhren wir gerade im Bahnhof von Osorno ein. Fahrgäste, die
an mir vorbeikamen, schauten zumeist höflich in die andere Richtung. Ich kann mich nicht erinnern, je in einem Bahnhof so lange
Halt gemacht zu haben. Als wir uns dann aber endlich in Bewegung
setzten, waren die Wassertanks im Zug wieder voll.

Draußen sprangen Buben laut schreiend von Brücken in Flüsse
und Teiche, in denen dicke Männer in Luftschläuchen herumplansch-
ten. Mütter in braven Badeanzügen beruhigten ihre Babys, schnitten
Brote und strichen über widerspenstige Haarschöpfe. Auf einem See
schwammen zwei Schwarzhalsschwäne, ein jeder über vier Meter
groß. Es waren geschnitzte Holzschiffe. Hier hatte ein einsamer
Wagnerliebhaber in der chilenischen Hitze anscheinend vom fernen
Deutschland geträumt und Lohengrins Schwan gebaut, der nun zur
Gralsburg segelte.

Bei Sonnenuntergang hielt der Zug an. Nach nur 240 Kilometern unserer 1000 Kilometer langen Fahrt blieben wir nun die ganze Nacht über stehen. Um sechs Uhr früh ratterten wir wieder los. Die erste Station, an die ich mich erinnere, war Temuco, wo die Kinder der Kawéskar-Frau, Gabriela Patirito, nun fern von ihrer einsamen Mutter lebte. Als Chile aus den Territorien der Ureinwohner geformt wurde, war dies das am härtesten erkämpfte Grenzland. Hier praktizierten die Siedler Völkermord an den Araucania-Indianern, die sich geschickt und heftig dagegen wehrten. Der Dichter Pablo Neruda wuchs hier auf. Sein Vater war Zugbegleiter auf einem Schotterzug, von dem Bettungsmaterial über die Schwellen zum Verankern der Gleise geworfen wurde. »Ich bin viel gereist«, erzählt er in seinen Memoiren, »und es scheint mir, dass uns die Kunst des Regenmachens, die in meinem heimatlichen Araucania mit fürchterlicher, aber subtiler Gewalt praktiziert wurde, verloren gegangen ist.« Wie zum Beweis dafür stieg die Sonne ebenso hoch und glühend in den Himmel wie am Tag zuvor.

Dann waren nur noch Rinder zu sehen. Hin und wieder konnte man rechts die Anden erspähen, die weißen Gipfel der riesigen Vulkane, die in der Ferne schwebten, als ob sie gar nicht zur Erde gehörten. Die Lok wurde nun elektrisch betrieben und nicht mehr mit Diesel, die Strecke verlief gerade und schnell. Eigentlich hätten wir zu Mittag ankommen sollen, aber die Fahrt dauerte weiter. Dafür bekamen wir einen Gratislunch serviert. Ein Australier in langen Shorts und Wandersandalen saß da und las *Die Brüder Karamasow*. Dabei brummte er fast ununterbrochen vor sich hin. »Nein, nein. Das stimmt ja gar nicht! Verdammt noch mal, verdammt noch mal!«

In meinem Abteil zurück trank ich schnell das restliche Wasser. Das Thermometer stand nun auf 27°C.

Um zehn Uhr abends kamen schließlich mit acht Stunden Verspätung die ersten Wolkenkratzer von Santiago in Sicht.

Der flüchtige Mr. Daskam 2

Ich stieg hinaus in die feuchte Hitze der Nacht, das Thermometer zeigte 32° C. In den Straßen herrschte reges Treiben. Unter dem parthenonartigen Vorbau des Bahnhofs predigten Männer das Evangelium lautstark durch ein Mikrofon. Aus den Schatten der zwielichtigen Seitenstraßen huschten paarweise armselige Freudenmädchen auf mich zu, fassten mich am Ärmel und versprachen mir flüsternd ungekannte Wonnen hinter den Mülltonnen. Ihre Kleider waren billig und schmutzig, ihr Blick wild und verzweifelt. Ich dachte mir, wie wenig Chancen sie doch bei den westlichen Touristen haben würden.

Ich ging die Avenida Libertador Bernardo O'Higgins hinauf, die von den Leuten hier Alameda nach dem arabischen Wort für einen Boulevard mit Bäumen und Gärten benannt wird. In Santiago herrscht hier bei Tag und Nacht ein vierbahniges Chaos in jede Richtung. Bevor die Hauptstadt modernisiert und saniert wurde, verlief an dieser Stelle der Mapocho-Fluss.

Nach etwas mehr als einem Kilometer kam ich zur großen Kirche San Francisco, deren rotes Gemäuer einen Teil der alten Brücke Cal Y Canto umfasst. Für den Bau der von Sklaven errichteten Kirche wurden eine halbe Million Eier zum Binden des Zements verwendet. Dann bog ich nach rechts zum Hotel Vegas ab, einem kleinen Gebäude aus den 20er Jahren im Kolonialstil. In einem der Häuser an der gegenüberliegenden Ecke der Straßenkreuzung schien eine politische Massenversammlung stattzufinden, ein anderes Haus war zugemauert. Auf einer Bank auf dem Gehsteig saß ein dralles, brav gekleidetes Paar um die zwanzig und schmuste.

In meinem Zimmer hing die riesige, makaber pittoreske Darstellung einer Waldlandschaft mit Tulpen. Sie erinnerte mich an die Insel Mainau am Bodensee, in deren Nähe eine Freundin von mir wohnt. Ich sah auf den Titel: *Primavera sul Bodensee:* Frühling am Bodensee.

Ich rief bei Mr. Daskam an.

»Hallo, könnte ich mit Thomas Daskam sprechen?«

»Am Apparat.«

»Mein Name ist John Harrison. Jo Menell hat mir Ihre Telefonnummer gegeben, weil er sich dachte, dass ein Gespräch mit Ihnen für mich interessant sein könnte. Ich bin ein englischer Schriftsteller und mache derzeit Recherchen für ein Buch über Patagonien. Ich bin schon in Ihrem Haus in Rio Verde gewesen.«

»Ich glaube, Sie wollen meinen Vater. Einen Moment.«

Ich hörte Schritte im Hintergrund, Stimmen und kräftige Schritte, die sich dem Telefon näherten. Ich übte im Kopf meine Notizen für das bevorstehende Gespräch.

»Hallo«, sagte eine Frauenstimme.

»Hallo.« Ich wiederholte meine Rede.

»Könnten Sie in einer halben Stunde wieder anrufen?«

»Ja.«

»Er musste leider unerwartet weg.«

»Eine halbe Stunde?«

»Ja.«

Ich stellte den Fernseher an und sah die Live-Übertragung eines Spiels zwischen Manchester United und Chelsea.

Zweiter Versuch.

»Hallo, spreche ich mit Thomas Daskam?«

»Am Apparat.«

»Mein Name ist John Harrison. Ich bin Schriftsteller. Jo Menell hat mir Ihren Namen gegeben, weil er sich dachte, dass es für mich interessant sein könnte, mit Ihnen über Patagonien, Tiere – und natürlich über die Malerei zu sprechen.«

»Also, hier ist gerade viel los. Im Moment ist es nicht günstig – Probleme mit der Familie.«

»Okay. Ich muss jetzt nach Juan Fernández und bin bei meiner Rückkehr noch mal sechsunddreißig Stunden hier, bevor ich heimfliege.«

»Also, ich will ja nicht schwierig sein, aber vielleicht könnten Sie mich bei Ihrer Rückkehr anrufen ...«

»Das ist am Sonntag.«

»Ja, gut.«

Seine Stimme klang zögernd, schwach, irgendwie gedehnt, mit einem leicht verschwommenen Oberton.

Das Haus mit den Ziegelfenstern

Vor fünfzig Jahren war Santiago eine Kleinstadt, in der alle über den Lärm und den Verkehr klagten. Heute lebt ein Drittel von Chiles dreizehn Millionen Einwohnern in dieser Stadt. Die meisten von ihnen schwitzen in den Staus und lassen ihren Zorn über die dreißigtausend ungeregelten Busse, die die Luft in heißen Schwaden aufwirbeln, in Hupkonzerten aus. Ich war auf dem Weg ins Reisebüro, um mir meine Tickets nach Juan Fernández abzuholen. Der Boden glühte unter meinen Füßen und die abgewetzten Huren waren schon wieder hinter mir her, mit ihren Versprechungen und Überredungskünsten. Ich wunderte mich, ob der Grund für ihre Beharrlichkeit vielleicht der war, dass sich genügend Touristen aus dem Westen letztlich doch überreden ließen.

In einem modernen Bürogebäude begrüßte mich eine junge Frau. »Señora Solange, ausgesprochen wie im Französischen.«

»Ist es ein französischer Name?«

»Ich weiß es nicht.«

»Mein Flugschein für morgen?«

»Ja, sie werden Mittag fertig sein.«

»Soll ich um zwölf Uhr dreißig vorbeikommen?«

»Ja, fein.«

Ich ging zum großen Hauptplatz, der mit seinen Läden aus jedem Jahrzehnt des 20. Jahrhunderts, vom muffigen Familienbetrieb bis zum hypermodernen Glaspalast, ein Museum für den Einzelhandel hätte sein können. Zwischen Schuhputzern und Malkünstlern drängten sich Jongleure und Countrymusiker. Ein Mann hausiert mit »Tiefsinnigen Sprüchen«. Ich entschied mich für den Besuch einer Ausstellung von Nazca-Kunst im Präkolumbischen Museum der Stadt. Die Nazca-Kultur florierte in Peru vor den Inka. Berühmt ist sie im Westen für die riesigen Bilder, die die Menschen mit Steinen in den Wüstenboden zeichneten und die nur von der Luft aus erkennbar sind. Ich verbrachte aber viel mehr Zeit mit dem Studium von Knochen-, Horn- und Elfenbeinfragmenten, die einmal zu den Selk'nam und Yámana in den kalten Ländern weit im Süden gehört hatten.

Um zwölf Uhr dreißig war ich wieder im Reisebüro und fragte nach Señora Solange.

»Sie ist beim Mittagessen. Sie haben sie gerade verpasst.«

»Was ist mit meinen Tickets?«

»Die sind um zwei für Sie bereit.«

Um zwei sagte Señora Solange: »Es gibt kein Problem, aber die Tickets sind noch nicht fertig. Wo wohnen Sie denn?«

»Im Hotel Vegas.«

»Ganz in der Nähe! Wir werden sie hinbringen.«

»Wann?«

»Luis kommt am Heimweg bei Ihnen vorbei, um sieben Uhr.«

Ich ging durch die Einkaufsstraßen zurück zum Hotel. Ein Digitaldisplay zeigte 38°C an. Es war völlig windstill. Ich hatte mein schön warmes Hemd an, das ich mir in Patagonien gekauft hatte. Als ich mich der Alameda näherte, sah ich, wie sich eine Gruppe von Büroangestellten klatschend und Sprechchöre schreiend zu einer unordentlichen Reihe formierte, bevor diese wie nach einem dummen Scherz wieder auseinander brach. Dann war ich auf der Alameda. Auf der anderen Straßenseite stand eine dicht gedrängte Menschenmenge. Ich wunderte mich, weshalb ein Wagen mit einer Wasserkanone und *carabineros* auf dem Mittelstreifen geparkt war. Dann kam eine zweite Kanone hinzu und es ging los.

Zuerst richteten sie die Wasserfontänen auf die Menge mir gegenüber. Ich überlegte gerade, wohin ich am besten entkommen könnte, und ob es besser wäre, gegen die niedrige Mauer am Mittelstreifen oder gegen das Geländer am Gehsteig geworfen zu werden, als mich der Wasserstrahl traf, den man eigentlich über unsere Köpfe gerichtet hatte. Mein Hemd war völlig durchnässt, aber ich selbst war unverletzt. Tatsächlich hatte es mich zum ersten Mal an diesem Tag angenehm abgekühlt. Ich fragte den Mann neben mir, worum es denn eigentlich gehe. Er schien wenig beeindruckt. »Es geht um die Hungerstreikenden. Den Behörden macht es nichts, wenn die Anhänger schreien, aber wenn sie auf die Straße gehen, werden sie wegen Verkehrsstörung festgenommen.« Ich wunderte mich, wie es denn überhaupt möglich wäre, das Verkehrschaos auf der Alameda noch zu vergrößern.

Ein Bus hielt auf der anderen Straßenseite. Zwei Fahrgäste stiegen aus. Eine seriöse Dame um die siebzig und ihr Mann, ein älterer, recht gebrechlich wirkender Herr. Er war beim Überqueren der Straße über seinen Gehstock gebeugt, als ihn der Strahl der Wasserkanone traf und fast umwarf. Ein Polizeibeamter neben dem Wagen rief ihm zu, zurückzutreten. Die Frau stellte sich vor ihren Mann. Der hatte seine Brille abgenommen und versuchte, sie mit einem weißen Taschentuch zu trocknen, denn ohne Brille konnte er nicht weiter. In der Straßenmitte angekommen, ließ die Frau einen wütenden Wortschwall auf den Beamten los. »Was glaubt ihr eigentlich, was ihr da tut. Er ist doch ein alter Mann.« »Treten Sie sofort zurück«, rief er ihr als Antwort zu. Das Visier vor seinem Gesicht ließ seine Stimme unscharf und metallisch klingen.

Höhnend und schreiend drängte die Menge die Alameda hinunter. Es war nun nicht mehr möglich, den Wasserstrahl gegen sie zu richten, ohne dabei auch die illustren Gäste, die im Fünf-Sterne-Hotel San Francisco durch die Rauchglastüren ein und aus gingen, zu treffen. Das war den *carabineros* gleichgültig. Aufgeregt liefen die Portiers in ihren Zylindern mit fliegenden Rockschößen den Gästen zu Hilfe, um sie vor dem Zorn der Vollstreckungsbehörden zu schützen. Ich rannte über die Straße, gerade als eine Gruppe junger Männer ihre nassen T-Shirts auszog und höhnend über ihren Köpfen schwang. Ein lauter Befehl, und die Türen eines Polizeiwagens flogen auf. *Carabineros* strömten hervor und stürzten sich auf die Menge, die sich schnell in den Seitenstraßen verlief. Ich ging zum Hotel zurück und sah, dass ein Polizeiwagen davor geparkt war. Zwei *carabineros* beobachteten das gegenüberliegende Haus durch ihre Spiegelbrillen. Ich blieb stehen und las den Text auf den Spruchbändern. Dann versteckte ich mein Aufnahmegerät in der Tasche und ging hinüber.

Da vorn abgerundete Eckhaus war ursprünglich als Stadtvilla erbaut worden, als die Kirche San Francisco das Grundstück in den 20ern aus Geldnot verkaufte. Der erste Stock hatte besonders hohe Räume. Der große Balkon um die Ecke war von griechischen Säulen umrahmt und im Erdgeschoss waren die Schlusssteine an Türen und Fenstern mit steinernen Girlanden verziert. Ein augenförmiges Fenster starrte mir aus der Ecke entgegen, zu beiden Seiten davon waren die eisernen Gitter vor den Torbögen mit Vorhängeschlössern versperrt. Eine kleine Gruppe von Leuten sprach durch die Gitterstäbe mit Personen dahinter. Briefe und Botschaften klebten an der Mauer.

Ich fragte eine große, blasse Frau hinter dem Gitter, was denn los sei. »Hier sind die Büros der Koalition, die Chile regiert, der liberalen Zentristen von Eduardo Frei. Wir haben sie übernommen, wir sind Pensionsangestellte. Alle öffentlichen Ruhegelder sind 1981 privatisiert worden, sodass jetzt ein einziger Kommissar als eine Art Aufsichtsorgan fungiert. Und nun sind die Beschäftigungsbedingungen von zweiundzwanzigtausend Arbeitern ohne jegliche Rücksprache negativ abgeändert worden. Wir hatten eine Übereinkunft, dass die Bedingungen nicht geändert würden, aber sie haben es ganz einfach trotzdem getan. Neun Verhandlungswochen haben überhaupt nichts erbracht und so sind jetzt fünfzehn von uns auf Hungerstreik gegangen. Sieben Tage lang nur Wasser. Heute ist der achte Tag.«

»Wie fühlen Sie sich denn?«

»Okay, nur ein wenig schwach.«

»Und die andern?«

»Ein paar von ihnen geht es nicht so gut.«

»Wie heißen Sie?«

»Maria Angelica Crisostomos.«

Ich lächelte. Es war ein guter Name für eine Frau, die hier als

Sprachrohr fungierte. »Wissen Sie, dass das auf Griechisch goldmündig heißt?«

»Was?«

»Crisostomos.«

»Nein, das habe ich nicht gewusst.«

Wir hatten uns auf Spanisch unterhalten. Ich machte meine Tasche ein wenig auf. »Ich mache Aufnahmen für ein paar Radioprogramme. Wenn jemand ein Interview auf Englisch geben könnte, würde ich versuchen, Ihr Anliegen in England publik zu machen.«

Sie rief »Miguel!« und ging dann zu einem Wandtelefon im Foyer. Darüber klebte ein Zettel mit den Worten: »Danke, Señor Bustamente« – also ein Dank an den zuständigen Minister.

Von der anderen Straßenseite kam ein Mann in einem dunklen Anzug mit einer Nelke im Knopfloch zu uns herüber. Er stieß mich mit einem kräftigen Finger an. »Wer ist dieser Typ?«

Maria sagte: »Er ist Engländer. Er hat ein Tonbandgerät. Kannst du ihm ein Interview geben?«

»Wer sind Sie denn?«

Ich sagte es ihm. »Aber offiziell bin ich auf Urlaub und nicht bei der Arbeit. Ich möchte nicht, dass die Polizei mein Aufnahmegerät sieht.«

»Haben Sie einen Ausweis?«

Ich zeigte ihm, was ich bei mir hatte. »Okay. Da sind fünfzehn Leute drin, die seit acht Tagen nichts als Wasser zu sich genommen haben. Sie verstehen, was ich meine? Die haben überhaupt nichts gegessen. Die waren Weihnachten hier und werden auch Neujahr hier sein. Zweiundzwanzigtausend Arbeiter sind von den Änderungen betroffen und mit ihren Angehörigen sind das etwa hunderttausend Menschen. Heute ist ein schöner Tag und Sie glauben, alles ist eitle Wonne. Aber es ist nicht immer so schön, denn da sind die Ruhegelder, Schulbildung, Gesundheit: alles privatisiert.« Er schaute zum Himmel hinauf. »Das verdammte Wetter ist das Einzige, was sie noch nicht privatisiert haben. Man braucht Brot, nicht wahr, Geld. Wenn man in Chile kein Geld hat, geht nichts. Der Pensionskommissar erklärt, dass der Wert der Pensionen – wenn der heute, sagen wir, 100 000 Pesos beträgt – im nächsten Jahr nur noch 80 000 Pesos ausmacht. Und wenn man näher hinschaut, sieht man plötzlich, das im Fonds 1500 Millionen fehlen. Wir haben gestreikt. An jedem Demonstrationstag haben sich die Angestellten aber an ihrem Arbeitsplatz eintragen müssen, denn sonst hätte es gleich geheißen, man wäre bei den Demonstrationen gewesen und man wäre gefeuert worden.«

Einer der Streikenden, ein Mann um die Mitte fünfzig, sprach durchs Gitter zu mir. »Ich bin Eugenio Madrid. Ich möchte mit dem Hungerstreik die Rechte meiner Familie und meine Pension schützen. Ich habe seit acht Tagen nichts gegessen.«

»Wie lange werden Sie das noch durchhalten können, wenn die Regierung nichts tut?«

»So lange, wie es notwendig ist.«

»Würden Sie dafür sterben?«

Er sah müde und grau aus. »Ja, wenn es notwendig ist.«

»Ist es so wichtig?«

»Ja, sicher.«

Auf einem der Spruchbänder über uns stand: »Wir weigern uns, die Fehlgeburten des neues Wirtschaftsmodells zu sein.«

Ein schmächtiger Mann blieb neben mir stehen. Er zeigte auf das gegenüberliegende Gebäude. »Eines von Pinochets Häusern.«

Es war weniger imposant als das Haus, in dem sich die Hungerstreikenden einquartiert hatten. Die Ecke zierte ein runder Turm und die offenen Balkone im zweiten und im Oberstock hatten ehemals an stickigen Sommertagen wie dem heutigen kühlende Brisen gefangen. Die Eingänge waren mit billigen Sicherheitstüren verbarrikadiert und mit Vorhängeschlössern versperrt. Die Fenster im ersten Stock hatte man hinter den schmiedeeisernen Fenstergittern mit Ziegeln und Schlackensteinen grob zugemauert.

»Hat er hier gewohnt?«

»Nein. Es war eines seiner Folterhäuser. Die Sicherheitskräfte konnten hier tun und lassen, was sie wollten. Da wurden keine Fragen gestellt.«

In diesem und in anderen Häusern gingen also die von der amerikanischen CIA ausgebildeten Folterknechte ihrem grausamen Handwerk nach. Hier wurden Menschen gequält, bis sie ihren Verstand und ihren Willen verloren. Hier wurden sie so lange gefoltert, bis sie redeten, starben, in Ohnmacht fielen oder geistig so verwirrt waren, dass ihre Antworten für ihre Peiniger keinen Sinn mehr hatten. Die Feinde von Pinochet und Richard Nixon und Henry Kissinger waren Menschenrechtsaktivisten, Gewerkschaftsführer, militante Politiker, populäre Anführer, Studenten, Journalisten und Musiker. Der Protestsänger Victor Jara war festgenommen, ausgehungert und gefoltert worden. Nach einer besonders argen Quälerei sagte einer der Wachen höhnisch zu ihm: »Na, wirst du uns jetzt noch was singen?« Jara stimmte *Venceremos* – Wir werden siegen – an. Da brachen sie ihm die Hände und erschossen ihn.

Die Opfer wurden mit dem Kopf in volle Wassereimer getaucht, elektrische Stachelstöcke oder Mäuse wurden ihnen in Mund und After gestopft, mit verbundenen Augen mussten sie Scheinhinrichtungen und russisches Roulette über sich ergehen lassen, bevor sie in ihren Zellen auf nasse Pritschen gelegt und mit Elektroschocks gefoltert wurden. Die dafür Verantwortlichen gaben zu, dass mindestens 3000 Menschen starben oder verschwunden sind. Ein Graffiti-Slogan aus jener Zeit lautete: *Podrán cortar todas las flores, pero no prodrēn detener la primavera* – Sie können alle Blumen abschneiden, aber sie können den Frühling nicht aufhalten.

»Seit wann steht das Haus schon leer?«

»Seit den Wahlen, als wir einen zivilen Präsidenten bekamen. Aber Pinochet ist noch immer auf Lebenszeit Senator. Er steht der Armee vor und die bekommt zehn Prozent von den gesamten Kupfer-Einnahmen. Die ausländischen Firmen zahlen das direkt an die Armee.«

»Ich nehme an, niemand will ein Haus, in dem Leute gefoltert worden sind.«

»Nein, es ist vielmehr aus Respekt vor den Opfern. Er hatte Häuser wie dieses in der ganzen Stadt. Niemand weiß, was man damit machen soll.«

Etliche Wochen vor seinem Tod hatte Salvador Allende eine Konfrontation mit einem Oppositionspolitiker, bei der er ihn warnte, was es das Land kosten würde, wenn man ihn mit Hilfe des Militärs stürzen sollte. »Es wird euch nicht viel kosten, sie in die Regierung zu bringen. Aber der Himmel weiß, es wird euch einiges kosten, sie wieder loszuwerden.«

Später in meinem Hotelzimmer sah ich im Fernsehen, wie sich ein alter Mann eine Träne aus dem Augenwinkel wischte. Es war Augusto Pinochet in einem Anflug von Sentimentalität bei seinem offiziellen Rücktritt als Oberhaupt der Armee. Mit gebrochener Stimme und schmerzlich verzerrtem Gesicht dankte er weinend seiner Frau Lucia Hiriart dafür, ihm als echte Soldatenfrau zur Seite gestanden zu sein. »Ich will nicht zurückblicken, denn das würde unser Land in der Vergangenheit verankern. Mit Stolz können unsere Streitkräfte aber sagen: Auftrag ausgeführt!« Die Armee wird auch weiterhin jede Regierung zermalmen, die versuchte, irgendwelche Personen zur Rechenschaft zu ziehen, die ihre Mitmenschen in eleganten Stadtvillen zur Stärkung der nationalen Einheit durch elektrischen Strom töteten oder ertränkten.

Am unteren Ende der Straße waren laute Sprechchöre zu hören und ich sah, wie sich eine Menschenmenge von der Alameda aus auf uns zu bewegte. Ich wollte gerade weggehen, als ein junger Mann mit kurzem Haar und einem grünen Anzug entschlossen auf mich zutrat und sich in unmittelbarer Nähe von mir aufpflanzte. Er musterte mich von oben bis unten, wobei sein Gesicht hinter einer undurchdringlich dunklen Sonnenbrille und einem imposanten Schnurrbart versteckt war. Ich nahm an, dass es sich bei ihm um einen Polizisten in Zivil handelte, und ging die einzige, noch leere Seitenstraße hinunter, denn ich wollte sehen, ob er mir folgte. Das tat er auch. Ich hatte ein mulmiges Gefühl im Magen und blieb auf halber Strecke den Häuserblock entlang stehen. Der Mann ging an mir vorbei bis zur Straßenecke. Seine Sonnenbrille muss ihm die Sicht aber so verdunkelt haben, dass er am Ende des Gehsteigs über die Kante stolperte und hinfiel. Ich machte mich schnell in die andere Richtung aus dem Staub.

Um mich zu beruhigen, suchte ich den Kreuzgang der Kathedrale San Francisco auf und vertiefte mich in den Anblick eines Olivenbaums und eines üppig blühenden Bougainvillea-Strauchs. Ein grasgrüner Papagei mit einem mächtigen Höcker auf dem Schnabel landete neben mir und schnatterte ungehalten auf mich ein. Der Konquistador Pedro Valdivia, dem man einst die südlichen Gebiete Chiles gegeben hatte, ließ an dieser Stelle eine Kapelle errichten. Er hatte bei seinen Ausritten immer die italienische Holzstatue der hilfreichen Madonna an seinen Sattel gebunden, die den Indianern bei ihren Angriffen angeblich Sand in die Augen warf.

Auf der anderen Seite des Kreuzgangs liegt die Gemäldegalerie der Kathedrale. Im späten 17. Jahrhundert war die Stadt Cuzco in Peru Heim einer Künstlergruppe, die im europäischen Malstil ausgebildet worden war. Diesen Malern ist die bedeutendste Serie früher südamerikanischer Gemälde zuzuschreiben, die dem Leben des heiligen Franziskus gewidmet sind. Alle vierundfünfzig Bilder der Serie befinden sich in der Galerie. Vom Gefühl her gehören die Kompositionen bereits in die Renaissance, doch ihr extrem dekorativer Stil wurzelt noch immer im späten Mittelalter. Perspektivisch liegen die Werke zwischen den beiden Epochen; in den einzelnen Ausschnitten stimmt die Perspektive, gesamt gesehen aber nicht.

Als der Lärm von Sirenen und Sprechchören über das hohe Dach zu mir hereindrang, ging ich hinaus ins blendend weiße Licht und in die schwelende Hitze. Es war inzwischen schon später Nachmittag. Vor dem Haus mit den Hungerstreikenden stand ein Krankenwagen. Eine Trage auf Rädern wurde gerade durchs Tor geschoben, das von einigen recht nervös wirkenden Männern kurz geöffnet worden war. Auf der Trage lag eine Frau mit krausem Haar und einem verängstigten Blick. Maria Angelica Crisostomos sagte mir, dass es sich dabei um Roxana Leyan handelte, bei der Nierenprobleme aufgetreten waren. Dann wurde das Tor wieder verschlossen.

Ich ging ins Hotel zurück, aber meine Tickets waren noch immer nicht da. Ein *carabinero* stand am Telefon und prüfte dabei das Gästeverzeichnis. Ich fragte mich, ob der Polizist in Zivil mich vielleicht beschuldigt hatte, dass ich ihm ein Bein gestellt hätte. Da kam Luis vom Reisebüro herein und fragte an der Rezeption nach mir. Da ich mich vor der Polizei nicht zu erkennen geben wollte, nahm ich schnell die Flugscheine zu mir und ging damit hinauf in mein Zimmer. Ich prüfte die Abflugzeit. Ja, sieben Uhr am nächsten Morgen. Dann sah ich mir den Rückflug an. Er war für den Vortag ausgestellt worden.

Die Insel unter den Wolken

Als am folgenden Morgen die frisch gegossenen Blumenkörbe noch immer kühlendes Wasser auf den Gehsteig tropften, kam das Taxi zum Hotel. Der Fahrer war ein rundlicher Mann mit einem kleinen, quadratisch gestutzten Schnurrbart. Er fuhr mich zum Militärflughafen Los Cerillos, von dem die Maschinen nach Juan Fernández abfliegen. »Mein Geburtstag«, sagte er und ich gab ihm ein Trinkgeld.

In der Abflughalle war nur ein Schalter besetzt. Außer mir waren noch vier Passagiere da. Ich hörte das Heulen eines Motors, aber der Propeller am Flugzeug vor der Halle rührte sich nicht. Ich stellte meine Tasche auf die Waage. »Wo fliegen Sie hin?«, wurde ich gefragt.

»Juan Fernández.«

»Da sind Sie am falschen Schalter. Aerolineas Isla Robinson Crusoe sind dort drüben.«

Ich blickte über die leere Halle hin. Alles, was ich sah, war eine Reinemachfrau mit ihrem Staubsauger.

»Die Señora ist noch nicht da.«

Die Reinemachefrau beugte sich nieder und machte sich am Staubsauger zu schaffen. Das ferne Motorengeheul hörte auf.

Eine Frau mit zerzaustem Haar erschien am Schalter der Aerolineas Isla Robinson Crusoe. Ich ging zu ihr hinüber. Sie sagte: »Señor Harrison.« Wie wusste sie denn, wer ich war? Da sah ich den Ausdruck der Passagierliste. Dort standen drei Wörter. Señor John Harrison. Ich war der einzige Passagier.

»Möchten Sie einen Fotoband von der Insel sehen?« Sie überreichte mir ein Album mit Fotos und Ansichtskarten. »Sie wissen, dass der Flug vom Wetter abhängt?«

Ich blickte nach draußen. Es war trüb, grau, ruhig und warm.

Sie zeigte mit dem Finger nach oben und bewegte ihn hin und her. »Im Moment ist auf der Insel viel mehr Wetter als hier. Starke Windchen.«

Ich setzte mich mit dem Buch nieder. Der Grasstreifen, der auf Juan Fernández als Landebahn dient, sah aus wie eine Skischanze, die man halbherzig flachgeklopft und dann zwischen zwei Klippen gelegt hatte. Ich betrachtete ein Bild von einem Mann, der in Küstennähe mit einer Robbe spielte und nahm mir vor, meine Türe vor dem Schlafengehen gut zu verschließen. Die Strecke vom Flughafen in die Stadt wurde anscheinend mit einem kleinen Boot zurückgelegt, also nahm ich vorsichtshalber gleich ein paar Tabletten gegen Seekrankheit.

Kurze Zeit später kam die Schalterdame zu mir herüber. »Wir sind jetzt bereit.« Sie führte mich zu einer sechssitzigen Cessna. Ein Mann mittleren Alters und ein draufgängerisch wirkender Dreißigjähriger in der Uniform eines amerikanischen Luftwaffenpiloten unterhielten sich unter einem der Flügel. Der jüngere Mann nahm seine runde Sonnenbrille mit Stahlrändern ab. »Hi, John. Ich bin Imanuel. Sie sind Engländer, nicht? Ich habe meine ersten zehn Jahre in Dallas verbracht und dann habe ich fünf Jahre in London gelebt. Meine Englischlehrer hassten meinen amerikanischen Akzent.«

Ich kletterte ins Flugzeug und er setzte sich auf einen Plausch zu mir. »Sind Sie schon mit kleinen Maschinen geflogen?«

»Ja.«

»Ihren Rucksack stellen wir hierher. Sie müssen sich auf die andere Seite setzen, wegen des Gleichgewichts.«

Der ältere Mann überreichte mir ein Lunchpaket. »Hier ist unsere Thermosflasche, bedienen Sie sich, wenn Sie Kaffee möchten.«

Wir rollten eine Weile die Startbahn entlang und hoben dann innerhalb von zwanzig Sekunden ab, mit neunzig Stundenkilometern.

Selbst in zweitausendvierhundert Metern Höhe erreichten wir nur eine Geschwindigkeit von zweihundertfünfzig Stundenkilometern. Hinter uns verschwanden die Anden langsam am Horizont, bis nur noch eine Reihe schneebedeckter Gipfel sichtbar war, bevor auch sie mit den Wolkenfetzen eins wurden. Hier saß ich allein, den offenen Pazifik vor mir, auf meiner Reise in die Phantasie, zurück in meine Kindheit, auf meinem Flug zur Insel des Robinson Crusoe.

Als sich Richard Henry Dana nach 1830 auf einem Rahsegler der Insel Juan Fernández näherte, schrieb er in seinen Erinnerungen *Zwei Jahre als Matrose zur See* darüber:

> Am 25. November erhob sie sich wie eine tiefblaue Wolke aus dem Meer. Wir waren wahrscheinlich fast siebzig Meilen davon entfernt. Sie erschien mir so hoch und blau, dass ich sie für eine Wolke hielt, die über der Insel lag, sodass ich darunter nach der Insel Ausschau hielt.

Eine ebensolche Wolke hatte auch Anson veranlasst, die Insel für ein Trugbild zu halten und weiter zu segeln, was zur Folge hatte, dass achtzig weitere Männer dem Skorbut erlagen.

Nach drei Stunden erstand Juan Fernández vor uns aus den ruhigen, blauen Gewässern. Aus der Insel, die an die achtzehnhundert Meter hoch ist, ragt der Vulkankegel des El Yunque – Amboss – hervor. Steile, dicht bewachsene Hügel fallen an der Küste als grüne Klippen senkrecht zum Wasser ab. Und wie die Seeleute schon früher festgestellt hatten, war sie auch nun in eine große Wolke gehüllt, die sie fast zur Gänze unserem Blick entzog. Dazwischen erspähte ich aber Wald und Sand, ein Geschenk des Himmels für Seeleute, die völlig erschöpft der grauweißen Hölle des kalten Südens entkommen waren. Hier erwartete sie frisches Wasser, grüne Hänge, zartes Ziegenfleisch und wilde Katzen.

Die am weitesten entfernte der drei Inseln wirkte sandig, kahl und sonnig. Die Maschine steuerte aber auf den langen westlichen Arm der Hauptinsel zu. Ich sah einen Landestreifen, der quer über den

Arm und nicht der Länge nach verlief. Wir hielten Kurs auf das flachere Ende zu, kamen dann drei Meter über dem Klippenrand herein und setzten auf. Schmutz und Staub wirbelten zum Himmel. Wir schossen noch immer mit über sechzig Stundenkilometern auf ein winziges flaches Stück Land auf einer Klippe auf der anderen Seite der Insel zu. Ich konnte flüchtig das Wasser sehen, bevor die Maschine eine scharfe Wendung vollführte, die mich in meinem Sitz in die Ecke drückte.

Imanuel fuhr nun langsam zurück zum unteren Ende, wo gerade ein zerbeulter Landrover anhielt. Ich wischte mir die feuchten Handflächen an meinen Jeans ab. Es war ein ruhiger Tag mit gutem Wetter gewesen. Für einen Piloten überlegte ich, war dieser Flug offensichtlich Routine. »Ist es eine technisch schwierige Landung?«

Imanuel grinste: »Tja, Chile hat eine Menge schwieriger Landebahnen. Aber diese hier ist total verrückt! Zweihundert Meter davon kann man überhaupt nicht mehr benützen, und so muss man die Maschine auf nur sechshundert Metern landen und stoppen. Es ist der helle Wahnsinn!«

Der Fahrer des Landrovers trug ein paar Plastikkanister mit Schraubverschlüssen zu den Flügeln und tankte die Maschine auf. Sein vierzehnjähriger Sohn Gened verstaute Gepäck und Pakete hinten im Wagen. Der Vater zog eines der Pakete heraus und gab es ihm. »Das ist für dich. Frohe Weihnachten.«

Der Junge machte das Geschenk gleich auf. Es war ein Computerspiel mit einem Joystick. »Danke.« Es schien ihm peinlich zu sein, seinen Vater vor einem Fremden zu umarmen.

Wir fuhren einen holprigen Weg hinunter zum Rand einer von Klippen gesäumten kleinen Bucht. Aus dem orangefarbenen Erdreich spross rosa Mohn von einer besonders intensiven Färbung, die beinahe künstlich wirkte. Es war die einzige Stelle auf der Insel, wo ich diese Blumen sah. Ihr Samen war wahrscheinlich auf den Rädern der Flugzeuge hergebracht worden. Im Zickzack marschierten wir die Klippe hinunter zu einer hölzernen Mole. Gepäck und Pakete wurden mit einem alten Schubkarren zum Ende des Stegs gefahren. Im

Wasser aalten sich auf dem Rücken liegende Robben, ihre Vorder-flossen wie zum Gebet gefaltet. Nach etwa zwanzig Minuten tu-ckerte eine Fähre heran, die einen älteren, recht blassen Amerikaner und ein ebenso blasses englisches Ehepaar brachte. Die Frau winkte müde mit einer mit blauen Venen durchzogenen Hand. »Wir sind von – eh – London.«

Die Fähre nahm aus der Bucht auf den offenen Pazifik Kurs. Ich hätte mir meine Tabletten, die ich gegen die Seekrankheit genommen hatte, sparen können, denn die Wasseroberfläche war glatt wie ein Spiegel. Unterwegs sagte mir Gened die Namen der Landzungen und Buchten, an denen wir vorbeifuhren. Riesige Klippen ragten aus dem Wasser, deren Vulkangestein mit späteren Intrusionen wie bei der Haut eines Reptils gestreift war. Der Junge fragte mich: »Wo kom-men Sie her?«

Ich sagte: »Aus Wales.«

»Im Vereinigten Königreich.«

»Ja.«

»Wo wohnen Sie?«

»Cardiff.«

»Ist das die Hauptstadt? Wie groß ist die?«

»Ein Zehntel von Santiago. Eine gute Größe für eine Stadt. Ich wohne in der Nähe vom Zentrum. Da kann ich zu Fuß überallhin. Gehst du hier zur Schule?«

»Ja.«

»Wie lange noch?«

»Ich kann auf der Insel die Schule besuchen, bis ich sechzehn bin. Wenn ich dann weitermachen will, muss ich nach Santiago.«

»Warst du schon mal dort?«

»O ja, ich war dort an der Sommerschule. Sechs Wochen lang.«

»Und wie war das?«

Er überlegte. »Es war okay.«

»Möchtest du auf der Insel bleiben, wenn du erwachsen bist, oder würdest du lieber aufs Festland gehen?«

»Nein, ich bleibe sicher hier. Ich möchte aber die Staaten sehen, vielleicht auch Wales.« Er lachte. »Kommen Sie mit hinauf zur Kabine.«

Wir saßen in der Sonne und unterhielten uns. Manche Kinder haben eine Reife, die selbst Erwachsene nie erlangen. Die Fahrt war im Nu vorüber.

Wir bogen nun in eine geschützte Bucht ein mit einem neuen Stahlpier. Ein schmächtiger Mann Mitte sechzig streckte mir die Hand entgegen. »John, ich bin Reynauld Green, kommen Sie mit.« Zwischen seinem schütteren, kurz geschnittenen Haar waren Melanomflecken zu sehen. Eine äußerst attraktive junge Frau hielt mich am Arm fest. »Haben Sie einen Brief?«

»Nein.«

»Ich bin Valeria. Sie haben keinen Brief für mich?«

»Nein.«

»Ich erwarte eine Sendung und man hat mir gesagt, dass man sie einem Passagier auf dem heutigen Flug mitgeben würde. Und Sie sind doch der einzige Passagier.«

»Das tut mir Leid.«

Reynauld zog mich mit sich fort. »Machen Sie sich keine Sorgen. Das passiert hier oft, dass man Leute bittet, etwas mitzubringen. Möchten Sie einen Lunch?«

Die Villa Green war ein Bungalow. Reynaulds Bruder Robinson trug meinen Rucksack. Sein Name ist auf der Insel recht häufig. Im Esstisch hatte einmal der Holzwurm gesessen. Im Hintergrund sang Pavarotti Arien auf einer CD.

Alexander Selkirk

Alexander Selkirk war das siebte Kind und der siebte Sohn eines Gerbers und Schuhmachers aus dem Dorf Lower Largo im schottischen Kingdom of Fife. Siebte Söhne galten immer als Glückspilze und als hellseherisch begabt. Alexanders Mutter war eine Träumerin, die ihren Sohn darin bestärkte, dass er etwas ganz Besonderes sei.

Es ist möglich, dass Selkirk an William Dampiers Expedition in der *Roebuck* von 1699 teilgenommen hatte. Wenn das wirklich der Fall war, dann hatte sein erstes Abenteuer gleich einmal darin bestanden, sich von Australien mehr recht als schlecht nach Hause durchzuschlagen, nachdem Dampier die *Roebuck* auf der Ascension-Insel, der einsamen Felsformation im Atlantik, zurückgelassen hatte. Dampier war ein verbissener Mensch, der Risiken einging, dem es aber sonst an den nötigen Fähigkeiten fehlte. Als Kapitän war er eine Katastrophe, denn er hatte die Angewohnheit, mit Schiffen loszufahren und ohne sie wieder zurückzukommen. 1703 heuerte er Männer für eine Fahrt in die Südsee auf der *Cinque Ports* und der *St. George* an. Selkirk hatte inzwischen schon genügend Erfahrung, um auf der *Cinque Ports* unter Kapitän Pickering als erster Maat zu dienen. Im Gedränge und in der Hitze auf dem Schiff hatte dieser siebte Sohn einen Traum, dass die Fahrt fehlschlagen und das Schiff sinken würde.

Selkirk hatte Kapitän Pickering respektiert. Als nach Pickerings Tod jedoch Thomas Stradling an dessen Stelle trat, hatte Selkirk nun einen Vorgesetzten, der ebenso hitzköpfig war wie er selbst. Als sie Juan Fernández erreichten, gingen die Männer schnell an Land, um frische Nahrungsmittel, Holz und Trinkwasser zu besorgen. Kapitän Stradling hatte sich mit dem Großteil der Mannschaft unter der Führung von Selkirk überworfen. Die gesamte Mannschaft zog sich auf die Insel zurück und ließ Stradling mit seinem Äffchen allein an Bord. Bald kam aber ein Boot zurück zum Schiff.

»Was nun?«, schnauzte Stradling die Delegation an.

»Wir möchten nur das Äffchen holen.«

Bald entschloss sich aber die Mannschaft, sich erneut Stradlings Disziplin zu fügen und weiter mit auf die Schatzsuche zu gehen. Das Schiff nahm Kurs nach Norden, musste schließlich aber für wichtige Reparaturen wieder zurück nach Juan Fernández. Im Oktober ging sie in der Cumberland-Bucht vor Anker. Sobald die Männer frische Nahrung und Wasser an Bord gebracht hatten, gab Stradling den Befehl, weiterzusegeln. Wütend warf Selkirk dem Kapitän vor, das

Schiff sei so brüchig, dass es ohne die Reparaturen sinken würde, wie in seinem Traum. Um seinen Standpunkt zu unterstreichen, verlangte Selkirk, dass man ihn mit all seiner Habe an Land bringen sollte. Gleichzeitig forderte er die Mannschaft auf, erneut zu rebellieren. Doch die Männer standen nur wie angewurzelt da und schauten auf ihre Füße, während er sie verhöhnte und beschimpfte. Als sich seine Wut etwas gelegt hatte, bestand er aus hartnäckigem Stolz aber darauf, allein auf der Insel ausgesetzt zu werden. Zur Freude Stradlings, denn der sah darin die Möglichkeit, das Schiff von einem lästigen Aufrührer zu befreien. Er setzte sich schließlich selbst ans Steuer des Boots, das Selkirk mit seiner Truhe an Land brachte.

Auf der Insel wurden die letzten dort verbliebenen Männer zusammengetrieben und an Bord gebracht. Alle, außer Selkirk. Als jedoch das letzte Boot mit kräftigen Ruderschlägen in die stürmische Brandung entglitt, hatte Selkirk der Mut verlassen. Voller Entsetzen schrie er den Männern nach, er habe es sich anders überlegt und bettelte, ihn mitzunehmen. Für Stradling war das nun die ideale Gelegenheit, seinen Leuten eine Lektion zu erteilen und ihnen die Bedeutung von Disziplin und Gehorsam vor Augen zu führen. Und so rief der einundzwanzigjährige Kapitän zur Antwort zurück: »Ich habe es mir aber nicht anders überlegt. Bleib wo du bist und verhungere.«

Damit ließ er den bettelnden Mann zurück, der bis zur Brust im warmen Salzwasser stand. Selkirk erzählte später: »Mein Groll gegenüber dem Offizier, der mir so schlecht gesinnt war, hatte mir diese Änderung in meinen Lebensumständen als die geeignetere erscheinen lassen, bis zu dem Augenblick, als ich sah, wie sich das Schiff entfernte; einem Augenblick, in dem sich das Herz in meiner Brust vor Sehnsucht regte und bei dem Gedanken an den Abschied von meinen Kameraden und der menschlichen Gesellschaft zu schmelzen begann.«

Hin und wieder wurde anderen Überlebenden in der Einsamkeit menschliche Gesellschaft aufgedrängt. Die Reaktion darauf konnte dann ganz extreme Formen annehmen. So zum Beispiel im Fall des Pedro de Serrano, der sich 1540 nach einem Schiffbruch auf eine kahle, heiße Insel im südlichen Pazifik gerettet hatte. Nach drei einsamen Jahren wurde ein weiterer Überlebender an Land gespült. Innerhalb von nur einem Monat hatten sich die beiden so zerstritten, dass sie die Insel teilten und getrennt voneinander lebten. Zwei Kalibane.

Wenn Männer allein ausgesetzt wurden, mussten sie lernen, mit ihrer Einsamkeit fertig zu werden. Da war es üblich, diesen Männern eine Pistole, etwas Schießpulver und einen Ball dazulassen. Wenn dann wieder einmal ein Boot vorbeikam, fand man zumeist nur ein Skelett am Strand, den Finger um die Pistole gelegt und mit einem runden Loch im Schädel. Selkirk war von dem geschäftigen Treiben auf einem kleinen Schiff in die Einsamkeit verbannt worden. Anfangs konnte ihn nur der Hunger hin und wieder aus seiner tiefen Depression reißen. Seine einzige Gesellschaft waren die Seelöwen, die zur Paarungszeit an Land kamen und die ganze Nacht hindurch brüllten. Zuerst hatte er sich als Unterschlupf in eine kleine Höhle gezwängt, bis es ihm gelang, eine steinerne Hütte zu bauen.

Der Journalist Richard Steele, der Begründer der Zeitschrift *The Tatler*, führte nach Selkirks Rückkehr mehrere Gespräche mit ihm und fand, genau wie der Abenteurer Woodes Rogers, dass er ein recht interessanter und sympathischer Mann sei. Selkirk erzählte ihm, dass es für ihn anfangs leichter gewesen war, sich die Nahrung aus dem Meer zu holen, bis er schließlich so viele Schildkröten verzehrt hatte, dass er das Fleisch nicht mehr ausstehen konnte und die Tiere dann nur noch kochte und die Sülze davon aß. Zum Zeitvertreib las er die Bibel und seine Navigationsbücher und er lernte zuletzt auch das Brüllen der Robben und Seelöwen zu schätzen.

Auf der Insel gab es Kresse, Portulak und Kohlpalmen, auch Rüben, die von Freibeutern gepflanzt worden waren. Dazu wild lebende Ziegen und Schiffskatzen. Die älteren Katzen waren so verwildert, dass sie sich nicht mehr zähmen ließen. Aber die Jungtiere konnte er schnell mit ein paar Leckerbissen für sich gewinnen und abrichten. Schließlich verbrachte er die Nächte umgeben von schnurrenden Fellbündeln, die ihn vor den Ratten schützten, die ehemals seine

Kleider zernagt und seine nackten Füße zerbissen hatten. Er lehrte die Katzen und Zicklein tanzen und las ihnen Predigten vor, um auf diese Weise das Sprechen nicht verlernen.

Als er eines Tages versucht, über einer niedrigen, von Büschen verdeckten Klippe, eine Ziege zu fangen, schlug das Tier aus und beide stürzten in den Abgrund. Er fasste die Ziege so, dass er beim Aufprall auf ihr zu liegen kam und auf diese Weise sein, aber nicht ihr Leben rettete. Als er wieder zu sich kam, merkte er am Mond, dass er drei Tage lang bewusstlos dagelegen hatte. Er schleppte sich zu seiner Hütte zurück und pflegte sich selbst wieder gesund. Seit diesem Unfall hatte er aber die ständige Angst, krank zu werden oder sich zu verletzen und dann langsam zu verhungern. Er fing Zicklein, lahmte sie ein wenig, damit sie nicht mehr so schnell laufen konnten, und markierte sie dann mit einem Schnitt im Ohr.

Selkirk war nicht der Erste, den man auf der Insel ausgesetzt hatte, aber sein Aufenthalt war sicher der längste gewesen. Am letzten Januartag des Jahres 1709 schrieb Kapitän Woodes Rogers, ein Freibeuter aus Bristol, der das Kommando über die *Duke* und die *Duchesse* hatte, in sein Logbuch: »Heute Morgen um sieben Uhr erreichten wir die Insel Juan Fernández.« Auf der *Duke* war auch ein alter Freund von Rogers, der für die Freibeuterei schon ein wenig zu betagt war. Es war William Dampier, den sie als Südseeexperten mitgenommen hatten. Rogers erzählte, dass Selkirk in seinen Ziegenfellen wilder aussah als »deren erstmalige Eigentümer«.

Fünfzig kranke Seeleute wankten von den Schiffen an Land oder wurden in Stoffschlingen ans Ufer geschleppt. Selkirk betreute nun die Kranken und brachte ihnen Langusten, frisches Wasser und Ziegenfleisch, das er mit Kräutern gegart hatte. Viele konnten die Leckerbissen aber gar nicht kauen, weil ihre Zähne vom Skorbut locker waren. Die Männer brachten eine Bulldogge an Land, die ihnen helfen sollte, Ziegen fürs Schiff zu fangen. Selkirk war von dieser Methode überhaupt nicht beeindruckt. Er war immer schneller als der Hund und fing die Tiere vor ihm, sodass die Bulldogge schließlich wieder aufs Schiff verbannt wurde, wo sie die Ratten anbellen konnte. Als sich Selkirk nach dem Geschick der *Cinque Ports* erkundigte, erzählte man ihm, dass sie sich mit Müh und Not in die Bucht von Panama geschleppt hatte und Stradling sie in Kolumbien auf Strand setzen musste, da sie sonst gesunken wäre. Dabei war der Großteil der Mannschaft ertrunken und der Rest von den Spaniern gefangen genommen worden.

Selkirk erreichte im Frühling des Jahres 1714 seine Heimat. Sein Anteil an der Freibeuterexpedition erbrachte ihm £ 800. Ob Daniel Defoe Selkirks Geschichte je aus erster Hand erfahren hat, ist unbekannt. Es steht jedoch fest, dass der Schriftsteller, immer auf der Suche nach neuen Möglichkeiten des Geldverdienens, im Vergleich zu Selkirk ein armer Mann war. Genau wie Coleridge den Alten Seemann schließlich als Symbol für sein eigenes Streben und Leiden und sich selbst als einen Steuermann durch die Irrungen und Wirrungen des Lebens sah, machte schließlich auch Defoe Selkirks Geschichte zu einer Art Allegorie, mit der er ihrer beider Missgeschicke mythologisierte.

Defoe war ein Schriftsteller, der eine Geschichte zum Leben erweckte, nicht durch das Vermitteln von Tatsachen, sondern indem er sie zur Dichtung erhob. Selbst seine Kritiker gaben zu, das er es meisterhaft verstand, eine Geschichte so auszuschmücken, dass man sie schließlich als wahre Münze betrachtete. Heute wäre er der perfekte Reiseschriftsteller. Es ist durchaus möglich, dass er in den Docks von Bristol mit Selkirk im Landugger Trow Pub in der King Street zusammengetroffen ist. Es gibt aber keinen Beweis dafür. Offensichtlich hatte er die verschiedenen Berichte von Selkirks Abenteuern gelesen, aber *Robinson Crusoe* enthält keinerlei Einzelheiten, die darauf hinweisen, dass Defoe besser informiert gewesen wäre als alle anderen. Es ist aber durchaus möglich, dass er diese Einzelheiten gar nicht brauchte, denn Selkirks Geschichte diente ihm nur als Grundlage, die er dann nach Belieben ändern konnte. Sein Ort der Handlung ist auch eine Insel, die er aber auf die andere Seite des Kontinents transponierte, in die Mündung des Orinoco. Das war für manche der Beweis dafür, dass Defoe als guter Puritaner mit seinem *Robinson Crusoe* keine Historie, sondern eine Moral-Allegorie schreiben wollte. In diesem Fall hätte es in Selkirks Geschichte genügend Fakten gegeben, die Defoe zu diesem Zweck hätte verwenden können, was er aber nicht tat. Daher ist es durchaus wahrscheinlich, dass er sich gar nicht die Mühe machte, die Geschichte von Selkirk selbst aus erster Hand zu hören.

Sein Held und sein Publikum waren Briten, die meisten davon Engländer, und mit seiner Erzählung wandte er sich nicht nur an einen bestehenden Leserkreis, sondern schuf damit unter den Bediensteten, Soldaten, Handwerkern und kleinen Geschäftsleuten auch neue Leser. Diese Leute waren zwar des Lesens kundig, waren aber nicht belesen, und für Defoe war es ein Leichtes, sie mit seiner Geschichte in seinen Bann zu schlagen. Sie waren *Little Englanders*, Kleinbürger, für die Crusoe mit seiner kleinen Hütte als Heim, seinem bebauten Feld, seinen Katzen und Ziegen wieder das Ideal des *Little England* errichtet hatte. So nennt er seine Befestigungen auch sein Schloss, nach dem Motto der Engländer *My Home is my Castle*. Er ist aus eigener Kraft emporgekommen und frei, wofür er zu gegebener Zeit auch mit einem Diener, Freitag, belohnt wird.

Als Selkirk wieder daheim in Schottland war, sonderte er sich bald immer mehr ab. Er lehrte den beiden Katzen seines Bruders Kunststückchen, ließ sich aber sonst kaum sehen, und wenn ihn einmal jemand fand, war er zumeist in Tränen aufgelöst. Hinter dem Haus seines Vaters grub er sich eine Höhle und stellte ein Zelt davor auf. Bei gutem Wetter ging er spazieren oder fischte, bei schlechtem Wetter saß er in seiner Höhle, starrte auf die graue See hinaus und weinte um seine verlorene Insel. Am Ende seines Gesprächs mit Steele sagte Selkirk: »Ich bin jetzt achthundert Pfund wert, aber ich werde nie wieder so glücklich sein wie damals, als ich keinen roten Heller mein Eigen nannte.«

Robinson Crusoes Insel

Eine Holzbrücke führte über einen Bach, an dem ein graues Pferd angebunden war, das mit aller Macht an seinem Halfter zog, um an die üppige Vegetation an der Böschung heranzukommen. Am Strand umspülte das Wasser die runden Kopfsteine, die beim Gehen so schlüpfrig waren, als ob man sie eingeseift hätte. Kleine Krabben mit leuchtenden türkisfarbenen Streifen an den Seiten suchten hastig in der Brandung das Weite. Man hatte den Friedhof in das letzte Stückchen Land gezwängt, wo der Hügel hinter der Stadt in senkrechten Klippen zum Wasser abfällt. Ein schwarzer Anker mit einem frisch geflochtenen Seil war an einen kleinen, weiß getünchten Obelisken gelehnt.

Am Morgen des 14. März 1915 kam der Erste Weltkrieg auch nach Juan Fernández, als unter diesen Klippen die *Dresden*, ein kleiner deutscher Kreuzer, von der *Kent* und der *Glasgow* in die Enge getrieben wurde. Trotz schweren Schadens und dringender Reparaturen wollte sich die Mannschaft nicht ergeben. Da wurde sie von den britischen Schiffen unter schweren Beschuss genommen, bis sie schließlich in Flammen aufging und innerhalb von fünf Minuten in den Fluten versank. Es wird aber angenommen, dass der Kapitän selbst das Pulvermagazin in die Luft gesprengt hat. Am Fuß der Klippen fand ich zwölf Zentimeter große Einschlaglöcher und davor lag das leicht verrostete Endstück einer zehn Zentimeter langen Granate. Robben aalten sich im Wasser, wuschen sich die Gesichter und legten die Flossen schützend vor die Augen.

Zurück in der Stadt lud mich Robinson Green von einer Bar am Kai aus zu einem Drink ein. »Eine Cola«, sagte ich. »Was, nichts Kräftigeres?« Ich versprach ihm, dass es um sechs ein Bier sein würde. Da stand schon wieder eine schöne Frau mit schwarzem Haar, diesmal in einem attraktiven Taucheranzug, neben mir und hielt mir einen schillernden blau-weißen Fisch mit glitzernden rosa Kiemen und glänzenden Augen entgegen. Ich konzentrierte meinen Blick auf den

Fisch, um sie nicht gar zu offensichtlich anzustarren. Um sechs kam ich auf mein Bier zurück und Robinson lud mich zu einer Party im Gemeindeclub ein. Alle würden dort sein. Ich sagte zu, war dann aber so müde, dass ich um elf ins Bett ging. Um halb zwei in der Nacht ging die Tür zu meinem Zimmer plötzlich auf und eine Stimme rief: »Sie haben doch die Party nicht vergessen?« Es war Robinson.

»Nein.« Ich zog mich schnell an und folgte ihm. Er trug eine weiße Hose und ein Hawaiihemd. Trotz seiner sechzig Jahre tanzte er mit jedem Mädchen im Raum.

Ich tanze auch gern, aber zu meiner Zeit war Tanzen etwas, das man mehr für sich alleine und weniger im Kontakt mit andern vollführte. Hier praktizierte man aber die lateinamerikanische Schule der engen, paarweisen Bewegungen, und die Einheimischen waren darin absolute Meister. Ich versuchte, mir etwas Mut zum Tanzen anzutrinken. Frauen standen an die Wand gelehnt und wiegten sich im Rhythmus zur Musik. Ihre Männer und Väter hielten Cola in Zweiliterflaschen und Flaschen mit *pisco* in den Händen. Der Schweiß glitzerte auf ihrer Stirn. Alle fünf Minuten kam Robinson zu mir und wollte wissen, wie es mir gefiel und weshalb ich denn nicht beim Tanzen sei. Die Schöne vom Kai kam herein und ich stellte mit Erleichterung fest, dass sie diesmal keinen Taucheranzug trug. Der Verzweiflung nahe stellte mich Robinson schließlich seiner Tochter vor. Sie war anscheinend daran gewöhnt, nickte nur und ging dann wieder zu ihren Freunden zurück. Ich hatte noch immer keinen Mut. Draußen stand der Orion auf dem Kopf, aber die Milchstraße strahlte beruhigend zu mir herunter.

Am Morgen machte ich mich auf den Weg zum Felsgrat hinter der Stadt, von dem aus Selkirk angeblich vier Jahre lang Ausschau nach den Schiffen aus freundlich gesinnten Ländern gehalten hatte. Mein Weg führte mich zuerst durch eine Waldschonung, in der verschiedene Baumarten auf ihre Kultivierungsmöglichkeit geprüft werden. Das Rascheln der Eukalyptusbäume ließ keinen Lärm von draußen durchdringen und vom trockenen Blätterteppich unter den Bäumen stieg mir der medizinische Geruch von Eukalyptusöl in die Nase. Etwas höher oben war ich wieder von der heimischen Vegetation umgeben. Ein Kolibri mit dunkelgrünem und schwarzem Gefieder trank aus den Blüten und ein winziger scharlachroter Vogel flirrte am Rand meines Gesichtsfelds durch die Büsche.

Der Hang erstrahlte in saftigem Grün. Riesige Rhabarber- und Kohlpflanzen säumten einen Bachlauf und Aronstäbe sprossen aus dem Wasser. Der Hang war nun steiler geworden und der Pfad verlief in langen Zickzacklinien, die an manchen Stellen nur schmale Simse waren. Aus Ritzen in den Bäumen lugten die zarten Blättchen des Frauenhaarfarns. Plötzlich hatte ich den Wald hinter mir gelassen und war auf dem Felsgrat angelangt. Auf den beiden benachbarten, etwas höheren Bergkämmen ragten in einsamer Pracht Palmen wie Symbole in den Himmel. Sie erinnerten mich an die Palmen in den Bildern von David Hockney. Von meinem Grat aus hatte ich einen guten Ausblick auf das nächste Tal und auf einen trockenen Arm der Insel, der gegen Osten hin im Regenschatten der Berge liegt und mit seinen Ocker- und Brauntönen aussieht, als wäre er gerade aus dem Töpferofen gekommen. Die Grate sind so schmal, dass hier die einzige Stelle ist, die man ohne Seil gefahrlos überqueren kann.

Da war ich nun. Im Herzen der Insel, die seit meiner Kindheit in meiner Vorstellung gelebt hat. Hinter mir saftiges Grün und vor mir eine ausgetrocknete Wüstenlandschaft. Selkirks Einsamkeit würde ich mir aber nicht wünschen, denn sie kann zur Sucht werden. Aber wie alle, die *Robinson Crusoe* gelesen haben, stellte auch ich mir gerne vor, wie es als Schiffbrüchiger auf einer einsamen Insel wohl sein würde. Wie wäre es wohl, über ein Land mit einem Einwohner zu regieren? »Kleine Inseln sind alle große Gefängnisse«, bemerkte einmal der Forschungsreisende Sir Richard Burton. »Man kann nie aufs Meer hinausblicken, ohne sich zu wünschen, dass man die Flügel einer Schwalbe hätte.«

Ich hatte viele Gründe für meine Reise, Gründe, die ich meinen Freunden, meinen Angehörigen und den Leuten gab, die mich während meiner dreimonatigen Fahrt immer wieder danach fragten. Ich gab ihnen die Antworten, die ich mir schon vorher zurechtgelegt hatte: Dass ich den Fußstapfen meiner Vorfahren aus Liverpool folgte, die Ende des 19. und zu Beginn den 20. Jahrhunderts das Kap Hoorn umrundet hatten. Dass ich jenen Ort aufsuchen wollte, an dem sich der Kreis für den goldenen Antrieb der Zivilisation geschlossen und das 20. Jahrhundert und die Steinzeit an jener Stelle, die als Letzte vom Menschen besiedelt worden war, aufeinander prallten.

Alle diese Absichten hatte ich nun weit hinter mir im Süden zurückgelassen. Hier auf dem Grat, mit den Farben von gebranntem Ton auf dem Land im Regenschatten unter mir und dem saftigen Grün hinter mir, hatte ich den Höhepunkt meiner Reise erreicht. Die erste Hälfte meines eigenen Lebens hatte mich hier wieder eingeholt und war für einen kurzen Augenblick mit meiner Gegenwart zusammengetroffen. Wie bei Magellan hatten sich die frühen Pfade meiner imaginären Reisen überkreuzt und dort begonnen, wo alle Reisen ihren Anfang nehmen – in Büchern, in der Kindheit. Für mich war diese Fahrt auch zu einer Zeitreise geworden.

Als Nächstes musste ich nun ein Boot finden, das mich dorthin bringen würde, wo Selkirk wahrscheinlich gelebt hat. Angeblich hatte er ja in einer größeren, nicht sehr tiefen Höhle Unterschlupf gefunden, und davon gibt es nur eine auf dieser Seite der Insel. Reynauld Green gab mir den Rat, zum Hafen zu gehen und nach Ilke zu fragen.

Eine Frau mit kurz geschnittenem, blondem Haar saß im Heck der *Galileo*, einem schlanken Skiff mit elegant hochgezogenem Bug an beiden Enden, wie sie hier gebaut und für den Hummerfang verwendet werden. Die Frau und ihr Sohn waren recht wortkarg. Die beiden wussten bereits, wer ich war und was ich wollte. Wir fuhren am Friedhof und den sich aalenden Robben vorbei. Ein paar Kilometer die Küste hinunter hatten sich die Klippen geöffnet und einem grünen Tal Platz gemacht, an dessen linker Seite sich hinter dem Strand eine Reihe von Zypressen erhob. Ilke legte das Boot unter einem überhängenden Felsen an. Wir vereinbarten eine bestimmte Zeit für die Rückfahrt. Dann sprang ich ans Ufer.

Parabelförmig hatte sich das etwa einen Kilometer breite Tal einen

Weg durch die Klippen geschnitten. Der Strand davor bestand aus großen Kieseln, über die ein Bach ins Meer floss. Über mir ragte ein Gesteinsvorsprung aus der Klippe und neigte sich in der Form eines Zelts zum Strand herunter. Darunter befand sich eine Höhle, die nur ein paar Meter tief war. Hier hatte sich Alexander Selkirk aller Wahrscheinlichkeit nach einquartiert und dann seinen Besitz um etliche Meter nach vorn ausgebaut. Ich zog mich aus und sprang ins Wasser. Eine sanfte Küstenströmung brachte mich schließlich wieder zu Selkirks Heim zurück. Dort hatte er also die Robben getötet, mit deren Fett er dann die Ziegen garte. Trinkwasser gab es gleich neben dem Eingang und er konnte sich schnell auf dem Grat dahinter verstecken oder von dort Ausschau halten. Es war wohl das idealste kleine Reich, das man sich auf einer entlegenen, subtropischen Vulkaninsel bauen konnte.

Selkirk las seinen Katzen die Bibel vor, hatte nach seiner Rettung aber trotzdem Probleme mit dem Sprechen. Da war er nicht wie Ben Gunn aus der *Schatzinsel*, der sich nichts sehnlicher gewünscht hatte als ein gutes Gespräch und einen guten Käse. Ich ging erst in allerletzter Minute zum Boot zurück.

Jamaica Discipline – Ehrenkodex der Piraten

Die Insel ist ein seltsamer Ort für den Besucher, weil die Gebirgsrücken, die die einzelnen Täler voneinander trennen, die Insel in völlig voneinander isolierte Teile zerschneiden. Die einzigen Verbindungswege sind eine Hauptstraße und ein paar Pfade. Man geht die Küste entlang, soweit dies möglich ist, und nimmt dann ein Boot. Shelvocke saß als Schiffbrüchiger fünfeinhalb Monate lang im Norden der Insel fest, ohne je den Süden gesehen zu haben. Wahrscheinlich war seine *Speedwell* vor dem Strand in der Cumberland-Bucht auf Grund gelaufen.

Das war am Ende jener Reise, während der Simon Hatley den »trostlosen schwarzen Albatros« erschossen hatte. Die Fahrt war als

Seeräuberunternehmen gebilligt worden, wobei man sie offiziell natürlich nicht als solches bezeichnete. Shelvocke, der in der Königlichen Marine zum Offizier ausgebildet worden war, war das Kommando über zwei Schiffe, die *Success* und die *Speedwell*, angeboten worden. Es war ihm dann sehr gegen den Strich gegangen, als der Eigentümer der Schiffe das Kommando der *Success* in letzter Minute an Kapitän John Clipperton übertrug, der schon zweimal in Chile und Peru und auch mit Dampier zur See gewesen, aber kein Marineoffizier war. Somit stand Shelvocke nun nur noch der kleineren und weniger gewichtigen *Speedwell* vor. Die Eigentümer gaben den beiden Kapitänen je ein Exemplar des sieben Jahre zuvor veröffentlichten Buchs von Woodes Rogers, *Eine Kreuzfahrt rund um die Welt*, mit auf den Weg.

Die Schiffe stachen 1719 in See. Schon im ersten Sturm verlor Shelvocke Kontakt zum anderen Schiff und sorgte dann dafür, dass es auch so blieb. Clipperton hatte damit die Hälfte seiner Flotte und auch seinen gesamten Vorrat an Wein und Spirituosen, den die *Speedwell* mit sich führte, verloren. Er wusste auch ganz genau, was Shelvocke im Schilde führte, denn er selbst war Dampier ehemals vor der Küste von Peru entwischt.

Danach forderte Shelvocke seine Männer auf, den Vertrag, der festlegte, wie die Beute zwischen Eigentümern und Mannschaft aufzuteilen sei, anzufechten. Nachdem man sich auf eine Reduzierung des Eigentümeranteils geeinigt hatte, tat Shelvocke so, als ob die Idee gar nicht von ihm ausgegangen wäre und schrieb Hatley mit den Worten die Schuld zu und bezeichnete ihn als »schlecht genug, jeden unschönen Part zu übernehmen«.

Selbst ohne Hatleys Fehlschüsse auf den Albatros stand die Fahrt unter keinem guten Stern. Am 8. Januar 1720 »war die See den ganzen Tag über von einem tiefen Rot, als ob man riesige Mengen Blut darin verschüttet hätte«. Nachdem sie das Kap umschifft hatten, zogen sie die Westküste auf der Suche nach Beuteschiffen hinauf und hinunter, von denen sie dann auch etliche kapern konnten. Meuternde Seeleute überredeten Hatley, den sie vorher mit Alkohol voll gepumpt hatten, sich in einem dieser Schiffe davonzumachen, was er auch tat. Doch sein Glück war nur von kurzer Dauer, denn die Spanier fingen ihn und sperrten ihn ein. Auch der *Speedwell* ging es nicht viel besser. Sie wurden von einem viel größeren spanischen Schiff vor der Küste in eine Falle gelockt und schwer beschädigt. Nur mit Müh und Not konnte sie sich nach Juan Fernández retten, wo sie repariert und versorgt werden sollte.

Shelvocke vertäute die *Speedwell* mit dem letzten noch verbliebenen Anker etwa eine halbe Meile vor der Bucht, als Wind und Dünung bereits stärker wurden. Am 25. Mai riss das Tau und das Schiff wurde mit solcher Gewalt gegen die Küste getrieben, dass die vermorschten Wanten brachen und alle drei Masten nach vorn ins Meer stürzten. Ein Mann ertrank dabei, die übrigen konnten sich ans Ufer retten.

Hier schließt sich der literarische Kreis, der Schriftsteller und Abenteurer miteinander verbindet. In der überschwemmten Kabine der *Speedwell* schwamm Woodes Rogers Bericht von seinem Treffen mit Selkirk im Wasser, der eine der Inspirationen zu *Robinson Crusoe* war. Und in Shelvockes Tagebuch ist der Albatros erwähnt, der schließlich von Coleridge in seinem *Alten Seemann* übernommen wurde. Und nicht zuletzt wurden Shelvockes Memoiren vom Wrack der *Wager* geholt und von John Byron gelesen, dessen Bericht darüber die Inspiration zu Byrons *Don Juan* lieferte.

Die folgenden Tage verliefen auf ähnliche Weise, wie das bei dem Schiffbruch der *Wager* der Fall gewesen war. Die geschockten Männer ignorierten jede Disziplin und schauten nur auf sich selbst, während der Kapitän hilflos zusehen musste, wie der Sturm schließlich den Großteil ihrer fürs Überleben so wichtigen Güter, Werkzeuge und Munition zerstörte. Trotz seiner Probleme wusste Shelvocke aber die Schönheit der Insel zu schätzen. »Kurzum, alles, was man an diesem Ort hört oder sieht, ist völlig romantisch. Selbst die Struktur der Insel, in all ihren Teilen, ist von einer gewissen wilden, unregelmäßigen Schönheit, die sich gar nicht ausdrücken lässt.« Der ehemals recht korpulente Kapitän nahm um etliche Kilo ab und wurde auch seine Gicht los.

Die Nächte hingegen konnten schwer auf der Seele lasten. »Man kann sich nichts vorstellen, das von einer noch düsteren Feierlichkeit ist, als wenn die Stille der ruhigen Nacht gestört wird vom Tosen der Brandung gegen die Küste, verbunden mit dem lauten Brüllen der Seelöwen, das vom Echo in den tiefen Tälern wiederholt wird, dazu das unaufhörliche Heulen der Robben (die je nach Alter einen heiseren oder einen schrilleren Laut von sich geben), sodass sich ein Mann bei diesem wirren Durcheinander leicht vorstellen könnte, er höre die verschiedenen Laute aller Tiere dieser Erde auf einmal. Hinzu kommt noch das plötzliche Poltern von Bäumen, die die steilen Hänge hinabstürzen, denn es gibt kaum einen Windstoß, der nicht zahlreiche Bäume, die vor allem am Rand der Abgründe im Erdreich nur wenig Halt finden, mit den Wurzeln ausreißt.« Selkirk hatte diese Qualen allein ertragen müssen.

Alle einigten sich darauf, dass das neue Boot, das sie sich gebaut hatten, nicht den Eigentümern der *Speedwall* gehören sollte. Die *Recovery* gehörte ihnen. Die Männer hatten vorgeschlagen, dass die *Jamaica Discipline*, der Ehrenkodex der Piraten, angewandt werden sollte, wonach alles Raubgut gleichmäßig unter der Mannschaft verteilt werden musste. Shelvocke gelang es schließlich, die Küste Südamerikas zu erreichen. Da waren ihr Proviant und ihre Vorräte aber schon so gering, dass die halb verhungerten Männer den Klöppel der *Speedwell* als Munition abfeuern mussten. Nach mehreren Versuchen schafften sie es, ein spanisches Schiff zu kapern, mit dem sie schließlich nach England zurückfuhren. Clipperton und noch ein paar andere waren schon vor ihnen angekommen und einer der Schiffseigentümer ließ Shelvocke in den Kerker werfen. Der Kapitän hatte aber genügend Geld, sich durch Bestechung die Freiheit zu erkaufen, und die Eigentümer bekamen keinen Pfennig von ihm. Er starb als angesehener Mann.

Ich ging zu Bett und horchte auf das Brausen des Windes. Dabei fragte ich mich, ob das Flugzeug wohl starten würde. Der Morgen brachte Regen und es dauerte einige Zeit, bis sich der Himmel wieder ein wenig aufhellte. Robinson und Reynauld gingen mit mir zum Fischerboot, das mich zum Flughafen bringen sollte. Ich wartete im Boot, während zwei Fischer lebendige Hummer in Pappkartons verluden. Damit die Tiere in die Schachteln passten, mussten sie ihre Fühler abbrechen. Zum Schluss umwickelten die Männer die Kartons mit Klebstreifen und schrieben unter dem achtsamen Blick eines Hafenbeamten in Marineuniform Sña Romera 17/25 darauf. Dann stempelte der Beamte die Kartons mit einem N in einem Kreis und setzte seine Unterschrift darunter.

»Santiago?«, fragte ich.

Der Fischer nickte. »Hier verkaufen wir sie für siebentausend Peso, aber in Santiago zahlt man fünfundzwanzigtausend dafür.«

Zu Ansons Zeiten wimmelte es im seichten Wasser nur so vor Hummern, aber heute müssen die Körbe weit draußen im Meer ausgelegt werden. Es gibt eine Aufnahme von der Cumberland-Bucht aus dem Jahr 1917, auf der ein Fischer zwei Hummer hochhält, die um das Zwei- oder Dreifache größer sind als die Tiere, die man hier vor mir eingepackt hatte. Ein typisches Symptom dafür, welche Auswirkungen die erhöhte Nachfrage auf die Tierwelt hat.

Der Wind war noch immer recht kräftig und in Abständen von fünfzig Metern rollten fünf Meter hohe Wellen auf uns zu. Ich saß im Bug. Wir fuhren direkt in den Wind. Ein Mädchen von etwa fünfzehn Jahren, das auf der Insel zu Hause war, versteckte ihren Kopf in der Jacke ihres Vaters. Die Klippen drohten im Hintergrund wie die Kulissen zu einem Spielberg-Film. Während der ganzen Fahrt folgten uns schwarzbraune Albatrosse und flogen bis auf ein paar Meter an meinen Kopf heran. Ich hatte sie noch nie so nahe gesehen. Die Bucht unter der Landebahn war wie ein brodelnder Kessel. Als wir anlegten, mussten wir auf eine Holzleiste an der Seite des Piers springen und dann hinaufklettern.

Der Pilot war diesmal mein Copilot vom Hinflug. Er sagte: »Die Maschine ist voll. Möchten Sie im Cockpit sitzen?« Begeistert sagte ich zu. Wir rollten die Skischanze hinunter und schossen dann auf der Höhe der Klippen ins Leere. Als erstes Zeichen vom Festland waren die körperlosen Schneekappen der Anden zu sehen. Wie halbe Ahornblätter ragten die zerklüfteten, schneebedeckten Gipfel in den Himmel.

Ich ging wieder ins Vegas Hotel. Auf dem Gebäude, in dem der Hungerstreik stattgefunden hatte, hing ein einziges Spruchband mit den Worten *La Consultación* – Unser Kompromiss mit Chile. Die Eisentore waren nicht mehr zugekettet, an den Mauern klebten keine Botschaften mehr. Die Politiker hatten wieder die Herrschaft übernommen. Die Frau an der Rezeption erzählte mir, dass man sich geeinigt habe und dass die restlichen Streikenden ins Krankenhaus gebracht worden seien. Alle hätten überlebt.

Der flüchtige Mr. Daskam 3

Im Zimmer war es fast unerträglich heiß. Es gab einen Ventilator, aber keine Klimaanlage. Als ich den Fernseher anstellte, kam mir der Song von Bruce Springsteen *Fifty-seven channels and there's nothing on* – Siebenundfünfzig Kanäle und nichts zu sehen – in den Sinn, denn hier hatte das Kabelfernsehen achtundfünfzig. Etliche der MTV-artigen Programme waren so zerstückelt, dass ich glaubte, der Kanalsucher wäre noch immer an und würde von einem Programm zum nächsten hüpfen. Wie kann man unter achtundfünfzig Kanälen denn überhaupt eine Programmauswahl treffen? Das Studium einer Programmzeitschrift hilft dabei auch nicht, denn die Programme wechseln ja beim Lesen schon. Man bekommt sie nur noch wie Snacks serviert. Ohne Anfänge und nur ausschnittsweise gibt es keine Zusammenhänge für das Geschehen. Das Leben ist sozusagen bereits durch den Reißwolf gegangen und in grünen Müllsäcken verpackt worden.

Ich versteckte mich bis halb sieben vor der Hitze. Am frühen Abend glühten die Gehsteige noch immer durch meine Schuhsohlen und die Avenida O'Higgins war ihrer ganzen Länge nach in blendendes Licht getaucht. Ich ging zum Hauptplatz auf ein Bier. Ich fühlte mich leicht benommen, und mein Gesicht im Spiegel sah aus, als würde ich einer Erkältung zusteuern. Im Hotel verfiel ich in einen unruhigen Schlaf. Im Traum war ich noch immer auf Juan Fernández und machte mir Sorgen, ob meine Maschine auch zurückfliegen würde.

Am Morgen rief ich Mr. Daskam an.

»Ich habe keine Zeit.«

»Hören Sie, ich habe gesundheitliche Probleme.«

»Sie waren doch auf Juan Fernández?«

»Und Sie sind wieder zurückgekommen?«

»Ich habe jetzt keine Zeit.«

Ich ging im Hotel umher. Mein Zimmer war das Einzige mit einem Bild vom Bodensee. Auf den Fluren und in den Hallen hingen überall schöne alte Aufnahmen von Santiago in den 20er und 30er Jahren und Reproduktionen von Bildern. Die prächtigen Bilder stammten alle vom selben Künstler: Tomas Daskam.

Coda

Virginia Choquintel

Als ich ein Jahr später wieder aus der Antarktis zurückkam und in Ushuaia Station machte, sah ich, wie Demonstranten Schilder mit *hielos intercontinentales* herumtrugen. Gegenstand der Demonstration war die zweitgrößte, etwa 800 Kilometer lange und 80 Kilometer breite Eisdecke der Welt, die sich über die Andengrenze erstreckt. Auf den Landkarten ist sie weiß eingezeichnet, vom Boden aus wirkt sie schwarz und weiß, und Chile und Argentinien drohen einander hin und wieder den Krieg um dieses Stück Eis. Weil die beiden Wörter auch so viel wie »internationales Eis« bedeuten, dauerte es einige Zeit, bis mir klar wurde, dass es sich bei den Demonstranten um keine streikenden Eisverkäufer handelte.

Ich wohnte wieder im Hotel Alakaluf, über dessen Eingang der kastanienbraune Kopf eines Ureinwohners aus Kunstharz prangte. Wie bei den Indianerfiguren, die man hin und wieder in Zigarrenläden findet, war die fremde Kultur auch hier zur Ware geworden. Da ich mir vor meinem Rückflug noch ein paar Tage um die Ohren schlagen konnte, machte ich eine Halbtagsfahrt über die Berge bis zum Rand der Pampa an der Ostseite der Feuerlandinsel nach Rio Grande. Dort wollte ich zur Candelaria-Mission ein kurzes Stück nordwärts entlang der Küste, wo man angeblich versucht hatte, die Selk'nam zu schützen. Das Reisebüro, in dem ich ein Auto und einen Fahrer mietete, hieß Ona Travel. Wieder Nostalgie. Aber weder das Hotel noch das Reisebüro hatten für sich den wahren Namen des Indianerstamms, Selk'nam, übernommen.

Die Candelaria-Mission beherbergt heute ein brandneues Museum. Ein schmächtiger Student saß in seinen Walkman vertieft am Empfang. José Augusto Alazard hatte ein bleiches Gesicht, ein scharfes Kinn und einen starken südargentinischen Akzent. *Capilla,* das normalerweise wie kapieja ausgesprochen wird, wurde bei ihm zu kapiescha. Er bestand darauf, mich herumzuführen und erzählte mir dabei Dinge, die ich schon zur Genüge kannte. Ich studierte die Bildlegenden und tat dabei so, als ob ich ihm zuhören würde. Wir blieben vor einem Bild stehen, das zwei Selk'nam vor einem Wigwam aus Baumstämmen zeigte. Er begann, mir die Behausung zu erklären. Ich kannte nicht nur das Bild, sondern wusste auch, wer die Leute davor waren. Ich versuchte es mit einem recht eindeutigen Wink: »Ja, das ist Tininisk, der Zauberer, und seine Frau.« Er nickte aber nur und fuhr dann mit seiner auswendig gelernten Rede fort.

Wir betrachteten das Bild eines kleinen Mädchens, dem eine magere Nonne mit einem gutmütigen Gesicht und doppelten Gläsern in ihrer runden Brille das Stricken beibringt. »Das ist die letzte hundertprozentige Selk'nam«, sagte er. Ich wurde plötzlich wach und ein Schauer überlief bei seinen Worten meinen Körper. »In allen Büchern steht doch, dass der letzte Selk'nam, Paachek, 1994 gestorben ist.«

»Ja, das hat man bisher angenommen. Aber dann hat man Virginia Choquintel gefunden. Sie war nach Buenos Aires gezogen und dort hatte man sie vergessen.«

»Wann ist sie denn gestorben?«

»Gestorben? Sie lebt noch immer, irgendwo im Norden, glaube ich. Im Reisebüro in der Stadt weiß man ihre Adresse. Fragen Sie nach Dario Romero.«

Was in den Büchern stand, war also falsch.

Ich würde am nächsten Tag nach Hause fliegen, musste aber in Buenos Aires umsteigen. Wenn sie noch immer dort lebte, würde ich es vielleicht zeitlich schaffen, sie zu besuchen. Ich ging die Küste entlang, überquerte die Straße und betrat einen kleinen, von einem Lattenzaun umgebenen Platz, von wo ich den windgepeitschten Strand überblicken konnte. Die Atlantikküste war hier offen und flach, fast wie das Ufer einer großen Flussmündung. Der Friedhof machte einen vernachlässigten Eindruck. Grabsteine waren ins Erdreich versunken und umgekippt. An den Holzkreuzen war die Farbe abgeblättert, tiefe Sprünge durchfurchten das ausgetrocknete Holz, dessen Maserung in Wulsten hervortrat. Einige der Gräber mit spanischen Namen trugen noch immer Inschriften und Daten, doch die der Ureinwohner waren wie ausgelöscht.

Gegen Norden konnte ich die schweren braunen Brecher vor den senkrechten Klippen, den Killerklippen von Cabo Domingo sehen. Am oberen Ende des Strands lag ein Magellan-Pinguin. Das Küken, bei dem man schon ein wenig vom Erwachsenengefieder sehen konnte, war tot. An dieser flachen Küste geht die Ebbe weit hinaus und der kleine Pinguin war anscheinend bei Flut angeschwommen, auf den schmalen Strand spaziert und hatte erst dann gemerkt, dass das Meer hinter ihm verschwunden war. Wahrscheinlich war er vor Erschöpfung und Hitze gestorben.

Von einer Plattform aus wurden Pfähle in den Strand getrieben. Sie waren für den Bau eines zwei Kilometer langen Piers bestimmt, über den das im Osten der Magellan-Straße gewonnene Erdöl transportiert werden soll. Und wenn er erst einmal fertig gestellt ist, wird die Candelaria-Mission in einer Flut neuer Bauten versinken und die Leichen der letzten Selk'nam werden auf einem städtischen Friedhof unter den Leuchtfeuern der Ölraffinerien ihre letzte Ruhestätte haben.

Bei Ona Travel erhob sich Dario Romero schnell von seinem Sitz und schüttelte mir mit seiner gut gepolsterten Pranke die Hand. Ein gemütlicher Schnurrbart zierte sein pausbackiges Gesicht. »Ob sie noch lebt? Ja – aber nicht in Buenos Aires.«

Ich sackte zusammen.

»Nein! Hier in Rio Grande!«

»Hier?« Um mich zu vergewissern, zeigte ich dabei auf den Boden.

Er riss ein Blatt aus seinem Notizblock und schrieb den Bezirk, Chacra II, nieder. Dann runzelte er die Stirn und überlegte. Ja, die

Straße war Maria Auxiliadora. »Die Nummer, wie war denn nur die Hausnummer? Ich hab sie vergessen, aber im Museum weiß man sie. Fragen Sie dort nach Carlos.«

Ich schaute auf die Uhr. Zehn vor fünf. »Um wie viel Uhr macht das Museum zu?«

»Um fünf.« Dann zuckte er die Achseln. »Nur keine Sorge, unser Fahrer bringt Sie hin.«

Wir kamen gerade an, als das Museum geschlossen wurde und der uniformierte Wachposten die Büroangestellten herausließ. Wir klopften ans Tor. Nein, Carlos sei nicht da. Vielleicht könnte ich ein andermal wiederkommen. Ich erklärte, dass das nicht möglich sei. Da ließ man mich eintreten. Eine Archäologin in einem eleganten roten Kostüm und winzigen Füßen wusste die Hausnummer. »Es ist gegenüber von der Quilmes Videothek!«, rief sie mir noch nach.

Ich schickte den Fahrer nach Hause und gab einem Taxifahrer die Adresse. Chacra II ist eine triste Wohnsiedlung, wie man sie auch in vielen englischen Städten finden könnte. Die Eintönigkeit des Betons von Häusern, Pflastern und Mauern wurde nur durch ein paar Asphaltstreifen unterbrochen, und das bisschen Grün hier und dort war schon längst in den Boden gestampft worden. Viele Fenster im Erdgeschoss waren mit Brettern verschalt. Etliche Hausnummern fehlten, gerade dort, wo ich am Suchen war. Ich klopfte einfach auf gut Glück an eine Tür und wartete. Ein Bub und ein Mädchen fuhren auf ihren Rädern immer wieder im Kreis durch einen Bogengang. Graffiti an der Wand: »Bringt sie alle um.«

Eine winzige alte Frau spähte hinter der Tür hervor und öffnete sie dann. »Ah, die Indianerin! Die ist dort drüben.« Sie wies mit der Hand auf eine Stahltür unter einem Bogengang, die mit einem Rostschutzmittel gestrichen war. Als ich ihr Gartentor hinter mir schließen wollte, kreischte sie mich an. Da merkte ich, dass ich statt des Tors ein Stück losen Zauns hochgehoben hatte.

Ich klopfte. Die alte Frau sah mir noch immer hinter ihrem Vorhang nach. Eine hohe, dünne Stimme fragte, wer ich sei, und während ich antwortete, machte sich schon jemand an Schloss und Riegel zu schaffen. Ich trat zurück und schaute aufs Fenster. Zwischen Store und Scheiben hing jetzt noch im März ein Weihnachtsstrumpf. In der Wohnung war es wieder still geworden. Gerade als ich mich erneut melden wollte, öffnete die Frau die Tür.

Ich schätzte sie auf etwa sechzig Jahre. Ihr glattes, graues Haar wurde von einem Haarband zurückgehalten. Virginia war klein und ihre Figur erinnerte mich an ein bauchiges Weinbrandglas. Von der Hautfarbe her war ihr Gesicht mit seinen breiten Backenknochen nur etwas dunkler als meines. Als sie in ihrem Nachthemd und Büstenhalter vor mir stand, schien ihr plötzlich bewusst zu werden, dass sie noch nicht angezogen war. Sie legte sich schnell eine Strickweste über.

Wir setzten uns an einen Resopaltisch, den sie mit dem Ärmel ihrer Weste abwischte. Dabei fing sie einen Teil des Abfalls in ihrer Hand auf und legte die Krümel dann auf einen Teller. Hinter ihr an der Wand hing ein Foto vom spanischen Königspaar mit deren Unterschrift. Auf dem Sofa lag ein recht freundlich aussehendes, graues Fellknäuel, das an einem Lammknochen kaute.

Virginia erzählte mir, dass sie als Waise aufgewachsen war. Ihr Vater Napoleon hatte miterlebt, wozu die Weißen bei Cabo Domingo fähig waren, und er konnte es nicht mehr ertragen, auf dem Land, das ehemals ihm gehört hatte, und unter seinem eigenen »Himmel« noch weitere Leiden zu erdulden. Er ging und starb »auf der anderen Seite«, womit Virginia Chile meinte. Er war wieder dort, wo er ursprünglich hergekommen war, an den Ufern des Lago Deseado, des ersehnten Sees, nördlich vom Lago Fagnano.

Es gibt einige Aufnahmen, die zu Beginn des 20. Jahrhunderts von einer Gruppe Selk'nam gemacht worden waren. Einige von ihnen waren an den Ufern des Lago Fagnano zu einem neuen Lagerplatz unterwegs. Die Frauen trugen die Zelte aus Guanakofellen, das Kochgeschirr und die in Felle gewickelten Babys. Die Lasten der Frauen konnten bis an die hundert Kilo wiegen. Ein Bild zeigt zwei Familien in ihren Umhängen aus Guanakofellen, die durch das seichte Wasser an einem Sandstrand waten. Die Gesichter sind nur schwer erkennbar, sie scheinen fast schwarz zu sein und die meisten verschwinden im Hintergrund. Die Menschen marschieren auf den Zehenspitzen und das Spiegelbild ihrer Körper im nassen Sand ist wie ein Symbol für ihre Einheit mit dem Land. Sie tanzen praktisch auf ihren eigenen Seelen.

So hatte wohl Napoleons Kindheit ausgesehen und vielleicht war er auch wirklich eines dieser gesichtslosen Babys. Er ging zurück in ein Land, in dem noch die Territorialgebiete der Indianer die Landkarte bestimmten, und starb. Seine Frau Marguerita ließ den Leichnam aber zur Candelaria-Mission zurückbringen, wo er unter einem der windschiefen Holzkreuze im Friedhof unter den eisigen Wellen von Cabo San Domingo zur letzten Ruhe gebettet wurde. Zurück unter den Fittichen des Christentums liegt er im Schatten eines Symbols für die Gier der Rancher.

Bald danach starb auch Marguerita, und Virginia blieb im Alter von zwölf Jahren als Vollwaise zurück. Sie wurde in die Candelária-Mission gebracht. »Die Schwestern haben mich großgezogen. Es war alles wunderbar, wirklich schön. Es war gut, dass ich eine Schulbildung und dergleichen bekommen habe, aber ich weiß von unseren traditionellen Handarbeiten überhaupt nichts. Die Leute fragen mich ›Virginia, kannst du die traditionellen Handarbeiten?‹ Die Nonnen haben mir Stricken, Sticken und so weiter beigebracht, aber traditionelle Handarbeiten? – nein.« Virginia nennt ihr Volk Ona. Die letzten Überlebenden hatten sich an die Namen gewöhnt, die ihnen von den andern gegeben wurden; sie glaubte, der Name Selk'nam sei nur für Akademiker.

Als sie mit der Schule fertig war, hatten die Schwestern für sie eine Familie in der kleinen Stadt Comodoro Rivadávia im Bezirk Chubut weiter im Norden gefunden, die außerhalb der Stammesgebiete der Selk'nam und im ehemaligen Territorium der Tehuelche-Indianer liegt. Später zog sie nach Buenos Aires, wo sie einen sizilianischen Maurer heiratete. Nur sechs Wochen vor meinem Besuch war er an Krebs gestorben. Ich nahm sein Bild von der Anrichte, das einen gut aussehenden Mann Mitte sechzig mit einem weißen Schnurrbart und einer schwarzen Baskenmütze zeigte. »Er war Bauarbeiter«, sagte sie und fügte dann mit dem Ausdruck einer recht sinnlichen Zuneigung hinzu: *»Qué hombre!«*

Sie sah zu den Ecken des Raums hinauf. Ich folgte ihrem Blick und bemerkte die nackte Glühbirne, die zersprungene Armatur und einen großen Fleck, der von der Wohnung darüber durchgesickert war. »Wissen Sie, ich habe in Buenos Aires gewohnt. Dort ist es wunderbar. Der Wind und die Kälte hier sind schrecklich. Buenos Aires mochte ich gern, aber hier fürchte ich mich vor der Kälte.« Sie begann zu zittern und zog ihre Strickweste enger um die Schultern. »Es ist so lange her, dass ich dort gewohnt habe, dass es mir wie hundert Jahre vorkommt. Ich habe zwanzig Jahre dort gelebt und jetzt bin ich schon seit elf Jahren in Rio Grande. Ich bin sechsundfünfzig und ganz allein.« Sie wirkte etwas älter, sprach aber im hohen und hellen Singsang eines kleinen Mädchens.

Sie war glücklich gewesen im milden Norden, wo die Männer mit ihren Taten die Landkarten neu gezeichnet und dabei die zehntausendjährige Geschichte ihres Volkes ignoriert hatten. Antonio und Virginia waren nach Feuerland zurückgekommen, weil der Süden boomte. Die Erdölfunde hatten gigantische Bauvorhaben mit sich gebracht. Aus verschlafenen Kleinstädten wie Rio Grande wurden turbulente Großstädte, wo die Taxifahrer über den Verkehr klagten und riesige Tankwagen und Lkws die halb fertigen Straßen aufwühlten und in Staubwolken in den Himmel jagten. Ja, es gab reichlich Arbeit für Antonio.

Virginia arbeitete als Reinmachefrau. Der Kinderwunsch der beiden war nicht in Erfüllung gegangen. Da holte sich Virginia Welpen und Hunde ins Haus. Vielleicht als Ausgleich, vielleicht aber auch, weil ihr Vater auf der Jagd die Seeottern mit Hunden aus dem dichten Gebüsch aufgestöbert und damit auch die Guanaka verfolgt hatte. Obwohl sie im Waisenhaus aufgewachsen war, hatte sie von Lola Kiepja und ihrer Taufpatin Angela Loij, die beide über die Traditionen der Selk'nam noch gut Bescheid wussten, Geschichten über das ehemalige Leben ihres Volkes gehört. Als die Nachbarn den Lärm von den acht oder zehn Hunden in der kleinen Wohnung nicht mehr ertragen konnten, holten sie die Polizei. Die *carabineros* nahmen alle mit, bis auf einen, das Fellknäuel auf dem Sofa.

Als ihr Mann hier in der Stadt starb, die für beide nie ein richtiges Zuhause gewesen war, entschloss sich Virginia zu bleiben. Die Lokalbehörden zahlen ihr als eine der letzten Ureinwohnerinnen eine Pension.

»Krebs!« Sie war plötzlich wieder bei Antonios Tod. »Er hat nicht viel gelitten.« Sie rückte ihren Stuhl zurecht und sah auf ein Christusbild. »Ich glaube an Ihn. Ich habe Ihn und ich glaube. Nein, es kam recht schnell. Ich bin darüber hinweg, aber der Wind macht mich krank. Möchten Sie einen Kaffee?«

Ich ging in den Wind hinaus. Wo das Land zu Ende ist und der Wind unermüdlich aus den drei Traumhimmeln der Selk'nam bläst, wurde die statische genügsame Welt der Ureinwohner zerstört. Sie ging vom Leben in die Erinnerung über, und die Menschen, die diese Erinnerungen in Ehren halten, werden von Jahr zu Jahr weniger. Das schwarze Haar, die braune Hautfarbe und die hohen Wangenknochen sind noch immer in den Gesichtern zu sehen, die einem auf der Straße begegnen. Dabei tragen sie aber Namen, die spanischen, kroatischen, irischen, schottischen und walisischen Ursprungs sind, und sie leben in Familien, die sich als Deutsche, Schweizer oder Österreicher bezeichnen. Bauern, Bergleute, Hirten und Barone kamen hierher, auf der Suche nach mehr Platz, Land, Geld und goldenen Schätzen. An Sonn- und Feiertagen gingen diese Menschen dann über die wogenden Grasfelder, die der unerbittliche Wind silbern aufleuchten ließ.

In der weiten Leere des Landes umgeben vom ungebrochenen Band des Meeres ist es einigen Städten gelungen, innerhalb ihrer Grenzen Bereiche zu schaffen, die klein genug sind, dass sie den Einzelnen und die Stadtbewohner davor bewahren, ihren Verstand zu verlieren. Beim kerzengeraden Straßennetz von Rio Grande ist dies aber nicht der Fall. An jeder Kreuzung auf meinem Rückweg ging mein Blick in alle vier Richtungen in gerader Linie durch die Stadt bis zur Pampa, zur unendlichen Leere dahinter. Den Indianern war es gelungen, diesen endlosen Weiten einen Sinn zu geben, was die Kolonisten nie fertig gebracht haben. Davon ist heute aber kaum etwas verblieben. Nur hoch über mir überlebte noch der Abdruck einer Welt, in der Virginias Vorfahren, die Selk'nam, gelebt hatten. Der löste sich nun auf in den unendlichen Weiten des Himmels, in drei Richtungen.

Danksagungen

Ich hatte das große Glück, bei meinem Vorhaben von Elaine Brennan unterstützt, beraten und ermutigt zu werden, die mit mir einen Partner übernahm, der seine ganze Freizeit und alles übrige Geld auf Jahre hinaus für ein Buch investiert hatte, von dem noch kein einziges Wort geschrieben war. Abend für Abend und Wochenende um Wochenende verschwand ich in meinem Arbeitsraum und fünf Jahre lang zum Spanischunterricht, bevor ich mich ans Ende der Welt auf den Weg machte. Und die wenige Zeit, die sie mit mir verbrachte, schwärmte ich von obskuren Volksstämmen, Aristoteles und Krill. Schließlich gab ich meinen Job auf, denn ich wollte sichergehen, dass meine Arbeit in einem Buch gipfeln würde, das ihres Vertrauens würdig war. Diese kurze Anerkennung ist nur ein geringer Dank für alles, das sie für mich, für meine schriftstellerische Arbeit und für die Ideen, die mich angespornt haben, getan hat.

Mein besonderer Dank gilt auch den Folgenden: Mum, Dad, Marion, Jim; José Augusto Alazar, Rocío Peres de Baines, Gillian Beer, den Mitarbeitern des Museum of Mankind, Tony Bianchi, Peter Finch, Nicola Forster, Tommy Goodall, David Jenkins, John Rees Jones, Mandy Kierspel, Robert Headland, Mateo Martinic, Tôpher Mills, Christina Moroy, Jan Morris, John Murray, Hugh Price, Robin Reeves, Keith Richards, Dario Romero, Oliver Seeler, Brian Shoemaker, Stephen Spittler, Bernard Stonehouse, Ifor Thomas, Christine Turnbull, Roser Gaitano Valls, Rory Wilson. Sie alle wissen, wie sie mir geholfen haben, und ohne ihren großzügigen Beitrag wäre dieses Buch viel ärmer.

Ich danke der *New Welsh Review* für die Erlaubnis, für das Kapitel *Das Ritz 2* Material zu verwenden, das schon in der Ausgabe Nr. 40 vom Frühjahr 1998 erschienen war. Mein Dank gilt auch all jenen Autoren, in deren Büchern ich Informationen gefunden oder aus denen ich zitiert habe:

Renato Cádenas Alvarez, *El Libro de la Mitologia* (Ateli, Castro, Chile, 1996)

E. Lucas Bridges, *The Uttermost Part of the Earth* (London 1951, 1987)

Jorge Díaz Bustamente, *Cróicas de Última Esperanza (Last Hope Chronicles)* (Atelí, Punta Arenas, 1994)

Herbert Childs, *El Jimmy, Outlaw of Patagonia* (J. B. Lippincott Company, London, 1936)

A. C. Crombie, *Augustine to Galileo* (Heinemann, London, 1959)

Elizabeth Dooley, *Strams in the Wasteland: A portrait of the British in Patagonia* (Imprenta Rasmussen, Punta Arenas, 1993)

Jon Henley, »*Lighthouse at the End of the World*« (Observer, 14. Dezember 1997)

Stan Hughill, *Sailortown* (Routledge and Kegan, London, 1967)

J. B. Killingbeck, »*The Role of Deception Island in the Development of Antarctic Affairs*« (unveröffentlichte Doktorarbeit, Scott Polar Research Institute, 1977)

Basil Luhbock, *The Nitrate Clippers* (Brown, Son & Ferguson, Glasgow, 1966)

Pablo Neruda, *Confiesco que he vivido* (Penguin, Harmondsworth, 1978)

Anthony Pagden, *European Encounters with the New World, From Renaissance to Romanticism* (Yale University Press, New Haven und London, 1993)

Felix Reisenberg, *Cape Horn* (Robert Hale, London, 1950)

R. B. Robertson, *Of Whales and Men* (The Reprint Society, London, 1958)

Ernest Shackleton, *South*, überarbeitet von Peter King (Century, London, 1991)

Eric Shipton, *Tierra del Fuego: The Fatal Lodestone,* Readers Union, Newton Abbot, 1974 (Erstveröffentlichung Charles Knight)

Dylan Thomas, »*Ballad of the Long-legged Bait*«, aus *Deathes and Entrances* (Dent, London, 1946)

Carlos Pedro Vairo, *Ushuaia* (Zager and Urruty, Ushuaia, 1998)

Carlos Pedro Vairo, *El Presidio de Ushuaia* (Zager and Urruty, Ushuaia, 1997)

Alan Villiers, *The Set of the Sails* (Hodder & Stoughton, London, 1949)

Quellenangaben
für Zitate aus deutschen Übersetzungen

Byron, George Gordon: Don Juan. Winkler Verlag: München 1977

Coleridge, Samuel Taylor Coledriges: Die Ballade vom alten Seemann. Aloys Henn Verlag: Kastellaun 1977

Conrad, Joseph: Der Spiegel der See. S. Fischer Verlag: Frankfurt a. M. 1973

Conrad, Joseph: Über mich selbst. S. Fischer Verlag: Frankfurt a. M. 1982

Eliot, Thomas Stearns: Das wüste Land. Suhrkampf Verlag: Frankfurt a. M. 1975

Melville, Hermann: Moby Dick. Manesse-Verlag: Zürich o. J.

Neruda, Pablo: Ich bekenne, ich habe gelebt. Luchterhand Verlag: Neuwied 1974

Alle übrigen Zitate wurden von der Übersetzerin ins Deutsche übertragen.